U0527321

触摸的力量

Touching
The Human Significance of the Skin

[美] 阿什利·蒙塔古 著
Ashley Montagu

屠彬 王静妮 译

华夏出版社
HUAXIA PUBLISHING HOUSE

献给詹姆斯·路易斯·蒙特罗斯

目 录

译序一 001

译序二 003

前言（第三版）... 005

前言（第二版）... 007

前言（第一版）... 008

致 谢 009

第1章 皮肤的智慧 001
  皮肤的功能 005
  关于大鼠的偶然发现 014
  舔舐与爱 016

第2章 时间的子宫 033
  新生儿和婴儿不成熟状态的意义 034
  以正确的方式抚摸 041

第3章 哺乳 048
  吸吮，而不是吸，以及触摸 056

母乳喂养与语言 ·· 059
　　婴儿喜欢母乳的另一个原因 ································· 065

第 4 章　温柔、关爱的照料 ································· 067
　　嗅觉、哺育和呼吸 ·· 078
　　触摸与感觉 ·· 085
　　抓握与学习 ·· 098
　　母亲拥抱者、母亲和其他背着孩子的照料者 ············ 101
　　摇篮与皮肤的自然史 ······································· 102
　　婴儿猝死综合征、产前呼吸和产妇护理 ················ 108
　　对早产儿的处置 ··· 113
　　早产儿、触觉与前庭系统 ································· 116
　　摇摆、音乐和舞蹈 ·· 119
　　衣服与皮肤 ·· 124
　　母性厌恶 ··· 128
　　母婴分离对母亲的影响 ···································· 129
　　"皮肤的光学感知" ··· 129
　　皮肤图像化 ·· 131
　　瘙痒和抓挠 ·· 133
　　洗澡与皮肤 ·· 135
　　皮肤与睡眠 ·· 137

第 5 章　触摸的生理效应 ···································· 139

第 6 章　皮肤与性 ··· 144
　　少女青春期过早怀孕，成为社会关注的焦点 ··········· 149
　　触摸与沟通 ·· 153
　　儿童的触觉剥夺与过度自慰 ······························ 159
　　触觉剥夺与暴力 ··· 159
　　好的触摸与不良触摸：界定父母与子女间的适当身体接触 ············ 165
　　触觉的性别差异：从出生到成年的感知与行为差异 ·············· 165

触觉经验的性别差异 ·· 167
双胞胎与触摸：触觉经验的差异及其影响 ·· 167

第 7 章　成长与发展 ·· 169

非人类动物研究中的证据 ·· 170
来自婴儿的证据 ·· 172
婴儿感受到什么？ ·· 176
孤独症与触摸 ·· 184
精神分裂症与触摸 ·· 187
眼神接触 ·· 189
心理治疗中的触摸 ·· 200
触摸与哮喘 ·· 203
感觉与触摸 ·· 207
手指和手的触觉感受 ·· 208
皮肤的适应性和反应性 ·· 209

第 8 章　文化与接触 ·· 210

产后妊娠期与触摸 ·· 211
皮肤层面的创伤 ·· 212
文化与触觉 ·· 213
内茨利克爱斯基摩人 ·· 213
巴西的凯昂岗 ·· 221
棉兰老岛的塔萨达 ·· 221
触摸与声音 ·· 222
触摸与绘画 ·· 223
感受、写作与触摸 ·· 227
感官发展的顺序 ·· 228
东非的甘达人 ·· 230
喀拉哈里的布须曼人 ·· 232
新几内亚 ·· 233
阿提美朗 ·· 236

婆罗洲北部杜顺人·· 236
其他无文字文化·· 237
美国儿童的触觉体验·· 238
清教徒、阶层差异与触摸··· 244
触觉刺激与睡眠·· 249
印度儿童的触觉体验·· 254
日本儿童的触觉体验·· 254
触觉的国家、文化和阶级差异····································· 257
摇篮板··· 269
婴儿背带与婴儿发育·· 271
母亲、父亲、孩子与皮肤··· 272
触觉刺激与敌意的表达··· 273
文　身··· 275
装饰过的身体··· 276
体　罚··· 277
婴儿对母亲的触觉行为··· 279
母性引导行为之于婴儿··· 281
接触与玩耍··· 281
挠痒痒··· 284
接触、个性化和情感·· 285

第 9 章　触摸与年龄·· 288

跋·· 297

附录 1　治疗性触摸·· 299

附录 2　立即抱走新生儿对母亲的影响······························ 305

译序一

20世纪七八十年代,人类学家阿什利·蒙塔古写下了《触摸的力量》这本书。在那一时期,西方世界开始认识到身体和触觉在人的身心发展中的重要性。有趣的是,表达性艺术治疗的各个分支,如戏剧治疗、舞动治疗、美术治疗、音乐治疗等,也是在同时期开始发展的。无论采用哪种艺术形式作为治疗媒介,它们都直接涉及被治疗者的感官参与。与传统的谈话治疗相比,艺术治疗所强调的恰恰是个体的亲身参与,是整合头脑、身体、情感这几方面的体验,这个过程与身体、与触觉密不可分。这也是我对这本书产生兴趣的源由。

在翻译时,我时常感受到艺术治疗发挥作用的过程与生命前几年的体验有相关之处。在生命的最初几年里,我们主要通过身体的体验来认识这个世界——不断探索自己的身体,探索如何在这个世界里使用身体。在这个过程中,我们与他人和世界建立起最初的联结和亲密关系,也在持续地试探界限,建立规则,而这一切都与触觉相关,与皮肤的体验相关。

随着我们进入学校,开始接受正规的教育,我们对头脑的使用越来越频繁;身体的体验开始让位给理性和逻辑,有时甚至受到持续的挤压和压抑。这也导致了在现代社会,精神与心理问题的频发。近些年来,未成年人面对的这一问题日益严重,已经成为一个不容忽视的社会问题。在家庭生活和家庭教育中,父母如何为孩子创建支持性的环境,也变得尤为重要。触摸以及通过触觉建立温暖包容的亲子关系,无疑为我们提供了一种选择。

在 AI 高速发展的当下,我们尤其需要回到经由个人感官所获得的体验中。这是无法被替代的人性的一部分。《触摸的力量》一书正是一张让我们重新找回人性的路线图。

当然,也要请读者留意本书的局限性。由于写作时间较早,书中提到的一些研究和观点此后有所更新。比如,第七章"成长与发展"中的"孤独症与触摸"一节提到触摸对孤独症儿童有重要价值。如今,在专业界已有共识

触摸的力量

的是，孤独症儿童在触觉方面有敏感和迟钝两种情况，若笼统使用触摸的干预方式进行介入可能会出现问题。对于某些孤独症儿童，通过身体和动作所做的干预确实会在一定程度上改善触觉方面的问题。书中引用的贝特尔海姆的研究及其他研究也有较大争议——孤独症的成因主要被归结为母亲与孩子的关系。但事实上，孤独症的病因很可能与基因的关系更大。

最后，愿读者在阅读的过程中，获得对自我、他人和世界的新发现，愿我们都走向更完整的生命体验。

屠彬

译者简介

屠彬

多元艺术疗愈活动导师、国家二级心理咨询师、译者、写作者。

关注在中国文化与社会背景下，个人和社会在发展上面临的挑战和机遇。在个体疗愈、艺术创作、社会转化等层面践行自己的工作，与普通公众、身心障碍群体、性多元群体、青少年、家长等共同实践，融合戏剧、舞动、写作、视觉艺术等手法，促进参与者的身心整合和成长，提高面对挑战的勇气和行动力。

本科毕业于北京大学，心理学与英语文学学士；翻译工作涉及教育、心理、剧场艺术、艺术疗愈等领域。

译序二

自2012年起，我开始习练按摩，透过双手及皮肤接触探索触觉与个人意识的关系。在多年的实操里，我渐渐发展出了对触觉、神经系统、呼吸、意识的关系网络的认知。

2023年的秋天，我有幸参与翻译阿什利·蒙塔古的这本书。在翻译此书的半年时间里，我得以跟随作者走入触摸的人类学，透过作者的人类学家视角开启一场跨文化、跨种族、跨生命阶段的遨游。

触觉是人最基本的感官，无论是视觉、听觉，还是味觉、嗅觉，其实都是触觉的延伸。一个人"触觉"的品质，毫不夸张地说，就是他生命的原型；触觉带来的体验由此成为一个人与世间的人、事、物展开接触的"质感"。

然而，因为种种原因，"触摸"成了社会上讳莫如深的一个词。当一个人渴求一种健康的、高品质的、富有关爱的"触摸"时，他要何去何从，去找谁，去哪里？

事实上，每个人都是天然的"触摸者"，"触摸"是每个人与生俱来的天赋。与其说学习"触摸"，不如说我们都需要的是想起生命最初的需求和与世界接触的方式。

阿什利·蒙塔古先生在书中从各个角度提示"触摸"作为一种感官的输入是十分基础的需求。当我阅读下去，走入书中去聆听，再带着作者细腻的观察视角回到生活里去看时，我看到了更多平时忽略的东西。我对触摸的认知得以从"触摸"与身体的关系，拓展到"触摸"与整体文化、人类福祉的关系。

由此带来的是，我对自己的工作本质的更深的认知，从而很大程度上影响了我对课程的布局和设计——突然间思路拓宽了，我认识到自己做的不仅仅是按摩教育，不仅仅是触摸的教育，更是"触觉"的教育。触觉的教育对于社会文化等方方面面有着重大的意义，它可以促进一个人和整个社会的

触摸的力量

"触感和谐"。

因此，对于这本看似专业、实则通俗的书，我不仅仅会推荐给相关从业者，也很愿意推荐给所有向往更深刻的、完整的和谐感的你。几乎每一个地球上的人（以及动物）都有触觉。随着社会科技的发展，人类渐渐与原始本能发生了疏离，由于感官的剥夺产生一种莫名的孤独感、焦虑感、生命力的缺失、压抑、抑郁……是时候要回归感官觉知了。或许这本书能够成为一缕光，重新点亮通往感官的路，让人们看见自己。

王静妮

译者简介
王静妮

2006 年从艺术领域出发开始身心艺术的探索，借由不同的艺术媒介来探索身体和内心的关系。

2011 年起，正式开始身体课程教学，在不同的文化与国度中，品尝人类深层共通的情感，体会身心的种种互动。

2014 年在巴厘岛遇见伊莎兰按摩，2017 年获得执业认证，2018—2019 年受导师邀请三次前往美国伊莎兰学院参加伊莎兰按摩首届全球导师培训，2019 年成为中国第一位获得伊莎兰按摩教学资格的导师。

2018 年至今，专项从事触觉相关课程教学。在以身体为通道的教学中，探索文化的交汇、人类情感之共通处、人与人的心灵联结以及人的创造力和潜能的开启。

前言（第三版）

> 我知道，触摸在过去、在现在，以及在将来都永远是真正的革命。
> ——尼基·乔瓦尼（Nikki Giovannni）

在西方世界里，我们正在开始发现过去曾被忽视的感官。这种日益增强的意识象征着一种反抗，而这反抗早就该发生，我们早该反抗在科技世界中所遭受的感官体验被剥夺的痛苦。在西方，我们与同伴联结的能力远远落后于我们与消费品和非必要的必需品联结的能力，我们被自己的财产所限制。一个人可以触及另一个星球，但常常难以触及自己的同伴。我们很少有机会，甚至完全无法允许深入的交流突破我们的个人边界。我们作为人的维度遭到限制和约束。事实上，除了感官，我们还能通过什么媒介进入人类联结的健康维度，进入人类存在的宇宙呢？我们似乎没有意识到，正是我们的感官塑造了我们的现实身体。

关闭任何一个感官都是在削减我们现实存在的维度，这种情况发生得越发频繁，我们失联的程度也越发严重；我们被禁锢在一个去人性化的词语世界里，没有触觉，没有味道，没有气味。单一维度的词汇取代了丰富多维的感官，我们的世界因此变得粗鲁、扁平、干涸。语言试图代替经验。语言成为一种结论性的陈述，而不是一种示范性的参与。体验变成了可以用词语说出的东西，而不是在个人的感官关系中体验的东西。

最重要的是，在我看来，作为人类，我们的任务是要把学习与爱和善意结合起来。学会学习、学会爱、学会善意与触觉如此紧密地联系在一起，又如此深刻地交织在一起。如果我们能更密切地关注我们对触觉体验的需求，将极大地有助于我们重新被人性化。

西方世界生活的去人性化已经生产出一个"不可触碰"的种族。我们彼此成了陌生人，不仅试图避免，甚至回避任何形式的"不必要的"身体接触,在拥挤的风景中变成了无脸人,孤独而又害怕亲密。在这种状况下,我们都消弭了。由于我们带着这种不可触摸的特性,我们也无法创造一个能够使人们在身体接触外的更多层面上彼此触碰的社会。我们带着不真实的自我,带着根据他人的标准而塑造的形象,那么毫不意外,我们仍然不确定自己到底是谁。我们被不真实的自我强行包裹着,就像穿着一件不合身的衣服一样不舒服。我们有时也会悔恨,却不知道这一切的缘由。正如威利·洛曼(Willy Loman)在《推销员之死》(Death of a Salesman)中所写的,"我仍然能感到自己只是暂时存在着"。

西方人的世界已经开始严重依赖"远距感官",即视觉和听觉来进行交流,而"近距感官",即味觉、嗅觉和触觉则在很大程度上成为禁忌。两只狗在交流时可能会使用所有五种感官,但在我们的文化中,两个人的交往几乎无法以这样的方式发生。随着我们日渐成熟和互相分离,我们已经过度依赖语言交流,而非语言交流实际上已经被排除在我们的体验之外——所以我们极其缺乏这些体验。我们所有人都通过感官语言而社会化,感官传达的语言能够增强我们对彼此的感激,深化我们对自己生活在其中的世界的理解。在这些感官语言中,最主要的就是触摸。我们通过触摸传递的交流是建立人际关系的最有力的手段,这是体验的基础。

在触摸开始的地方,爱和人性也开始了,这一切就发生在人出生后的第一分钟之内。我写作本书就是为了让人们了解这些事实,并了解这些事实会给我们个人和整个人类带来哪些影响。

本书第一版出版于 1971 年,第二版出版于 1978 年。我很欣慰这两版有国内外的众多读者阅读。现在的第三版中有大量修订的内容,并收入了许多关于对触觉的需求和人与人之间有益的触觉互动方面的内容,这些内容涵盖一个人从出生到老年的全过程。

阿什利·蒙塔古
新泽西州普林斯顿
1986 年 2 月 19 日

前言（第二版）

我很欣慰本书的第一版吸引了大量读者，现在这一版融入了很多人从出生到老年的发展过程中关于触觉的新信息。

每位写作者都会有这样一个困扰——无法用同一个第三人称代词来同时指代男女两性。在这一版中，我一开始试图用"它"来代替传统的男性代词，期望能改善这种情况，但结果带来的去人性化又令人难以接受，而"他或她"和"他的或她的"这种拗口的表达更不舒服，于是我重新用回习惯的表达方式。当然，希望读者可以理解，在所有情况下的这种指称都隐含着两种性别。本书是关于人的，而不是物品的。没有哪个妈妈会把自己的婴儿当作"它"，其他人也不应如此。

特别感谢普林斯顿大学生物学图书馆的路易斯·谢弗，心理学图书馆的特里·卡顿和特里·威金斯在书目方面的帮助。

我还要感谢普林斯顿医学中心图书馆的路易斯·约克。

感谢我的朋友菲利普·戈登博士的仔细勘校。

感谢我的编辑伊丽莎白·贾卡布，她一直热切地关注着本书的进展。

阿什利·蒙塔古
新泽西州普林斯顿
1977年9月20日

前言（第一版）

这本书的主题是皮肤——在人体的成长和发展过程中，皮肤作为触觉器官，在身体层面和行为层面都发挥着重要的作用。本书所考查的核心是人，我主要关心的问题是：一个人在婴儿时期，经历过什么触觉体验或是没有经历过什么触觉体验，这又会对他后续的行为发展有什么影响。当我在1944年刚开始思考这个问题时，几乎没有什么相关的实验依据；而今天，已经有众多研究人员提供了大量的相关证据，我在1953年发表的论文《皮肤的感官影响》(《得克萨斯生物学和医学报告》，1953年第2期，第291~301页）不再是唯一的论述。本书引用了许多信息来源，相关注释可参见参考文献[*]。但当注释的内容是强调、建议或评论，而不是简单的援引出处时，则由星号标注，并出现在原文同一页面上。

皮肤作为人体最大的器官，直至现在仍被人们忽视。我在这里所描述的皮肤并不只是作为器官的皮肤；与心—身的或归源于身体的方法相反，我对所谓的身—心或归源于心理的方式更感兴趣。简而言之，我对触觉经验或触觉经验的缺失如何影响人的行为发展感兴趣，我将这一领域称为"皮肤的智慧"。

阿什利·蒙塔古
新泽西州普林斯顿
1971年2月8日

---

[*] 全书参考文献请关注微信公众号"正向改变"，回复"参考资料"即可获取，密码为"触摸的力量"。

致　谢

非常感谢普林斯顿医学中心图书馆的路易斯·约克，普林斯顿大学生物学图书馆的海伦·齐姆默伯格和路易丝·谢弗、玛丽·蔡金，以及曾工作于普林斯顿大学心理学图书馆的贾尼斯·韦尔伯恩。

感谢我的编辑休·范·杜森和珍妮特·戈德茨坦。

感谢我的妻子在我酝酿第三版的漫长过程中对我的支持，并阅读和校对了我的手稿。

非常感谢唐娜·斯旺森允许我引用她感人的诗歌《米妮记得》(*Minnie Remembers*)。

最后，我想提请大家注意朱尔斯·奥尔德（Jules Older）博士的书《触摸即疗愈》(*Touching is Healing*，纽约：斯坦和戴出版社，1983 年)，该书充满了新的见地，在我修订本书的过程中给了我极大帮助。

第 1 章

皮肤的智慧

> 我们身体最大的感觉就是触觉。它可能是我们睡眠和苏醒过程中的主要感官;它给了我们关于深度、厚度和形态的信息;我们感觉,爱和恨,触摸和被触摸,都是经由我们皮肤内的触觉小体发生的。
>
> J. 莱昂内尔·泰勒(J. Lionel Tayler)
> 《人类生命的阶段》(*The Stages of Human Life*)
> 1921 年,第 157 页。
>
> 宇宙中只有一座圣殿,那就是人的身体,没有什么比这种崇高的形式更神圣的了。当我们在人前弯腰,我们也是在表达对这一"肉体启示录"的崇敬。当我们把手放在一个人的身体上时,我们就触摸到了天堂。
>
> 诺瓦利斯(Novalis)
> [原名弗雷德里希·冯·哈登伯格(Frederich von Hardenberg)]
> 引自托马斯·卡莱尔(Thomas Carlyle)
> 《杂文集》(*Miscellaneous Essays*),卷二。

触摸的力量

皮肤是我们身体外部灵活、柔韧、持续延展的表面，就像一件斗篷严严实实地覆盖着我们的全身。它是我们最古老、最敏感的器官，是我们的第一交流媒介，也是最有效的保护层。我们的整个身体都被皮肤覆盖着，连眼睛的透明角膜上也覆盖着一层皮肤组织。皮肤也向身体内部延伸，覆盖着我们的口腔、鼻孔和肛管等。在感官的进化过程中，触觉无疑是最早产生的。触觉是我们眼睛、耳朵、鼻子和嘴的母体，之后又分化为其他感觉官能。很早就有触觉是"感觉之母"的说法，这似乎也印证了上述事实。尽管随着年龄的增长，触觉在结构和功能上可能会发生变化，但它仍持续发挥着作用，也是其他所有感官的基础。皮肤是人体最大的感觉器官，而触觉系统是迄今为止所研究的所有物种（包括人类、兽类和鸟类）最早产生功能的感觉系统。在我们所有的器官系统中，皮肤的重要性可能仅次于大脑。触觉与皮肤紧密相关，是人类胚胎最早发育出的感官。当胚胎还不到6周，从顶部到臀部还不到1英寸长时，轻抚其上唇或鼻翼，其颈部和躯干会弯曲，远离刺激源。在这一发育阶段，胚胎还没有眼睛，也没有耳朵，但皮肤已经高度发育——尽管这种发育与它将要经历的发育还无法相提并论。9周的胎儿在手掌被触摸时，手指会弯曲，好像要抓握什么似的。12周的胎儿的拇指和其他手指可以并拢。如果在拇指根部施加压力，胎儿会张开嘴并移动舌头。如果给胎儿的脚背或脚掌施加稳定有力的触摸，那么他的脚趾会卷曲或像扇子一样外展，也会产生放置反射——膝盖和臀部会弯曲，仿佛要远离触摸源。在子宫里，胎儿沐浴在母亲的羊水里，被子宫柔软的内壁包裹着，"在摇篮的深处被轻摇着"，过着水生的生活。在这种环境下，皮肤必须能够抵抗过多水分的吸收、液体介质的浸泡效应，并对物理、化学、神经变化以及温度变化做出适当的反应。

皮肤与神经系统相似，由三个胚胎细胞层的最外层，即外胚层发育而成。外胚层构成了整个胚胎体的整体表面覆盖层，还形成了毛发、牙齿，以及嗅觉、味觉、听觉、视觉和触觉等感觉器官——均与有机体的外界相关。中枢神经系统的主要功能是令生物体了解外部发生的事情，它是胚胎身体一般表面的凹陷部分。在大脑、脊髓和中枢神经系统的所有其他部分分化后，其余的表面覆盖物变成了皮肤及其衍生物——头发、指甲和牙齿。因此，可以说神经系统是皮肤被埋藏起来的部分，也可以将皮肤视为神经系统暴露在外的部分。如果我们把皮肤视为某种外部神经系统，即一个器官系统，这一系统从最早的分化形成就与内部神经系统或中枢神经系统密切地联系在一起，那么，我们就能更深入地理解这些问题。正如英国解剖学家弗雷德里克·伍德·琼斯（Fredric Wood Jones）所说："他是一个睿智的医生和哲学家，他认识到，在研究他的同伴的外表时，他研究的不仅仅是皮肤及其附属物，也是在研究外部神经系统。"作为最古老和最大的身体感觉器官，皮肤令生物体能够了解其所处的环境。皮肤是一种媒介，它所有分化的形态都在帮助我们感知外部世界。作为"感觉器官"的脸和手，不仅向大脑传递环境信息，也向环境传递关于"内部神经系统"的某些信息。

人类学家和神经学家安德烈·维莱尔（André Virél）将这一点阐释得非常清楚。他写道：

> 我们的皮肤是一面镜子，其特性甚至比魔镜更奇妙。包裹卵子的原始镜面分裂开来，被自己吞噬，然后在原始裂隙的另一边再次出现。因此，皮肤和神经系统结合在一起的分镜子最终看到了自己，从而导致了一种对抗，这种对抗刺激了意象永不停歇地生成，并产生了所谓的反身思维。

在整个生命过程中，这种巨大的织物——皮肤，由于深层细胞的活动而处于不断更新的状态。每隔4小时左右，皮肤就会形成两层新的细胞。在人的一生中，皮肤和肠道细胞显然可以分裂成百上千次。皮肤细胞以每小时超过100万个的速度脱落。在身体的不同部位，皮肤的质地、韧性、颜色、气味、温度、神经支配和其他特征各不相同。此外，皮肤，尤其是面部的皮肤，记录着人一生经历的考验和胜利，承载着人的经验记忆。

我们的皮肤就像屏幕一样，能投射出生活的各种经历：情绪在其中涌动，悲伤渗透入肌理，美的深度也在其中。青少年骄傲地拥有柔软、光滑的皮肤，而随着岁月的磨砺，皮肤上也会长出皱纹。健康的皮肤会散发光芒，会在深情的触摸下轻轻颤动。

皮肤的生长和发育贯穿人的一生，其敏感性的发展很大程度上取决于它受到了怎样的环境刺激。有趣的是，与小鸡、豚鼠和大鼠一样，人类新生儿皮肤的相对重量（以体重的百分比表示）为19.7%，与成人的相对重量

17.8%几乎相同。这说明了一个显而易见的事实：在有机体的生命中，皮肤持久地发挥着作用。

我们已经在其他动物身上发现，"皮肤敏感性显然是在出生前最早和最完全地发展起来的"。一个普遍的胚胎学定律指出，越早发展出的功能越可能是更基础的功能。而皮肤的功能确实是有机体最基本的功能之一。

触觉系统位于表皮中，表皮即皮肤最浅表的一层，最直接地暴露在环境中。表皮中的游离神经末梢如触觉小体神经丛，几乎完全与触觉相关。但有趣的是，这些神经末梢在高度触觉化的嘴唇和舌头中并不存在。在3岁孩子身上，每平方毫米皮肤中触觉小体的平均数量约为80个，年轻人约为20个，老年人约为4个。较大的神经丛被称为环层小体，可以对压力和张力的机械刺激做出反应，是一种特定的末梢器官。这些神经丛尤其多分布在手指的指垫下。产生触觉的一个非常重要的机制是，在每个毛囊的表皮细胞中分布着游离神经末梢丛，通过毛发的机械位移来提供触觉刺激。

皮肤的表面区域有大量的感受器，接受热、冷、触摸、压力和疼痛的刺激。一块硬币大小的皮肤含有300多万个细胞、100~340个汗腺、50个神经末梢和3英尺长的血管。据估计，每100平方毫米的皮肤上约有50个感受器，而人体总共有64万个感受器。每平方厘米皮肤上有7~135个触觉点，有超过50万个感觉纤维从皮肤经后根神经进入脊髓。

皮肤给整个身体提供了数百万个不同种类的细胞，每平方厘米大约有350种不同的细胞、200万~500万个汗腺和200万个毛孔。在整个生命过程中，这些细胞的数量都在稳步减少。

随着人的出生，皮肤暴露在比母亲的子宫更复杂的环境中，也随之做出许多新的适应性反应。除空气运动外，气体、粒子、寄生虫、病毒、细菌、压力变化、温度、湿度、光、辐射等都要通过大气环境传播。皮肤以非凡的效率对所有这些刺激做出反应。皮肤是我们展示在这个世界中最大的器官系统*，新生儿的皮肤大约有2 500平方厘米，而成年男性的皮肤约有19 000平方厘米（约19平方英尺），总重量约8磅，含有约500万个感觉细胞，约占全身重量的12%。皮肤的厚度为1/10毫米到三四毫米，手掌和脚底皮肤一

---

* 表面积比皮肤更大的器官仅有胃肠消化道和肺泡，但二者都属于内脏器官。

般最厚，通常伸肌面比屈肌面的皮肤更厚，眼睑处皮肤最薄，因为这里的组织需要具备轻盈灵活的特性。皮肤在夏天更柔软，因为这个季节毛孔更大，皮肤表面更湿润。皮肤在冬天更紧实，毛孔更致密，毛发更牢固，更加不易脱落——几百年以来，皮毛匠都清楚这些事实，所以，冬天取的动物皮毛比夏天取的动物皮毛更受人们的青睐。

皮肤的功能

皮肤与各种坚固的细胞紧密地结合在一起，保护着身体内的软组织。它就像文明的前沿，是一个堡垒，是小规模战斗和抵抗入侵者的所在，是我们的第一道也是最后一道防线。皮肤有着多方面的功能：

（1）是感觉感受器的基地，最精细的感官——触觉位于皮肤上；

（2）既是信息的组织者，又是信息源和处理者；

（3）是感官的中介；

（4）是人体与环境之间的屏障；

（5）是保护细胞分化的激素的免疫来源；

（6）是下层身体组织免受机械和辐射损伤的保护器；

（7）是隔离有毒物质和外来组织的屏障；

（8）担任着调节血压和血流的主要功能；

（9）是再生修复器官；

（10）生产角蛋白；

（11）是有毒物质和其他物质的吸收器官，这些物质最终作为身体的废物被排泄到体外；

（12）是温度调节器；

（13）是参与脂肪代谢和储存的器官；

（14）通过汗液进行水和盐分的代谢；

（15）储存食物和水分；

（16）作为呼吸器官和调节器，双向调节通过皮肤的气体；

（17）合成多种重要化合物，包括抗佝偻病的维生素 D；

（18）是一种酸性屏障，防止多种细菌入侵；

（19）皮脂腺中的皮脂可润滑皮肤和头发，使身体免受雨水和寒冷的影响，并可能有助于杀死细菌；

（20）可进行自我清洁。

以上是皮肤在身体层面的一些功能，这些功能至关重要。但本书关注的是皮肤在行为层面的影响，特别是皮肤对各种触摸的反应。我们稍后将讨论触摸或触摸缺失在动物和人类中引起的一些显著的生理变化。

我们也许会觉得，皮肤所具有的惊人的丰富性、对环境变化的耐受性、令人称奇的热调节能力，以及它在应对来自环境攻击时所发挥的独特屏障作用，足以引起研究者的兴趣。但奇怪的是，情况却并非如此，直到最近几年才有些许变化。事实上，我们对皮肤功能的了解大部分始于20世纪40年代。尽管我们已经获得了许多关于皮肤的结构、生物化学和物理功能的知识，但还有更多的知识需要学习。今天，皮肤的话题不再因人们缺乏兴趣而受到冷落。事实上，自20世纪70年代中期以来，人们对皮肤功能的兴趣和研究出现了显著的爆发式增长，产生了惊人而重要的成果。

有些令人意外的是，诗歌，作为蕴藏了大量敏感的人类精神的宝库，本不该缺乏对皮肤功能的深刻洞察，但这一主题的创作却极度贫乏。古往今来的诗人们几乎创作和吟诵了关于每一个身体部位的诗歌，却莫名其妙地忽视了皮肤的存在。英国诗人和作家约翰·赫尔德（John Horder）曾对此有所评论。在一篇题为《拥抱人类》的文章中，他抱怨说，许多思想卓异的英国诗人仍然被封装在自己的智力中，而且他们与自己身体的关系往往极其恶劣。他写道：

> 身心分裂已伴随了我们很长时间，和基督教的历史一样久远，甚至可能更久。实际上，这导致我们很少有诗歌描写温暖的友谊、触摸和拥抱的快乐。或者这些诗歌被创作出来，也会受到某种惯性力量的影响，令它们常常无法被印刷出版。

散文文学则是另一种情况，有很多作品提到皮肤，也许最值得注意的是格列佛对大人国屈辱性的描述。在他的笔下，那些人的皮肤毫无吸引力，布满难看的斑点、丘疹和其他畸形形态。

世人尚未完全认识到皮肤的触觉功能在人类行为中的重要性。从很多提到皮肤的常用语表述中都可以明显看出这一点。我们会说，用错误的方式"锉磨"一个人，用正确的方式"抚摸"；有"磨人"和"刺人"的性格。我们说的"个人印记"（personal touch），不仅指一种表层的行为，而是说这个人的个人习惯，本质上是指他的个性通过"接触"来表达自己。我们说一个人有"快乐的感觉"（a happy touch），另一个人有"神奇的感觉"（a magic touch），还有一个人有"人情味"（a human touch），或者有"精致感"（a delicate touch）。再比如称赞一个男人有"一种女性化的感觉"（a feminine touch），另一个人的"感觉很柔和"（a soft touch）。在不断寻求与人联结的过程中，我们与他人保持"接触"或"联系"。有些人很"难"（hard，直译为"坚硬"）相处，有些人很"柔和"，有些人必须"温柔应对"。我们说那些过度防备或过度敏感的人是"敏感的"（touchy）或"易感的"（tetchy）。有些人"皮厚"，有些人"皮薄"；有人能"深入肌理"，有人只是"停留在表面"。有人"失去联系"（out of touch），或"失去掌控"。事情要么"触手可及"或"看得见摸得着"，要么并非如此。一件事的"感觉"在许多方面对我们很重要。任何黏黏的、糨糊似的东西都是"俗气的"（tacky）。我们对他人的"感觉"就是在用身体表达我们自己通过皮肤经历的大部分体验。令人印象深刻的体验是"触动人的"，而动人的体验是"辛酸的"（poignant），这个词来自中世纪英语，直接来自古法语 poindre，通过拉丁语 pungere 演化而来，意思是刺或触摸。如果有什么事是肯定的，那就是"来自时间的抚慰"。

皮肤保护我们免受大气压力和温度的影响，如果提高些许温度，皮肤的油性便会增加，我们就会感到"舒适"。我们"紧紧抓住"问题试图解决，在绝望中"抓牢"彼此。艺术作品的愉悦使我们中的一些人"起了鸡皮疙瘩"。我们说有些人"处事圆滑"，说另一些人"较为生硬"，这暗指他们在与他人打交道时，是否能感受到什么是合适的和适当的做法（见本书第 206 页）。我们经常用"感受"这个词代指情绪状态，如快乐、喜悦、悲伤、忧郁和沮丧，而"感受"这个词经常暗示某种触感。我们说某个"没有感受"、没有同情心的人是"冷漠的"（callous），这个英语单词源自拉丁语 callum，意指"坚硬的皮肤"。这个词既可以指没有感觉，也可以指皮肤上的厚茧。我们说一个人如此"冷漠无感"，对人类的感觉变得麻木不仁。

只有当我们能"抓住"一些东西时，我们才会真的感到安全；而只有当我们"牢牢掌握"或是"抓住要点"，我们才能相信自己获得了真正的理解。我们会说一个吸引我们的故事是"抓人的"。我们"把我们爱的人拥入怀中"。在黑暗里，我们"摸索"着寻找，希望能感受到通向安全之地的路。

"试金石"（touchstone）这个词用于确定一切测试的真实性和价值，它也在提醒我们，以上列出的所有短语都关乎触摸带来的安全感。

当我们谈到一个与现实脱节的人时，我们说他"脱离现实"（out of touch with reality），或者说他"不在场"或"几乎捕捉不到"（a little bit touched）。当我们描述当代人彼此之间缺乏联结的状况时，我们说他们是"漠不关心的"（disengaged）、"失去联系的"（out of touch）和"触碰不到的"（untouchable）。

要给"将观念向现实推进"找一个隐喻的话，没有什么比"把手指放在它上面"更确切的了。

一个人会与他人"保持距离"。我们向别人"伸出援手"。美国电话电报公司敦促我们使用电话，去"主动联系某人"（reach out and touch someone）。对于很多处于疏离、孤独中的美国人来说，这是一种巧妙的呼吁。

我们"拍拍对方的背"以表达满意，我们被一场吸引人的表演"牵引"着。有的声音会使人感到"刺痛"，恐惧令皮肤"战栗"。事实上，皮肤确实会颤动——它会收缩，当皮肤收缩时它会把毛发向上推起，令人"毛发尽竖"（竖毛反射）。

有趣的是，"皮肤"被普遍用作生存的隐喻。在生死之战或类似的斗争中，旁观者"背部的皮肤毫发无伤"，从"唇齿间"幸运地逃脱，而失败者则被"生吞活剥"。

如果我们仔细琢磨，"触摸"这个词会带来特别的感受。例如，当我们谈到"女性感""个人感"或"专业感"时（"感"对应的都是英文中的"触摸"一词），我们都会感受到某种特别的关注。当我们在这样的背景下使用这些词时，我们也会带着这种特定的关注，而使用其他词语表达时，这种关注并不存在。

正如安德烈·维莱尔所说的，皮肤是一面具有三重功能的双面镜子。它的外表面映照了客观现实世界，也反映了身体内部的生命世界。它的内表面则反映了外部世界，将外部世界的信息传递给构成人体器官的各种细胞。因此，我们的皮肤不仅接收来自环境的信号，将其传递到神经系统中心进行破译，而且接收来自我们内心世界的信号，然后将所有这些信号转化为可量化的指标。皮肤是生物体运转状况的镜子；它的颜色、质地、干湿、颜色，以及所有其他方面，都反映了我们的存在状态、心理状态以及生理状态。我们因恐惧而脸色发白，因尴尬而脸红。我们的皮肤因兴奋而颤动，因震惊而麻木，它是我们的激情和情感的镜子。

至于触觉，正如伯特兰·罗素（Bertrand Russell）很久以前指出的那样，正是触觉给我们带来了真实感："不仅我们的几何学和物理学，而且我们对外在事物的整个概念都是基于触觉的。"我们甚至把这一点带进了我们的隐喻中——一个好的演讲是"坚实的"，一个糟糕的演讲是"飘忽的"，因为我们觉得气体是无法触碰的，不太"真实"。

尽管皮肤一直占据着人类意识的前沿，但奇怪的是，人们很少给它足够关注。我们大多数人将皮肤视为天经地义般的存在，除非经历烧伤、脱皮，或爆发青春痘，或有令人不快的汗液分泌，否则我们会对皮肤视而不见。而当我们在其他时候想起皮肤时，我们总会感到有一种朦胧的奇迹：它为我们的内脏提供了如此整洁和高效的覆盖物——防水、防尘，直到我们变老，都会神奇地调整到合适的尺寸。随着年龄的增大，我们才会注意到皮肤的质地、颜色、紧致程度、弹性、肌理，然而在皮肤开始失去这些特性之前，我们完全注意不到它的存在。随着岁月的累积，我们很容易把衰老的皮肤看作一个肮脏的把戏，一个令人沮丧的有关衰老的公开证据，一个不受欢迎的对时间流逝的提醒。皮肤不再像以前那样贴合身体，变得松松垮垮，开始变薄、起皱、干燥，像皮革一样，甚至像羊皮纸一样，变得灰黄、起斑，或是呈现其他不再迷人的样子。

但这些还都属于较浅层的看待皮肤的方式。我们分析了无数研究者的观察，并把生理学家、解剖学家、神经学家、精神病学家、心理学家和其他研究者的发现结合起来，再加上我们自己对人性的观察和了解，开始理解皮肤所代表的远远不只是用来防止骨骼散掉的皮囊，也不仅仅是为所有其他器官提供覆盖层，它本身就是一个复杂而迷人的器官。皮肤是身体最大的器官，构成皮肤的各种成分在大脑中也有很显著的代表性。例如，在大脑皮层中，中央后回负责接收来自皮肤的触觉冲动，路径是从皮肤经由紧邻脊髓的感觉神经节到脊髓和延髓的后索，再到丘脑的静脉后核，最后到达中央后回。传导触觉冲动的神经纤维通常比与其他感官相关的神经纤维体积更大。皮质的感觉运动区位于中央回的两侧。中央前回以感官机能为主，而中央后回以运

触摸的力量

动机能为主。水平连接纤维穿过中央裂，连接中央前回和中央后回。由于神经学有一条一般性的规律：大脑某一特定区域的大小与它所执行的功能（以及技能，比如肌肉或肌群的使用）的多样性相关，而非与器官的大小相关，因此，大脑触觉区域所占的比例强调了触觉功能在人的发展中的重要性。图1-1和图1-2是感官和运动的定位图，用以呈现触觉功能在大脑皮层的恰当比例。从图中我们可以看出手的对应区域有多大，尤其是拇指和嘴唇所占的巨大比例。

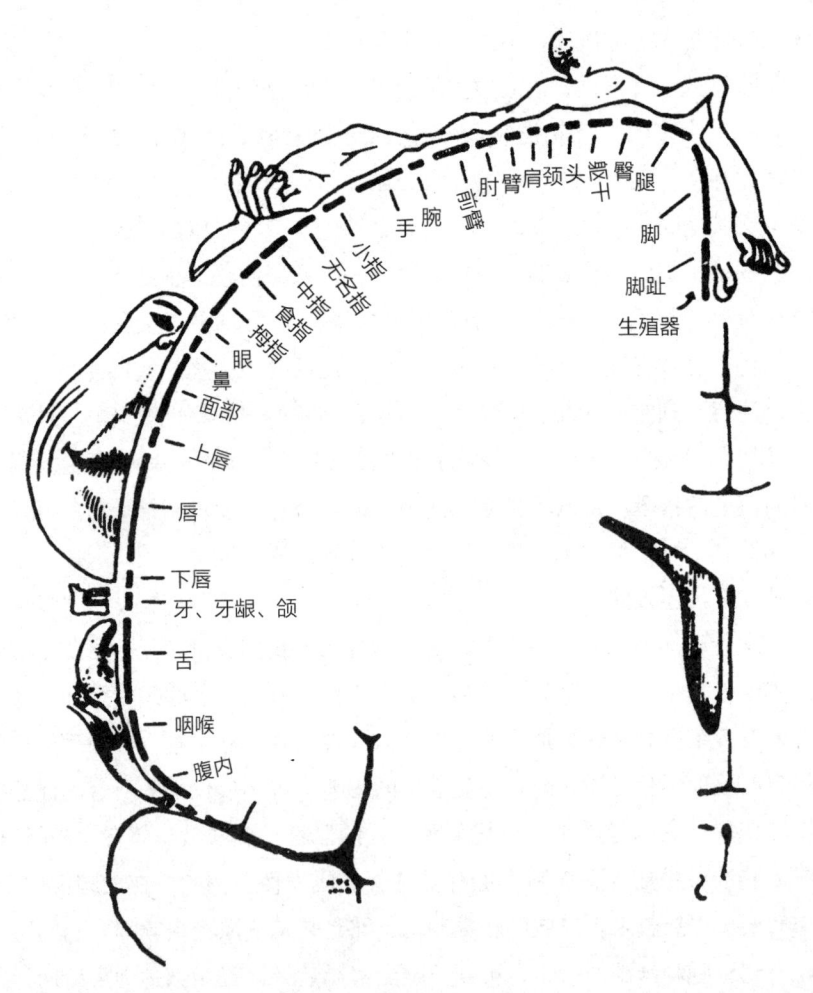

图1-1 绘制在半球轮廓上的感官定位图。下面的实线表示相应感觉区占大脑皮层面积的大小。

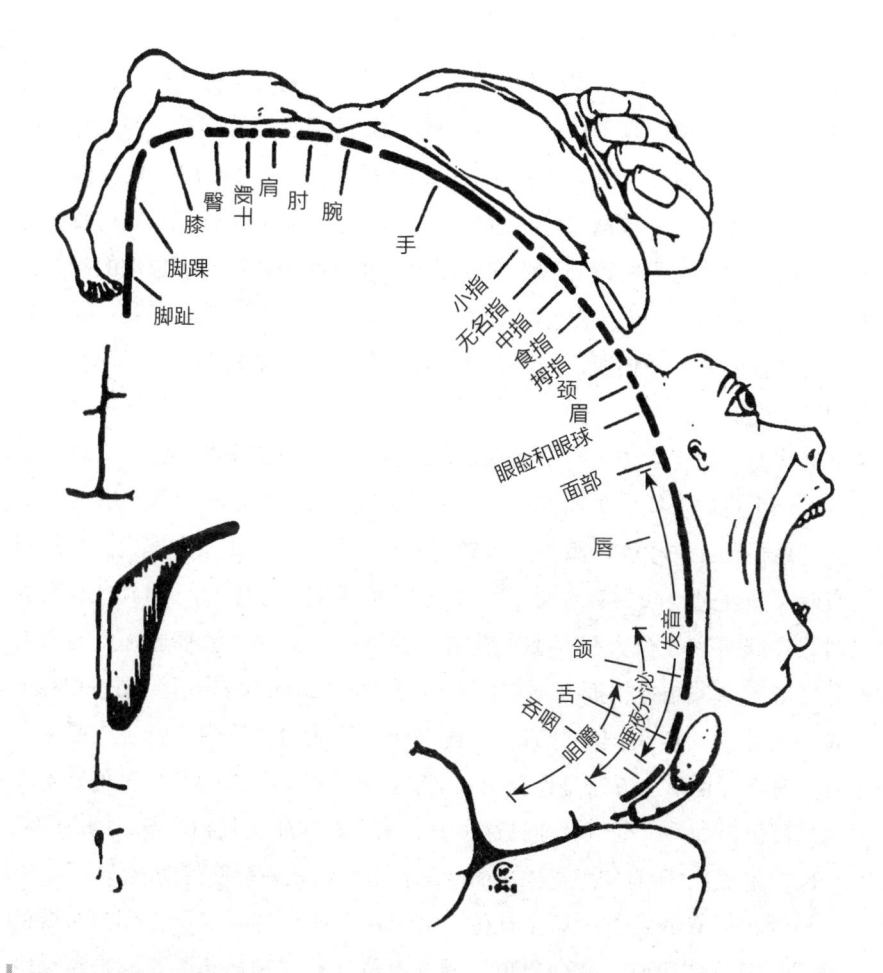

图1-2 运动定位图。感官区和运动区有密切的对应关系，但并不完全等同。感觉区代表着特定区域和身体部位的感觉，而运动区代表这些区域的运动。实线表示相应感觉区占大脑皮层面积的大小。（W. 彭菲尔德和 T. 拉斯马森，《人的大脑皮层》，纽约：麦克米伦出版社，1950 年，第 214 页。）

实际上，触觉包括几种感觉，它们被统一归入触觉这个术语之下。这些感觉通常很难定义。比如，当你在电影或戏剧中看到一个怪异的场景时，或者看到一个令人"汗毛竖起"的奇观时，你的皮肤会战栗。不过，我们也确实了解几种会启动触觉的元素，比如压力、疼痛、愉悦、温度、皮肤肌肉运动、摩擦等。此外，我们在活动时，也会经由皮肤接收到肌肉层面的信息。触觉（haptic）这个术语用于描述在空间中生活和行动而产生的触觉，包括

触摸的力量

触觉延伸到精神层面的感觉。

例如，我们对视觉世界的感知，实际上是将我们对过去社交的感受与我们所看到的或眼前的场景融合在一起。触觉是后天获得的感觉，因为它适用于可以被触摸、被操作的可见物体。正如格林比（Greenbie）所说："因为我们调动所有的感官，包括嗅觉和声音，来体验地球环境，触觉系统让我们与曾经接触过但现在只能看到、听到或闻到的地方和物体进行想象性的身体接触。"在人性的世界里，触觉发挥着极其重要的作用。当我们谈到"保持接触"时，我们知道我们所说的是什么。那不仅仅是一个隐喻，也是非常值得我们期待的。

让我们想想吧：作为一个感觉系统，皮肤是人体最重要的器官系统。一个人的一生可以失明、失聪，可以完全没有嗅觉和味觉，但如果没有皮肤的功能，他根本无法生存。海伦·凯勒在婴儿时期就成了聋人和盲人，她的心智实际上是通过皮肤的刺激而产生的。她的经历让我们看到，当其他感官失灵时，皮肤可以在极大程度上弥补它们的缺陷。第一个理解这一点的人大概是雅各布-罗德里格斯·佩雷尔（Jacob-Rodriguez Pereire，1715—1780），他是西班牙人，18世纪中叶时在法国工作。他成功地证明了聋哑人可以通过触觉来学会说话。方法是让聋哑人把嘴贴在耳朵、脸或身体的其他感觉较敏锐的部位，如手，受试者通过这种方法来了解他所接收到的各种信息的意义。佩雷尔说："所有的感觉或多或少都会借助触觉来行使其功能。"

触觉在所有的感官中居于首位。痛觉从皮肤传递到大脑，作为必要的示警系统，迫使我们注意到出现问题的部位。有一种严重的疾病被称为皮肤痛觉缺失症，患者感觉不到皮肤疼痛。如果身患此病，那么即便遭受严重的烧伤和其他伤害，患者也无法及时意识到危险，因此这些患病者有生命危险。

外界环境对皮肤的持续刺激有助于维持感觉和运动张力。大脑必须接收来自皮肤的感觉反馈，以便根据接收到的信息做出相应的调整。当一条腿发麻时，由于皮肤、肌肉和关节的冲动不能充分到达大脑的中央后回，此时感觉中断会导致腿暂时失去运动功能。即使一个人在睡眠中，从皮肤到大脑的反馈也是连续的。

作为一名人体解剖学的学生和教师，我在这些年里一直为教科书插图中巨大的大脑触觉区（通常用绿色显示）而感到震撼。但似乎没有人发表过任何相关的重要观点。直到20世纪40年代中期,当我开始收集与人类行为发展相关的资料时*,我发现各种不同来源的零星证据反复出现,这才使我意识到皮肤不仅在身体机能发展中十分重要,而且在行为机能发展中也是不可或缺的。1952年4月,在加尔维斯顿的得克萨斯大学医学院,我就这个问题发表了一次演讲。这次演讲的文章发表在1953年7月学校发行的期刊上。观众和读者对演讲和文章的反馈激励我继续收集本书中提到的研究结果。我希望这些研究结果有助于阐明人类发展的一个方面,而这个方面在很大程度上被严重低估了。

这个方面具体是什么呢?很简单,就是触觉经验对人类行为发展的影响。

在本书中,我们对皮肤的研究方法与心身医学很有启发性的研究方法正好相反。后者认为,心智中发生的事件会以许多不同的方式在皮肤中表达出来。身心医学的方法对我们理解心智对身体的影响作出了极大的贡献,也帮助我们理解了皮肤对中心发源的神经紊乱作出反应时表现出的非凡敏感性。为了方便,我们暂时继续将心智和身体分离开来讨论。1927年,当我在奥多诺万(W. J. O'Donovan)开创性的小书《皮肤病神经症》(*Dermatological Neuroses*)中读到这种关系时,这些观点已经不再新奇了——痛苦的想法可能会随着皮肤上的燥热而爆发,荨麻疹、牛皮癣和许多其他皮肤病可能源于大脑。自那以后,相关研究取得了重要进展,大部分载于马克西米利安·奥伯马耶夫(Maximillian Obermayer)于1955年出版的书《心理皮肤之药》(*Psychocutaneous Medicine*)和之后的诸多著述中。研究皮肤的心身方法可以被看作"离心的",即从心智向外延伸到皮肤毛发。在这本书中,我们要讨论的是相反的方向,即从皮肤到心智,也可以说是一种"向心的"方法。

在本书中,我们最关心的问题是:生物体所经历的各种皮肤经验,特别是生命早期的经验,对它之后的发展有什么影响?我们主要关注的是:(1)什么样的皮肤刺激对机体在生理上和行为上的健康发展是必要的?(2)需要或缺乏特定种类的皮肤刺激会产生影响吗?那会产生什么影响?

发现某种特定的经验对于任何特定物种及其成员来说是否必要或基本的

---

* 我在哈佛大学1945年春季学期一门主题为"社会化"的课程中讲授了相关内容,后续收入我的《人类发展的方向》(纽约:哈珀柯林斯出版社,1955年;修订版,纽约:霍桑出版社,1970年)一书中。

最佳方法之一，就是确定这种经验在所研究物种所属的动物类别（在目前的例子中是哺乳动物）中的广泛分布程度；在系统发育上属于基本经验的很可能在生理上是重要的，可能在其他功能方面也是重要的。

我们要回答的具体问题是：智人这一物种是否必须在早期发育过程中经历某些类型的触觉体验，才能发育成为健康的人？如果这些经历是必要的，那么是什么样的经历呢？想要解决这些问题，我们可以首先参考一下对其他动物的观察结果。

关于大鼠的偶然发现

让我开始思考皮肤这一课题的，是我在1944年偶然读到的一篇文章，作者是费城维斯塔解剖研究所的解剖学家弗雷德里克·哈米特（Frederick S. Hammett），文章发表于1921—1922年，但其主题却与皮肤问题完全不同。哈米特想知道，从基因相同的种群的白化大鼠身上完全切除甲状腺和甲状旁腺会产生什么影响。哈米特注意到，一些大鼠在手术后并未像预期的那样死亡。曾经有许多研究者认为，这种甲状旁腺切除术必然会导致接受该切除术的大鼠死亡，原因可能是这些大鼠的神经系统受到了某种有毒物质的影响。

经过调查，哈米特发现，未接受甲状旁腺切除术的大鼠来自两个不同的群组，更多的幸存者来自一个被称为"实验群"的群组。这个实验群的大鼠会习惯性地接受爱抚。相比之下，死亡率较高的大鼠来自所谓的标准种群，它们与人的唯一接触就是日常喂食和饲养员清理笼子。它们被抱起时会紧张和反抗，并经常以咬人的方式表现出恐惧和愤怒。正如哈米特所说："整体而言，这是一个持续的高度易怒和神经、肌肉紧张的画面。"

温顺大鼠的行为与标准种群大鼠的行为截然不同。前者已经被饲养了五代。在接受处置时，被饲养过的大鼠会放松并服从，不容易受到惊吓。哈米特说："它们给出了一个平和的画面。神经肌肉对潜在干扰刺激的反应阈值几乎高得惊人。"

很明显，在与人类相处时，温顺大鼠不仅在爱抚它们的人手中感到安全，而且在其他人手中也感到安全。饲养它们的研究人员海伦·金（Helen

King）博士经常抚摸它们，还会用亲切的声音和它们说话。它们的反应是无畏、友好，从来没有发生过神经肌肉紧张或易怒的情况。而未经饲养的大鼠则完全相反，饲养员只是给它们喂食和清理笼子，除此之外没有任何其他关注。这些大鼠在人类面前显得十分惊恐、困惑、焦虑和紧张。

让我们来看看这两组中被切除甲状腺和甲状旁腺的 304 只大鼠的情况。在手术后 48 小时内，有 79% 的暴躁大鼠死亡，而只有 13% 的温顺大鼠死亡，温顺大鼠的存活率与暴躁大鼠相差 66%。如果只切除甲状旁腺，在 48 小时内，有 76% 的暴躁大鼠死亡，而只有 13% 的温顺大鼠死亡，两者相差 63%。

如果我们将断奶后的标准种群大鼠放入实验群组中并进行饲养，它们会变得温顺、合作和放松，并能抵御甲状旁腺切除的影响。

在第二个系列的实验中，哈米特研究了被切除甲状旁腺的野生挪威鼠笼养一到两代后的死亡率。众所周知，野生挪威鼠是一种极易兴奋的动物。在总共 102 只野生挪威鼠中，有 92 只（90%）在 48 小时内死亡，大部分幸存者在手术后两三周内死亡。

哈米特得出结论：通过轻抚诱导大鼠保持神经系统的稳定性，会使它们产生明显的抵抗力，以应对甲状旁腺分泌的丧失。在易兴奋的大鼠身上，这种丧失通常会导致它们在不到 48 小时内即死于急性甲状旁腺四肢抽搐症。

维斯塔解剖研究所随后的研究和观察表明，大鼠受到的照顾和爱抚越多，它们在实验室中的表现就越好。

因此，这有助于我们了解触觉刺激在生物体发育中所起的作用。在切除重要的内分泌腺之后，温柔地对待大鼠可以决定它们的生死。这一发现是令人震惊的，但同样引人注目的是温柔的抚摸对行为发展的影响。温柔地抚摸养成了温顺、不易激动的动物，缺乏安抚则会养出恐惧、易激动的动物。

在我看来，这些重要发现值得继续研究。还有无数未解之谜，主要涉及处理或驯养能在生物体行为反应方面产生如此显著差异的机制和生理学。除了哈米特和他的同事们在维斯塔解剖研究所进行的观察之外，还没有任何发表过的著述能够揭示这些问题。因此我开始询问动物饲养员、农场饲养员、兽医、畜牧员和动物园工作人员，结果很有启发性。

舔舐与爱

读过哈米特在维斯塔解剖研究所的研究后，我突然想到，从幼崽出生的那一刻起，母亲就在以舔舐的方式给幼崽"洗澡"。实际上，这根本不是"洗澡"，而是一种本质不同且非常必要的行为；舔舐的真正功能并非清洁意义上的"洗澡"，其意义要深远得多。这似乎是一个合理的假设，正如哈米特的研究所表明的，适当的皮肤刺激对于有机体的组织和行为发展至关重要。

哺乳动物母亲对新生儿的舔舐，以及此后持续的舔舐，很可能具备某些基本功能，因为哺乳动物普遍存在这种舔舐行为，只有人类除外。我推断，这里可能还藏着一个有趣的故事，我很快就会讲到。

当我开始向长期与动物相处的人开展调查时，我发现他们报告的观察结果惊人地一致。这些观察的实质是，新生动物要想存活就必须接受舔舐，如果由于某种原因没有接受舔舐，尤其是会阴部（外生殖器和肛门之间的区域），那么它们很可能会死于泌尿生殖系统和/或肠胃系统的功能衰竭。吉娃娃犬的饲养者尤其坚信这一点，因为他们认为母犬通常很少或根本不舔舐幼犬。因此，除非提供一些替代母犬舔舐的方法，如用手抚摸，否则吉娃娃幼犬就会因无法排泄而大概率导致死亡。

证据表明，在没有皮肤刺激的情况下，泌尿生殖系统尤其无法发挥作用。关于这个问题，印第安纳州圣母大学洛本德细菌学实验室的詹姆斯·A. 雷尼尔斯（James A. Reyniers）教授很快在一项未经计划的实验中获得了一个非常有趣的观察结果。雷尼尔斯教授和他的同事们对无菌化饲养动物很感兴趣，并于1946年和1949年分别在两本专著中发表了他们的研究成果。在实验初期，研究者的努力全都付诸东流，因为所有实验动物都死于泌尿生殖道和胃肠道功能衰竭。直到一位动物园前工作人员利用自己的经验解决了这一问题，她建议圣母大学的这个研究小组在每次喂食后，都用一缕棉絮抚摸幼崽的生殖器和会阴部。在这之后，幼崽的排尿和排便现象就出现了。雷尼尔斯教授在回答我的调查时写道：

关于人工饲养的哺乳动物幼崽的便秘问题，你可能会对下面的内容感兴趣：大鼠、小鼠、兔子等那些在生命早期依靠母体供给食物的哺乳动物，显然必须要学会排便和排尿。在开展这项研究的初期，我们并不知道这一点，结果导致动物死亡。未经刺激处理的幼鼠会因尿道闭塞和膀胱胀大而死亡。虽然我们多年来一直看到母鼠舔舐幼鼠的生殖器，但我们一直认为这主要是清洁问题。但后来经过仔细观察发现，幼鼠似乎会在这种刺激下排便和排尿。因此，大约从 12 年前开始，我们每小时喂食后会用一缕棉花抚摸幼鼠的生殖器，这样就能诱导它们排泄。从此以后，我们再也没有遇到过这个问题。

麦肯斯（McCance）和奥特利（Otley）很快也证明，如果哺乳动物幼崽在出生后立即脱离与母亲的接触，它们的泌尿生殖系统就无法正常运作。他们认为，由于流向肾脏的血流量发生了变化，母亲的舔舐和其他照顾自然会刺激幼崽尿素的排泄增加。

通过"代理母亲"适当的皮肤刺激，无母亲的小猫和其他动物也能成功长大。拉里·莱茵（Larry Rhine）写过一篇引人入胜的文章，讲述了他从灌木丛中救出一只刚出生就被遗弃的小猫的经历。他用玩偶的奶瓶喂养这只小猫后，打电话给美国动物保护协会，说他给小猫起名叫"摩西"，它吃得很正常。他得到的答复是："它当然吃得很正常。你的问题不在于吃。你看，小猫第一次排泄是受到母猫的刺激的影响。现在，如果您用棉签蘸温水做同样的事，也许就能……"接下来的几天里，莱茵先生每两小时起床一次，用一杯温水和一根棉签，喂食、擦拭、睡觉，而摩西，这只在灌木丛中被发现的小猫，就这样茁壮成长起来。

观察母猫舔舐小猫身体不同部位的频率，可以发现一个明显的规律：舔得最多的部位是生殖器和会阴部，其次是嘴巴周围，然后是腹下，最后是背部和两侧。舔舐的速度似乎是由基因决定的，每秒舔三到四下。白化大鼠的舔舐速度为每秒六到七下。

罗森布拉特（Rosenblatt）和雷尔曼（Lehrman）发现，在 15 分钟的观察过程中，母鼠舔舐新生幼鼠的生殖器和下腹部的时间平均为 2 分 10 秒，舔舐后背底端的时间约为 25 秒，舔舐上腹部的时间约为 16 秒，舔舐后脑勺的时间约为 12 秒。

触摸的力量

施奈拉（Schneirla）、罗森布拉特和托巴赫（Tobach）提到，猫的母性行为标准之一就是夸张地舔舐自己和幼猫。有关舔舐自己的意义，我们稍后再做讨论。这些观察者发现，猫有27%~53%的时间用来舔舐。

莱茵戈尔德（Rheingold）在报告她对雪纳瑞犬、小猎犬和三只设得兰牧羊犬（雪橇犬）的观察结果时指出，舔舐幼崽从出生当天就开始了，并在第42天后频繁发生；最常舔的部位是会阴部。

关于人类所属的哺乳动物——灵长类动物，菲利斯·杰伊（Phyllis Jay）报告说，在自然条件下实地观察印度叶猴时发现，叶猴母亲从幼猴出生时就开始舔舐幼猴。自然条件下的狒狒也是如此。"每隔几分钟，它就会探索幼猴儿的身体，用手指拨开它的皮毛，舔舐和轻抚它。"

有趣的是，类人猿会在幼崽出生后立即舔舐，但之后就不怎么舔舐了。这种做法在哺乳动物中普遍存在，证明了它的基本特性。

许多哺乳动物在非孕期或产期都会自我舔舐，这样做固然可以使身体保持清洁，但其最终目的可能是使身体的维持系统——胃肠道系统、泌尿生殖系统、呼吸系统、循环系统、消化系统、内分泌系统和免疫系统——得到充分的刺激。任何明显抑制自我舔舐的行为都会导致发育失败，这也许是最有说服力的证据。怀孕的大鼠和怀孕的猫都有一个显著的行为特征，就是随着妊娠的进展，舔舐生殖器和腹部的行为会逐渐增加。可以推测，这种自我舔舐的目的在于刺激和改善器官系统的功能反应，尤其是在分娩、生产和产褥期。众所周知，婴儿出生后，吮吸母亲的乳房和其他对母亲生殖器与腹部的刺激有助于维持母亲的乳房泌乳，促进乳房和乳腺结构的发育。有充分的证据表明，感官刺激有助于孕期乳腺的发育。洛林·L. 罗斯（Lorraine L. Roth）博士和杰伊·S. 罗森布拉特（Jay S. Rosenblatt）博士通过实验研究了这一问题。在一系列巧妙的实验中，研究人员给怀孕的大鼠戴上项圈，以阻止它们舔舐自己。结果发现，戴上项圈的大鼠乳腺的发育程度比对照组动物低50%。

由于项圈无疑会产生一定的应激效应，其他未戴项圈的怀孕大鼠也受到了应激效应的影响，还有一些怀孕大鼠被套上了有缺口的项圈，这样它们就可以舔舐自己了。无论是这些组还是正常的无项圈组，乳腺发育受到的抑制作用都没有项圈组那么大。

第1章 皮肤的智慧

伯奇（Birch）已经证明，如果给雌性大鼠戴上一个轻型项圈，防止它们自己舔舐腹部和生殖器区后部，即使在分娩时和分娩后永久性地取下项圈，这些雌性大鼠也很难成为合格的母亲。它们会搬运材料，但不会筑造正常的巢穴，而是将材料松散地堆放在周围。它们不会哺育幼崽，如果当新生幼崽碰巧到达它们身边时，它们似乎会感到不安，并倾向于走开。如果没有实验者的人为干预，它们的幼崽一定会死掉。也就是说，如果剥夺了怀孕母鼠对身体的自我刺激——这是在为母性行为做正常的准备——似乎也剥夺了母鼠的定向能力，而这种定向能力会促进舔舐液体、产后进食以及其他向产后护理过渡的活动。从这些实验中可以清楚地看出，母体对皮肤进行自我刺激是促进母体维持系统最佳功能发展的一个重要因素，不仅在怀孕前后如此，在怀孕期间也是如此。随之而来的问题是，人类女性在这些时期是否也是如此？答案似乎是肯定的。

很明显，一般来说，皮肤刺激在哺乳动物发育的各个阶段都很重要，但在新生儿生命的早期、孕期、分娩期和哺乳期尤为重要。事实上，我们对皮肤刺激的影响了解得越多，就越会发现皮肤刺激对健康发育的重要意义。例如，最近的一项研究发现，婴儿早期的皮肤刺激对其免疫系统有非常有益的影响，对抵抗传染病和其他疾病也有重要作用。研究表明，在初级和二级免疫后，婴儿期受过皮肤刺激的大鼠的血清抗体滴度（标准）均高于未受过皮肤刺激的大鼠。因此，成人的免疫反应能力似乎会受到早期皮肤刺激的显著影响。这种免疫反应能力可能是通过影响胸腺的导体物质和激素的机制产生的。胸腺是建立免疫功能的关键腺体，也是通过大脑的下丘脑调节产生的。事实上，有证据表明，早期接受皮肤刺激的动物对疾病的抵抗力更强，但这个情况可能比较复杂，因为接受皮肤刺激的动物同时还有许多其他相关的优势，这些优势无疑也有助于提高机体的抵抗力。正如许多研究人员已经证实的，如果在大鼠和其他动物幼年期给予它们温柔抚摸和驯养，可明显增加其体重和活动量，减少恐惧感，增强承受压力的能力，提高对生理损伤的抵抗力。

我们再来看看绵羊的情况，虽然母羊不一定主动帮助新生羔羊找到乳头并进行第一次吮吸，但母羊的舔舐和朝向小羊的方向性指引会促进新生羔羊的这一行为。亚历山大（Alexander）和威廉姆斯（Williams）在一系列实验中发现，舔舐和定向——母羊面向小羊站立——这两个因素的结合大大促进了小羊成功吮乳的进程。舔舐或定向（研究者后来称为"梳理"）单独发生时，并不能显著地促进小羊吮乳。而当二者同时发生时，小羊寻找母羊乳头的活动就会大幅增加，体重也会比未被舔舐的羔羊更早开始上升。

许多研究者都证明了在鸟类和哺乳动物中，母婴之间皮肤刺激或身体接触的重要性。布劳夫特（Blauvelt）关于山羊的研究表明，如果在母羊有机会舔舐刚出生的小羊之前，就把小羊从母羊身边带走几小时，然后再放回母羊身边，母羊似乎就失去了再为新生小羊做任何事情的行为资源。利德尔（Liddell）在绵羊身上也发现了同样的现象，有趣的是，迈尔（Maier）观察到母鸡和雏鸡也是如此。迈尔发现，如果阻止育雏母鸡与雏鸡之间的身体接触，即使其他所有视觉线索都保持不变，而且把它们关在相邻的笼子里，母鸡的育雏反应也会很快消失。此外，迈尔还发现，如果让育雏母鸡与雏鸡保持密切的生理接触且不离开雏鸡，那么与可以随时离开雏鸡的育维母鸡相比，前者在更长的时间内仍会处于育雏状态。

因此，身体接触似乎是育雏的主要调节因素。皮肤刺激显然是促使脑垂体分泌激素的一个重要条件，这种激素也就是催乳素，对母鸡育雏行为的开始和维持最为重要。催乳素也就是激发哺乳动物（包括人类母亲）开始和持续哺乳的激素。

科利亚斯（Collias）的研究表明，山羊和绵羊母亲会在小羊出生后立即确定自己与孩子的关系，这主要是通过接触来实现的，然后它们会强烈排斥任何接近自己的其他小羊。许多独立研究人员的研究结果表明，动物个体某些生命关键时期的特殊经历，会决定这些动物个体某些典型的行为。研究发现，在这些时期，自然环境的变化往往会导致该动物个体的典型行为向异常方向发展。赫舍（Hersher）、摩尔（Moore）和里士满（Richmond）在 24 只家养山羊分娩后的 10 分钟内，将母羊与刚出生的小羊分开，分离时间从半小时到一小时不等。两个月后，研究者发现，这些母羊比未经历分离的母羊更少哺育自己的孩子，而更多哺育外来的孩子。这项实验的一个最有趣的、未曾被预见到的结果是，未分离组的母羊出现了"拒绝行为"，既不哺育自己的孩子，也不哺育其他孩子。山羊是一种高度群居化的动物，种群中部分成员经历的分离似乎会影响整个群体的结构，也会改变对照组动物的行为。

对照组动物的产后经验并没有被刻意破坏，但它们的环境反过来受到了实验组动物的异常母性和亲子行为的影响。

赫舍、摩尔和里士满开展了一项巧妙的实验，旨在确定是否可以延长绵羊和山羊个体特定母性行为发展的关键时期。他们发现，通过强制母羊和幼羊接触以及阻止它们之间的碰触行为，确实可以达到延长的目的。

麦金尼（McKinney）对家养牧羊犬的研究发现，如果在母犬分娩后将幼犬移走，即使分离时间不超过一小时，也会严重影响母犬的恢复。而幼犬与母犬进行深层联结、吮吸和哺乳都会加速母犬的恢复。麦金尼认为，如果在人类母亲分娩后，就将刚出生的婴儿带离母亲，不允许婴儿继续与母亲接触，这样的做法也可能会产生类似的不良影响，因为母婴之间的接触正是新生儿迫切需要的。最近的研究完全证实了这一观点（见附录2）。

哈里·哈洛（Harry F. Harlow）和他的同事对恒河猴进行了直接观察。他们推测，"紧密的身体接触和附着，是把母亲与婴儿，以及婴儿与母亲联系在一起的主要变量。"他们发现，在母婴面对面的亲密身体接触中，母爱达到顶点，而随着这种身体交流形式的减少，母爱似乎会逐渐减弱。

这些研究者将母爱定义为由多种不同条件决定的功能，这些条件包括外部激励的刺激、不同的经验条件和许多内分泌因素。外部激励是指与婴儿有关的激励，包括接触和抚摸、温暖、吸吮以及视觉和听觉提示。与母性行为有关的实验因素可能包括母亲的全部经历。在这方面，母亲自身的早期经历、她与每个婴儿的关系以及她在抚养婴儿过程中积累的经验可能都特别重要。内分泌因素既与怀孕和分娩有关，也与恢复正常的排卵周期有关。

事实上，母亲的早期经历对其后代直至成年的后续成长都具有相当重要的意义。维克多·德恩伯格（Victor H. Denenberg）博士和阿瑟·惠比（Arthur E. Whimbey）博士在一系列有趣的实验中发现，对于大鼠来说，无论是亲生母亲还是养母，如果在幼鼠的婴儿期母鼠得到过温柔抚摸，那么幼鼠在断奶时的体重都要高于在幼鼠婴儿期没有被温柔抚摸过的母鼠的后代。

阿德（Ader）和康克林（Conklin）研究发现，在怀孕期间被温柔抚摸过的大鼠的后代，不管是与亲生母亲在一起，还是被交由其他雌性大鼠寄养，其易兴奋程度都明显低于未被温柔抚摸过的大鼠的后代。

沃波夫（Werboff）和他的同事发现，如果母鼠在整个孕期都得到了温柔抚摸，那么其活胎数量和后代存活率将会显著增加。他们认为，研究人员观察到的某些体重下降可能是母鼠产仔数增加所致。

塞勒（Sayler）和萨尔蒙（Salmon）发现，对于母鼠合窝饲养的幼鼠，即使母鼠和幼鼠的比例相同，幼鼠在前20天内的生长速度也比单只雌鼠养育的幼鼠快。研究人员认为，体重上的差异很可能是因为有多个母亲提供了更多和更高质量的乳汁，这些乳汁相对更有营养。他们还认为，触觉刺激和热刺激也可能发挥了作用，因为有更多同窝的幼鼠和母鼠，可以起到保暖作用，进而有更多促进新陈代谢的能量可以供幼崽生长。幼鼠通常会花大量时间与其他幼鼠进行身体接触；当与其他小鼠隔离一段时间后，它们对触觉刺激的敏感度就会增加，但对光刺激的敏感度不会增加。

魏宁格（Weininger）在1954年进行的一项同类研究中发现，雄性大鼠在23天断奶后接受三周的温和人工饲养，在44天时，其平均体重比未接受温和人工饲养的对照组高20克；此外，接受人工饲养的大鼠比未接受人工饲养的大鼠长得更快。在位于开阔地的试验中，被安抚过的大鼠明显更靠近开阔地设置的明亮中心，更倾向于忽视它们紧贴墙壁和避光的自然习性。被安抚过的大鼠的直肠温度明显更高，表明它们的新陈代谢率可能发生了变化。

如果大鼠受到压力性刺激（不允许移动、完全断食断水48小时）并且随后立即对它们进行解剖，研究者发现，被安抚过的大鼠的心血管和消化道系统受到的损害比不允许移动的大鼠要小得多。

汉斯·塞利（Hans Selye）和其他研究者已充分证明，长期承受压力的心血管和其他器质性损伤可被视为促肾上腺皮质激素作用的最终产物；促肾上腺皮质激素是脑垂体分泌的激素之一，它作用于肾上腺皮质，使其分泌可的松。这种互动关系有时被称为交感—肾上腺轴。魏宁格认为，被安抚过的动物对应激损害表现出相对更高的免疫力，可能的原因是与未被安抚过的动物相比，前者的脑下垂体在同样危急的情况下，会输出较少的促肾上腺皮质激素。如果情况确实如此，那么经过温柔抚摸与未经过温柔抚摸的大鼠相比，后者在应激后的肾上腺素应该分泌得更多，实验也证明了这一点。下丘脑功能发生了一项重大变化，即大量交感神经对惊恐刺激的反应被减少或抑制（从而减少了垂体输出的促肾上腺皮质激素），这可以解释前述结果。

第1章　皮肤的智慧

这个过程要更为复杂，但归结其基本要素就是，垂体与肾上腺素分泌在安抚和应激情况下，确实存在一定关系。被安抚过的动物在组织身体各系统时，功能效率会提高，未被安抚过的动物则无法通过组织来提高自身的功能效率，因此在各方面都更难应对来自环境的攻击和敌意。因此，当我们谈到"舔舐与爱"或皮肤（皮肤触觉）刺激时，很明显我们说的是情感的基本要素，这同样也是每个有机体健康发展的基本要素。

富勒（Fuller）发现，如果将刚出生不久的幼犬与外界隔绝，随后有人抚摸和温柔地照顾它们，在脱离隔离状态后的测试中，它们的表现比没有受到这些对待的幼犬更好。

康奈尔行为农场的工作人员发现，如果新生羔羊完全没有经过舔舐（尽管出生后舔舐一小时就足够了），许多新生羔羊无法站立，甚至死亡。虽然有些羔羊在没有被舔舐的情况下也能站立，但引人注意的是，新生羔羊在努力站起来时，往往会被母羊用脚压住，直到舔舐完为止。巴伦（Barron）发现，用毛巾擦干（相当于舔舐）的羔羊站起来的时间比没有被擦干的羔羊更早。

触觉的实际影响已经由一系列相互独立的实验得到证实。例如，卡拉斯（Karas）发现，回避条件反射测量表明，与未在出生后5天之内被安抚的大鼠相比，在出生后的最初的5天里被温柔抚摸过的大鼠会呈现出最大的情绪效应。

勒文（Levine）和刘易斯（Lewis）发现，在出生后2到5天内被温柔抚摸过的大鼠，在第12天时，如果受到严重的寒冷刺激，肾上腺抗坏血酸会发生显著消耗；而未被温柔抚摸过的大鼠，以及出生5天之后才被温柔抚摸过的大鼠，要到出生后第16天才对应激反应表现出肾上腺抗坏血酸的显著消耗。贝尔（Bell）、里斯纳（Reisner）和林恩（Linn）发现，电休克24小时后，未被温柔抚摸过的大鼠，以及出生5天之后才被温柔抚摸过的大鼠的血糖水平明显高于出生5天之内就被温柔抚摸过的大鼠。邓恩伯格（Denenberg）和卡拉斯观察到，在出生后10天内被温柔抚摸过的大鼠体重最重，学习能力最强，存活时间也最长。

在诺尔姆（Norem）和康希尔（Comhill）的一项研究中，原本把兔子作为对照组，以揭示药物对高胆固醇饮食的影响，但他们偶然发现，被拥抱和

触摸的力量

陪伴玩耍过的兔子与只被敷衍照顾的兔子相比，前者动脉粥样硬化的数值只有后者的一半。

所有哺乳动物的幼崽都会依偎和拥抱母亲的身体，也会拥抱兄弟姐妹或其他进入群体的动物的身体。这有力地表明，对于哺乳动物的身体发育和行为发展而言，皮肤刺激都是重要的生理需求。几乎每种动物都喜欢被抚摸或以其他方式让皮肤受到愉悦的刺激。狗似乎对抚摸欲罢不能，猫也会乐此不疲，还会发出咕噜咕噜的叫声，还有很多家养动物和野生动物也是如此。显然，它们享受抚摸甚于舔舐自己的皮肤。猫表达信任的最高方式就是在你腿上蹭来蹭去。

人类的手的触摸要比使用非人的机械设备有效得多。挤奶就是一个例子，专家和奶牛场主都知道，手工挤奶的奶牛比机器挤奶的奶牛产奶量更高，营养也更丰富。

亨德里克斯（Hendrix）、范·瓦尔克（Van Valck）和米切尔（Mitchell）报告称，出生后立即接受人类温柔抚摸的马匹在成年后会出现不寻常的行为。这些成年后的行为特征包括在紧急情况下表现出负责任的行为，而在其他时间不缺乏合作性，以及在紧急情况下马与人进行交流时的创造性行为。

坦普尔大学心理学系的艾琳·卡什（Eileen Karsh，一个养了11只猫的爱猫人士）研究猫的社会化，她用26只出生3周的小猫进行研究。这些小猫被分为三个实验组。第一组在3~14周龄期间接受照顾，第二组在7~14周龄期间接受照顾，第三组在14周龄内不进行任何照顾。照顾程序包括实验人员每天将小猫抱在膝上温柔抚摸15分钟。每只小猫都由4名实验人员在不同的时段轮流照顾。之后，实验人员用两种方法测试这三组小猫对人的友好程度：第一种方法是测试它们在未被束缚的情况下与实验人员待在一起的时间长短，第二种方法是测试它们到达实验人员身边的时间。

实验结果表明，在未被束缚时，曾在3~14周龄期间被温柔抚摸过的小猫与实验人员待在一起的时间是完全未被温柔抚摸过的小猫的两倍。而另一组与实验人员待在一起的时间居于上述两组之间。同样，3~14周龄期间被温柔抚摸过的小猫到达实验人员身边的时间要短得多，另外两组所花的时间差不多。

卡什在另一项实验中发现，温柔抚摸小猫的次数似乎也会影响小猫的友好程度。实验发现，与每天在实验室中被温柔抚摸15分钟的小猫相比，每天得到40分钟温柔抚摸的小猫更善于交际，而在家中饲养的小猫最善于交际。

根据我的观察，海豚喜欢被轻轻抚摸。在迈阿密的通信研究所，我有幸在几分钟之内就和埃尔瓦尔交上了朋友，它是一条成年雄性海豚，独占了一个小水箱。因为埃尔瓦尔习惯嬉戏泼水，所以参观者们也都入乡随俗地穿上了防水油衣。埃尔瓦尔会根据游客的体型调整泼水的力度：小孩子会被泼小水花，中等身材的孩子会被泼中水花，而成年人则会被泼大水花。出于某种原因，我却完全没有被泼任何水花。馆长约翰·莉莉（John Lily）博士说，这种情况以前从未发生过。我带着喜爱、好奇和尊重走近埃尔瓦尔，抚摸它的头顶，这很合它的脾气。在接下来的相处时间里，埃尔瓦尔开始露出身体的每一个部位让我抚摸，它似乎特别喜欢侧着身子让我抚摸鳍下的部位。令人痛心的是，几个月后，埃尔瓦尔被人类访客传染了感冒而死亡。

位于北卡罗来纳州的杜克大学海洋实验室的A. F. 麦克布赖德（A. F. McBride）博士和H. 克里兹勒（H. Kritzler）博士记录了一只两岁大的雌性海豚的情况：它非常喜欢观察者的抚摸，经常小心翼翼地从水中爬出来，用下巴摩擦观察者紧握的拳头的指关节。两位观察者记录道："海豚非常喜欢在各种物体上摩擦自己的身体，因此水箱中安装了一个由三支粗壮的扫帚刷组成的背擦器，固定在一块岩石上，刷毛朝上。一旦海豚发现了人类安装这些刷子的用意，它们就会在上面蹭来蹭去。"

据报道，灰鲸也有类似行为。在位于加利福尼亚州以南430海里的下加利福尼亚半岛西海岸的圣伊格纳西奥湖水域，有一群友好的鲸鱼，尤其是其中一只成年雌鲸，经常会寻找一群小船和船上的人，希望被他们抓挠。它们会在小船上蹭痒，然后浮出水面，等人用手或长柄刷为它们搔痒。这篇报告颇为引人入胜，作者雷蒙德·吉尔摩（Raymond Gilmore）写道："很显然，灰鲸会通过身体接触而产生触觉刺激的快感。"报道中的九张彩色照片也无言地证明了这一点。

贡纳（A. Gunner）先生关于刺猬身上携带的跳蚤的观察有非常有趣。他写道：

触摸的力量

　　我饲养和观察刺猬已经有五六十年了，我深信，给刺猬除蚤对它们并无益处。跳蚤提供了一些基本要素。我认为这可能是一种皮肤循环刺激，如果缺乏诸如轻推、按摩、搔抓、摩擦或刺激皮肤的其他方式，动物的毛细血管就难以保持正常活动。

　　一位动物学家朋友向我保证，我的看法可能是对的，因为澳大利亚针鼹、某些犰狳，尤其是哺乳动物中的保护动物穿山甲，都能忍受在它们身体甲壳的重叠缝隙处滋生昆虫。如果为它们做清理和驱虫，它们反而无法继续存活。

　　我试图继续跟进这一观察结果，但很遗憾，我无法获得有关这一主题的任何后续信息，但是，像那位动物学家朋友一样，我愿意相信他的观察结果是合理的。鸟类与其他动物经常建立亲密（共生）的关系，它们会给鳄鱼剔牙，在绵羊背上落脚，为一些心甘情愿的动物寄主剔除身上的碎屑和寄生虫……还有猴子和猿类的"梳理"行为，或者爱的拥抱——所有这些行为都表明，其中涉及了一种基本而复杂的需求。

　　从这些观察和实验以及后文中将提到的更多信息中，我们可以看出，刚出生的动物幼崽接受的各种皮肤刺激，对它们的身体和行为的健康发展至关重要。而触觉刺激可能对人类发展出健康的情绪或情感关系具有根本性的意义。"舐舐"一词无论用于它原本的意义，还是作为比喻来使用，都与爱密切相关。简而言之，人不是通过教导，而是通过被爱来学会爱的。正如哈里·哈洛教授所说，"从孩子对母亲建立亲密的依恋关系开始，孩子就开始形成多种习得的、普遍的情感反应"。

　　哈洛教授开展了一系列极具价值的研究，证明了猴妈妈和幼猴之间的身体接触对后者的健康成长具有重要意义。哈洛在研究中注意到，实验室饲养的幼猴对铺在地板上和笼子里的布垫（折叠起来的纱布材质的尿布）表现出强烈的依恋。当然，这与许多幼儿的"安全毯"行为类似（见本书第251~252页）。研究者还发现，如果幼猴出生之后的前5天生活在光秃秃的铁丝网笼子地板上，就很难存活。如果笼子地板上铺上铁丝网，幼猴的情况就会好一些；如果铺上毛圈布，幼猴就能健康地成长。于是，哈洛决定做一个用毛圈布制成的代理猴妈妈，并在她身后放一个灯泡散发热量。结果，她成了一个"柔软、温暖、温柔的母亲，一个有着无限耐心的母亲，一个一天 24 小时都可以使用的母亲，一个从不训斥幼猴、从不愤怒地打或咬幼猴的母亲"。

第二个代理妈妈完全由铁丝网制成，没有毛圈布，因此接触起来并不舒服。故事的其他部分最好用哈洛自己的话来讲述：

> 在我们最初的实验中，提供了两个代理妈妈，我们把一个布制母猴和一个铁丝网制的母猴放置在不同的隔间里，这些隔间与小猴生活的笼子连通。对于 4 只幼猴来说，布妈妈可以哺乳，而铁丝网妈妈不会；对于另外 4 只幼猴来说，条件相反。无论在哪种情况下，只要幼猴能够自行以这种方式维生，就能通过代理妈妈获得所有所需的乳汁。一般幼猴在两三天内就能获得这种能力，发育非常不成熟的个体除外。如果某些幼猴还不具备从代理妈妈那里摄入足够乳汁的能力，就会另外再为它们补充所需的营养。因此，该实验的目的是测试接触舒适度和哺乳舒适度这两个变量的相对重要性。在幼猴出生后的 14 天里，在笼子的地板上铺上用折叠纱布尿布包裹的加热垫，此后会给加热垫加热。幼猴随时可以自由地离开加热垫或笼子地板，与代理妈妈接触，它们在代理妈妈身上花费的时间会被自动记录下来。图 1-3 显示了在两种喂养条件下，幼猴在布妈妈和铁丝网妈妈身上花费的总时间。这些数据表明，在情感回应的发展过程中，接触舒适度是一个极其重要的变量，而哺乳的重要性则可以忽略不计。随着年龄的增长和学习机会的增加，被试幼猴对哺乳期铁丝网妈妈的回应越来越少，而对非哺乳期布妈妈的回应越来越多。这一发现完全推翻了一个观点，即妈妈的形象只是提供了缓解饥渴的形式。随着年龄的增长和学习机会的增加，被试幼猴对铁丝网妈妈的回应越来越少，而对布妈妈的回应越来越多。在连续 165 天的测试中，这些不同的反应保持了持续的一致性，图 1-4 提供了明显的证明。

哈洛写道："这一发现并不令我们意外，接触舒适度是一个重要的基本情感。爱的差异如此之大，以至于表征哺乳作为情感变量的主要功能是确保婴儿与母亲频繁而亲密地进行身体接触。一个人当然不能只靠奶水活着。爱是一种不需要用奶瓶或勺子喂养的情感。我们可以肯定的是，爱不能只停留在口头。

触摸的力量

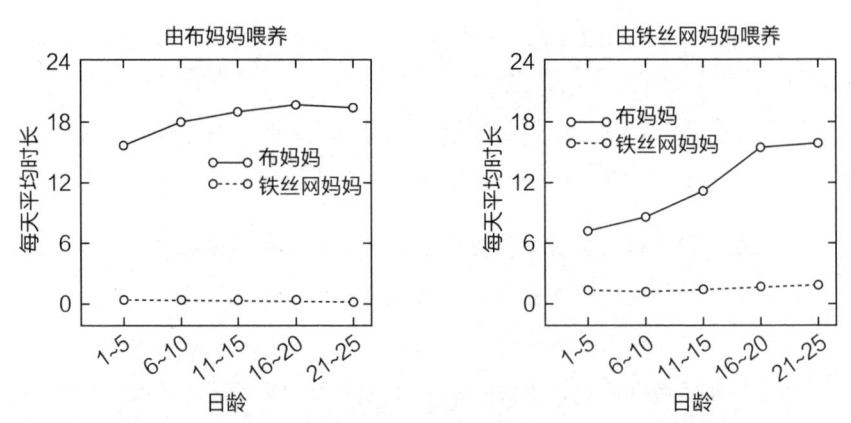

图1-3 小猴与布妈妈和铁丝网妈妈共处的时间（来自H. F. 哈洛和R. R. 齐默尔曼，《婴儿期猴子的情感回应发展》，载《美国哲学学会论文集》，1958年第702期，第501~509页，经许可引用）

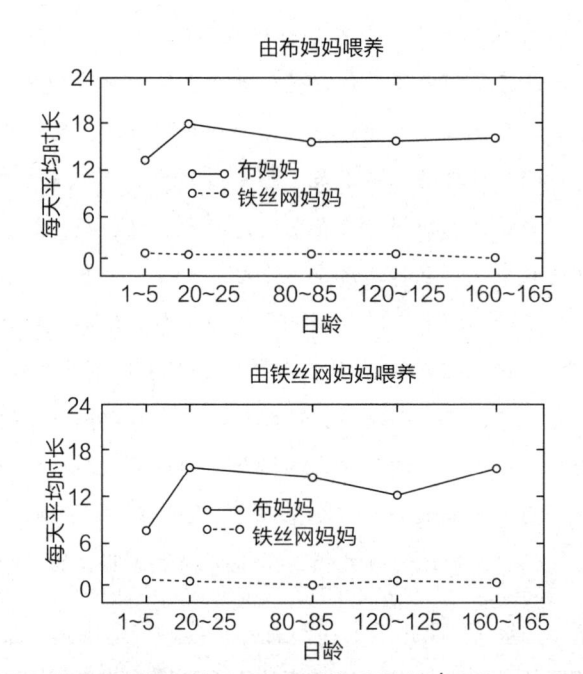

图1-4 幼猴与代理布妈妈和铁丝网妈妈的长期接触（来自H. F. 哈洛和R. R. 齐默尔曼，《婴儿期猴子的情感回应发展》，载《美国哲学学会论文集》，1958年第702期，第501~509页，经许可引用）

迄今为止，哈洛最重要的观察发现是，幼猴对触觉刺激的重视程度超过了对营养的重视程度，它们更依恋提供身体接触而不提供营养的"母亲"，而不是那些仅提供营养的"母亲"。哈洛甚至认为，哺乳的主要目的是确保婴儿和母亲之间频繁地进行身体接触。这种接触也许不是哺乳的主要功能，但它确实是一个非常重要的基本功能，我们将在后面详细讨论这个问题。

最后，哈洛总结道：

> 我们现在知道，家庭并不需要作为工人阶级的妇女发挥哺乳的功能；在可预见的将来，新生儿护理可能不会被视为一种必需品，而是一种奢侈品。用凡勃伦（Veblen）的话说，新生儿护理是一种仅限于上层阶级才能享有的"炫耀性消费"。

正如我们将在第3章读到的，哈洛完全低估了母乳喂养对动物和人类的重要性，但这丝毫不影响他得出的有关身体接触的观点：母婴之间的身体接触具有重大的价值。哈洛等已经证明，在正常的哺乳的恒河猴母婴之间，提供营养和不提供营养的乳头接触大约会持续3个月。这些乳头接触无疑对个体的发展起着重要的作用。

当婴儿出生时，母亲也获得了新的生命。有相当多的证据表明，在这个时期及此后的几个月里，母亲对接触的需求超过了婴儿。哈洛观察到，在生产后的最初几个月，恒河猴母亲对亲密接触的需求超过了婴儿，这有助于母性保护的发展。人类母亲对亲密接触的需要无疑要远多于其他哺乳动物，需要的时间也更长，这不仅有着重要的心理作用，而且发挥了许多生理作用，如阻止产后出血、收缩子宫、胎盘剥离和排出、改善循环等。

哈洛和他的研究团队还有一项惊人的发现：当追溯5只完全失败的猴子母亲的早期经历时，发现它们丧失了发展正常母婴关系的机会，它们从未见过自己真正的妈妈，也被剥夺了正常的母婴关系，之后，它们与其他猴子只有有限的身体接触。其中2只猴子母亲几乎完全不关心它们的婴儿，3只猴子母亲还会对婴儿有暴力行为。如果雌猴在婴儿期无法正常满足接触依恋，它们成年后可能也无法与自己的婴儿建立正常的接触关系。同样，猴子母亲有暴力行为的原因可能是它们在出生后一年内与其他婴儿猴子接触的社会经验不足。此外，研究者还发现，没有母亲的雌性动物都无法表现出正常的雌性性行为，比如相应的姿势和反应。尽管如此，它们还是做了母亲。正如我们将要看到的，与此相应的这种内在关联的人类行为及其意义几乎完全相同。

哺乳动物的母性行为并不完全依赖激素或学习，幼崽可以更容易也更有效地激发母亲的母性行为。罗斯（Roth）的研究表明，如果把幼崽放在铁丝篮子里并固定在雌性动物笼子的内侧，而雌性动物无法舔舐或以其他方式接触幼崽，母性行为就会延迟。特克尔（Terkel）和罗森布拉特（Rosenblatt）发现，如果将没有性经验的雌鼠关在狭小的笼子里，强迫它们持续与幼鼠接触，而不是像在较大的标准笼子里那样，它们只有零星的机会与幼鼠接触，那么可以在大约两天内更快地诱发雌鼠的母性行为。雌鼠对幼鼠的反应随着其与幼鼠的刺激性接触的多少而变化，这使得幼鼠的各种刺激能够发挥作用。

罗森布拉特提出了"同步"的概念，意指母亲的行为适应幼崽的需要和行为能力，也会随着幼崽行为能力的发展而改变。然而，"同步"是指事件在时间上的同时性，我认为"相互依存"可以更准确地描述母婴之间在新生儿期令彼此都受益的相互刺激。当然，这些互惠关系的变化有着奇妙的同步性，但它们之间的相互影响更突出了它们之间的相互依存性。正是母婴之间的相互刺激，才导致了身体和行为上的每一种变化的发展。如果没有这种相互刺激，这些变化就不会发生。因此，绝不能低估哺乳期母婴间相互刺激的重要性。

哈洛等评论说："在整个猴类王国都能观察到强大的社会化回应，即梳理毛发。"在幼崽出生后的前30天里，这种对幼崽的回应不断增加。他们认为，这或许表明母婴之间的特殊心理联系在不断加强。

菲利斯·杰伊（Phyllis Jay）报告道："从幼崽出生的那一刻起，叶猴妈妈就会检查、舔舐、梳理和摆弄它。幼崽在安静地吃奶或睡觉时，叶猴妈妈会轻柔地梳理和抚摸它，不会打扰或吵醒它。在出生后的第一周，幼崽完全不会离开妈妈或其他成年雌性。"

哈洛发现，在雌猴分娩后的头几个月里，雌猴对亲密接触的需求超过了幼崽。因此，这种需求至少在一定程度上促成了雌猴的保护行为。人类和猴妈妈一样渴望这种接触。20世纪20年代末，哈佛大学的玛丽·雪莉（Mary

Shirley）对25名婴儿进行了深入研究，她发现：母亲报告的婴儿最早表现出的情感迹象，是哺乳时他们会轻拍乳房，在被抱到母亲肩头时他们会满足地依偎着。到了第七个月和第八个月，婴儿会通过拍母亲的脸、搂母亲的脖子、脸颊贴脸颊、转过脸来亲吻、拥抱和咬等方式来表达他们的爱意。雪莉认为，虽然这些活动中大部分可能都是习得的，但拍打和拥抱可能是自发的。无论如何，我们都能够发现，婴儿的所有交流情感的行为都是触觉行为。但毫无疑问，还有其他交流行为，如面部表情、微笑和大声笑。

触觉交流是灵长类动物交流的精巧媒介。在灵长类动物中，已广泛观察到性展示、不涉及性的较量、咂嘴（咂耳）、拥抱、亲吻生殖器/腹部、亲吻臀部、亲吻嘴/头、抚摸臀部、抚摸手、咬等行为。正如彼得·马勒（Peter Marler）在总结证据时所说："在灵长类社会中，这些触觉信号在维持和平与凝聚力上发挥着重要作用，绝不能低估其影响。"

幼年灵长类动物实际上一直与母亲保持着联系。它们的生存依赖于此。它们通过依偎、吮吸、攀爬和发声，建立和维持与母亲的接触和交流。正如海迪格（Hediger）所说，灵长类动物是一种接触性动物。

幼崽长时间被母亲抱在怀里。它们经常挂在或者骑在群体里的其他同伴身上，保持着接触。幼年动物和成年动物往往坐在一起，甚至亲密地睡在一起。它们之间有大量的接触，最典型的是梳理毛发。灵长类动物会相互梳理毛发，这样可以保证它们的身体清洁和没有寄生虫等。而且正如艾利森·乔利（Allison Jolly）所说，这是"从狐猴到黑猩猩等灵长类动物的社会黏合剂"。安东尼描述了草原狒狒梳理毛发的发展过程，从婴儿吮吸乳汁到抓住专门的吸奶毛发，再到梳理毛发。在这种过程中，它们享受到的互惠乐趣很可能与最后梳理毛发和被梳理毛发的乐趣有关。在整个生命过程中，接触行为可以舒缓强烈的情绪反应，并在一定程度上控制因此而产生的混乱状态。

除了梳理毛发，灵长类动物还表现出大量其他接触行为，如拍打和依偎。尤其是在打招呼时，黑猩猩不仅会拍打对方的手、脸、腹股沟和身体的其他部位，还会把手放在对方的背上以示安抚，会以亲吻来表达亲昵。尤其是黑猩猩幼崽，它们喜欢被挠痒痒，会拉着挠痒者的手放到自己身上。

在猴类和猿类中最常见的是用手梳理毛发，或者像狐猴那样，用专门的梳子状牙齿梳理毛发。正如乔利所指出的那样，人类的手是一种有趣的序

触摸的力量

列。简而言之，从舔舐到用牙齿梳理毛发（如狐猴），到理手指，再到抚摸或爱抚（如黑猩猩、大猩猩和智人），很可能是一个进化过程。因此，抚摸对于人类婴儿来说，实际上是一种重要的经验形式，就像舔舐对于其他哺乳动物的幼崽一样。我们还将进一步研究这个问题。与此同时，舔舐或其他形式的愉悦触觉刺激显然是人类生存能力的起源之一。

因此，我们得出结论：对哺乳动物、猴子、猿类和人类行为的研究清楚地表明，触摸是一种基本的行为需求，就像呼吸是一种最基本的生理需求一样。婴儿需要依赖他人，他们通过接触、触觉行为和随后的终生与他人保持接触来成长和发展。此外，如果触觉需求得不到满足，个体也会产生异常行为。

第2章

时间的子宫

> 无数的人事变化孕育在时间的子宫里。
> ——莎士比亚,《奥赛罗》,第一幕,第三场。

我们在上一章已经了解到,幼崽在出生后不久和之后相当长的一段时间里,舔舐、用牙齿梳理毛发或用手整理毛发,似乎是它们生存的不可或缺的条件。这些刺激似乎对幼崽的健康行为发展同样必要。若事实如此,那么,为什么人类母亲并不舔舐孩子或梳理孩子的头发呢?

人类母亲没有这些行为。多年的广泛调查发现,只有两种文化里的母亲有时会用舔的方式来给孩子洗澡。在缺水的地区——极地爱斯基摩人聚居区和青藏高原,母亲有时会用舔年长孩子的方式来代替用其他来源的水给孩子清洗。事实上,人类母亲不会舔舐自己的幼年子女,虽然传统智慧也并非没有意识到人类母亲和其他哺乳动物母亲之间的相似之处。类似的说法在诸如 un ours mal léché("一个未被舔过的幼崽")这样的短语中被印证。这个法语短语经常用来描述一个无礼的人,"乡巴佬","粗鲁的人",在与他人的关系中表现尴尬的人。而这个短语背后的概念最初指的是一些动物的幼崽发育不成熟,它们必须被母亲以舔舐的方式塑造成形。*

后人则给予这个短语一种含蓄的含义，即承认母亲温柔的照料在可能被称为"与人关联的能力"的发展中的重要性。例如，杰出的比利时裔美国科学史家乔治·萨顿（George Sarton）在他的私人日记中写道："我现在发现8月1日是西班牙人雷蒙德·诺纳图斯（1200—1240）的圣徒节。他被称为Nonnatus，因为他不是生出来的，而是从他已死的母亲的子宫里移出来的。我自己的命运与他大同小异，因为我的母亲在我出生后不久就去世了，我从未了解过她……我的很多缺陷都是因为我没有母亲，我的好父亲没有时间为我操心。我确乎是一只'未被舔舐过的熊'。"

在这里，我们需要回答一个问题：对自己的孩子，人类母亲是否有类似于"舔舐"的行为，以帮助孩子准备好生理系统的运作？

我认为"舔舐"的对等物之一是临产母亲所经历的长时间分娩。头胎胎儿的平均产程为16小时，后续出生的胎儿的平均产程为8小时。分娩期间，子宫的收缩为胎儿的皮肤提供了大量刺激。子宫收缩起到的作用类似于其他哺乳动物对新生儿的舔舐，最终效果也非常类似。在子宫里，胎儿不断受到羊水和自身身体对子宫壁不断增大的压力的刺激。这些刺激在分娩过程中大大强化，以便使胎儿的维生系统做好准备，在胎儿出生后发挥功能。这种刺激方式不同于胎儿出生前一直生活的水生环境所需的方式。这种皮肤刺激的加强对人类胎儿尤为重要，因为与一般人的看法相反，胎儿娩出时，妊娠期并没有结束。它只完成了一半。我们有必要进一步讨论这个问题，以便更深入地了解人类新生儿出生时岌岌可危的状况，以及为什么人类新生儿必须接受某些类型的皮肤刺激。

新生儿和婴儿不成熟状态的意义

为什么人类以一种如此不成熟的状态出生？婴儿要在8~10个月大时才

---

* 老普林尼（Pliny the Elder，公元前23—公元79年）在他的《自然历史》（第三卷，第126页）一书中写道："刚出生的小熊是一团形状模糊的白色肉团，只比小白鼠大一点，只有爪子有清晰的形状。熊妈妈一点点舔舐它们，使它们逐渐呈现清晰的形态。"

能爬行，再过4~6个月才能走路和说话？人类的孩子要经过许多年才能不再依赖他人生存，这再一次证明了人类出生时比任何其他动物出生时都更不成熟，而且不成熟持续的时间也更长。

新生的大象和梅花鹿出生后不久就能与象群和鹿群一起奔跑。小海豹在6周大的时候，母亲已经教它学会在自己的水中王国畅游。这些动物都有很长的妊娠期，大概是因为产下幼崽的动物无法像食肉动物那样有效地保护自己刚出生的孩子，因此必须产下相当成熟的幼崽。较长的妊娠期有助于胎儿成熟。

大象的妊娠期为515~670天，每胎只产一只小象。梅花鹿这类动物一般每窝有两三只幼崽，妊娠期约为230天。海豹每胎只产一只幼崽，妊娠期从245天到350天不等。相比之下，食肉动物在保护幼崽方面效率很高，而且妊娠期很短。它们每窝产崽三只左右，幼崽出生时体型较小，并且处于某种发育不成熟状态。例如，狮子每窝通常有三只幼崽，妊娠期约为105天。人类的妊娠期约为266.5天，明显属于长妊娠期。既然如此，那么怎么解释人类出生时所处的极度不成熟状态呢？这又是另一个问题。

猿类出生时也处于不成熟状态，但保持这种状态的时间要比人类婴儿短得多。大猩猩的平均妊娠期约为252天，猩猩约为273天，黑猩猩约为231天。猿类的分娩一般不超过2个小时，这与人类母亲头胎平均要花费16小时，以及之后分娩平均花费8小时形成了鲜明的对比。

猿类与人类一样，也是单胎分娩，即通常每次只有1个胎儿受孕到足月娩出，但与人类相比，猿类幼崽的发育要快一些，因此在抬头、滚动、蠕动、独坐、站立和行走等方面，幼猿的发育时间约为人类婴儿的1/3~2/3。猿类母亲会温柔地照顾幼猿数年，母乳喂养持续三年或更长时间的情况并不少见。因此，人类婴儿的不成熟状态可以被看作所有类人猿共同特点的延伸，这一种群，包括类人猿和更早期的人类的婴儿都在发育不成熟的状态下开始生命之旅。在类人猿中，照顾、喂养和保护幼崽的工作完全由雌性承担。只有当雌性和幼崽陷入危险境地时，雄性才会采取行动保护它们。

虽然人类和类人猿的妊娠期长度在同一范围内（见表2-1），但两类胎儿的生长却明显不同。这表现在人类胎儿与类人猿胎儿相比，在妊娠末期生长速度大大加快。最明显的是胎儿大脑体积的增大，到出生时已达到

375~400立方厘米。人类新生儿的平均体重为7磅。黑猩猩新生幼崽的平均体重为4.33磅（约1 800克），脑容量约为200立方厘米。大猩猩新生幼崽的平均体重为4.75磅（约1 980克），出生时的脑容量似乎并不比黑猩猩大多少。类人猿的新生幼崽体型较小，在一定程度上，这可能与类人猿雌性分娩时间较短有关。而人类胎儿的体型较大，尤其是胎龄266.5天时发育的头部大小决定了母亲必须在此时分娩。如果胎儿不在这个时候出生，而是继续以这个生长速度生长，那就根本无法实现分娩——这将使得人类种族无法延续。

表2-1 猿类和人类的妊娠期、出生后发育、寿命

种群	妊娠期（天）	女性性成熟年龄（岁）	长出第一颗到最后一颗恒牙的年龄（岁）	性成熟年龄（岁）	寿命（岁）
长臂猿	210	8.5	?~8.5	9	30
猩猩	273	?	3.0~9.8	11	30
黑猩猩	231	8.8	2.9~10.2	11	35
大猩猩	252	9.0	3.0~10.5	11	35
人类	266.5	13.5	6.2~20.5	20	75

由于人类进化出直立姿势，其骨盆的各个部位都发生了重大变化，其中的一个变化就是骨盆出口变窄。在分娩过程中，骨盆出口随着骨盆韧带的松弛而扩大，足以让婴儿的头部在一定程度的塑形和挤压下通过产道。为了适应这种情况，与相同孕龄的猿类婴儿相比，人类婴儿发育出头盖骨的胎膜生长得更慢。因此，人类婴儿的颅骨有很大的移动和重叠空间，以适应出生过程中作用在婴儿头部的压力。因此，人类婴儿在出生时已经到了必须出生的时间点；我们已经看到，在分娩前的最后3个月中，婴儿大脑的生长速度极快，如果到了分娩期继续下去，婴儿就无法出生了。类人猿婴儿的大脑发育较慢，所以类人猿母亲的骨盆结构不会面对这样的问题。

人类婴儿较长的行为不成熟期意味着，新生儿在出生时还未发育完成，在生物化学和生理发展上也很不成熟，需要高度依赖他人。例如，新生儿体内有多种酶尚未成熟。在这一点上，人类与其他一些哺乳动物有着共同的特征，但与迄今为止研究过的其他大多数哺乳动物的幼崽不同的是，人类婴儿

体内根本还没有这些酶。例如，豚鼠和小鼠的转氨酶在出生后第一周就开始形成，但需要大约八周才能完成。似乎所有哺乳动物的子宫环境中都存在某种抑制胎儿转氨酶形成的因素。在人类婴儿身体内，直到几周或几个月后才会出现一些肝脏和十二指肠酶（淀粉酶）。新生儿的胃酶已经出现，完全能处理从母亲乳房摄入的初乳和乳汁，但这些酶还不能有效地代谢较年长儿童通常摄入的食物。

所有的证据都表明，虽然人类与类人猿的妊娠期只相差一两周，但有诸多其他因素都导致人类婴儿的发育时间被大大延长。人类婴儿出生时，通常定义的妊娠期其实还未结束。人们会认为，如果有一种生物在子宫发育后期和童年时期的发育速度与人类胎儿相同，那么它在子宫内的妊娠期应该比人类胎儿要长得多。与类人猿相比，人类的每一个发育期——婴幼儿期、儿童期、儿童晚期、少年期、青年期、成年晚期或成熟期、老年期，都大大延长了，只有子宫内的发育期是个例外。那么，为什么人类不能拥有一个更长的妊娠期呢？

原因似乎是，当胎儿的头部达到与通过产道相适应的最大尺寸时，胎儿就必须娩出。胎儿的这一迁移过程并非易事。事实上，4英寸长的产道可以说是人类经历的最危险的旅程。有证据表明，人类胎儿在妊娠期结束之前就已经出生了。在孕期的最后一个月，胎儿大脑的发育速度非常快，如果胎儿继续在子宫内发育，就会使出生变得不可能。因此，为了胎儿和母亲的安全，必须在胎儿的头部大小达到能出生的极限时，就终止子宫内的妊娠，此时胎儿还未发育成熟。

人类发育期延长的进化过程被称为"幼态持续"。这个术语指的是，在成熟个体从婴儿到成年的发育过程中，保留了祖先幼体（胎儿或少年）的功能和结构特征。人的头部较大，面部较平，头型为球状，脸小，牙齿小，没有眉脊，头骨薄，骨缝闭合晚，毛发相对较少，指甲薄，受教育期长，爱玩等许多特征都是幼态持续的证据。*

因此，人类的妊娠期其实也大大延长了，只是妊娠期的后半段是在子宫

---

* 更多关于"幼态持续"的信息可参见：阿什利·蒙塔古，《年轻化成长》（纽约：麦格劳-希尔出版社，1981年）。

触摸的力量

外完成的。实际上，我们通常理解的妊娠期在出生时尚未完成，而是从子宫内妊娠一直延续到了子宫外妊娠。博斯托克（Bostock）建议，子宫外妊娠的截止时点应定在婴儿可以开始用四肢有效爬行的阶段。这一建议很有价值。有趣的是，如果以婴儿开始爬行为妊娠的截止时点，那么子宫外妊娠与子宫内妊娠的平均持续时间完全相同，即266.5天。在这里还有一点很有趣，如果母亲继续为婴儿哺乳，那么下一胎的怀孕将会推迟一段时间。母乳喂养会在不同时期抑制排卵，所以，这是一种自然但不完全可靠的避孕方法。母乳喂养还能抑制月经出血，如果母亲不进行母乳喂养，月经出血量会更大，持续时间会更长，母亲储备的能量可能会耗尽。因此，过早停止母乳喂养会带来很多不利因素，尤其是当母亲还有其他孩子需要照顾时。因此，母乳喂养不仅会给婴儿带来好处，也会给母亲带来好处，最后也会给整个家庭带来好处。这仅仅是母乳喂养对身体的好处。更重要的是，在哺乳过程中，婴儿和母亲的心理是互惠的，特别是对于人类这个物种，母亲为了在子宫外继续养育她的孩子，需要以共生的方式与孩子同时存在。

为了让孩子掌握作为一个合格的人所必须学会的东西，他必须拥有一个可以储存所有必要信息的大仓库——简而言之就是一个具有超强储存和检索能力的大脑。一个惊人的事实是，人类儿童在3岁生日时，大脑几乎已经发育为成人的大小，3岁儿童的平均脑容量为960立方厘米，而20岁成人的脑容量为1 200立方厘米；也就是说，在生命的第3年之后，人类大脑只需再增长240立方厘米就能发育完全，而这240立方厘米将在接下来的17年中以小幅递增的方式逐步累积。换句话说，在3岁时，人类儿童的大脑已经发育完成了90%。值得注意的是，婴儿大脑的体积在生命的第1年结束时就增加了一倍多，达到了约750立方厘米，相当于成人的60%。大脑总生长量的近2/3是在第1年结束时完成的。在第3年结束时，大脑体积又增加了近1/3（见表1–2）。因此，婴儿大脑在第1年的生长速度超过了之后任何一年。

表1–2　人类大脑与脑容积的发育（包括两性数据）

年龄	重量（克）	体积（立方厘米）	脑容量（立方厘米）
出生	350	330	350
3个月	526	500	600

续表

年龄	重量（克）	体积（立方厘米）	脑容量（立方厘米）
6 个月	654	600	775
9 个月	750	675	925
1 岁	825	750	1 000
2 岁	1 010	900	1 100
3 岁	1 115	960	1 225
4 岁	1 180	1 000	1 300
6 岁	1 250	1 060	1 350
9 岁	1 307	1 100	1 400
12 岁	1 338	1 150	1 450
15 岁	1 358	1 150	1 450
18 岁	1 371	1 175	1 475
20 岁	1 378	1 200	1 500

数据来源：《儿童成长与发展：第二部分》（*Growth and Development of the Child, Part II*, White House Conference, New York: Century Co., 1933, p. 110）。

有一点很重要：大部分的大脑发育都要在出生后的第一年内完成，因为婴儿需要学习和实践的事情太多了。事实上，婴儿出生后的第一年需要默默地做大量准备工作，以迎接将持续一生的旅程。要为这趟旅行做万全准备，婴儿的大脑必须远超 400 立方厘米，但很显然，他不能等到大脑长到 750 立方厘米后再出生。因此，他在出生时的大脑必须尽可能大，在出生后再继续完成所需的发育。由于在出生前，人类大脑最多也只能发育到大小能通过产道的程度，因此，在出生后，人类婴儿还要继续完成其他哺乳动物在出生前就已经成熟或完成的发育过程。换句话说，人类需要有一个延长到出生后继续的妊娠期。

当子宫内妊娠期比预产期晚两周以上时，妊娠期就被称为"后成熟期"。约有 12% 的新生儿的出生日期比预产期推迟两周，约有 4% 的新生儿的出生日期比预产期推迟三周。所有证据都表明，超期时间越长，对胎儿及其产后发育就越不利。超期生产婴儿的围产儿死亡率是足月儿的两倍多，因头盆不对称而进行初次剖宫产的发生率是足月儿的两倍；在这些超期生产的婴儿中，约有 1/3 会发生严重的先天畸形，而且他们一般都有适应能力相对较弱的特点。所有这些都强调了足月分娩的重要性。

  人类婴儿出生时的不成熟程度近似于小型有袋动物，后者在极不成熟的状态下进入母袋中，继续妊娠过程，直到发育完全成熟。人类婴儿的未成熟期比袋鼠或负鼠幼崽要长得多，但有袋动物的幼崽在未成熟期可以受到母袋的保护，而人类婴儿却不具备这种优势。然而，人类婴儿是一个共生单元的一部分：在子宫内时，母亲为胎儿提供庇护和食物，并在整个怀孕期间精心准备；一旦婴儿出生，母亲将继续为婴儿提供庇护和食物，其效率远远高于有袋动物的母亲。母亲和胎儿在整个孕期形成了生物统一体，这种共生关系并没有因婴儿的出生而停止；事实上，这种生物统一体和共生关系在婴儿出生后会比在子宫内的妊娠期间更加强大，也会在母婴之间发生更多的相互影响。

  如果这种对妊娠期的解释是正确的，那么我们现在就比以往任何时候都更需要满足新生儿和婴幼儿的需要，因为他们的生存和发展完全依赖于出生后的新环境。尽管人们习惯于把出生看作妊娠期的终点，但我认为，这种观点并不正确，就像人的生命并非始于出生一样。出生不是生命的开始，也不是妊娠的结束。出生意味着一系列复杂而又非常重要的功能变化，这些变化会帮助新生儿做好准备，跨越子宫内妊娠与子宫外妊娠之间的桥梁。

  由于人类的婴儿在出生时还如此脆弱，作为父母就非常有必要充分理解婴儿的不成熟到底意味着什么：尽管出生后引发了各种变化，但婴儿其实仍在继续其妊娠期的过程，通过产道，他们从子宫内妊娠阶段过渡到子宫外妊娠阶段，与母亲——这个世界上最有能力满足其需求的人——建立起持久且日益复杂的互动关系。新生儿最重要的需求之一是通过皮肤接收信号，这是他与外界交流的第一个媒介。子宫收缩给胎儿身体带来了巨大压力，这极大地帮助了他为出生后的机体功能运转做好准备。我们接下来要讨论的就是这个问题。

以正确的方式抚摸

非人类哺乳动物的分娩时间相对较短，通常不足以激活泌尿生殖系统、胃肠道系统和部分呼吸系统等机体维持系统；因此，母亲必须通过舔舐幼崽来激活这些系统。它们通过对气味、湿度、触觉、温度、早期经验等一系列固有的反应行为来达到这一目的。人类母亲的这种先天反应能力比较微弱，她们对新生儿的反应在很大程度上取决于她们自己在婴儿和儿童时期经历的早期经验，并在一定程度上与学习和成熟有关。如果母亲并不享受这样的经历或没有学会如何做母亲，那么很有可能她们是不称职的，从而危及婴儿的继续生存。[*]因此，在生理上，婴儿必须为出生后的功能做好充分准备，以使各项生理机能自动发挥作用，这是婴儿生存的基本保证。这种基本保证不能依赖于任何产后行为，如舔舐，尽管这对其他物种的进一步发育是必要的。人类为婴儿提供的保证是通过子宫收缩对胎儿身体的长时间刺激来实现的。通过这种刺激，婴儿的维持系统得到了激活或强化，于是能够在出生后立即发挥作用。简而言之，对于人类，分娩过程中长时间的子宫收缩除了具有其他重要功能外，还会带来一系列大量皮肤刺激，目的就是激活并确保维持系统的正常运作。

当我们问及普通的、不复杂的分娩过程有什么功能时，答案是为产后功能做准备。准备过程需要一定的时间，因为如果胎儿想在出生后立即迈入崭新的世界，找到自己的位置，就必须在出生前诱发大量机体变化。出生过程在产前和产后生活之间架起桥梁，是个体发展持续过程的重要组成部分。出生过程的开始与胎盘和胎儿血液循环中氧饱和度的下降有关，随后是分娩的开始，即子宫开始收缩（平均每分钟一次）和羊水破裂。所有这一切，以及这些叙述中暗含的更多内容，都意味着一个婴儿要出生了，要让他做好准备，以成功地适应其生命发展过程中的一系列事件。我们还不能笼统地将这一系列事件归纳为"产后生存"，因为"产后生存"指的是子宫外的整个生命过程，显然，没有哪个新生儿能为这整个过程做好准备，只有在多年之

---

[*] 相关问题的更深入讨论，参见阿什利·蒙塔古，《女性的生殖发育》（利特尔顿，麻省：PSG 出版公司，1981 年）。

后，这个个体才能在某种程度上掌控其生活。胎儿在出生过程中，必须准备好应对新生儿期的最初几小时，然后应对数天、数周和数月的生活，逐渐适应和习惯早期产后生存的需求。新生儿的所有维持系统和肌肉系统都必须为此做好准备。

维持系统包括：呼吸系统——控制氧气的吸入及利用和消除二氧化碳；循环系统——通过血管将氧气输送到毛细血管，供给细胞，并将无用的气体送回肺部；消化系统——负责固体食物和液体的摄入和化学分解；排泄系统——负责将废物从消化道、泌尿道和皮肤上的汗腺排出体外；神经系统——负责使生物体对通过该系统接收到的刺激做出适当的反应；内分泌系统——除了在生长发育和行为方面发挥重要作用外，还负责协调全部系统的运作。呼吸中枢对缺氧和二氧化碳积聚引起的生化变化做出反应，启动了整个复杂的呼吸过程。血液循环开始自主运转，位于心脏两个心房之间的房间隔上的卵圆孔（在胎儿时期，它允许血液从右心房直接进入左心房）开始关闭，连接主动脉和正下方肺动脉干的动脉导管开始闭合。现在，血液由肺动脉输送到肺部，在那里进行通气，然后由肺静脉返回心脏，再从左心室通过主动脉进入总循环。这与胎儿时期的机体运转截然不同。现在，胸部和腹部的肌肉、膈肌、心脏以及肺等器官和整个上呼吸道都在以全新的方式发挥作用。此外，新生儿的机体现在也开始接管对身体的温度调节，分娩的经历启动了对温度调节中枢的刺激。

子宫收缩对胎儿身体的压力刺激了皮肤的外周感觉神经，由此产生的神经冲动会传导到中枢神经系统，它们在适当的水平上通过植物（自主）神经系统传导并支配各个器官。如果皮肤没有受到适当的刺激，外周神经系统和自主神经系统也就无法受到适当的刺激，于是主要器官系统就无法被激活。

一个古老的观察结果表明，当新生儿无法呼吸时，拍打一两下他的臀部通常就足以诱发呼吸。这一显著事实蕴含着深刻的生理学意义，却似乎并未引起人们的注意。根据上述生理关系推理，我认为在类似的情况下，即婴儿出生后不能立即呼吸时，也许可以通过以下方法来刺激呼吸中枢和呼吸器官：为婴儿交替进行冷水和热水浴。经过询问，我发现这确实是一种古老的做法。在这种情况下，似乎有理由认为是皮肤刺激激活了自主神经系统，而自主神经系统又反过来作用于呼吸中枢和内脏。我们都知道突如其来的冷水淋浴会对呼吸有什么影响,这也意味着在身体内发生了一系列类似的事件。

因此,子宫收缩对胎儿身体产生的短促、间歇性的皮肤刺激,似乎是完美的设计,这完全是为了让胎儿为出生后的机体功能运转做好准备。

那么如何确定长时间皮肤刺激有这样的功能呢?我们可以去研究当胎儿接受的皮肤刺激不足时会发生什么,比如在早产儿身上会发生什么。在早产儿和许多剖宫产婴儿身上都会发生皮肤刺激不足的情况,根据我们的理论,我们应该发现他们出现了消化道、泌尿生殖系统和呼吸系统功能的紊乱。有些研究直接印证了我们的理论,尽管研究者并未对我们的理论有任何了解或参照。例如,德里恩(C. M. Drillien)博士研究了数千名早产儿的记录,发现这些早产儿在出生后的最初几年里,鼻咽部和呼吸道疾病的发病率明显高于足月顺产的儿童。这种差异在第一年尤为明显。

1939年,波士顿哈佛儿童研究中心的玛丽·雪莉(Mary Shirley)发表了一项对托儿所和幼儿园早产儿的研究。雪莉发现,早产儿的感觉敏感度明显高于足月生产的儿童,相比之下,早产儿的语言和手部控制能力,以及身体姿态和运动控制能力则发展得稍显迟缓。早产儿对肠道和膀胱括约肌的控制能力明显要弱于足月儿。早产儿的注意力集中时间短,情绪容易激动、不安、焦虑,而且通常比较害羞。雪莉在总结研究结果时指出,在学龄前阶段,早产儿的行为问题明显多于足月儿。这些问题包括多动症、大小便控制能力发展较晚、遗尿症、过度分心、害羞、吸吮拇指、情绪消极,以及对声音高度敏感。在解读早产儿的这些症状时,雪莉指出:

> 早产往往会带来糟糕的影响;妊娠时间过长或早产,这两种情况都会给婴儿带来出生创伤。因此,早产儿比足月儿更容易出现神经易激惹,原因可能包括:产前环境不佳,过早失去子宫内介质,缺乏足够的时间进行分娩准备反应,有时轻微到无法察觉的产伤,以及这些因素的综合作用。

"缺乏足够的时间进行分娩准备反应"是这里的关键所在,而较晚、较难学会控制大小便则是重要的观察结果。

剖宫产婴儿从出生那一刻起就面临着诸多不利因素。首先,他们的死亡率是经产道分娩婴儿的2~3倍。在足月分娩时,剖宫产婴儿的死亡率是经产

触摸的力量

道分娩婴儿的 2 倍。在选择剖宫产，也就是非紧急剖宫产中，婴儿死亡率比经产道分娩婴儿高.2%。紧急剖宫产的死亡率比顺产高出 19%。

剖宫产婴儿死于新生儿肺透明膜病（一种呼吸系统疾病）的概率是经产道分娩婴儿的 10 倍。

可以推断，与经产道分娩的婴儿相比，剖宫产婴儿在其他方面的劣势在很大程度上与他们所受到的皮肤刺激不足有关。

儿科医生注意到，与经产道分娩的婴儿相比，剖宫产的婴儿往往更嗜睡、反应性更低、哭闹更少。

美国国立卫生研究院的吉尔伯特·W.迈尔（Gilbert W. Meier）博士希望了解剖宫产婴儿的发育过程，他利用猕猴（黑白猕猴）进行了一系列实验，比较了 13 个剖宫产猕猴幼崽和 13 个经产道分娩猕猴幼崽出生最初 5 天的情况。他发现，产道分娩组的小猴更活泼，对环境更敏感，对环境中的额外刺激更敏感。它们的发声、回避反应（真正学习反应的开端）和活泼程度平均可达剖宫产组小猴的 3 倍。

如果在剖宫产婴儿出生后的几天内给予他们足够的爱抚，他们的行为和身体发育可能会发生显著的变化。所有证据都清楚地表明了这一点。

不列颠哥伦比亚大学的悉尼·西格尔（Sydney Segal）博士和约瑟芬·楚（Josephine Chu）博士研究了 26 个经产道分娩的婴儿和 36 个剖宫产的婴儿，发现后者的肺活量要低于前者，这种差异一直持续了 6 天。

剖宫产婴儿和正常分娩的婴儿在生化指标上也存在一些差异，包括剖宫产婴儿的酸中毒程度较高、血清蛋白较低、血清钙较低、血清钾较高。

一个最重要的发现关系到新生儿体内糖分的产生。正常情况下，当少量胰高血糖素（一种被认为由胰腺分泌的物质）进入消化系统时，消化系统会产生糖分。剖宫产婴儿受到这种胰高血糖素因子的影响后，体内产生的糖分要比经产道分娩的婴儿少得多。然而，如果在剖宫产时已经开始了生产过程，这种差异就会消失。这就有力地证实了，分娩对婴儿产后功能的准备发挥着非常重要的作用。

与此相反，格罗塔（Grota）、德嫩伯格（Denenberg）和扎罗（Zarrow）在对大鼠的研究中发现，剖宫产和经产道分娩的幼鼠在断奶前的存活率、断奶时的体重和户外活动能力方面没有差异。

雪莉和德里恩都观察到，早产儿出现的喂养问题比足月儿更多，也较严重。这些观察结果也得到了其他研究者的广泛支持，表明皮肤刺激不足可能导致了这些问题的产生，至少在某些情况下，会导致呼吸系统、消化道和泌尿生殖系统更容易受到感染和出现紊乱。胎粪栓综合征也证明了这一点。胎粪栓综合征发生时，由疏松细胞、肠腺分泌物和羊水形成的栓塞会造成肠梗阻，导致胃排空和食物通过肠道的时间明显延滞。在这种情况下，胰腺显然未能分泌蛋白质分解酶、胰蛋白酶，进而导致肠道蠕动不足。因此，胎粪不能及时排出，同时还受到阻碍。这种病症明确地告诉我们，患儿消化道中的必要物质未能发挥作用。

威廉·皮珀（William J. Pieper）博士和他的同事研究了一家州立儿童指导诊所档案中的病例数据，通过这些数据，他们比较了188对正常分娩和非正常分娩的儿童，这两组儿童的年龄、性别、种族群体和父亲的职业水平都是匹配的。研究者在76个变量上进行了比较。大多数变量影响不大，但少数变量有显著差异。研究发现，经历剖宫产的男童和所有8岁及以上的剖宫产儿童更有可能出现语言缺陷，其母亲在母子关系中更有可能被评估为行为不稳定。其他6项差异如下：经历正常分娩的男童有更多不明原因的躯体不适；经历剖宫产的男童更有可能被心理学家评为有器质性病变；8岁以下的剖宫产儿童更有可能出现害怕上学的症状和其他各种心理障碍；8岁以上的剖宫产儿童更有可能出现烦躁不安和脾气暴躁的症状。

很明显，皮珀和他的同事主要发现的是两组儿童之间的情绪发展差异。剖宫产儿童比正常分娩儿童更容易情绪化。我们很难将这种差异归因于剖宫产儿童的成长过程中缺乏某个单一因素，但正如我们将要看到的，围产期（出生前不久和出生后不久）的皮肤刺激不足很可能是其中的一个因素。

斯特拉克（M. Straker）博士发现，经历剖宫产的个体出现情绪紊乱和焦虑的频率明显高于正常分娩的个体。利博森（Liberson）和弗雷泽（Frazier）发现，剖宫产新生儿的脑电模式显示出比正常分娩新生儿更强的生理稳定性。但这一发现很难被认定为一般生理稳定性更强或更弱的证据。这里提到它只是为了说明，证据并非都指向同一个方向，我们也很难期望这一点的发生。

唐纳德·巴伦博士（Donald H. Barron）对一对双胞胎的观察证实，产后的皮肤刺激可以在一定程度上弥补分娩过程中皮肤刺激的不足。如果把一个新生儿放在温暖的房间里，任由其浑身湿透，而用毛巾把另一个新生儿完全擦干，并清洗干净，那么之后，擦干了的那个孩子会比另一个孩子先站起来。巴伦指出，这种反应上的差异说明了皮肤刺激在生存上的巨大价值。他说："我有一种印象，擦干、舔舐和梳理对提高婴儿神经兴奋性的总体水平非常重要，会强化他之后用膝盖支持自己直立、定向和站立的能力。"

由于分娩前胎儿的头部在子宫内发育到体积最大，而且头朝下躺在子宫最窄的地方，因此在子宫收缩时，面部、鼻子、嘴唇和头部会受到强烈的刺激。这种面部刺激与其他动物舔舐幼崽的口部和口腔区域的刺激类似，并且可能产生相同的效果，即启动进入中枢神经系统的感觉放电，并提高呼吸中枢的兴奋性。巴伦（Barron）指出：山羊的幼崽在接受舔舐和梳理时，血液中的含氧量会升高；呼吸中枢兴奋性的提高反过来又增加了呼吸的深度，提高了血液的含氧量，从而进一步增强了肌肉运动的力量和能力。

与剖宫产和早产儿相比，这些关于高血氧量的观察结果在正常新生儿身上得到了证实。麦肯斯（McCance）和奥特利（Otley）的研究表明，大鼠出生脱离母体后，肾脏在出生后的前 24 小时内相对来说是没有功能的。他们认为，母鼠的照料一般会导致幼崽尿素排出量的增加，这是因为流向肾脏的血液发生了一些反射性变化。

皮肤和消化道不仅在嘴唇和口腔交会，而且在肛门区域交会。因此，根据我们已经了解到的信息，刺激肛门区域不仅会激活胃肠道功能，而且往往会激活呼吸功能，这一点不足为奇。在其他方法失效时，这种诱导新生儿呼吸的方法往往非常奏效。

多年来的临床报告一直认为皮肤和消化道经常相互影响。研究者在很多病例上都观察到了同时影响消化道和皮肤的失调和疾病。

当新生儿与母亲的身体接触时，母亲的子宫会受到刺激而收缩，由此可见母婴皮肤接触会令双方受益。几个世纪以来，这一事实一直构成了许多民族的民间智慧的一部分。例如，据德国布伦瑞克（Brunswick）的记载，在婴儿出生后的前 24 小时内，人们的习惯是不让婴儿躺在母亲身边，"否则子宫就无法休息，像一只大老鼠一样在母亲体内乱抓"。不过，民间智慧虽然发现了这一事实，却无法从中得出正确的结论，即子宫收缩对母亲有益。

第2章 时间的子宫

　　前文所述的证据虽然稀少,但却有力地支持了以下假设:人类女性分娩时间延长,尤其是子宫的收缩有一个重要作用,这与其他动物舔舐和梳理新生儿毛发的目的大致相同,就是促进婴儿的发育,使其出生后的维持系统发挥最佳功能。我们已经看到,在所有动物中,对婴儿的皮肤刺激在大多数情况下都是幼体生存不可或缺的必要条件。我们认为,对于智人这一物种而言,妊娠在新生儿出生时只完成了一半,母性行为依赖于学习而非本能,选择优势在于反射启动和维持子宫的收缩,这对胎儿来说是一种自动的、生理上的大规模皮肤刺激,并通过皮肤刺激胎儿的器官系统。我们看到,有证据倾向于支持这一假设:分娩时的子宫收缩构成了正确爱抚胎儿的开始——这种爱抚应该以非常特殊的方式在胎儿出生后相当长的一段时间内持续进行。我们将在下一章讨论这个问题。

第 3 章

哺 乳

> 我要向山举目，我的帮助从何而来。
> ——《圣经·诗篇》121 篇

精神分析的观点认为，生命在子宫中的体验极其愉悦，而出生的磨难则粗暴地打乱了这一愉悦的状态。无论我们是否接受这一观点，可以肯定的是，出生的过程对新生儿来说充满了不安。出生前，胎儿在一个有支撑性的、温度和压力恒定并完全满足热力学第二定律的水生环境中生活；换句话说，胎儿在羊膜囊包围的羊膜液中过着极乐式的生活。这种幸福的状态一直持续到分娩才被粗暴地打断。随着母亲血液中维持妊娠的孕激素水平的下降，胎儿开始经历出生过程中的一系列动荡变化。分娩时，子宫收缩压迫胎儿的身体，将胎儿推向产道。在产道中，胎儿的头部反复撞击母亲的骨盆，于是头皮下形成了保护性的肿胀，被称为"产瘤"。尽管胎儿并不享受这个过程，但它实际上起到了保护胎儿的作用。恰好此时胎儿对痛觉的察觉和感知会因氧气量的缺乏而减缓，或许这就是缺氧状态的功效。当胎儿从子宫中产出后，收缩的子宫就完成了分娩功能。出生后，新生儿进入了一个全新的体验和环境中，从独自生存的水生环境进入了大气和社会环境。

新生儿出生后，空气立即涌入他的肺部，使其肺部膨胀，并压迫心脏逐渐开始运转。此时，心脏与肺开始争夺空间。在胎儿时期连接主动脉和肺动脉以维持全身循环的动脉导管开始收缩和闭合，横膈膜的穹窿开始向离心方向上下移动，胸腔开始扩大。这一系列变化对新生儿来说并不好受。正如劳伦斯·斯特恩（Laurence Sterne）所说，新生儿来到这个世界时，"对他不得不经历的旅程充满厌恶"，他所期待并完全有权期待的，是他在子宫中享受的生活的延续；换句话说，一个能让他看到风景的子宫，如此不合时宜地因分娩过程而远离他。然而，在这个极复杂的西方社会，这个回答相当土气。

婴儿在出生后，医生通常就会剪断或夹住他们的脐带。在护士把婴儿带去给母亲查看之后，护士就会将他们带到一个叫作育婴室的婴儿房中。尽管这个房间叫作育婴室，但它并不承担任何哺育婴儿的功能。在育婴室里，护士要测量和记录孩子的体重、身长等身体状况与特征，在他们的手腕系上号码牌，然后把他们放在婴儿床上，任由他们号啕大哭。

此刻，母亲和孩子，这两个彼此需要的人，在这个比他们一生中其他任何时候都更需要对方的时刻，却被迫分离，无法持续发展他们的共生关系，而这种共生关系对他们双方未来的发展都至关重要。

在整个怀孕期间，母亲会精心地做好各种可能的准备，以延续她和孩子之间的共生结合，以最适合她的方式满足孩子的依赖性需求。这种需求是双向的，不仅孩子需要母亲，母亲也需要孩子。母亲和胎儿在整个孕期维持的生物统一性和共生关系并不随着孩子的出生而终止，而是自然而然地变得更加强烈，相互之间的作用也更明显。正如库尔卡（Kulka）、弗莱（Fry）和戈尔茨坦（Goldstein）所说：

> 婴儿在触觉层面的需要在胎儿时期得到了充分满足，出生后则需要逐步过渡，才能健康成长。婴儿早期的触觉需求必须由外部环境来满足，例如被拥抱、被轻摇和保暖等。

孩子出生后，母亲塑造孩子幸福感的过程得到了深化和加强。她的整个机体已经为满足婴儿的需要做好了准备，母亲将婴儿放在自己的乳房旁，爱抚他，与他交流。婴儿从乳房中摄取初乳，这种奇妙的、柠檬黄色的液体为婴儿带来免疫力和其他生理上的功效，而母亲也从婴儿的吮吸中获益。母亲和孩子的共生关系在哺乳中持续，他们相互给予对方生理和心理上的安慰，这对于他们未来的进一步发展至关重要。而在我们这个高度发达、技术化、

触摸的力量

非人化、立体式破败的西方世界中，人们认识这一事实的速度非常缓慢。20世纪50年代，我曾问一位接受过高等教育的年轻女子是否会用母乳喂养孩子，她忿忿不平地说："有必要吗？只有动物才这样，我的朋友中没有一个人这么做。"在我们的文化里，96%的新手母亲用奶粉喂养婴儿。儿科医生向母亲们保证，奶粉和母乳一样好，甚至更好。事实上，正如詹姆斯·克罗克斯顿（James Croxton）所说："人类是唯一不把自己的孩子当作哺乳动物来喂养的哺乳动物。"

母乳喂养是私下进行的，过去是，某种程度上现在也是。在公共场合哺乳现在仍是不雅的。1975年5月，美联社报道了发生在佛罗里达州迈阿密的一起事件：护林员勒令三位年轻母亲离开公园，告知她们不能继续在公园中野餐。对此，市长解释道，这种行为违反了城市市容条例且有碍观瞻，妇女给婴儿喂奶的场景是不雅的，"尤其是在供孩子们玩耍的公园里"。其中一位母亲恰好是佛罗里达州国际母乳协会（该国际组织旨在鼓励恢复母乳喂养）的负责人之一。1975年6月，她与该协会会长在一个著名的电视节目中露面，然而始料未及的是她收到了大量来自女性观众的敌意，这些观众认为，哺乳只应在私下进行。

我们生活在这样一个机械时代的逻辑导向下，越来越多地使用着机械生产的物品，我们自己也被变成了机器，并理所当然地用与机器打交道的方式与他人相处；我们生活的时代应该是进步的，而公认的进步标志则是人类的工作被机器替代。人们认为，用奶瓶中的配方奶粉代替人类乳房分泌的母乳也是一种进步，尤其是在这个时代，许多女性并不愿意接受男性主导世界的价值观。

美国卫生、教育和福利部儿童局发行了一本传播广泛的官方手册《婴儿护理》（Infant Care，1963年），展示了一种对母乳喂养接触体验的消极态度，这其实并不罕见。这本手册主要由女性编辑，并广为流传。编者写道："你可能会抵触与婴儿亲密接触，因为它看起来很陌生。对一些母亲来说，不接近的、与婴儿保持一臂距离的喂养方案或许是更好的。"

这些内容反映了人们普遍不理解从出生的那一刻起婴儿和母亲之间需要存在亲密关系的意义和重要性。

分娩过程对母亲和婴儿来说都是一场艰难的试炼。出生后，双方需要互相确认对方的存在，并从中得到安抚。对母亲来说，她得到的安抚在于看见婴儿，听见婴儿的第一声啼哭，以及将婴儿贴近身体。对婴儿来说，安抚来自靠近的母亲身体的温度、踏实的怀抱、温柔的爱抚、紧贴的皮肤和乳房的哺乳，这一切都在欢迎着婴儿加入"家庭的怀抱"。这些词语不仅仅是文字而已，它们代表着非常真实的心理和生理状况。

产后立即进行母乳喂养对母亲来说益处良多，其中最重要的是，在经历了分娩的疲惫和疼痛之后，母亲会得到一种精神上的满足，一种力量、权力、从容和成就感，这些都是在抚摸和哺乳婴儿时产生的。

婴儿出生后的几分钟内，第三产程应结束，即胎盘剥离并排出，子宫的绒毛血管开始停止出血，以及子宫开始恢复正常大小。如果婴儿出生后立即接受母亲乳房的哺育，如果脐带够长的话，甚至在脐带被夹住之前，那么婴儿的吮吸则会加速这三个过程。通过吮吸，婴儿使母亲的身体发生重大变化，婴儿的吮吸会促进垂体分泌催产素，使子宫频繁地收缩，并引起：（1）子宫肌纤维收缩并压迫子宫血管；（2）子宫血管同时开始收束；（3）子宫开始恢复和缩小；（4）胎盘从子宫壁上脱落；（5）胎盘从收缩压迫的子宫排出。此外，垂体分泌的催产素使得乳房的分泌功能大大加强。从生理层面来说，母乳喂养激发和深化了母亲照顾孩子的愉悦感——她的"母性"。从心理层面来说，这种"母性"的激发进一步巩固了母亲和婴儿之间的共生纽带。在婴儿出生几分钟之后，这种亲子间的联结非常重要，这是母亲和孩子真正相处和接触的序幕。对新生儿来说，乳房替代了脐带和胎盘，并延续了它们的功能。

对新生儿来说，还有什么比母亲的养育和吮吸母乳的满足感更令人安心和美好呢？婴儿从与母亲的接触、爱抚、身体的温度，以及吮吸母乳时面部、嘴唇、鼻子、舌头、口腔获得的肌肤触感刺激，对改善其呼吸功能并促进血氧的合成是很重要的。为了更好地吸吮，新生儿的上唇有一处突起，会帮助其牢牢地含住乳房。同时，婴儿可以从乳房中摄取宝贵的、无可替代的初乳。初乳可以持续10天左右，它是婴儿的通便剂，是唯一能够有效清理婴儿胃肠道中胎粪的物质。初乳可以有效防止婴儿腹泻风险，婴儿吃初乳是不会腹泻的。事实上，治疗婴儿腹泻的唯一已知成功方法就是母乳喂养。初乳比牛奶含有更丰富的乳球蛋白，其含有的免疫因子可帮助婴儿预防多种疾病。

早产儿母亲的初乳比足月婴儿母亲的母乳功能要强大约3倍。这个有趣的发现也提醒着人们，即便早产儿无法吮吸，也应让其摄取母亲的初乳。

来自纽约的西奥博尔德·史密斯（Theobald Smith）博士在早年的研究中发现，摄入母牛初乳的小牛对结肠芽孢杆菌败血症免疫。1934年，J. A. 图米（J. A. Toomey）博士证明，人类初乳不仅含有类似的、针对结肠芽孢杆菌败血症的免疫因子，还有针对其他引起消化道感染细菌的免疫因子。这些早年的研究足以证明，初乳中含有大量对婴儿有益的物质。

新生小牛的发育在许多方面都比人类的新生儿成熟。与小牛相同的是，人类婴儿在出生时免疫力不足，也就是说，它不具备也无法合成抗体来抵御外来入侵者。母亲乳房中的初乳为新生儿提供了抗体。初乳中的丙种球蛋白含量是母体血清的15~20倍，为新生儿提供被动免疫。直到出生6个月后，婴儿的身体才逐渐具备合成自身抗体的能力。

这也就是母乳对新生儿益处良多的原因，无论是在免疫学、神经学、心理学，还是生理层面。人类四百多年的进化历史乃至哺乳动物七千五百万年的进化历史都说明，母乳喂养是满足依赖性强、非常脆弱的人类新生儿需求的最佳方案，是哺育方式的首选。

虽然我在本书中主要关注的是促进个体发育的皮肤刺激，而不是母乳的免疫能力和营养特性，但我仍希望人们能够从根本上理解初乳的重要性。出生后，婴儿的新陈代谢在不断地发展，消化和吸收各类营养物质的能力也在逐渐提升。为了满足婴儿不同发育阶段的不同需求，母亲的乳汁也会随着时间推移而改变，如产后约10天内的初乳、之后约8天的过渡性母乳和约持续18天的常乳。婴儿出生几天后，其体内的酶系统才发育到足以处理营养物质（主要是蛋白质）的程度。初乳、过渡性母乳和常乳都是根据婴儿消化道系统的生理发育程度而逐渐变化的。

事实证明，摄入母乳是人类新生儿的基本需求。并不是说没有母乳喂养的新生儿就无法存活，只是母乳喂养的婴儿相对更加健康。比起非母乳喂养的婴儿，母乳喂养的婴儿在很多层面上都站在一条更有利的起跑线上。

初乳和过渡乳形成于婴儿开始吮吸之前，婴儿需要通过吮吸来摄取母乳中的营养物质。乳汁形成后，需要经历被称作"排乳反射"的刺激来溢出乳房,进入婴儿的口中。当婴儿开始吮吸乳房时,母亲的皮肤受到刺激后产生的神经冲动沿着神经突触传导至垂体,产生催产素。催产素经血液到达乳腺,刺激围绕腺泡和乳腺导管的篮细胞,使乳腺导管扩张。婴儿吮吸乳房30~90秒即可引发排乳反射。只要持续地进行母乳喂养,母亲乳房中的丰富营养物质就会源源不断地被婴儿吸取。

我坚信,一个真正爱自己孩子的母亲,在了解母乳和牛奶的区别后,是不会选择用奶粉喂养孩子的。要描述二者的区别,需要花费大量篇幅;我们只需要知道它们之间有巨大的差异就足够了。母乳中含有脂肪、蛋白质、糖、丙种球蛋白、溶菌酶、牛磺酸(对大脑发育很重要)、乳铁蛋白和许多其他重要成分,其含量和比例恰好可以满足婴儿的健康成长和发育的需求,而牛奶则与之相差甚远。

如果可能,婴儿出生后应立即将其放入母亲怀中,这在大多数情况下应该是可以做到的。将婴儿与母亲分开、立即剪断或夹住脐带并放入水盆的做法,是出于对新生儿需求认识的缺乏,并且没有意识到这可能会伤害到新生儿。婴儿出生后需要呼吸,并且是深呼吸,而刺激婴儿开始深呼吸的最佳方法是让他吸吮母亲的乳汁,被母亲爱抚和拥抱。这个方法对于刺激深层次呼吸的反射机制很有效,否则婴儿的呼吸可能会过浅。很多人在出现严重的呼吸系统疾病前,都不了解自己可能存在呼吸较浅的情况。如果婴儿缺乏这样的刺激,就只能被迫依赖于内呼吸。这种胎儿的呼吸方式依赖的是肝脏中红细胞携带的氧气。肝脏在胎儿时期是造血器官,从胎盘中获取含氧血液。肝脏上方的横膈膜拱起,帮助血液向上流向婴儿的肺部和大脑。婴儿的躯干运动和出生前后的扭动都能强化横膈膜的功能,从而帮助呼吸。

有时,婴儿会延续胎儿呼吸模式,如果这样的状况持续下去,会导致婴儿缺氧。新生儿的氧气来源有两个,分别是外界空气和自身组织。出生后,自身组织的氧气已不能满足婴儿的需求,并且含氧量在一直下降,因此婴儿必须开始深呼吸来获取空气中的氧气。不仅如此,玛格丽特·里布尔(Margaret Ribble)还指出:

> 血管径可能会发育不安全,无法充分供养神经细胞;保护和滋养神经纤维的髓鞘可能会发育不完全;大脑的新陈代谢基础可能会薄弱。

诸如此类的缺陷会造成人从生理上难以适应和应对生活中的压力和紧张……由此可见，在这个阶段，母亲的照料对孩子的呼吸发育是非常重要的。

事实上，婴儿吸吮母亲乳汁就是促进其呼吸的最好方式。我们现有的、关于吸吮在神经生理学上的证据表明，当婴儿在出生时呼吸不畅时，将其放到母亲乳房前吸吮，以此刺激他们的呼吸系统，可以缓解这种不畅。这一点也经由安德森（Anderson）在羔羊身上得到验证，并由凯西·希金斯（Kathy Higgins）和琳达·范阿特（Linda Van Art）两位助产士在状态低迷的婴儿身上得到证实。如要刺激状态低迷的婴儿进行吸吮，应将婴儿屈膝顶住其腹部，并将大人的指尖放在婴儿的手掌上让他抓住，这样婴儿就会开始吸吮，气色也会立刻变红润。

布勒顿·琼斯（Blurton Jones）提出，在婴儿的早期发育过程中，母亲和孩子的天性就是要最大限度地接触，这一观点是令人信服的。他引用了本·绍尔（Ben Shaul）关于牛奶成分与不同物种喂养时间关系的研究等证据。例如，家兔和野兔每24小时喂一次奶，乳汁中的蛋白质和脂肪含量非常高；树鼩每48小时喂一次奶，其乳汁中的蛋白质和脂肪含量更高。相比之下，猿和人类持续地吃奶，但乳汁中的蛋白质和脂肪含量很低。由此可得出规律：长间隔、定时喂养者的乳汁的蛋白质和脂肪含量高，而短间隔、连续、按需喂养者的乳汁的蛋白质和脂肪含量低。这表明，人类母亲要和猿类母亲一样，无论走到哪里都要带着孩子。

猿类和猴子宝宝被抱在怀里按需喂养时，很少，甚至从不呕吐或打嗝。然而，当按照2小时的间隔人工喂养时，它们就会时常呕吐或打嗝。因此，有证据显示，频繁的母乳喂养不仅是为了补充营养，还有一个重要的目的，就是让母亲和孩子最大限度地保持身体接触。

阿尔布雷希特·佩珀（Albrecht Peiper）曾说，文明的民族将母乳喂养的婴儿变成了摇篮婴儿，只有在喂奶的时候才亲近母亲。他指出，在不识字的民族中，母亲一直把孩子抱在身上，就像猴妈妈那样。他写道："人类在摇篮中度过他婴儿的时期。他无法适应婴儿床，相反地，他希望被一直抱着的愿望越来越强烈和清晰。轻摇他或给他奶嘴来安抚他时，母亲和孩子身体的联系更紧密。"

从乳房中,"人类的善意随乳汁流淌"。

通常,如果母亲坚持母乳喂养,那么她至少在孩子出生后 10 周内不会再次怀孕,这个时间段也可能会更长。母乳喂养的频率越高、强度越大,避孕效果持续的时间越久。很大程度上,由于哺乳时脑垂体释放的催乳素无排卵效用,因此母乳喂养本身自然就成了一种有效的节育方式。母乳喂养对婴儿的好处是数不胜数的。一项对 173 名从 0 岁到 10 岁的儿童(包括母乳喂养和非母乳喂养的儿童)进行的试点研究发现,非母乳喂养的儿童患呼吸道感染疾病的次数是母乳喂养儿童的 4 倍,患腹泻的次数是 20 倍,患各类感染的次数是 22 倍,患湿疹的次数是 8 倍,患哮喘的次数是 21 倍,而患花粉过敏症的数量是 27 倍。

同样,C. 霍佛(C. Hoefer)博士和 M. C. 哈迪(M. C. Hardy)博士在对 383 名芝加哥儿童的研究中发现,母乳喂养的儿童在身体和智力方面都比奶粉喂养的儿童更有优势,而母乳喂养 4~9 个月的儿童比母乳喂养 3 个月以及时间更短的儿童更有优势。奶粉喂养的婴儿测量出的各类身体特征在其中是最低的。他们的营养状况最差,易患儿童疾病,学走路和说话的速度也最慢。

S. 戈德堡(S. Goldberg)博士和 M. 刘易斯(M. Lewis)博士发现,女婴比男婴更有可能会得到母乳喂养,而且哺乳时间更长。母亲抚摸和拥抱女婴的次数比男婴的次数多。他们发现,一岁的女婴比男婴更依恋母亲。研究者认为,造成这种差异的原因可能是女婴与男婴所接受的触觉互动的频率和质量不同。

目前,我们还没有关于人类早期断奶的相关数据,但是有关于小鼠的数据。在捷克斯洛伐克的利比里斯(Liblice)举行的"表型的产后发育"国际研讨会上,布拉格生理学研究所的伊日·克雷切克(Jiri Krecek)博士指出,哺乳动物的断奶期是一个关键时期,它们的基本生理过程会在这个时期重组,尤其是盐平衡、一般营养和脂肪摄入的过程。在其他的研究中,研究人员将断奶的时间设置为 16 天,发现早断奶的大鼠比 30 天断奶的大鼠的条件反射要慢,而且成年后,这些早断奶大鼠的体内缺乏核糖核酸,而核糖核酸是所有细胞的基本成分。研究还发现,过早断奶对调节电解质的主要类固醇有负面影响，而且对雄性激素也不利。该研讨会上，S. 卡兹达（S. Kazda）博士介绍了一项对成人进行的初步研究，结果表明，过早断奶可能会影响生殖并导致某些病理变化。

许多研究者已证实，婴儿 1 岁前的母乳喂养对其随后乃至成年的发展都至关重要。有证据表明，母乳喂养应该至少持续 12 个月，直到婴儿做好断奶准备时才终止，可以从 6 个月开始循序渐进地用固体食物替代母乳。一般来说，婴儿做好了断奶准备时，母亲是可以感觉得到的。

在很多所谓的更加"原始"的原住民文化中，尽管母乳喂养几个月之后会辅以其他的食物，但母乳喂养可能会持续到 4 年甚至更久。值得注意的是，从前一些欧洲地区也曾持续地进行母乳喂养。英国小说家 H. E. 贝茨（H. E. Bates）在他的自传《消失的世界》(*The Vanished World*) 中讲述了在他的故乡北安普顿，妇女在收获季节的稻田中哺乳的场景："我听祖父说，稻田中劳作的妇女忽然停下手中的活儿，解开衣衫露出乳房来喂一个大到站着都可以够到她乳房的孩子，这并不罕见。"

在当代美国，长期母乳喂养已逐渐变得寻常起来。应始终牢记的是，母乳喂养不仅仅拥有营养和免疫上的优势（这些优势当然重要），还有哺乳中亲子关系的人性化互动体验，以及情感、心理需求的满足。正如贝内德克（Benedek）早就提出的那样，母爱是无法通过奶瓶喂养培养出来的。

吸吮，而不是吸，以及触摸

很难相信，一个在人类经历中和母乳喂养一样频繁的、发生了数百万次的动作，人们对它却知之甚少，不管是从营养的角度，还是从婴儿实际动作的角度。一般的文献通常不会对"吸吮"和"吸"加以区分，当提到"吸吮"这个动作时，"吸吮"和"吸"这两个词都会被用到。婴儿并没有那么笨拙，仅仅只是"吸"乳头，因为"吸"这个动作只能给婴儿嘴里制造部分真空，而不能让他发展出正确吸吮的能力。婴儿"吸"的是奶瓶顶端的奶嘴，而"吸吮"的才是母亲的乳房。只有当乳汁流淌得非常顺畅时，婴儿才会只是轻松地把乳头含在嘴里。

第3章 哺 乳

要充分触发吸吮反射，不仅仅需要嘴唇的刺激，还需要口腔深处的触觉感受器的参与。因此，婴儿需要把很大一部分乳房都包含在口中。建立吸吮反射的有效时间很短，因此应在婴儿出生后尽快让他接受母亲乳房的哺育。

"吸吮"是一种与"吸"完全不同的行为。印象中，人们一般认为婴儿吸吮的是乳头，事实上，婴儿吸吮的是乳晕区域。婴儿用嘴唇和牙龈挤压乳晕下的集乳窦使其分泌乳汁。此时，乳头被拉到口腔后部，处于上牙龈和舌尖之间，舌尖则靠在下牙龈上。舌头贴在乳头的下表面，从前向后拉动，并将其向硬颚挤压。吸吮促使母亲垂体分泌催乳素和催产素，前者可以维持乳汁分泌的反射，后者可以启动乳汁溢出的反射。乳头和乳晕被吸入口腔，嘴唇和颊肌保护着这个空间的密闭性。新生儿呈海绵状的嘴唇血管丰富，对触觉高度敏感，其上唇有一个乳头状凸起，可以牢牢抓住不平整的表层乳晕。这种不平整的表面是由乳晕皮肤下的腺体的隆起引起的，这些腺体分泌的脂肪物质在哺乳期间可以起到润滑和保护乳晕与乳头的作用。

母乳喂养的母亲会用两侧的乳房交替给孩子哺乳，从而使婴儿的脸部、头部以及身体其他部位的两侧得到同等的刺激和锻炼。相反，用奶瓶喂养的母亲倾向于把孩子抱在舒适的一侧。据普遍观察，大多数都在左侧。大部分时间把婴儿抱在一侧有可能会对孩子不利。但这只是一种推测，仍有待研究。如果用奶瓶代替乳房，用玩具代替母亲的双手，鼓励婴儿摆弄东西而不是与人接触，就会像菲利普·斯莱特（Philip Slater）在《地球漫步》（Earthwalk）一书中所说的，这样的训练只能让人掌握机器，但无法学会与人类相处。

有时，婴儿会无法吸吮乳汁或者无法含住乳头。这种情况通常会在婴儿被毛巾之类的东西包裹住时发生。如果此时把这些包裹物拿掉，让婴儿的肌肤与母亲的肌肤充分接触，婴儿就会自动开始吸吮。

值得注意的是，在开始吸吮乳汁之前，不论时间长短，婴儿都要舔一会儿乳头和乳晕。这样舔的过程能使得乳房更加习惯被吸吮，也能使婴儿更好地熟悉和享受这个给他带来滋养的世界。

婴儿在吸吮乳汁时参与的肌肉与其在子宫内做吸的动作时参与的肌肉是不同的。这也是不建议用奶瓶喂养替代母乳喂养的原因，因为这会让婴儿困惑，让他难以调整。

触摸的力量

婴儿在吸吮时，脸颊的腮腺垫形成圆状，制造负压，使乳汁被吸入口腔。位于下牙龈、上牙龈与颌骨之间，延伸到虎牙牙龈处的可膨胀组织形成的狭长褶皱，也对这一过程起到了辅助作用。它们帮助封闭乳头和乳晕周围的口腔，被称为吸乳筒。1860年，罗宾（Robin）和马吉托（Magitot）首次描述了这一结构，并将其称为起到辅助作用的"第三唇"。"第三唇"在婴儿3~6个月时消失。这一组织在婴儿吸吮时膨起，除了接受感官刺激外，这些薄膜状的组织还有助于婴儿更好地将乳晕和乳头密封在口腔中。由此，婴儿的面部和口腔的结构就天然地形成了为母亲乳房挤奶的"口腔泵"。

这些人体组织的安排，构成了母乳喂养中母婴在形态和功能上吻合的良好范例。婴儿口腔中的各种结构，尤其是舌头，在母乳喂养和奶粉喂养中得到的锻炼完全不同（甚至后者不能使其得到锻炼）。因此，母乳喂养的婴儿与奶粉喂养的婴儿在面部形态、颌骨、牙齿的萌出和咬合，以及语言能力的发展等方面都有明显差异。

譬如，F. M. 小波特格（F. M. Pottenger, Jr.）和伯纳德·克罗恩（Bernard Krohn）对327个儿童进行研究后发现，母乳喂养3个月以上的儿童的面部和牙齿发育比低于3个月或没有母乳喂养的儿童的要好。他们在报告中总结道："我们对327个儿童的研究表明，要良好地促进颧骨的最佳发育，母乳喂养需要持续至少3个月，最好到6个月。此外，接受过良好哺育的儿童的牙弓、上颚和其他面部结构比未接受哺育的儿童发育得更好。"

伯特兰（Bertrand）测量了1 200名罗得西亚班图语区儿童牙弓的中轴关系，这些儿童的年龄分布在5~16岁，都经历了3~4年的母乳喂养。他发现，其中有99.6%的儿童牙弓正常，只有0.3%的儿童有前颌过度咬合。这些班图儿童颌骨发育正常的比例高达99.6%，与白人中70%的颌骨发育正常、27%的下颌骨发育不全和3%的前颌过度咬合形成鲜明对比。伯特兰总结道："缺乏母乳喂养和软质饮食使得颌骨发育不良，进而导致牙齿不齐等相关矫正问题（例如高加索儿童）。"

4岁以下的伦敦儿童有8%出现了被称为"奶瓶综合征"的现象，即上牙的4颗门牙严重蛀牙。尼泽尔（Nizel）估计，在美国，4岁以下的儿童平均有2.5颗蛀牙或者经历过补牙，而有10%或更多的儿童有"奶瓶综合征"。

吸吮需要咽部和口腔的共同参与，并涉及咽喉的呼吸机制。这些机制共同构成了一个有节奏的过程或"小节",包括一次或多次的吸吮、吞咽和呼吸。在既定的喂养期间,婴儿会不断地重复这些过程。在吸吮过程中,口腔结构清晰地协调配合,下唇、下颌骨和舌骨(位于舌根支撑舌头的甲状软骨上方的 U 形骨)作为一个统一的"口腔运动器官"一起参与运动。

婴儿的语言清晰度的发展和他们是否为母乳喂养相关。婴儿的口腔和咽部结构在母乳喂养的过程中得到了锻炼,这些婴儿在语言清晰度方面比奶粉喂养的婴儿发育得更快。弗朗西斯·布罗德(Frances Broad)对 319 名 5~6 岁的白人儿童进行了两项研究后发现,母乳喂养的儿童在语言发展、语言清晰度、音调质量、阅读能力和整体信心等方面都优于奶粉喂养的儿童。同龄儿童中,女孩说话比男孩更清晰。这种差距在对比奶粉喂养和母乳喂养的男孩时尤其明显。

这些发现并不意外,正如布罗德(Broad)所说,吸吮器官和发音器官基本相同。因此,当吸吮反应的发育受到影响时,可以预见与说话相关的结构也会受到影响。她也提出了另一个可能的因素,即母乳喂养可以降低婴儿被感染疾病的概率,而呼吸道感染会影响说话的能力。这是由于呼吸道感染常常导致听觉器官的感染,说话的能力取决于听觉能力,对说话的能力产生了不利影响。这也解释了为什么奶粉喂养的婴儿比母乳喂养的婴儿说话的能力要差。她建议,解决这种问题的办法是迅速恢复母乳喂养。

母乳喂养与语言

在母乳喂养的过程中,有一件非常重要的、母亲受到本能驱使就会做的事:跟婴儿说话。

林格勒(Ringler)、特劳斯(Trause)、克劳斯(Klaus)和肯内尔(Kennell)对 28 名工薪阶层妇女进行了一项纵向研究。其中,14 名妇女在产后前 3 个月与婴儿多接触 1 小时,在婴儿出生后前 3 天多接触 15 小时。研究发现,孩子 5 岁时的语言表达和语言理解能力与母亲在孩子 2 岁时如何与孩子说话有关。这一发现仅限于接触次数不超过当时医院常规接触次数的母婴:婴儿出生时母亲的一瞥,6~8 小时后的短暂接触以确认婴儿身份,以及每隔4小时母亲会给婴儿喂奶20~30分钟。

母亲的言语似乎与儿童之后的语言能力和理解能力有关。在这些母子组合中，母亲在孩子2岁时对他们说话的内容越丰富，形容词使用数量越高，孩子在5岁时的智商就越高。母亲在一句话中使用的单词越多，孩子对复杂词组的理解就越好。相比之下，母亲的言语越简略，孩子在5岁时自我表达的能力就越差。这些联系仅发生在产后经历了额外接触的母婴之间。

研究者们指出："我们能够推断，在这些底层的年轻女性中，额外的接触会增进她们与婴儿的关系。"在说话前和说话时的互动中，他们彼此更投入，更容易受到对方的影响，因此他们的整体表现比那些接触更少的母婴更好。

虽然研究者们没有将这些观察结果与母亲在母乳喂养时的言语联系起来，但母乳喂养时，母亲对婴儿的言语很可能会对婴儿的语言能力发展发挥宝贵的作用。

一段时间以来，人们对于语言的发展和手部发展之间的联系已经有了模糊的认识。青少年和成年人经常会在各种表达形式中使用手势作为一种辅助语言。在我看来，就婴儿语言的发展过程这一课题来说，这一问题的研究仍然不够，尤其是在与儿童的触觉刺激相关方面。

格伯（Geber）在对308名乌干达儿童的研究中发现，与欧洲儿童相比，乌干达儿童在运动协调、适应能力、语言、个人与社会关系方面的发展更加全面和领先。在乌干达，母亲对孩子的关注程度高似乎是造成这种差异的主要原因。在孩子断奶之前，乌干达母亲的全部注意力都集中在孩子身上。相比之下，来自上层社会、家庭更加西化的乌干达儿童，他们的早熟程度往往要低得多。安斯沃斯（Ainsworth）对甘达儿童也进行了类似的观察。

当讨论乳房功能时，人们通常强调的是它的营养能力。这没错，但我们不应排除其他方面的作用。因为母乳喂养的过程远远不只是为孩子提供身体所需的营养这么简单，还为孩子提供了一种心理文化环境。这种环境对婴儿的成长和发育至关重要，它能使婴儿成为一个心理健康的人。母乳喂养涉及大量复杂的变量，因此，把母乳喂养视为一种相当简单的行为方式来进行研究，是不太可能揭示出母乳喂养与之后的行为方式之间的关系的。

母乳喂养和奶粉喂养是两个非常宽泛的术语，分别代表的是母婴互动的多种不同模式的集合。婴儿的喂养涉及喂养过度、喂养不足、时间安排、需求、婴儿摄入量的节奏、处理、任意喂养、身体接触量，以及母亲对婴儿的接纳程度、母亲的稳定性及婚姻适应状态等许多其他因素。

对于吮吸拇指的问题，我们认为，吮吸拇指并不是吸吮不足、满足感或情感发展障碍的诊断标志，在大多数情况下，吮吸拇指是一种为了延续孩子从吸吮或吸的过程中获得的快乐体验的行为。由此说来，我们不应阻止吮吸拇指的行为，而应将其视为一种完全正常的行为，允许它自然发生。

400多年前，威廉·佩因特（William Painter）写道："乳房是人体的神圣之泉，是人类的教育之源。"佩因特的观点可以用许多方面的证据来证实。简言之，从婴儿出生开始，母婴之间在母乳喂养过程中发生的一切，都在奠定人类行为能力发展的基础。正是这最初的30分钟，母婴之间开始建立起主要的亲子关系，这一关系只有在婴儿从母亲的乳房里吸吮乳汁时才得以建立。母亲和婴儿在这种交互关系中相互给对方带来的生理益处是如此重要，以至于人们确信，母婴天然就应该以这种方式来延续孕期的共生关系。在整个怀孕期间，母亲都在为满足孩子出生后的所有依赖性需求而精心准备。事实上，母婴关系中的双方是不能分开的，而在西方世界，这种互相依赖通常并不为那些被选为母婴及其产后需求方面的专家或权威所理解。这就像一个针对母亲和孩子的阴谋，要剥夺他们不可剥夺的宪法赋予的人类发展的权利。

除了给孩子充足的饮食之外，母乳喂养对孩子和母亲还有很多重要的好处。简言之，母乳喂养给孩子提供了一个安全和充满爱的环境，让他在其中茁壮成长。这并不仅仅是母乳喂养一项行为就能达成的效果，在母乳喂养过程中，母婴之间的完全联结为这个过程赋予了更加重要的意义。

在格式塔心理学的概念框架中，乳房和触摸的体验可以被视为一种"前景—背景"感知，身体始终是"前景"，而伸手触摸乳房则是图形刺激。这种"前景—背景"体验不仅启动了排乳反射，也启动了两个人的持续社会化过程。

作为一个器官，皮肤本身的发育极有可能大大受益于乳房哺乳的经验。虽然我没有这方面的实验数据，但关于动物的一些相关证据可以支持这一观点。例如，新西兰杰出的儿科医生特鲁比·金（Truby King）对一位经营羊

触摸的力量

毛和兽皮的商人向他作出的陈述印象深刻。这篇文章值得全文引用。特鲁比·金曾向这位商人谈及母乳喂养的好处，后者回答说："我不需要别人来告诉我母乳对孩子有什么好处，我自己做生意的时候就知道了。我可以告诉你，你的靴子是怎么喂大的！"然后，商人娓娓道来。

在业内，我们知道最高级的小牛皮是巴黎小牛皮。这是因为小牛是母牛用奶喂养的。这不仅为巴黎提供了最好的小牛肉，也为全世界划定了最好的鞣制小牛皮的标准。

假设不把毛拔掉的话，可以看出皮毛是光滑且有光泽的，不扎手也不干燥，朝着一个方向顺滑生长。再比如皮革，它不是斑驳的，整张皮革非常完整、光滑且纹理细腻。触摸和处理起来，你会发现它有一定的质感和硬度，柔韧又有弹性，手感很好，有一种亲切感。这就像（停顿下来想象一幅插图）一个健康的孩子光滑的脸，而不是一个营养不良的孩子的脸。

"另一种呢？"特鲁比·金问道。商人回答道：

哦，你是说"桶装奶喂养"吧。当然，这也有等级和程度之分，但总的来说，兽皮是斑驳的、不均匀的。它往往又干又涩，多少有种死气沉沉的感觉。它没有巴黎小牛皮那样的形态，也没有巴黎小牛皮那样的细纹和柔韧性，触感也不好。为什么呢？看这里，当我们在处理一张顶级的小牛皮时，我们会相互说："天哪，这是块好东西。为什么呢？这是用牛奶喂养的。"

毫无疑问，母乳喂养的小牛的皮的"亲肤感"在很大程度上归功于小牛从母乳中摄取的营养物质。但我相信，母乳喂养的小牛的皮的某些品质也可能是由于小牛在母乳喂养过程中获得的皮肤刺激所致。

关于"一个健康的孩子光滑的脸，而不是一个营养不良的孩子的脸"的这一观察是非常重要的，虽然我不知道还有其他这样的观察存在，但毫无疑问的是，一个母乳喂养的婴儿的皮肤和一个奶粉喂养的婴儿的皮肤在很多方面都有所不同。

触觉刺激的质量直接关系到机体的所有器官系统的发育质量。正如我们已经注意到的，自从引入机器挤奶以来，人们观察到手工挤奶的奶牛比机器挤奶的奶牛产出的牛奶更多且营养更丰富。哺乳期的女性似乎也是如此。我们知道，通常婴儿吸吮乳头带来的触觉刺激会引发排乳反射，使充足的乳汁流出。但如果出于某些原因导致母乳不足，一般来说，做一个从腹部开始向上直至乳房的系统按摩，就足以刺激充足的乳汁流出。

特鲁比·金说道：

> 新西兰卡里坦·哈里斯医院（Karitane Harris Hospital）多年来的做法可以充分地证明，按摩乳房是非常有益的，按摩加上每天两次用冷热水交替擦拭乳房。这些简单的措施，加上大量的新鲜空气、沐浴、日常锻炼、适当的休息和睡眠、有规律的生活习惯、适当的喂养和多喝水，在大多数情况下可以在母乳量减少或者停止母乳喂养数天或数周后成功恢复母乳的供应。

众所周知，如果没有哺乳的刺激，垂体前叶就不会持续分泌足量的催乳素，排卵就会因为失去抑制而重新开始。为了测试催乳素在雌鼠没有哺乳的情况下是否会因为视觉、听觉和身体上与幼鼠接触而分泌乳汁，莫尔茨（Moltz）、莱文（Levin）和莱昂（Leon）通过手术切除了雌鼠的乳头，这些雌鼠随后受孕并正常分娩。实验结果显示，对照组雌鼠平均7天后开始排卵，假手术组在16天后开始排卵，而实验组在30天后开始排卵。这项研究表明，即使在没有哺乳的情况下，视觉、听觉、嗅觉以及幼体的"感觉"等外部感受刺激也可促进催乳素分泌，其分泌量足以抑制排卵16~20天。

哺乳的母婴双方的肌肤刺激显然是为了促进彼此的发育而存在的，其目的是激活和保持母亲与孩子的各项身体机能，并使其处于最佳状态。乳晕和乳头的反射触发能力非常敏感。在分娩过程中和分娩后不久，当子宫的剧烈变化达到顶峰时，刺激乳头会引起剧烈的或者明显的子宫收缩。人们认为，这种反射发生机制的中心位于下丘脑，它刺激脑垂体后叶释放催产素。这种激素参与了分娩的开始阶段，并与很多其他条件一同参与了生育的开始过程。正如我们已经看到的，婴儿吸吮乳房时也会引起大量的催产素的释放，这种反射活动导致了排乳反射和乳汁的流出。

由此，我们可以看出，婴儿吸吮母亲的乳房是多么美妙的设计，特别是

触摸的力量

在产后不久，它满足了双方最迫切的需求，并由此逐渐发展，以持续地满足双方所有的互惠需要。从母乳喂养中建立起来的关系构成了所有人类社会关系发展的基础，婴儿通过母亲温暖的皮肤得到的交流体验构成了他生命中的第一次社会化体验。

在弗洛伊德之前，查尔斯·达尔文（Charles Darwin）的祖父伊拉斯谟·达尔文（Erasmus Darwin）在1794年首次出版的非凡著作《动物生理学或有机生命定律》（Zoonomia, or the Laws of Organic Life）中提到，母乳喂养与随后成长中的行为发展之间存在联系。伊拉斯谟在书中写道：

> 这些各种各样的愉悦归根结底都与母亲乳房的形态有关：婴儿用手拥抱，用嘴唇按压，并用眼睛观察母亲的乳房，从而对它的形状产生了比对味道和温度更准确的概念。因此，当我们到了成熟的年龄，当任何螺旋或波浪状与女性胸部形态有相似之处的物体展示在我们面前时，无论是表面柔和的上升和下降的景观，还是古董花瓶的形态，或是画作、雕像，我们都会产生一种普遍的愉悦之情。这种愉悦似乎会影响我们所有的感官，并且当这个物体不是太大时，我们被吸引着希望去拥抱它、亲吻它，就像我们幼年时在母亲怀中一样。

写下"我要向山举目，我的帮助从何而来"的诗篇作者或许就是从这样的幼年经历中受到了启发。有一件事可以肯定：他不可能是一个奶瓶喂养大的孩子。

伊拉斯谟·达尔文将微笑的起源追溯到婴儿在母亲胸前时的经历。他写道：

> 在吸的动作中，婴儿的嘴唇将母亲的乳头包裹封闭起来，直到吃饱，这样就产生了由美好食物刺激而来的愉悦。随后，由于持续吸吮而疲倦的口腔括约肌开始放松，脸部的拮抗肌轻微活动，代表愉悦的微笑随即出现：凡是熟悉幼儿的人们都见到过这样的场景。

> 因此，在我们的生活中，微笑总是与轻松的愉悦感有关。当我们逗弄小猫小狗，给它们挠痒时，我们就会显现这种微笑；不过，这种微笑主要还是作为人的特征而显现的。当儿童的父母和朋友时常面带微笑与他们说话时，儿童微笑的表情就会大大增加，因为儿童时常会模仿成

人。因此，一些民族因为其欢乐而引人注目，一些民族因为表情沉重而闻名。

与其他理论相比，伊拉斯谟关于微笑起源的阐述是不错的理论。他也一定注意到了，人们微笑的意愿在很大程度上受到文化条件的制约。关于微笑是快乐和友好的证明这一事实，至少有部分是起源于婴儿在吸吮母乳时的口腔触觉的愉悦。

东非的基基尤族酋长卡邦戈（Kabongo）在80岁时，回忆起与母亲的肌肤接触，尤其是乳房接触，他的描述非常美：

> 我的幼年记忆和母亲息息相关。起初，她总是在我身边；我记得她背着我时，依靠着她的身体如此舒服，记得烈日下她皮肤的味道。她给了我一切。如果我饿了或渴了，她会把我转到她丰满的乳房前。现在，当我闭上眼睛的时候，我仍会满怀感激地感受到把头埋在她柔软的乳房上，喝着她的乳汁时的那种幸福感。晚上，当没有太阳给我温暖时，她的臂膀、她的身体就是我的太阳。随着我长大，开始对其他事物更感兴趣时，我可以毫无顾忌地趴在她的背上，安全地观察我想看的东西；当睡意袭来时，我只需闭上眼睛，就能安然入睡。

"她给了我一切。"这是非常关键的一句话。这意味着温暖、支持、安全感、吃饱喝足、舒适和美好，这正是每一个孩子都应该在母亲怀中体验到的满足感。

婴儿喜欢母乳的另一个原因

并不是所有人都知道，在哺乳动物中，人类的乳汁是最甜的。人类乳汁中含有7%的乳糖，而牛奶中只含4%。值得注意的是，有充分的证据表明，不仅是人类新生儿，就连人类的胎儿都更喜欢吞咽带有甜味的液体。多年前，卡尔·德斯诺博士（Dr. Karl de Snoo）指出，子宫内的胎儿对注入羊膜囊的糖精有着强烈的亲和力。后来的学者发现，通过专门设计的装置注入蔗糖溶液，会使新生儿吸吮速度减慢，同时心率加快。溶液越甜，吸吮速度越慢，而心率越快。研究者克鲁克（Crook）和利普西特（Lipsitt）认为，吸吮速度的减慢或许反映了一种原始状态的享受，再加上加速的心率，一起构成了一种愉悦的体验。

从婴儿的反应可以看出，吸吮对婴儿来说是一种异常愉悦的体验。即使是没有摄入营养的吸吮，也会让婴儿着迷。菲尔德（Field）和戈德斯顿（Goldston）发现，在跟骨手术过程中，使用安抚奶嘴的婴儿出现行为困扰和严重的产后并发症的概率很低。

通过与母亲身体的接触，孩子第一次接触到世界；通过这种接触，他被带入一个全新的经验维度，在一个他者世界中的经验。正是与母亲身体上的接触给孩子提供了舒适、安全、温暖和不断增长的新经验的能力，由此，孩子不断获取新的经验。母乳喂养是这一切的源泉，其中流淌着所有的恩惠和对未来美好事物的承诺。

第 4 章

温柔、关爱的照料

> 信仰的大道是以这样的方式最直接地伸进人心和智力的疆土的。
>
> ——卢克莱修（Lucretius，公元前 60 年），
> 《物性论》（*De Rerum Natura*），第五卷，第 105~107 页。
>
> 从早先的日子开始，
> 在一个婴儿感受初次触摸后不久，
> 我与我的母亲的心进行了无声的对话，
> 我努力展示着这样婴儿的情感，
> 我们伟大的与生俱来的权利，在我体内增强和延续。
>
> ——威廉·华兹华斯（William Wordsworth），
> 《序曲》（*The Prelude*），1850 年，第二卷，第 265~272 页

1948 年，精神病学家詹姆斯·L. 哈利迪（James L. Halliday）在他的开创性著作《心理社会医学：一项对病态社会的研究》（*Psychosocial Medicine: A Study of the Sick Society*）中写道：

> 由于婴儿出生后头几个月可视作宫内状态的直接延续，因此，为满

足其动觉和肌肉感觉的需求，婴儿需要与母亲保持密切的身体接触。这意味着婴儿需要踏实的怀抱、规律地哺乳、轻摇、抚摸、说话和安抚。随着"莎莉妻子"的消失和婴儿摇椅的出现，人们常常忘记婴儿需要充分的身体接触。如果婴儿被放置在类似桌面的无支撑平面上，会立刻开始惊恐和哭泣。这一反应充分说明了这个需求不可忽视。焦虑的母亲（不管是怎样造成的）常常用一种松垮、缺乏安全感的状态，而不是踏实、坚定地抱孩子。这也在一定程度上解释了为什么会有"焦虑的母亲会生出焦虑的孩子"这一说法，因为孩子能感受到母亲的不安全感。婴儿离开医院时出现的"烦躁"问题，与没有养成和母亲时常接触的习惯有关。作为发热医院的前常驻医疗人员，我们中许多人过去不太相信这种"烦躁"有多重要，但近期的观察证实了它的真实性和实践上的重要性。如果婴儿缺乏与母亲的日常接触，可能会出现严重的抑郁、食欲减退、消瘦，甚至会死亡。因此，现在有一些女志愿者会到儿童医院为"烦躁"的婴儿提供一段时间的抚摸、轻摇等帮助（据说效果显著）。

这种做法的效果确实极具戏剧性，从而也引出了一个引人入胜的故事。

在19世纪，一种被称为消瘦症的疾病造成了过半的1岁以下婴儿死亡。这种疾病也被称为婴儿萎缩症或衰弱症。直到20世纪20年代，在美国各地的儿童福利院中，1岁以下婴儿的死亡率几乎达到100%。1915年，纽约杰出的儿科医生亨利·德怀特·查平（Henry Dwight Chapin）完成了一篇关于10家位于不同城市的儿童福利院的报告，其中披露了一个令人震惊的事实：除一家福利院以外，其他福利院2岁以下的婴儿均全部死亡。在费城举行的美国儿科学会会议上，来自各方的参与者根据各自的经历充分证实了查平医生报告中的发现。R. 哈米（R. Hamil）医生严峻地讽刺道："我有幸与费城的一家医疗机构建立了联系，这家医疗机构收治的1岁以下的婴儿，在留院一段时间后，死亡率是100%。"R. T. 索斯沃思（R. T. Southworth）医生补充道："我可以提供一家纽约现已不存在的机构的情况，由于入院婴儿的死亡率非常高，这家机构习惯在每个婴儿的入院卡上注明'疗愈无望'，随后发生的情况也确实如此。"J. M. 诺克斯（J. M. Knox）医生在巴尔的摩进行的一项研究表明，在不同机构收治的200名婴儿中，有约90%在一年内死亡。他提到，其余10%的婴儿之所以幸存，是因为他们在这期间被短暂地带离

第4章 温柔、关爱的照料

养育机构，由他们的养父母或者亲人照料。

在意识到儿童机构情感照料的缺失后，查平医生引入了婴儿寄宿制，而不是把婴儿留在儿童机构冰冷无情的环境中。而波士顿的弗里茨·塔尔博特（Fritz Talbot）医生则将"温柔、关爱的照料"的实践从德国引入美国，当时并没有多少相关的阐述。第一次世界大战前，他曾在德国拜访了杜塞尔多夫儿童诊所，诊所负责人阿瑟·施洛斯曼医生带他参观了病房。在一间整洁的病房里，一个抱着异常消瘦的婴儿的肥胖老妇人引起了他的好奇。"那是谁？"塔尔博特医生问道。施洛斯曼医生回答说："哦，那是老安娜。当我们用尽一切医学方法治疗也不见好时，我们就把婴儿交给老安娜，她总是能成功照顾好婴儿。"

然而，美国在很大程度上受到路德·埃米特·霍尔特（Luther Emmett Holt）教条式教育的影响。霍尔特是纽约综合诊所和哥伦比亚大学的儿科资深教授，他也是《儿童的照顾和喂养》（*The Care and Feeding of Children*）这本小册子的作者，该书于1894年首次出版，1935年出版了第15版。在很长一段时间里，这本书被奉为家庭育儿圣经。作者在书中建议：废除摇篮，婴儿哭时也不要抱起来；要按时喂养；不要过多地哄婴儿，避免把他们宠坏；尽管母乳是一种健康喂养的象征，但奶瓶喂养的效果也不差。在这样的氛围下，温柔关爱的理念被认为是相当"不科学"的，甚至被忽视。尽管我们知道，早在20世纪初，在杜塞尔多夫儿童诊所这样的机构就开始应用温柔关爱这一理念了。直到第二次世界大战后，关于消瘦症病因的研究发现，消瘦症常常出现在"最好的"家庭、医院和机构中，发生在接受着"最好的"和最精细的物质条件照料的婴儿身上。显然，在极其贫困、缺乏卫生条件和物质条件的家庭中，婴儿在好母亲的照料下，能够克服物质方面的匮乏而健康成长。比起第一类清洁无菌的环境，婴儿渴求的是第二类环境中充足的母爱。20世纪20年代末，几位医院的儿科医生认识到这一点后，将一种常规母爱疗法引入他们的病房中。J.布伦曼（J. Brennemann）医生曾在一家死亡率为50%~100%的老式儿童福利院任职过一段时间，他在自己的医院里制定了一条规则，即每个婴儿都应轮流被抱着走动，并得到母亲式的关注，每天重复几次。在纽约的贝尔维尤医院，随着儿科病房"母爱疗法"的实施，到1938年，1岁以下婴儿的死亡率从30%~35%下降到10%以下。

触摸的力量

人们发现，一个孩子的茁壮成长离不开亲密的照顾，他们需要被抱着、照顾、抚摸、拥抱和咿咿呀呀地对话。我们在这里强调的正是这些拥抱、照顾、抚摸和关心，这些即便在没有母乳的情况下，都可以保障婴儿在一定程度上健康生长的踏实的基础体验。即使婴儿极度缺乏光、声音等其他感官体验，只要皮肤的感受体验能够持续，他就能够生存。

一些案例能证明，在其他类型感官刺激缺失时皮肤刺激的重要性，这些案例包括在出生时或出生后不久视力和听力受损的人，以及和聋哑母亲一起待在黑暗房间里的婴儿。第一类案例中，劳拉·布里奇曼（Laura Bridgman）和海伦·凯勒的经历是最引人注目的。她们的故事已广为人知，无须赘述，但这里需要强调的是，这两个没有视听能力的孩子做出了许多努力，通过皮肤上的互动，最终学会了拥抱整个人类世界，并完全以皮肤接触为途径，实践了最高水平的交流。在学会手指字母表，也就是用接触的方式交流之前，她们与其他人在视觉上的社交互动体验是完全被切断的。她们与世隔绝，完全无法理解她们所在世界的意义，几乎完全未社会化。但是，她们的老师经过不懈的努力，成功地让她们学会了手指字母表。自此，符号化交流的世界向她们开放，她们作为社会化人类的那部分开始迅速成长和发展。

伊莎贝尔的案例也同样有趣。由于她是一个私生子，她和她的母亲被隔离在一个黑暗的房间中度过了大部分时光。1932年4月，伊莎贝尔出生于俄亥俄州，1938年11月被有关部门发现，那时她7岁半。缺乏阳光和营养不良让她得了严重的佝偻病。伊莎贝尔的双腿弯曲得非常严重，站立时脚底几乎并拢，走路时步履蹒跚。她被发现时，就像一只野生动物一样，不会说话，思维迟钝。心理学家诊断她有基因缺陷。不过，一位儿童语言专家玛丽·K.梅森（Marie K. Mason）博士对她进行了强化和系统的语言训练。尽管所有人都预言她不可能成功，但她不仅教会了伊莎贝尔正常说话，还通过语言让伊莎贝尔获得了其他相关能力。在两年的时间里，伊莎贝尔完成了通常需要六年时间的学业。伊莎贝尔在学校表现很好，也正常参加了所有的学校活动。

伊莎贝尔的情况符合营养不良、迟钝和缄默的孤僻儿童的类型，但在强化训练下，她变成了一个完全正常的社会化的人。营养不良并没有对她大脑的神经细胞造成显见的损伤，她也发展出了完全正常的社会适应力。这说明，在与世隔绝的生活里，她可能得到了非常多的来自母亲的关注，而这种关注很多是触觉性质的。

现今，用触觉来提升先天失聪的人的语言能力有很大希望。

劳拉·布里奇曼和海伦·凯勒通过触觉交流。我们得知，伊莎贝尔和她的母亲也是通过触觉加上肢体语言沟通的。伊莎贝尔的残疾和未社会化完全是长期与世隔绝造成的。几乎可以肯定的是，她能从这种影响中恢复是由于她得到了母亲充分的爱——常常被抱着、照顾着、爱抚着。

据记载，德意志皇帝腓特烈二世（1194—1250）在他的时代被称为"世界奇迹"，而他的敌人对他的描述却没有那么美好：

> 他想知道如果孩子从未与人说话，长大后会如何表达以及用何种方式表达。于是，他吩咐乳母和护士哺育孩子，给孩子洗澡，但不能用任何方式与他们闲聊。他想由此了解孩子是会说最古老的希伯来语，还是拉丁语、阿拉伯语或是他们父母的语言。但他的尝试是徒劳的，这些孩子最终都死了。孩子死亡是因为他们没有了养母的安抚，看不到快乐的面容，也听不到慈爱的话。那些歌曲之所以被称为"摇篮曲"，是因为当妇女轻摇摇篮时唱着这些歌，才能哄孩子入睡，如若不然，孩子睡得不好，也得不到休息。

以下是13世纪历史学家萨琳本（Salimbene）的话："因为没有爱抚他们就无法存活……"

这一观察是已知最早的关于触觉刺激对儿童成长的重要性的论述。毫无疑问，人们很早就意识到了抚摸给儿童带来的益处。

儿科医生哈里·巴克温（Harry Bakwin）最早认识到，儿童病人需要母亲式的照顾。他曾写道："对婴儿来说，皮肤感觉和动觉似乎是最关键的。拍打和温暖能够安抚他们，而疼痛刺激和寒冷会使他们哭闹。婴儿在户外活动时更容易安静下来，部分原因可能是空气在皮肤上流动。"

提到温暖和空气，就不得不提到产后体验对婴儿的重大影响。胎儿在子宫内的体温可能与母亲的相同，但在生产中和围产期，婴儿的体温会略高于母亲，在 36.4℃~38.9℃，平均温度约为 37.8℃。暂时暴露在冷空气中会使他们哭闹，但除非长时间受冷，否则不会造成伤害。温暖使婴儿愉悦，而寒

触摸的力量

冷则让他们痛苦。冷损伤有可能导致新生儿死亡。通常，母亲身体的温度流向婴儿时他会感到舒适，而缺乏温暖时他会感到痛苦。当我们在生活中谈到"温暖"的人，和相对"冷酷"的人时，或许这并不完全是一种比喻。正如奥托·菲尼切尔（Otto Fenichel）所说：

> 尤其是温度性爱，通常与早期的口交性爱相结合，是原始接受式性爱的重要组成。与伴侣肌肤接触并感受伴侣的体温仍是所有爱情中的重要元素。在古老的爱情模式中，物品仅仅是获得满足的工具，前述这一点也尤为明显。对温暖的强烈快感，不仅常常体现在神经质的泡澡习惯上，在这些人身上，同时也会发现被动接受式取向的迹象，尤其是关于调节个人自尊方面。对他们来说，"获得感情"就意味着"获得温暖"。他们是被"冻结"的人，需要为"温暖"所融化，于是他们能在温暖的浴缸中或者暖气上坐上很久时间。

人类新生儿，即使是早产儿，自身都具备强大的体温调节能力，但婴儿的热中性区，也就是让婴儿舒适的温度范围比成年人要小。婴儿在这一点上的劣势在于，其用来交换热量的表面积相对较大，而作为热汇（吸收热量）的体积相对较小。海伊（Hey）和奥康奈尔（O'Connell）研究了穿衣婴儿的热中性区，研究结论指出，婴儿护理床应为出生1个月内的婴儿提供23.8℃的无风环境，来匹配他们的热中性区。布里克（Brück）的研究表明，如果环境温度低于22.7℃，内热消耗过多的新生儿比成年人更容易降温。

为婴儿穿衣好过让他们赤身裸体。裸露的面部和头部，尤其是面部，不仅是重要的排汗消热区域，必要时，面部还可以通过接收冷空气来刺激呼吸。格拉斯（Glass）和他的同事已经证明，给无症状的低出生体重婴儿盖毯子不仅能简化管理，还能增强他们当下和未来抵御急性冷应激的能力。

正如 J. W. 斯科普斯（J. W. Scopes）博士所说，在我们这个复杂的社会中，大家常常意识不到，婴儿的母亲也是一个温度来源。母亲裸露的皮肤对襁褓中的婴儿来说，就是一个温暖的恒温微气候。

新生儿自身制造的热量来自一系列分布在身体各处的部位。这些部位通常是棕色脂肪组织分布的部位，肩胛骨之间的背部、颈部后三角区和颈部肌肉周围，从锁骨下方延伸到腋窝，气管、食道、两肺之间的大血管以及肋骨

第4章 温柔、关爱的照料

和乳腺内动脉临近的岛上。在腹部,最大的棕色脂肪组织聚集在肾上腺和肾脏周围,主动脉周围的脂肪组织较小。从肩胛骨间脂肪垫流向脊髓周围椎静脉丛的血液可能对新生儿的体温调节起着重要作用。

对新生儿来说,出现呼吸缺陷导致的缺氧、血液中二氧化碳过多(高碳酸血症)或出生时受到创伤,都可能会导致体温过低。人们认为,棕色脂肪组织产生额外热量这一过程很容易受到缺氧的影响。

一种合理的说法是,人体具备两种温度感应系统,一种感应温暖,另一种感应寒冷,而新生儿的这两种系统格外敏感。与成人一样,婴儿对环境高温的耐受性比对低温的耐受性要好,并且喜欢温暖而不是寒冷,但除了冷损伤外,早期温度差异体验对婴儿未来的发育究竟起着什么样的作用,我们还不得而知;但我们可以肯定的是,这种作用是存在的。

我们对复杂的温度感知的理解还非常有限。温度骤变下的新陈代谢反应可能非常危险。例如,海伊和他的同事们已证明,虽然婴儿可能出生在温度高达 27.8℃~30℃ 的无风房间中,但在这种条件下输血时,婴儿的内部体温仍会持续下降,除非采取积极措施加热输入的血液。这些研究者的结论是可信的,即在输血过程中使用冷血可能会导致循环衰竭。这一结论通常也适用于为成人快速输血的情况。

寒冷会使血管收缩,减缓血液的流动,导致缺氧的血液聚集在毛细血管,引起皮肤淤青,也就是皮肤表面的青色。这在很大程度上受温度的影响,温暖时会加速,寒冷时会减速。

婴儿出生后立即就给他们洗澡的做法通常会使婴儿暴露在热损失和寒冷侵体的风险中,特别是当奶酪状的胎脂被洗掉时更会加剧这种风险。胎脂由婴儿自身皮肤腺分泌的皮脂和皮肤脱落的上皮细胞组成。它是保护胎儿皮肤在子宫的液态介质中免受浸渍的绝缘层。婴儿出生后,胎脂能够保温,防止热量散失和寒气侵入。因此,一些权威人士认为,洗去这种奶酪状物质的做法是不可取的。一般来说,最好就让胎脂留在婴儿身上,把婴儿放到母亲身边等待被哺喂即可。*

根据埃尔德(Elder)对 27 名健康足月婴儿的研究,婴儿在 32.2℃ 时

---

* 由于胎脂接触到空气后会迅速变干,因此不会造成特别的问题。

吸吮乳房的力度比 26.6℃时小。库克（Cooke）发现，当环境温度从 26.6℃ 上升到 32.2℃时，婴儿摄入的热量随之减少，当环境温度从 32.7℃下降到 26.6℃时则相反。这些发现表明，或许应该重新讨论一般在医院里将婴儿严实包裹起来哺育的做法。

彼得·沃尔夫（Peter Wolff）对 18 个婴儿出生后 1 个月的生活进行观察研究后发现，温度和湿度很大程度上会影响婴儿的睡眠时长、行为和哭闹。待在 26.6℃~32.2℃环境中的婴儿比在 25.5℃环境中的婴儿哭得更少、睡得更多。

婴儿对赤裸和皮肤接触的反应非常有趣。从出生后第 3 天开始，18 个婴儿中有 7 个在脱衣服时开始哭，到第 2 周和第 3 周时哭闹得更加厉害，即便给他们盖上毯子也无法安抚他们。有效的方法是把他们包裹在襁褓中，或用毛巾被和毯子这类质地柔软、温暖的布盖住他们的胸部或腹部。

哺乳动物中母亲特地为幼仔保暖和鸟类的育雏行为，都充分证明了温暖对幼仔成长的重要性。如果没有育雏者或没有母亲来帮忙取暖，幼鸟会急迫地想要挤在一起，这进一步强调了一个非常重要的必要条件，即与幼鸟的身体接触。

有人提出，照顾婴儿带来改变的根本因素可能是温度变化。例如，谢弗（Schaefer）及其同事发现，体温降低的大鼠血液中抗坏血酸的下降幅度与被照顾的老鼠相同。这些研究人员的结论在各种方法论上遭到了批评，但他们并不否认温度可能是对不同动物产生多方面影响的一个变量。

被冰冷的手触摸并不舒服，而温暖的手会带来舒适的感觉。这一观察提示我们，皮肤感觉不可能仅仅在于触觉或压力，一定有某种程度上对温度的反应。很少有人享受被冰冷的手抚摸，甚至会觉得这样非常痛苦。"冰冷的安慰"不是安慰。很明显，信息传递取决于皮肤刺激的质量，是由一系列不同因素构成的。一记狠狠的耳光与一次温柔的爱抚所传递的信息截然不同，而皮肤所受压力的不同形成了从疼痛到愉悦之间的不同感觉。也许正是以类似这样的方式，通过对压力、强度、节奏、持续时间、力度等因素的感觉，婴儿能够分辨出谁抱着他们时是关心他们的，谁是不关心他们的。

婴儿通过自身肌肉—关节感受器从被抱的方式（不仅仅是皮肤上的压力）中获取信息，能够知道抱他们的人对自己有什么"感觉"。皮肤属于一种被称作"外部感受器"的器官,因为它们接收来自身体外部的感觉。而主要受身体本身的动作刺激的感受器被称为本体感受器。婴儿正是通过皮肤和本体感受器来接收抱着自己的人的肌肉—关节—韧带行为所传递的信息。

婴儿这种做出适当判断的方式类似于成人从握手的质感推断对方性格的方式。至少,那些仍具备这一能力的成人能够非常准确地得出相应结论。显然,每个婴儿天生就具备这种动觉,我们目前所知的实验、观察、经验和传闻都倾向于支持这样一种观点,即就像我们通过听别人说话和模仿听到的语言来学习说话一样,我们学习回应外部皮肤刺激和本体肌肉关节刺激,这很大程度上来自我们对这些感觉的早期经验或条件反射。

一个人的举止和控制自己的身体部位比如头部、肩膀,以及移动四肢和躯体的方式很可能与他早期的经历有关。比如众所周知的,焦虑的婴儿、儿童或者成人都有动作僵化、肌肉紧绷、过度耸肩和瞪大眼睛等倾向。通常,他们还同时会有皮肤苍白和干燥的情况,甚至会有其他的皮肤疾病。在焦虑和恐惧的状态下,皮肤温度很可能会因为表皮血管收缩而下降。尴尬和愉悦的状态则会产生相反的影响,即使血管扩张,导致皮肤温度升高进而泛红。一名学习生物反馈的学生提到,当他在一场科学会议上听到两位参会者开始争论时,他的体温下降了,而当争论平息下来后,他的体温立即就恢复了正常。

思想和情感往往是通过身体的动作而非语言来传达的。这一主题的研究被称为"身势学"。身势学专注于探索人在不知不觉中不断做出的各种调整,这些调整与其他人的存在和活动相关。身势学的领军人物雷·伯德惠斯特尔(Ray L. Birdwhistell)坚信,这种肢体语言是系统性的、可研究和分析的。他写道:"这与行为的生物学基础并不冲突,它将重点放在了肢体语言的人际交互层面而非表达层面。"

正是在与母亲的人际关系中,儿童建立起了最初的交流关系,实现的方式可能是通过外部感受器、本体感受器或是内部感受器(尤其是非常重要的消化道的感受器)。在这一时期,很可能会发生习惯性的高血压条件反射。这些习惯性高血压条件反射在未来可能会表现在各类症状上,包括涉及消化道的症状,如结肠炎、肠蠕动亢进、溃疡等;涉及心血管系统的症状,如精神性心血管紊乱;涉及呼吸系统的症状,如哮喘;当然,也会影响皮肤,如各类皮肤异常。

P. 拉孔贝（P. Lacombe）医生曾描述过一位严重的女性神经性患者的案例，她表现出抑郁的暴力行为并患有神经性皮肤病。患者母亲小的时候极少得到外婆的触觉关注，而母亲在这方面也做得不够好。拉孔贝认为，这名患者的失调源于在婴儿时期欠缺与母亲的依恋关系，从而导致了对母亲的异常依赖。对这位患者来说，失去母亲就等于失去自我，而得不到母亲皮肤接触的部位在患者身上呈现为皮肤区域化脓。患者的宠物狗也出现了皮肤问题。拉孔贝解释说，这是因为狗认同了它的女主人。拉孔贝说："自我是对身体自我的感知，而人对身体的感觉和认识源于皮肤。"

菲利普·R. 达勒姆·塞茨（Philip R. Durham Seitz）博士报告了一例突出的病例——一个不满3岁儿童的拔毛癖（病态拔毛），这个儿童的行为是在重现她早在出生两周内的特别的皮肤接触体验。

一名两岁半的白人女童因头皮脱发1年之久，由皮肤科医生转介给精神病学研究。皮肤病理检查并未发掘出脱发的生理原因。女童的头皮整体十分稀疏，其右侧尤为明显。

在最初的精神病学采访中发现，这名女童被环绕在母亲的臂弯中吸着奶瓶喝奶。当她吮吸左手中奶瓶的奶嘴的同时，她用右手搜寻残存的毛发。当找到一根或一簇头发时，她就会用手指将头发卷着拔下来，然后将这些头发放到上唇，挠鼻子。每当她用奶瓶喝奶时她就会进行这些动作，奶瓶被拿走时则立即停止。她母亲指出，她只在用奶瓶喝奶时才会拉扯头发，习惯性地一边喝奶一边拉扯头发并挠鼻子。作者到女童家中观察女童在自己的房间里玩耍时发现，她当且仅当在用奶瓶喝奶时拉扯头发挠鼻子。

通过对这位女童母亲的进一步采访得出以下信息：女孩是这对中下阶层父母的第一个也是唯一的孩子，她的父母或多或少呈现出一些不稳定的情绪变化。父亲曾是一位救世军音乐家，且父母都是虔诚的教徒。他们结婚5年了，认为彼此都是非常合适的婚姻伴侣。妻子怀孕时也正是他们非常想要孩子的时候。然而，由于照顾婴儿时遇到了很多困难，他们使用了避孕手段来避免再次怀孕。这个孩子是足月出生的，母亲顺利分娩。在最初的两周，母亲用母乳哺育孩子。但从第三周开始，由于

第4章 温柔、关爱的照料

母亲认为奶水不足，就突然停止了母乳哺育。孩子在一岁半以前发育正常。她在3个月时学会坐起来，7个月时学会站立，10个月时学会走路，在18个月时开口说话。她在1岁时断奶，开始吃固体食物并使用杯子喝水。

当孩子18个月大时，她接受了一项惩罚性的如厕训练，如果她弄脏自己，就会被责打。事后回顾起来，这位母亲意识到，孩子开始拒绝固体食物，坚持用奶瓶喝奶并同时拉扯头发挠鼻子的行为就是在这项如厕训练实施后不久开始的。另外，她开始变得很难管教，拒绝养成任何如厕习惯，还经常大哭并想要往自己身上洒水。

塞茨博士在观察后提出，她拒绝吃固体食物并持续用奶瓶喝奶，表示她无意识地希望回到早期的吃奶的阶段。她拉扯头发并挠鼻子的行为表示她出于某种原因希望重现吃奶的情形。这也引出了一个问题：她从母亲乳房中吸吮母乳时会被挠鼻子吗？挠鼻子的情况很可能是母亲乳房的汗毛造成的。考虑到这一点，经检查母亲的乳房，发现这位母亲的"两侧乳头周围各长有一圈又长又粗的汗毛"。

为了验证这个联想而来的假设，研究人员特别制作了一个奶嘴，奶嘴底部缠绕了一圈粗糙的毛。这样一来，当孩子把奶嘴含在嘴里时，鼻子就会被毛挠到。当吸吮这个奶嘴时，她会慢慢转动奶瓶，用鼻子和上嘴唇蹭这些立起来的毛发。拉扯毛发的情况没有发生。显然，这种使她鼻子自动被挠的设计满足了她重现早期吸吮母亲乳房经历的需要。

这个非常有趣的案例的关键在于，它展示了婴儿出生后2周内的早期皮肤心理调节。这个小女孩被母亲长有汗毛的乳房哺育了2周后，突然与乳房分离，她试图在吮吸玻璃奶瓶末端的橡胶奶嘴时用头发挠鼻子，从而重现这种母乳喂养的状态。

塞茨博士提出问题："特殊的皮肤情况还会使人在哪些方面出现神经质的特征和心理压力反应？鼻子出现皮肤心理性异常？抠鼻？花粉症或者过敏性鼻炎？"这些都是很好的问题。

嗅觉、哺育和呼吸

鼻子的心理性皮肤疾病应该是一个值得探索的丰富领域，但据我所知还未出现这一领域的相关研究。然而，从人们对待鼻子的许多不同方式这一点可以清晰地看出，早期的皮肤条件很可能决定或影响人们对这一解剖部位的动作行为。人们拉扯鼻子、抚摸鼻子、压鼻子、捏鼻子、皱鼻子、弯曲手指放在鼻子下、把食指放在鼻子上、抓鼻子、揉鼻子、按摩鼻子、用鼻子大口或小口地呼吸，或张开鼻孔。并不需要把所有这些习惯都归因于早期的皮肤条件，但可以肯定的是，在许多情况下，这些习惯与早期的皮肤条件有一定关联。有一种说法，那就是鼻子是通往生死的大门。当然，这是指鼻子的呼吸功能。正如我们已经看到的，呼吸功能的正常发育很可能在某种程度上取决于婴儿所经历的皮肤刺激的数量和种类。在婴儿时期受到的皮肤刺激不足的人呼吸较浅，并比受到充分皮肤刺激的人更容易患呼吸道疾病和肺部疾病，这种情况是可能存在的。我们有理由相信，某些特定类型的哮喘至少在一定程度上是早期触觉刺激的缺乏造成的。

那些幼年与母亲分离的人，其哮喘发病率很高。在患者哮喘发作时用手臂搂住他，可能会中止哮喘的发作或减轻哮喘症状。

玛格丽特·里布尔（Margaret Ribble）曾指出触觉体验对呼吸的重要性。她写道：

> 婴儿出生后的头几周，呼吸通常很浅、不稳定且不充分，而通过吸吮母乳与母亲的身体接触，呼吸则会得到反射性的刺激。没有用力吸吮的婴儿呼吸不深，而那些没有被充分地抱在怀里的婴儿，尤其是用奶瓶喂养的婴儿，除呼吸障碍外，往往还会出现消化道功能紊乱。他们会吞咽空气，出现俗称的肠绞痛，以及排便困难或呕吐。早期消化道的健康程度似乎以某种特殊的方式依赖于来自外周的反射性刺激。因此，母亲的触摸在婴儿的呼吸和营养功能调节方面具有明确的生物学意义。

在写下这篇文章的44年后，费城的私人儿科医生布鲁斯·陶布曼（Bruce Taubman）在并未读过这篇文章的情况下提出了一个假设：肠绞痛婴儿的持续哭闹是由于父母无意中忽略了回应婴儿的需求。这让他想到，可以通过帮助父母更适当地回应婴儿来减少婴儿的哭闹。实验组的母亲被指示不要让婴儿有哭的机会，要把他们抱起来，按他们的需求喂奶，或在他们表示想"吸吮"的时候喂奶。与不做处理的肠绞痛婴儿相比，实验组婴儿的哭闹减少了 70%，而不做处理的肠绞痛婴儿的哭闹没有减少，是正常对照组婴儿的 2.5 倍。

肠绞痛是一种较难处理的原因不明的症状，有许多不到 3 个月大的婴儿受到过该症状的困扰。婴儿哭闹的方式会提示我们原因是腹痛，通常还伴有胀气。不管是何种原因引起的，陶布曼的观察似乎证实了里布尔的说法，即"早期消化道的健康程度似乎以某种特殊的方式依赖于来自外周的反射性刺激"，以及"母亲的触摸在婴儿的呼吸和营养功能调节方面具有明确的生物学意义"。

在回到关于主要通过鼻子呼吸的讨论前，我们先继续一小段关于呼吸的话题。上文已指出，新生儿在接触到大气中空气的瞬间，之前尚未扩张的肺部会立即充满空气，出生时发生的各种压力变化有助于启动产后的呼吸方式，这种呼吸运动将贯穿人的一生。人的呼吸需求是非常强烈的，以至于停止呼吸三分钟往往就会导致死亡。呼吸的冲动是人类所有基本冲动中最迫切的，也是最自然的。学习呼吸的过程是一个焦虑的过程。即便是成年人，我们经历的每一次呼吸都会有微弱的恐惧感。许多人在紧张的时候呼吸会变得费力，就像出生时那样。在这种情况下，人往往会退化到胎儿时期的活动方式及和胎儿一样的体态。在恐惧或焦虑时，首当其冲的功能之一就是呼吸。尽管呼吸的生理动作和生化过程都是在无意识中进行的，但它在短时间内是受意志和意识控制的，学过唱歌的人都知道这一点，而瑜伽修行者都知道，即便是长时间的情况下也可以控制。这种控制实际上是在生活中的日常活动下进行的，比如说话、吞咽、大笑、吹气、咳嗽和吸吮。事实上，呼吸并不仅仅是一个生理过程，其是有机体行为方式的一部分。

呼吸的许多要素都是后天习得的，这一点可以从以下事实中得到证明。比起上层阶级的人，粗重或剧烈的呼吸往往在下层阶级的人身上更常见，比如喝汤或喝咖啡时发出响声。正如迪尔（Dill）所指出的，呼吸频率和肺部氧合能力的差距与职业状况密切相关。比起健康的深度呼吸，浅呼吸和呼吸不足与后天的慢性疲劳感有关，这在很大程度上也是后天养成的习惯，很可能与早期的皮肤经历有关。

再回到关于鼻子的讨论上，后天处理鼻子的各种方式，包括挖鼻孔，可能与早期的喂养经历有关，尤其是母乳喂养经历。哺乳时，婴儿的鼻子经常与母亲的乳房接触，舒服和不舒服的鼻部体验都可能影响到婴儿未来各种不同的处理鼻子的方式。大多数猴子和猿猴都会抠鼻孔并吃掉抠下来的鼻腔分泌物，一些小孩甚至成年人也会这样做。在这种情况下，抠鼻孔和吃东西之间的关联展现了某种形式的早期条件的可能性，抠鼻孔本身可能是一种自我满足的形式，是对这种早期经历的回味。俄罗斯作家罗扎诺夫（V. V. Rozanov）写道：“私人生活高于一切……即便只是在家里坐着，甚至抠抠鼻孔，看看夕阳。”

虽然大多数人鼻孔里存在的各种细菌造成的刺激性也会使人们需要经常处理鼻孔，但这些处理动作，尤其是抠鼻孔，很难完全归因于瘙痒性的细菌。这是一个非常值得进一步研究的问题。

作为一个凸出的半岛，鼻子是人体上一个方便的落手点，人们可以抚摸鼻子或是进行其他操作。这种建立联系的方式带来了一种安全感，即使只是与自己建立联系。从提供安抚作用的角度，鼻子似乎是身体上一个非常受欢迎的部位。我们常常会把别人的这种举动视作一种紧张的姿态，而自己这么做的时候却毫无意识。

为什么会用"嗤之以鼻"或"指着鼻子"来表达一种对别人鄙夷的姿态呢？

从鱼类到人类，口腔区域是身体最早对皮肤刺激敏感的部位。早在婴儿出生前，嘴唇就发育为性敏感区域，具有带来快感的生理结构。据观察，5个月乃至更小的胎儿在子宫里就会吮吸大拇指。不管是母乳喂养还是奶瓶喂养，即便在经历上有很大的差异，但都进一步加强了嘴唇的敏感性。婴儿出生后第一年的主要活动就是吮吸，嘴唇作为口腔黏膜的外部延伸，是他第一次与外界进行敏感接触的工具，向他展示了融入外部世界的过程中那些对他来说至关重要的元素。因此，或许除了指尖，嘴唇的感觉神经末梢比身体任何其他部位都要发达，这一点也不足为奇。事实上，嘴唇在大脑中的表征比整个躯干的感官输入都要多。嘴唇、口腔、舌头、嗅觉、视觉和听觉彼此之间紧密相连，且都与哺乳体验密不可分。吸吮乳房和吸吮奶瓶的橡胶奶嘴是

第4章　温柔、关爱的照料

两种截然不同的体验。关于母乳喂养与奶瓶喂养哪一种更具优势以及两种喂养方式分别对婴儿的后续行为产生的影响，研究结果有时是矛盾的。然而，可以明确的一点是，对孩子未来的行为非常重要的不仅仅是喂养的方式，还有母亲在喂养过程中的整体行为。冷漠的母亲进行母乳喂养对孩子日后行为的表现的影响不如温暖的母亲用奶瓶喂养。例如，马丁·海因斯坦（Martin I. Heinstein）博士对加利福尼亚州伯克利的252名儿童进行的一项研究就得出了这样的结论。

正如我们所见，婴儿会很快对母亲对待他的行为做出反应。对婴儿的自身行为发展来说，最重要的与其说是喂养的物质本身，不如说是喂养的方式。这正是皮肤和嘴唇这一特殊黏膜结构所接收到的体验。比起温暖的母亲或充足的哺乳，冷漠的母亲或哺乳不足是否会使婴儿从嘴唇刺激中寻求更多的满足感，并展示出更多的渴求，据我所知，还没有研究解答这个问题。与其他问题一样，这个问题无疑是充满不确定性的，并且可能相当复杂。许多儿童确实会花大量时间用手指摆弄嘴唇，同时发出哼哼唧唧的声音来配合手刺激嘴唇的动作。显然这让他们很享受。我认为，吮吸拇指或手指的满足感一定程度上不仅来自吮吸本身，也来自对嘴唇的刺激。吸奶时，婴儿的手时常放在母亲的乳房上，用奶瓶喝奶时则经常放在奶瓶上；婴儿的眼睛追随着母亲的眼睛和脸部的一举一动，熟悉着母亲，也熟悉并越来越习惯自己在哺乳时发出的声音。所有这些因素与发育中的神经心理综合体是紧密关联的，这一点也不难理解。因此，如果一个人后来成为烟瘾患者，我们至少在某种程度上可以推测他的成瘾与他在生命的最初阶段经历过类似的乐趣有关。吮吸、刺激嘴唇，叼着香烟、雪茄或烟斗，看着呼出烟雾的愉悦，以及吸烟、闻烟和品烟，都让人感到非常惬意，尽管长期吸烟带来的影响可能是致命的。而咀嚼口香糖的部分乐趣可能同样来自持续的口腔唇部刺激。

许多关注这一议题的研究者都认为，我们对未来发育的理解很多都始于嘴唇和口腔的早期体验。美国著名心理学家斯坦利·霍尔（G. Stanley Hall）认为，精神生活首先围绕着口腔和味觉而展开，伴随着一种"真正美好的触觉快感，发生在嘴唇触碰到光滑的事物和未长出牙齿的牙龈接触到坚硬物质的时候"。

弗洛伊德将婴儿嘴唇接触乳房的活动作为其性欲理论的基石。他写道：

触摸的力量

孩子的第一项也是最重要的一项活动是吮吸母亲的乳房或类似乳房的替代品,这使他熟悉了这种(有节奏地吮吸)愉悦。孩子的嘴唇……相当于一个性敏感区域,可以肯定的是,温暖乳汁带来的刺激则是产生这种愉悦感的原因。起初,性敏感区域得到满足与营养充足有关。当人们看到婴儿吃饱奶后红扑扑的脸颊上带着满足的微笑沉沉睡去的画面时,人们一定能联想到,这是后续生活中表达性满足的原型。现在,当牙齿长出,不需要通过吸吮摄取食物时,这种重复性满足的需要就不可避免地与摄取营养的需要分离开来……

虽然关于口腔发育阶段的研究尚不充分,但日后的性能力与婴儿时期的口腔经历之间存在着深刻的联系是毋庸置疑的;同样地,性行为和皮肤及其所有附属物包括毛发、腺体、神经元之间也存在着密切联系。一位法国智者曾说,爱情是一对契合的灵魂和两个紧贴的皮囊。*

事实上,除了围产期的分娩经历,个体在性行为中经历了最强烈的皮肤刺激,通常嘴唇、舌头和口腔也积极地参与其中。毫无疑问,进食和爱的体验是交织在一起的,以至于在以后的生活中,进食常常成为爱的替代品,肥胖经常构成未能获得爱情的证据。提供食物往往只是在敷衍地表达爱。

大猩猩和黑猩猩会直接用嘴唇给幼崽喂食。两岁大的黑猩猩幼崽会噘起嘴唇向母亲乞食,然后母亲会轻轻地把食物直接喂进幼崽的嘴里。此外,在幼崽长到1岁之前,黑猩猩母亲都会用嘴唇轻轻按压幼崽身体的各个部位。黑猩猩母亲会握住幼崽的手,用自己的嘴唇碰触幼崽的手掌,触碰时嘴巴张开,嘴唇紧贴牙齿。成年的黑猩猩之间也会用这种方式互相触碰,将嘴唇贴在对方手臂或肩膀上,有时也会贴在自己的手上。焦虑的幼崽也会用这种方式触碰母亲,甚至成年的雄性黑猩猩在交配时也会这样做。由此可见,黑猩猩之间的问候之吻可能就起源于通过嘴唇摸索的接触。

嘴对嘴地喂食婴儿在土著居民中非常普遍。因此,我们不难理解,嘴唇的接触是如何发展为人类的一种爱意的表达的。

---

* 尚福尔认为:"存在于社会中的爱情不过是两种幻想的交融和两张皮肤的接触"的变体。S. R. N. 尚福尔,《完美文明的产物》(纽约:麦克米伦出版社,1969年),第170页。

第4章 温柔、关爱的照料

精神分析学家桑多尔·拉多（Sandor Rado）提出，早期吮吸的一个重要因素在于获得一种愉悦的饱腹感以及弥漫到整个机体的感官快感，他把这种感觉称为"消化性高潮"。

众所周知，婴儿的吮吸能够让母亲体验到一种类似性刺激的感觉，而婴儿体验到的感觉，如果要赋予其意义的话，就构成了日后性满足感的雏形。我们已经意识到了，母爱的缺乏可能会严重影响到以后的性行为。哈洛等也证明，由真实母亲抚养的恒河猴在社会行为和性行为方面，比由毛圈布包裹的铁丝做成的代理母亲陪伴的恒河猴发育完善，但如果每天让代理母亲陪伴的幼猴在有其他幼猴的环境中玩耍，它们就会发展出完全正常的社会行为和性行为。哈洛夫妇准确地指出，不应低估婴幼儿之间的关系对青少年和成年时期适应能力方面的决定性作用。哈洛夫妇认为，婴儿与婴儿之间的情感系统"对于动物发展出积极与同伴发生身体接触的能力是必不可少的，而且可能对于猴子和人类来说都是如此，正是通过这一系统的运作，性的角色才得以被识别和接受"。

正如哈洛夫妇所言，婴儿之间的接触对于社交能力和性能力的全面发展可能非常重要，但即使与其他婴儿保持接触，没有母亲的婴儿在这种行为上的发展也比不上有母亲的婴儿。当然，在人类中，有好的母亲但没有同龄伙伴的接触显然不会对大多数个体的社交能力和性能力发展造成严重的不利影响。事实上，有大量文献都表明了母亲的行为对婴儿未来的社交能力和性能力发展的重要性。可以说，婴儿之间的情感关系纵然被证明很重要，但其影响也无法与母婴间情感关系的影响相提并论，因为母婴间的情感关系基于母亲真实的爱意。毫无疑问，同伴间的互动对儿童的社会成长和发展具有相当重要的意义，因为儿童正是在同伴间的相互给予和包容中尝试和学习了许多人际交往行为的调节方式。

正如亚罗（Yarrow）在一份出色的证据调查报告中所说："通过与孩子接触、拥抱、交谈和玩耍，母亲为孩子提供了触觉、视觉和听觉上的社交刺激，而不是仅仅作为一种视觉呈现。"失去这些由母亲带来的感官刺激会给孩子造成严重影响。

如果一个人在童年和之后的生活中"玩耍"时显示出笨拙与粗暴，也无法在不发生碰撞的情况下建立社交关系，那么可能与婴幼儿时期缺乏触摸有

触摸的力量

明显的联系。

人类胚胎最初对触觉刺激做出反应的部位正是口腔周围区域。因此，婴儿通过嘴唇与外界建立最初的联系也很自然，这种联系是逐渐建立的。研究表明，刺激新生儿嘴唇部位会引发口腔的定向反射，即嘴巴张开，头部朝刺激方向转动。如果只刺激单片嘴唇，就会出现这种情况。双唇同时受到刺激时，就会出现抓住或寻找刺激物的动作，头部停止旋转并开始吮吸动作。这种刺激通常来自母亲的乳头，然后是乳晕。在这之后，只要婴儿接触到母亲的身体或任何类似乳房的东西，就会出现这种搜寻的行为，即用鼻子和嘴去寻找乳房。口腔定向和唇部抓握这两种反射活动是搜寻行为发展过程中的两个不同阶段。在吸吮过程中，这两种反射活动整合为"口腔抓握"，是新生儿在掌握世界（包括一般和特殊世界）方面取得的最初发育进步之一。换句话说，这两种反射一方面为搜寻模式，另一方面称为吸吮模式。嘴唇紧贴乳头和乳晕的行为，以及后来手和手指在乳房上的揉捏、紧贴和停留，正如斯皮茨所指出的那样，是形成客体关系的先驱和原型。

搜寻，通常也叫作"搜寻反射"，即婴儿的脸颊或口腔区域受到触碰时的转头和嘴部动作，也可能是对母亲乳房气味的反应。不过我们只需要记住以下这一点就够了：发育中的搜寻包含了两个反射活动，即口腔定向反射和嘴唇对刺激的抓握。

从对搜寻反射的认知中，我们可以得出一个非常重要的结论，也是刚开始母乳喂养时经常会犯的错误。奥尔德里奇（Aldrich）在很久以前（1942年）指出，当母亲或护士把手放在婴儿的脸颊上，将婴儿的头推向乳房时，婴儿会试图把头转向按压的手，而不是乳房。这使人们错误地认为婴儿不喜欢吃奶。然而，应该让婴儿的脸颊接触乳房而不是手。母亲在分娩时服用的药物可能会使婴儿在出生后的三四天内才能完全消除搜寻行为。

咂嘴是一种古老的表达满足感的方式。有趣的是，咂嘴也是母狒狒安抚自己的幼崽和其他幼崽的方式。欧文·德沃尔（Irven DeVore）写道："母狒狒在给狒狒幼崽梳理毛发时，除了轻轻咂嘴之外几乎不会发出任何声音。咂嘴是母亲在狒狒幼崽出生时发出的声音，是狒狒所有的动作中最频繁、最重要的动作之一。对于所有年龄段的雌雄狒狒来说，这种行为能缓和社交中的紧张情绪，使其平和。"通常情况下，成年雄性狒狒的直接靠近会使种群中的其他成员感到非常害怕，因此，当成年雄性狒狒靠近与母亲在一起的狒狒幼崽时，雌性狒狒会用力咂嘴。这一点非常有趣。为了呼唤可能已经爬到树上的狒狒幼崽，雌性狒狒会紧盯着幼崽的方向并大声咂嘴。

人类的母亲经常会以类似的方式或噘嘴发出各种声音来安抚婴儿。这样的安抚声通常会使婴儿做出愉悦的反应。发出这种声音，尤其是轻柔地咂嘴的声音，是让婴儿破涕为笑的最有效的方法之一，甚至可以让他们开心到打嗝。6周甚至更小的婴儿的注意力会立即被这些声音吸引，在没有任何干扰的情况下，这些声音会对他产生镇静作用。这有力地表明，对婴儿来说，这些声音和发出这些声音的嘴唇意味着快乐体验。

母亲的爱抚、安慰以及用嘴唇亲吻来表达对婴儿的爱意，这些都是婴儿反复获得的体验。一般情况下，孩子到2岁时就能学会拥抱和亲吻。耶鲁大学儿童研究中心的莎莉·普罗旺斯（Sally Provence）认为，如果孩子此时没有学会拥抱和亲吻可能是一种症状，并需要进一步研究。根据她的经验，迟迟不会亲吻可能代表孩子的神经系统出现了问题，影响到了面部肌肉的使用；也可能表明孩子患有孤独症等疾病，其特征是缺乏自我意识；也有可能仅仅表明孩子在家中缺乏关爱。但并不是所有得到良好照顾的孩子都是"爱亲虫"。普罗旺斯指出，每个人都有自己表达爱意的方式，但很多孩子在幼儿时期都会做出难以亲近的样子。"唯一真正的问题在于，孩子能否理解亲吻是一种交流方式。当他选择这样做时，他能做到吗？"

拉文·朗（Raven Lang）观察到，母亲通常用高音调对婴儿说话，这让人们注意到：婴儿更喜欢高频率的声音，比起男性的声音也更喜欢女性的声音。

触摸与感觉

婴儿的搜寻行为是探索性的、扫描性的，其目的和最终结果是寻找乳头和乳晕并用口腔吸吮。虽然搜寻行为很快就会被视觉扫描所取代，但它仍然很重要。因为，除了其他的因素外，它还构成了对给予快感的他者存在的再确认，而他者作为一个有形实体的存在是这种快感的源头。其有形性是最踏实的

触摸的力量

保证，因为归根结底，我们只有在能够触碰到一个事物时才能够确认它的真实性，我们需要确凿的证据。即使是信仰，最终也是建立在对未来事物或过去经历的事件的实质的信念之上。我们通过其他感官感知到的现实，实际上只不过是一个好的假设，最终还需要通过触摸来确认。我们观察到人们对"油漆未干"标志的反应是很典型的。他们经常会走过去并用手指亲自测试油漆表面。这个标志就像一个信号，吸引他们去触摸、去验证。俗话说：眼见为实，手摸为真。在美术馆里，我有时会看到一位女士走近一幅画，凝视着它，然后用手指在画的某一部分上轻轻划过，似乎是想知道它的触感。

看是一种远距离的触摸，而触摸则是对现实的验证和确认。正因如此，目光接触是远距离触摸的最佳范例。在特定情况下，与人进行眼神接触会被认为是一种冒犯或一种感兴趣的表示。不可置信时揉眼睛也很常见，好像揉眼睛是为了确认自己看到的东西是真的。用手指揉搓闭着的眼睛，在隐喻意义上和物理意义上是为了去掉可能覆盖在眼睛上的薄膜，同时也证明了眼睛仍然存在，并确实看到了所看到的东西。

触摸证明了"客观现实"——在某种意义上，外在的东西不是我自己。正如沃尔特·翁（Walter Ong）所写："尽管触觉比其他任何感官都更能证明非我，但正因如此，触觉比其他任何感官都更能涉及我自身的主观性。当我感受到'在那里'的客观事物，超越我身体的界限时，我同时也体验到了我的自我。我同时感受到他者和自我。"亚伯拉罕·列维茨基（Abraham Levitsky）博士指出，从本质层面来说，"触觉是近的，视觉是远的。我们愿意接触信任、喜欢的事物和人，避免接触我们不信任和恐惧的事物和人"。

从我们不信任的事物和令人恐惧的事物旁抽身这件事提醒着我们，黑暗往往具备光明不具备的形态和阴森感。鬼怪出现在白天的想法是可笑的，但由于失去了与黑暗的接触，世界转变成不可能的场景，也转变为可能的场景。我们在白天嘲笑的鬼怪，到了夜晚却让我们毛骨悚然。想象力将无形的东西变为有形的东西，我们用被子罩住自己，与幻象隔绝。

关于触摸在交流和确认方面的作用，人们从对猴子和类人猿的反复观察中找到了进一步的证据，它们在镜子前，会触碰、抚摸和亲吻自己在镜子中的形象，然后把手伸到镜子周围，去触摸它们认为存在于镜子后面的自己。罗伯特·耶克斯（Robert Yerkes）观察了雌性大猩猩刚果后提出："大猩猩的触觉探索和搜寻具有特殊意义。视觉的探索和搜寻本应占主导地位,但同样关键的是触觉,它坚持不懈地检查镜像,试图找到镜像的本体,以至于不愿意离开镜子。"自耶克斯的报告发表后,又有许多关于类人猿和猴子的类似报告。

奥尔特加·伊·加塞特(Ortega y Gasset)指出:"很明显,我们与事物互动的决定形式其实是接触。由此可得,触觉和接触必然是决定我们世界结构的最确切的因素。"奥尔特加还指出,触觉与其他所有感官的不同之处在于,它总是不可分割地同时出现在我们所触摸的物体和我们与之接触的身体上。与视觉或听觉不同的是,在接触中,我们的感受来自于身体内部。在品尝和嗅闻时,我们的体验仅限于鼻腔和上颚的表面。因此,我们的世界是由具有实体的事物的存在组成的。它们之所以存在,是因为它们与所有事物中与我们最接近的、与我们每个人的"我"(我们的身体)相联系。

婴儿从母亲身体的有形证据——嘴唇的包裹、手部紧贴着乳房——中真切地感受到世界就在自己真实的指尖上,这使婴儿在未来发展出对自己和母亲身体的认识,并构成他最初的客体关系。这里需要反复强调的是,尽管还涉及许多其他方面,但婴儿首先是通过其皮肤的经验,摸索着建立起这种客体关系的。

在很大程度上,正是由于触摸对皮肤的刺激,孩子才能从自己的躯壳中向外生长和探索。那些没有经历过这种刺激的人,就像被囚禁在自己的皮肤之下,他们的表现好像皮肤就是一道自我封闭的屏障,对他们来说,触摸就成了一种对他们完整性的攻击。

围绕着吮吸,结合皮肤或触觉的综合体验,最早的感知系统被组织起来。正如里布尔(Ribble)所说:"母亲的哺育让孩子逐渐将吸吮或摄入食物与感官上的看、听和抓结合并协调起来,从而建立起更加复杂的综合性行为组合。"嘴唇在母亲乳房上的运动,对母亲脸部和眼睛的发展性扫描,与母亲身体有关的手部运动,以及对这些体验的不同程度的感受,使婴儿能够在头脑中建立一个代码,通过这个代码,它可以重新组合和复制所有这些体验和相关的体验,并通过在母亲身体的基础上发出适当的信号,唤起适当的反应。婴儿学会通过皮肤、嘴唇、舌头、手和眼睛,对母亲进行身体探索,并以此为基础进一步用手的探索来了解自己的身体。事实上,婴儿最早的自我

触摸的力量

整合尝试是通过对母亲乳房的口腔体验开始的。在此过程中，舌头作为一个重要的触觉器官，扮演着关键的角色。此外，新生儿与成人一样，具有准确地辨别味道的能力。

向他人伸出舌头作为一种反抗的姿态有什么含义？它会不会是一种失望的拒绝信号，代表"我不爱你"或"我不关心你"，与舌头在母亲乳房上的享受的感觉截然相反？然而，口腔与生殖器的接触似乎是在复制母乳喂养的体验。

值得注意的是，大脑皮层中央回的唇部区与其他相关结构的区域相比，大得不成比例（见图 1-1）。4 个手指和拇指的情况也是如此，这就需要我们考虑手和手指在触觉发展过程中的作用。"触觉"这个词几乎完全是指手指或手的感觉。事实上，当我们考虑"触摸"一词在语言中的各种含义时，我们就会非常明显地发现各种含义在很大程度上都是"用手或手指触摸"这一含义的延伸。

人类所属的哺乳动物——灵长类动物由大约 150 种生物组成，在这个群体成功繁衍的过程中，作为一种感觉运动器官的手的进化发挥了重要作用。有人考察了从新大陆到旧大陆的大叶猴、狐猴、猿猴到人类等灵长类种群，发现它们通过触摸物体的表面来操作、探索和分辨的能力越来越强。

哲学家伊曼纽尔·康德（Immanuel Kant, 1724—1804）称手为人类的外脑。心理学家韦法斯（G. Revesz）指出，手通常比头更聪明，具有更强的创造力。他进一步指出，在动物中，智力和手的灵活性之间似乎存在某种关联。他观察到，在人类中，手与智力发展之间存在着明显的互相促进的关系。他说"工作的手是眼睛的工具"，并补充道，手代表着我们所有重要工具的象征和模型。伟大的生理学家和解剖学家查尔斯·贝尔爵士（1774—1842）在关于手的论文中也表达了类似的观点。弗雷德里克·伍德·琼斯（Frederic Wood Jones）于 1920 年关于手的巨著首次引起人们的广泛关注，他将手视为一种器官。

作为触摸的工具，手是迄今为止人体蕴含信息量最大的器官，大脑偶尔可能是个例外。有趣的是，当人们在词典中查询"触摸"一词的各种含义时，会发现"触摸"项下的条目可能是全书中最多的。在厚厚的《牛津英语词典》中，"触摸"是篇幅最长的词条——整整有 14 项。这本身就在某种程

第4章 温柔、关爱的照料

度上证明了,手和手指的触觉体验对我们的意象和语言产生了重大影响。

"触摸"一词最初来源于古法语 touche,《牛津英语词典》将其定义为"(用手、手指或身体的其他部分)触摸的动作或行为;对物质对象进行感觉能力的锻炼"。触摸的定义是"用手等去感觉某物的动作或行为"。关键词是"感觉"。虽然触摸本身并不是一种情感,但它的感觉元素会诱发神经、腺体、肌肉和心理的变化,这些变化结合在一起,我们就称之为情感。因此,触摸不是作为一种简单的物理方式,即感觉,而是作为一种情感来体验的。当我们谈及"被触动"时,尤其是被某种美或同情的行为所触动时,我们想要描述的是被情感感动的状态。而当我们形容某人"感动得一塌糊涂"时,我们想到的是另一种情感。动词"感动"的意思是对人的感情敏感。"易触发"是指过于敏感。"保持接触"意味着无论我们相隔多远,我们都能保持沟通。这正是语言的初衷,即让人与人之间保持联系。婴儿与母亲身体接触的经历构成了他最主要、最基本的交流方式,是他的第一种语言,是他第一次与另一个人接触,是"人情味"的起源。

关于"触摸",《牛津英语词典》对它的解释是"分布最广泛的身体感官,遍及皮肤的各个部位,但(在人身上)在手指尖和嘴唇上特别发达"。婴儿正是通过嘴唇来感知现实,以及他所摄入的营养物质的。在一段时间内,这是婴儿唯一的判断手段。这就是为什么婴儿一有能力,就会把东西放在嘴唇上进行判断,而且在他掌握了其他感知和判断手段之后的很长一段时间里,还会继续这种行为。婴儿最终获得的其他感知和判断手段是通过他的手指尖和手掌,一只靠在母亲明显地、反复地安慰着他的乳房上的手。婴儿刚出生时,触觉比所有其他感官都发达,虽然他的所有感官都在运作,并在他感知外部世界和与外部世界(尤其是与母亲)交流的过程中发挥着越来越重要的作用,但没有一种感官像触觉一样基本。婴儿赖以生存的是触觉:嘴唇、全身接触,然后是指尖到整个手掌的接触。

自我的初步发展始于婴儿对生活条件的反应。当他在乳房前采取行动,以得到他想要的东西时,这就构成了他成长过程中一次决定性的关键经历。他感到自己的行动受到了鼓励,知道在(他)人的鼓励下,他将继续达到自己的目标。正如布鲁诺·贝特尔海姆(Bruno Bettelheim)所指出的那样,按时喂奶之所以具有潜在的破坏性,不仅仅是因为它把喂奶过程机械化和常规化，而且是因为这种方式令婴儿丧失了这种感觉，即他自己发出的信号满足了他的饥饿感。无视他的信号会使他气馁，失去发展处理环境的心理和情感技巧的冲动，从而失去充分发展自我和个性的动力。在任何年龄段，信号、手势和交流得不到回应都是一种痛苦的经历。尤其是在幼年时期，这可能会导致交流的尝试完全消失。

如果一个婴儿得到充分满足，他便会感到整个世界都是他的。世界就在他的指尖，就是母亲的乳房。这么说可能夸张了些，用贝特尔海姆的话说，他后来独立做事的所有能力可能都是这种早期信念的结果，但就实际发生的事件而言，这可能已经接近事实了。美国匹兹堡大学妇产科护理部主任列娃·鲁宾（Reva Rubin）发现，母亲与婴儿接触的性质和数量有一个明确的发展过程和顺序。她发现，母亲与婴儿接触的范围从小到大，从最初的仅用指尖，到后来的用包括手掌在内的双手，再到后来的用作为全身延伸的双臂。

母亲与孩子最初的接触的本质是探索性的。指尖也会用到，只是有些僵硬。这时，母亲通常会用一根指尖，而不是用整个手掌去摸孩子的头发，以发现他的头发是柔顺的。她会用指尖描绘宝宝的侧影和轮廓。如果要把婴儿的头转向食物，她会用指尖；如果婴儿要洗澡，她会用食指和拇指（不用手掌）托住婴儿的头；如果要把婴儿翻过来，她似乎会用指尖接触婴儿的某些部位。她确实用手臂和手来被动地接受他，但在这个阶段，她的手臂并不会主动地参与触摸。稍后，她的双臂会紧紧抱住婴儿，但现在她抱着婴儿就像抱着一束鲜花，双臂僵硬地抱着使她疲惫不堪。

列娃·鲁宾指出，在指尖探索中，参与是脆弱的。就像求爱一样，在接触的过程中，人们并不确定自己会得到怎样的回应。在建立相互信任和承诺的牵手阶段之前，在试探性进展的求爱阶段就是如此。在母性的触摸中，指尖接触阶段先于承诺接触阶段。

承诺似乎在等待着唤起婴儿的某些个人反应。有时是打嗝，更常见的是他拥抱的特殊方式，或者更常见的是他表达无限快乐的方式（3个月后）。在这种关系中，要想让婴儿产生伙伴感和相互关系，这种反应就必须来自婴

第4章 温柔、关爱的照料

儿，而不是其他人。满足母亲要求的特殊征兆可能会有所不同。还应该指出的是，此时的母亲很容易受到拒绝信号的影响。但是，如果年轻母亲的自我意识很强，她就会乐观地寻找积极的互动迹象，以促进关系的发展。

母性触摸的下一阶段逐渐到来，并与前一阶段相叠加。此时，母亲会用整个手掌与婴儿的身体进行最大限度的接触。母亲更有可能用手掌支撑婴儿的臀部，放在婴儿背部的手与婴儿完全接触。母亲的两只手都会很放松和舒适，这与母亲对孩子的感觉是一致的，而婴儿也会从母亲的这种感觉中获得安全感，因为婴儿对母亲的坚定和舒适的支持会产生一种感觉，这种感觉是通过触觉和婴儿在这种反馈关系中体验到的相互感知而获得的。

从第3天到第5天的某个时候，母亲会用指尖到整个手掌抚摸婴儿的头部。母亲自己的肢体语言也从指尖抚摸肛门和生殖器区域逐渐过渡到整个手掌都参与的亲密接触。

回顾我们关于哺乳动物围产期的皮肤刺激有助于提高非人类哺乳动物的母性能力的讨论（第21~22页），列娃·鲁宾的以下观点最值得关注。

> 在分娩、接生或产后期间，如果母亲最近曾有过来自护理人员的适当而有意义的身体抚触经历，那么她们就会更有效地使用自己的双手，这既适用于……第一次生孩子的母亲，也适用于……生过一个以上孩子的母亲。相反，如果母亲最近与自己身体接触的经历是遥远的、非个人的，那么在这个阶段，她似乎会在自己与婴儿互动阶段停留更长的时间。

这些都是非常重要的观察结果，应该促使我们认真考虑，是否该建议丈夫在怀孕、分娩和婴儿出生后定期爱抚妻子的身体。纯粹从理论上讲，这似乎是可行的。此外，我们还得到了实验证据以及列娃·鲁宾等的观察结果的支持。这不仅表明丈夫应该为妻子提供这种刺激，还表明这种做法可能会成为标准的产科做法。

在1974年10月举行的一次圆桌会议上，来自温哥华的非专业认证的助产士雷文·朗（Raven Lang）女士说，她教孕妇的丈夫在分娩时按摩母亲的会阴，这种方法对避免会阴撕裂和外阴切开术非常有益。

附带提一下，年轻的护理专业学生对触摸孕妇皮肤的看法也很有意思。

触摸的力量

列娃·鲁宾告诉我们，在大多数情况下，学生们认为触摸他人的身体是对不应侵犯的领域的侵犯。她们无法掌握产妇宫缩的时间，是因为她们不愿意用指尖触摸产妇的腹部。鲁宾教授说，学生们的手"僵硬、笨拙、冰冷、毫无用处"。学生们告诉她，这是一件奇怪的事情，"它柔软而富有弹性，像大理石一样光滑而坚固，却是有温度的"。

但是，随着逐渐成长和经验的不断积累，初为人母的护士也会像初为人母的母亲一样，通过触摸来收集信息，并将其作为诊断的手段和个人意义交流的载体。

她们将能够通过触摸来阅读和识别身体局部或全身运作所产生的体温、身体或心理运作所产生的汗液种类。她们能通过辨别皮肤的质地来识别有利或不利的变化。她们会识别他人对触摸、控制或指导的需求，并能为每种需求提供适量的触摸。由于抚触总是个性化的，因此通过触摸进行的人际交流往往具有口头语言无法实现的重要意义。

克劳斯和他的同事研究了12位正常母亲在产后1.5~13.5小时与正常足月裸体婴儿第一次接触时的母性行为，以及另外9位母亲在与早产儿头3次接触时的母性行为。在足月婴儿的母亲中观察到了有序的进展。她们首先用指尖触摸婴儿的四肢，然后在4到8分钟内进行按摩，最后用手掌接触婴儿的躯干。在10分钟内从指尖触摸迅速发展到手掌触摸，这与鲁宾的观察结果不太一致，鲁宾认为手掌触摸和亲密触摸是在几天后才发展起来的。在前3分钟，指尖触摸占52%，手掌触摸占28%。在观察的最后3分钟，指尖触摸减少到26%，手掌触摸增加到62%。第一次触摸时，婴儿对眼神交流产生了浓厚的兴趣。

正常婴儿的母亲在婴儿出生后的3到5天内被允许接触婴儿的顺序与此类似，但速度要慢得多。

佩波赛克（H. Papousek）博士指出，不想生孩子的母亲用指尖触摸孩子的次数更多、时间更长，这加重了孩子的哭闹程度。想要生孩子的母亲愿意保持更多的手掌触摸，所以婴儿在出生后的头几天会比较平静。

鲁宾、克劳斯、肯内尔等的观察结果表明，人类母亲在与婴儿初次接触时存在一种该物种特有的行为。克劳斯等写道："由于这一时期显得非常关键，因此需要彻底重新评估现代社会和医院的做法——将母亲与患病或早产的婴儿长期分开照顾。"事实上，虽然已经取得了一些进展，但早就应该重新进行这种评估了，因为现有的证据清楚地表明，分离对早产儿和足月婴儿以及母亲都是有害的，会产生长期不利影响。

现在有大量证据表明，在适当地指导母亲洗手、戴口罩和穿外衣后，让母亲来照顾早产儿，早产儿的状态会好得多。斯坦福大学医学院的巴内特和他的合作者鼓励41位母亲在白天或晚上的任何时间都可以照顾她们的早产儿，这对婴儿、母亲、护士和医生等所有相关人员都大有裨益。人们担心的感染并没有增加，也没有出现任何并发症。其他研究者也得出了类似的结论。《英国医学杂志》（1970年6月6日）的一篇评论指出：

> 产后一段时间很可能是母婴初次接触的最重要时期，动物也是如此。许多（但肯定不是所有）母亲都有一种冲动，想在婴儿出生后立即与他进行皮肤接触；她们认为，重要的是，在分娩时，她们应该完全清醒，而不应该被麻醉，她们想立即把婴儿抱在胸前。

文中接着发表了以下令人难以置信的评论：

> 没有人证明，在婴儿出生后立即或稍后在住院期间建立这种密切接触对母亲或早产儿是有益的，也没有人证明不接触婴儿会造成任何伤害。我们不可能证明所有的事情，也不是所有的事情都值得去证明。因为要证明一件事，可能要花费大量的时间和精力；虽然这件事本身很重要，但却不值得去证明，也许是因为答案似乎是显而易见的。在某些情况下，我们必须根据常识以及看似自然和正常的东西来做出医学决定。

在这方面，一份1975年发表的报告很有启发性，该报告涉及614例药物催产，所有这些催产都是不必要的，其中大多数都对婴儿或母亲或两者造成了不良影响。该报告的作者希拉·基辛格（Sheila Kitzinger）指出：

> 不仅是婴儿的视觉或听觉，身体接触也是母亲和新生儿之间建立联系的一个明确信号。在那些描述母婴通过接触相见的案例中，身体接触显然会引发一种冲动的感觉。一位做了剖宫产手术的母亲一觉醒来，发现孩子正等着母亲把她抱在怀里，母亲抱着婴儿，"喜极而泣"。另一位

妇女说："当我第一次看到凯瑟琳被抱出来并听到她的哭声时，我没有任何感觉，但几秒钟后他们把她交给我抱时，我觉得她棒极了。"母亲们自己往往最希望抚摸孩子："在她被包裹起来之前，我真的很想拥抱和抚摸她。"如果母亲被拒绝给予这样的机会，她们不仅会遭遇最大的困难，而且会认为这是对自身权利的侵犯行为。例如，妇女们描述了她们如何试图把婴儿放到乳房旁，但婴儿却被"抓住"或"抢走"，因为助产士表示"不相信"或"震惊"于母亲这样做；或者婴儿被抱走，因为母亲不能这样做，因为这会"让婴儿生病"；或者婴儿被抱走，给他们称重、洗澡、做阿普加评分、穿衣服、放在取暖设施中，或把他们交给儿科医生。还有一些母亲说，她们不被允许立即抱孩子，因为"医护人员正忙着处理胎盘"。这些母亲显然是在不情愿的情况下交出婴儿的，其中有些母亲还经历了无助的愤怒。

索斯特克、斯坎伦和艾布拉姆森对34位母亲及其正常的头胎婴儿进行了一项研究，结果发现，与未经历母婴分离的母亲相比，因体温升高而无其他症状却与婴儿分离至少24小时的母亲在婴儿的新生儿期自信心下降，焦虑水平升高。不过，这些变化都是短暂的。有过分离经历的婴儿在1岁后的发育与未经历分离的婴儿相比并没有差异。他们的研究证实了，产后延长母婴接触时间会增强产妇的信心。

由于分娩时使用了药物，特别是在腰部硬膜外腔注射了镇痛剂，母亲在婴儿出生时经常感觉不到自己与婴儿之间的皮肤接触。孩子以一种缺少感情的方式经历分娩，因此，母亲常常对孩子没有任何感觉也就不足为奇了。在这种情况下，不止一位母亲指出："如果孩子没有被抱回来，我就不会想念他。"当孩子24小时后从育婴室离开第一次回到母亲身边时，母亲经常说的一句话是："你好，小陌生人。"

克劳斯和肯内尔观察到，经历过新生儿的分离的母亲在开始照顾婴儿时往往会带着明显的犹豫和笨拙。大多数母亲很快就能学会喂奶和给婴儿换尿布等简单的母性工作，而经历过分离的母亲却要花好长时间才能学会。他们写道："当分离时间过长时，母亲们说她们有时会暂时忘记自己还有一个孩子。在早产儿回来后，经常会听到母亲说，虽然她很喜欢自己的孩子，但她仍然认为他是别人——育婴室的护士长或医生的孩子,而不是自己的孩子。"

克劳斯和肯内尔把婴儿出生后的敏感期称为"母性敏感期",这一时期对母婴关系的建立非常重要,但并不是关键时期。如果母亲、父亲、孩子和其他孩子都有机会参与迎接新成员进入家庭的怀抱,那么这种关系不仅会把母亲和孩子联系在一起,也会把母亲、父亲、孩子和其他孩子联系在一起。过去,在医院分娩时,婴儿与母亲分离,父亲不能参与孩子的出生,母亲的情绪往往会投射到产科医生或其他可能在场的帮助者身上……否则,母亲就会感到非常沮丧,很可能患上产后抑郁症。据报道,80% 以上在医院分娩的妇女都患有产后抑郁症。当婴儿与母亲分离后,母亲所处的无助状态会让她非常沮丧,尤其是当她的所有工作都已准备就绪,使她能够像在子宫内一样,最积极地参与孩子在子宫外的持续生存。当她被剥夺了这种母爱时,她可能会把婴儿视为异物,甚至像福曼(E. Furman)博士所说的那样虐待婴儿,因为婴儿的要求妨碍了她满足自己的需要。

玛乔丽·西肖尔(Marjorie J. Seashore)博士和她的同事有一项调查,研究剥夺母爱与早产儿的早期母婴互动对产妇信心的影响。其中一组 21 名早产儿母亲在婴儿出生后的头两周内被剥夺了与婴儿的身体互动机会,而另一组 22 名母亲则被允许在此期间在医院育婴室照顾早产儿。分离导致初产母亲的自信心降低,但多产母亲的自信心并没有降低;不过,即使是多子女母亲,分离也对那些最初自信心较低的母亲产生了负面影响。

一年后发现,未经历母婴分离的母亲抚摸婴儿的次数比经历过母婴分离的母亲多。未经历母婴分离的母亲与其他相应组别的母亲相比,会更频繁地与婴儿一起笑、微笑和交谈。经历过母婴分离的女婴母亲与未经历母婴分离的男婴母亲的行为相似。初产母亲会花更多的时间与婴儿进行非特定的游戏和远端依恋行为,如看、说话、微笑和大笑。抚摸和拥抱等近端依恋行为主要受婴儿性别的影响。母亲抚摸男婴的次数更多,而抱女婴的次数则更多。

克劳斯和肯内尔总结了七项关于母亲与新生儿接触次数的青少年研究结果,以及其他七项类似研究和其他一些研究的结果。从所有这些研究中得出的结论是,母婴接触较早的群体(通常在最初的 30 分钟内)表现出更多的依恋行为。一个典型的例子来自瑞典于默奥的拉图(De Chateau)的发现,3 个月后,早期接触组的母亲喂养婴儿的时间是对照组的 2 倍;她们还花更多的时间面对面地看着婴儿，而对照组的母亲则更多地参与给婴儿擦洗。正如克劳斯和肯内尔所说："两组人似乎关注婴儿的不同方面。一组忙于清洁工作，而另一组则在付出爱。"早期接触组的婴儿比对照组的婴儿哭得更少，笑得更多。早期接触组的母乳喂养时间为 175 天，对照组为 108 天。

为了了解正常的母婴关系是如何运作的，纽约布朗克斯区蒙特菲奥里医院精神病学系和阿尔伯特·爱因斯坦医学院的迈伦·A. 霍弗（Myron A. Hofer）博士研究了两周大的老鼠在没有母亲时的生存情况。1 天后，与母鼠分离的幼鼠与正常情况下的幼鼠有明显不同。与母鼠分离的幼鼠的运动和自我梳理的行为较少，一般也不太活跃，体温比正常水平低 1~2 ℃。当有热量供应时，它们会变得更加活跃；事实上，与正常情况下的同窝幼鼠相比，它们在这种情况下表现出更多的运动、探索、自我梳理、排便和排尿行为，而且入睡更慢。看来，在陌生环境中的分离经历会导致兴奋性增强，而正常的母爱往往会调节这种兴奋性。

在最初的 12~18 小时里，与母鼠分离的幼鼠心跳和呼吸频率下降了 40%。这些指标可以通过强烈的触觉刺激恢复到正常水平，例如捏一下尾巴。如果给予足够的乳汁使幼鼠体重正常增长，那么在母鼠不在场的情况下，幼鼠的心跳和呼吸频率也能在大约 24 小时内维持在正常水平。随后的研究支持了这样一种观点，即在这一发育年龄段，肠道中的营养成分为中枢神经系统提供了信息，并相应地调节了幼鼠的心率。

霍弗博士说道："这对母婴关系中的信息传递有何启示？"他接着回答说："很明显，母亲通过自己提供的乳汁充当了婴儿的外部生理调节剂。"母亲通过提供乳汁维持一定程度的心脏音调反应，通过她的热输入维持一定程度的行为反应，还通过触觉和嗅觉刺激降低长期的兴奋水平。霍弗博士的结论是，早期与母亲分离的影响是突然失去信息。从这些研究中可以清楚地看出，功能组织取决于生命早期的某些特定感官刺激，其中最主要的是触觉和嗅觉刺激。

最后，霍弗博士强调了非常重要的一点：就早期经验的长期影响而言，我们应该认识到，早期经验所引发的几个不同的行为和生理过程是并存的，其中每个过程都与随后的发育过程相互作用。由于各个行为和生理子系统所遵循的发育时间表不同，因此在不同的年龄阶段，所产生的反应也可能大相径庭。

在母婴互惠发展的不同时期，即敏感时期，母婴生理变化的性质还有待研究。但是，无论是早产儿还是足月儿，很明显，在婴儿出生后，母亲需要婴儿，婴儿也需要母亲。母亲和婴儿都需要充分发挥各自的潜能，对于母亲是成为母性的角色，对于婴儿则是身为一个人的发展。互动越早，对婴儿和母亲都越有利。在新生儿期，也就是最初的两三周内，婴儿和母亲之间身体接触的任何中断都会对双方产生不利影响。从生理上讲，母婴之间的身体互动会激活和增加各自体内的重要激素和其他变化，从而使其功能达到最佳状态。在心理上，双方对彼此的投入也会加大。母婴双方的存在不断强化着彼此的力量和相互的参与。

然而，很大一部分产科医生和与他们有联系的医院及儿科医生似乎并没有意识到这些事实。在1974年举行的一次关于母性依恋的圆桌讨论中，一位女性与会者（苏珊娜·阿姆斯女士）"对普遍不愿接受母婴早期接触的重要性和益处表示愤慨"。克劳斯博士也认为产科医生没有接受这一观点。奎利根博士补充说，儿科医生事实上强化了母婴分离，"儿科医生做的第一件事就是把婴儿放进等位产床，带出产房"。令人欣慰的是，自1974年以来已经取得了一些进展。

在重塑产科医生和儿科医生对母婴护理的态度方面，显然还有许多亟待解决的重要工作要做。

我们需要更充分地理解一点：婴儿会从母亲对他的行为中得到暗示。贝特森和米德在谈到巴厘岛时指出：

> 巴厘岛的孩子要么像大多数平原村庄那样被松松地抱在臀部，要么像在巴约恩格得（Bajoeng Gede）村那样被吊在吊索里，但即使在用母亲的手代替吊索的地方，孩子的适应方式也是一样的，即被动地、完全瘫软地适应母亲身体的动作。他甚至会在母亲杵米时摇头晃脑地入睡。婴儿直接从与母亲身体的接触中获得线索，判断外界是值得信任还是令人恐惧的。尽管母亲可能已经训练自己对陌生人和高阶层人士微笑和礼貌交流，并可能在她刻意地龇牙咧嘴的脸上表现出……她没有胆怯，但她怀里婴儿的尖叫声却暴露了她内心的恐慌。

前面已经讨论了使孩子能够对母亲的内在状态做出反应的运动手段，无论母亲的外在状态如何。观察结果普遍证实，孩子能够对从母亲的肌肉关节行为中接收到的信息做出反应。

虽然关于母亲和新生儿之间以及父母和新生儿之间的亲子关系已经有了很多论述，但重要的是要认识到，兄弟姐妹和新生儿之间的亲子关系对于家庭和兄弟姐妹关系的发展同样重要。那些目睹过 20 个月大的兄弟姐妹与新生儿之间亲情的人，目睹过他们对这一新现象的惊奇、喜悦和兴趣的人，都会毫不怀疑，他们之间随后发展起来的关系的质量与这种早期亲情有关。正如一位母亲写道："杰里米和希瑟之间有着令人着迷的关系，这与许多人想象的蹒跚学步的孩子和占据关爱中心的新生儿之间的关系完全相反。我相信，杰里米对希瑟的温柔和关心，以及希瑟对杰里米眼神的迷恋，部分归功于他们出生时的亲密关系：杰里米喜欢抱她、抚摸她，从不反对与她分享自己的'奶水'。他们甚至一起睡在我们的床上。"

抓握与学习

从孩子用手探索的动作中可以看出，他们在发现自己生活的世界的轮廓和边界方面起着重要的作用。同样引人入胜的是，幼儿会将手掌拍在一起，起初这只是一种条件反射，后来则明显是一种享受。这有可能是日后因高兴或激动而鼓掌的起源[*]。

在最初的两三个月里，婴儿的抓握动作主要是反射性的。直到大约 20 周大时，婴儿才会主动抓握物体。即使是抓握动作也要经过几个阶段的发展，从最初几个月的尺侧抓握（在小指一侧）到桡侧抓握（在拇指一侧），再到大约 9 个月大时的拇指抓握。6 个月大时，婴儿会把物体从一只手转移到另一只手。他用脚趾玩耍，并把所有东西都放到嘴里来进行验证。此后，孩子的动作会越来越精确，到 3 岁时就能自己穿脱衣服了。

---

[*] 关于这个问题的讨论，见玛格丽特·米德与 F.C. 麦格雷戈合著的《生长与文化》（纽约州普特南，1951 年），第 24~25 页。

这些技能主要是通过母婴之间的反馈互动中皮肤和关节肌肉感官的学习，以及母亲提供的相关经验来实现的。"学习"被认为是通过重复来增加任何行为的强度，通过孩子与母亲之间的愉悦互动而不断得到强化；满足感越强，刺激与反应之间的联系就越紧密。反之亦然，即不适感越强，联系就越弱。

玛格丽特·米德（Margaret Mead）在记录巴厘岛儿童时，对通过这些感官进行学习的方式进行了生动的描述。在巴厘岛，孩子在头2年的大部分时间里都是在母亲的怀抱里度过的，然后是在另一个人的臀部上度过的，而这个人对孩子的存在并没有什么意识。婴儿被松松垮垮地包裹在一块布里，有时在室内被抱着时，这块布会盖住婴儿的脸，婴儿会被吊在母亲、父亲或某个青少年的肩膀上。睡觉和醒来时，婴儿都不会离开母亲的怀抱。约2个月大时，婴儿仍在包裹中，母亲将其放在臀部上，用背带牢牢地固定在自己的身体上。母亲可以自由地舂米，无须再照顾婴儿，而婴儿也学会了适应母亲的一举一动。如果婴儿睡着了，可以让他躺在屋内的床上，但当他醒来时，母亲会立即把他抱起来。实际上，五六个月以内的孩子只有在洗澡时才会离开人的怀抱。由于孩子几乎总是被抱在左臂上，他的右臂被夹在抱着他的人的胳膊下或伸到抱着他的人的背上，这样，当他伸出左手去拿给他的东西时，抱着他的人就会把他的左手拉回来——因为禁止用左手拿东西，然后再把右手拉出来。这样，孩子的伸手行为就在有监管、被文化模式塑造的情况下发生了。在孩子出生后的第1年里，各种各样的人都抱过他，有男有女、有老有少、有技术的没技术的。孩子对人类世界的体验相当多样，包括不同的皮肤表面、不同的气味、不同的节奏、不同的抱法；而对物体的体验则相应较少，他唯一习惯性接触的物体是自己的装饰品：一条串珠项链，上面挂着一个小银盒。他会用牙齿咬这个小盒，还有他自己的银手镯和脚镯。

"孩子在人类的怀抱中学习生活。在怀抱中，他学会了吃，但在洗澡时被喂食的经历除外；学会了笑，学会了玩，学会了听，学会了看，学会了跳，学会了害怕或放松。"孩子在怀抱中小便，会感到小便被忽视了。孩子排便，会感觉到这一情况也不太被重视，一条狗会被叫来收拾现场，清理婴儿、吊索和背带，以及照料者的身体。孩子很放松，而照顾孩子的人习惯性地不加注意。由于在母亲舂米时，婴儿要在母亲的臀部上躺上好几个小时，因此，巴厘岛音乐权威科林·麦克菲（Colin McPhee）发现巴厘岛音乐的基

触摸的力量

本节奏与妇女舂米的节奏相同，这一点非常令人感兴趣。民族音乐学家并不关注童年经历与特定文化的音乐特征之间可能存在的关系。但很明显，这似乎是一个很有前景的研究领域。最近，约翰·切尔诺夫（John Chernoff）在他的非洲民族音乐研究中对这一主题进行了探讨。他的书非常值得一读。

巴厘岛儿童早期接触的与母亲身体有关的环境，显然与年长儿童靠在其他人身上容易入睡有关。有些人在观看戏剧表演时，站在拥挤的观众中间，放松地、轻微地摇晃着就睡着了。睡眠的预期环境是其他身体的靠近。在各种仪式中，人们可能挤在一张比双人床大不了多少的空间里，坐着、睡着、打瞌睡。

"为孩子穿衣服"是指用东西把孩子和母亲绑在一起。这与西方世界中衣服的含义完全不同，在西方世界中，衣服是用来分离孩子和母亲的。在巴厘岛，母亲的披肩既是吊带，又是婴儿的包裹物、尿布，还是婴儿头下的枕头。当孩子受到惊吓时，母亲会把披肩盖在孩子的脸上；当孩子睡觉时，母亲也会这样做。孩子通过一块布与背带相连，这块布既不是孩子自己的，也不是背带的一部分。由于孩子们每天不在固定的时间穿衣或脱衣，因此对巴厘岛人来说，衣服和睡眠习惯都没有昼夜之分。他们没有形成内在的时间模式，可以根据冲动或兴趣在任何时间醒来或入睡。

在婴儿期，孩子在浴缸里吃奶，母亲和父亲经常拨弄男婴的生殖器；这样，沐浴就成了一件提高身体快感的事。不过，这是一种混合的快感，孩子像个木偶一样被摆弄着，可以做动作，但不能做人的动作，这种状态与在怀里吃奶和吃零食时与照料者更亲密的接触截然不同。值得注意的是，当孩子长大到可以走到泉水边时，他就会自己洗澡，从那时起，洗澡就成了一种独享的乐趣，可以有同伴的陪伴，但方式比较自我。

从巴厘岛儿童早期皮肤经验的叙述中，我们可以看到，皮肤是最重要的感官感受器，某些类型的经验会对个人以后的行为产生影响，甚至影响到与他人身体接触的睡眠行为。在这方面，我们可以提出这样一个问题：现代人越来越多地夫妻分床睡，这是否与现代母婴之间的触觉关系日益减少有关？

母婴分离、给婴儿穿衣服以及类似的分离做法无疑会减少母婴之间的相互接触和交流。西方世界的婴儿并不像巴厘岛的婴儿那样睡在另一个人的怀抱里，而是在醒着的大部分时间和睡觉的全部时间里都与他人分开单独度过。一个人在婚前的整个睡眠生活都是在单人床上度过的，而在结婚后，除了做爱，可能会发现无法适应与他人睡在一张床上。因此，双人床的普及可能与养育孩子的习惯正相关，在这种习惯中，孩子从小就独自睡觉。*正如杰罗姆·辛格（Jerome Singer）教授所说："婚床对男女双方的吸引力远远超出了实际的性满足和性刺激，它在很大程度上反映了安全感和与伴侣亲近的品质，而我们在儿童的睡前仪式中很早就看到了这种品质。"

要做到温柔、慈爱和关怀，人类必须从出生的那一刻起，在整个幼年时期都得到温柔的爱和关怀，在母亲的怀抱中，在爱抚、拥抱和安慰中度过这段时光。巴厘岛儿童总能回到熟悉的人类环境中，那就是"父母和兄弟姐妹已知的怀抱，在那里，惊吓和安慰、兴趣和睡眠都已被经历过。身体总是在那里，其他人的身体可以依靠，可以挤在一起，可以睡在身边"。

背着孩子照料的成人的身体动作会带来亲密接触和有节奏的触觉刺激，孩子通过这种方式，或是从照料者的手或身体的其他部位所得到的拍打、抚摸和爱抚，都能起到安抚、保证和安慰的作用。母亲向怀中的孩子传递的这种触觉刺激的节奏，几乎普遍再现于哄孩子入睡时唱的或哼的摇篮曲中。如果孩子不开心、受到惊吓或受到其他干扰，安慰者可以把他们抱在怀里，孩子通常就会得到安抚并重获安全感。用双臂搂住对方就是向对方传递爱，而爱的另一个说法就是安全感。当情绪受到干扰时，有节奏地晃动身体就是一种安慰。

母亲拥抱者、母亲和其他背着孩子的照料者

猿类幼崽在出生后的四五个月内一直与母亲的身体保持接触。哺乳动物出生时发育相对不成熟，只能待在母亲准备好的巢穴或家中。与哺乳动物不同，那些所谓的"巢居动物"或"穴居动物"，它们出生时发育良好，可以跟随父母，甚至可以自己生活，而猿猴宝宝则不同，它们是"恋母动物"。所

---

* 关于这一主题的早期讨论，见阿什利·蒙塔古著《家庭凝聚力的一些因素》，引自《精神病学》，1944年第7期，第349~352页。

有猴类和猿类都有恋母情结。在危险条件下，生存取决于能否紧紧抓住母亲的皮毛，这样母亲就能带着婴儿一起在林间游走。在恐惧或焦虑的情况下，这种行为会持续到老年。成年雄猴会四处寻找友好的同伴来拥抱或牵手。

与其他灵长类动物的婴儿一样，人类的婴儿也喜欢被母亲拥抱。在婴儿生命的早期，婴儿应该一直被抱着，保持与母亲的身体接触。正如慕尼黑大学杰出的人种学家沃尔夫·维克勒（Wolfgang Wickler）博士所指出的，婴儿的所有行为都是为了适应这种需要。婴儿会紧紧抓住母亲，尤其是她的头发。只有在与母亲分离时，婴儿才会变得无助。正如维克勒所说："把婴儿放在摇篮里并非基于生物学的做法。在我们的文化中，婴儿因孤独而啼哭的频率异常之高，而在原始人中却几乎找不到这种现象。这就是一个信号。"

把婴儿关进婴儿床，就等于把这种最具社交性的生物单独禁闭起来。牢笼般的婴儿床无法取代舒适的摇篮，摇篮是有着几千年历史的伟大发明，令人叹为观止，但现代社会已经抛弃了它。为什么呢？这个问题的答案本身就是一个案例。它说明了我们是如何因为对婴儿需求的最基本事实一无所知，而以进步的名义抛弃了最有价值的做法，并用最糟糕的做法取而代之的。这个问题的答案还有助于我们进一步了解皮肤在维持身心健康方面的功能活动。

摇篮与皮肤的自然史

摇篮的衰落是一个典型的流行、时尚、谬误以及不明真相和被误导的唯心主义的故事。19世纪80年代，在医生和护士中形成了一种观点，即过度溺爱孩子是危险的。他们认为，婴儿的许多不适都是父母善意地介入造成的。很快，"权威"的观点认为，摇篮是溺爱婴儿的最明显和最早的证据。因此，摇篮必须消失。约翰·扎霍夫斯基（John Zahovsky）博士在回忆这段时期时写道：

> 在我早期的职业生涯中，我曾有机会关注这种对摇篮的攻击。在我看来，影响最大的是纽约、费城和芝加哥的婴儿医院，因为许多著名妇女杂志的作者都在那里接受过培训。19世纪90年代，所有这些杂志都

第4章 温柔、关爱的照料

发表了大量关于婴儿护理的文章，其中许多文章对摇篮的使用进行了恶意攻击。

著名的护士教育家利斯贝斯·普莱斯（Lisbeth D. Price）在她于1892年出版的护理教科书中强调"绝不能摇晃婴儿，也不能让婴儿趴在护士的脖子上"。当然，这也意味着母亲尤其应该停止这种做法。

在19世纪90年代的美国，对摇篮的攻击通过育儿文章被广泛传播，这些文章大多发表在当时主要的妇女杂志上。在反对摇篮的运动中，影响最大的是儿科医生卢瑟·埃米特·霍尔特（Luther Emmett Holt）博士，我们在类似的文章中已经提到过他。在超过一代人的时间里，霍尔特博士一直在攻击摇篮。在广为使用的《儿科学教科书》（1897）第一版中，霍尔特写道："为了诱导睡眠，轻摇和所有其他类似的习惯都是无用的，而且可能有害。据我所知，有一个孩子在睡觉时一直保持轻摇的习惯，直到两岁；轻摇一停止，婴儿就会醒过来。"

正是霍尔特负责撰写了近五十年来最受欢迎的育儿指南《儿童的照料和喂养：给妈妈和儿科护士的问答》（*The Care and Feeding of Children: A Catechism for the Use of Mothers and Children's Nurses*），这本小册子于1894年首次发行，数百万母亲和准妈妈都是读者。在回答"轻摇有必要吗？"这个问题时，霍尔特写道："没有必要。这种习惯很容易养成，但很难改掉，而且非常无用，有时还会造成伤害。"1916年，霍尔特再次强调，他建议婴儿床应该是不会摇晃的，这样"这种没有必要的恶习就不会继续下去"。不用想也知道，"恶毒"一词对许多母亲的影响有多大。*

---

* 读者如果想知道是什么样的人产生了这样的想法，可以参考他最后的一位助手与另一位儿科医生共同撰写的简介：爱德华·A. 帕克（Edwards A. Park）和霍华德·H. 梅森（Howard H. Mason），《卢瑟·埃米特·霍尔特（1855—1924）》，摘自B. S. 韦德所编《儿科医生档案》（1957）。现摘录几句。"他的态度不仅严肃，而且认真。也许是因为没有任何突出的特征，他身上没有任何令人印象深刻的特征；相反，他看起来就像一台高效率、完美协调的人类机器。在我们看来，他严肃而难以接近。"在他的助手为他工作的许多年里，他从未对她说过"早上好"，也从未赞美过任何人或事（第58页）。最后，在谈到"儿童的护理和喂养"时，这两位作者说："必须指出的是，近年来一些儿科医生认为这本小册子僵化的教养理念产生了有害的影响。"（第53页）

触摸的力量

在当时最有影响力的儿科医生的领导下，这种对摇篮的持续攻击最终成功地将摇篮淘汰，过时的模式被新的模式所取代——固定的、危险的监狱式婴儿床。从人类社会历史的最早期开始，母亲们就把婴儿抱在怀里轻摇着入睡。人们认为这一事实意味着这种做法已经过时，那么，在摇篮里轻摇婴儿也同样是过时的，肯定不是"现代"的。唉，在急于成为"现代人"的过程中，有价值的制度和古老的美德可能会被抛弃和遗失。有那么多权威人士反对摇篮，认为它"养成了不好的习惯""不必要且恶毒""溺爱"，甚至有害孩子的健康，任何真正爱孩子的母亲都不会有意无意地无视对这种"有害"做法的禁令。

这一切对母亲来说更容易做到，因为正是在这一时期（从1916年到20世纪30年代），当时最新、最有影响力的心理学理论开始崭露头角。这就是约翰斯·霍普金斯大学心理学教授约翰·布罗德斯·华生的"行为主义"。行为主义认为，研究儿童的唯一正确方法是基于儿童的行为研究。其基本观点是，只有客观可观察的事物才能构成科学数据。无法观察到的东西——儿童的意愿、需求和情感——被当作不存在一样排除在行为主义者的兴趣之外。行为主义者坚持把儿童当作可以随意摆布的机械物品，儿童受环境的摆布，父母可以通过自己的行为把他们变成任何他们想要的样子。要避免感情用事，因为任何爱的表现或亲密的身体接触都会让孩子过于依赖父母。行为主义者认为，应该鼓励孩子独立、自立，避免依赖他人的情感。我们不能用亲情溺爱孩子。

霍尔特和他的弟子们正是通过1928年出版的《婴幼儿心理关爱》（*Psychological Care of Infant and Child*）一书（他在书中表达了无限敬意），进一步强化并加重了霍尔特的错误。母亲们被要求与孩子保持情感距离，停止亲吻、溺爱或抚摸孩子。对于孩子要求食物或关注的呼喊，她们也不能轻易回应。霍尔特说，应该训练孩子掌握征服世界的能力。要做到这一点，就必须按照严格的计划教孩子们掌握进食时间，进行如厕训练和练习其他任务。必须培养孩子解决问题的技巧和无限的学习能力，使他们能够符合美国社会对其的要求。这样的孩子将"尽可能摆脱对人的敏感，几乎从一出生就相对独立于家庭环境"。

霍尔特写道："有一种对待儿童的合理方式……永远不要拥抱和亲吻他

们,永远不要让他们坐在你的腿上。如有必要,可以在他们道晚安时亲吻一下他们的额头,早上和他们握手。如果他们出色地完成了一项艰巨的任务,就拍拍他们的头。试试看一周后,你就会发现对孩子既客观又亲切是多么容易。你会为自己一直以来那种闷闷不乐、多愁善感的处理方式感到羞愧。"就这样,这位博学的心理学家不着边际地继续着他的论述。伯特兰·罗素认可了这本书的观点,《父母杂志》称赞它是"每个聪明母亲的书架上都应该有的",《大西洋月刊》称它是"父母的天赐礼物"。

这种不带感情色彩、机械化的育儿方法在一段时间内极大地影响了心理学,并对儿科思维和实践产生了深刻影响。儿科医生建议父母对孩子保持一种老练的冷漠态度,与孩子保持一定距离,并按照客观性和规范性并重的时间表来管理他们。他们要按时喂养,而不是按需喂养,而且只能在明确和固定的时间喂养。如果他们在两次喂食之间的三四个小时内哭闹,就允许他们哭闹,直到时钟提示到了下一次喂食时间。在这种哭闹的间歇期间,不能把他们抱起来,因为如果一个人屈服于这种软弱的冲动,孩子就会被宠坏,此后每当他想要什么东西时就会哭闹。于是,千百万母亲坐在一旁看着孩子哭泣而无动于衷。作为真正慈爱的母亲,她们遵从这方面的最佳建议,勇敢地抵制"动物冲动",没有抱孩子,更不在怀里安慰他们。大多数母亲认为这可能是不对的,但她们有什么资格与权威争论呢?没有人告诉她们,权威不一定就是懂的人。

一位痛苦的母亲在下面的诗句中辛酸地回忆了那段日子:

> 他们告诉我,婴儿不应该被抱着,那样会宠坏他们。让他们哭闹。
> 我希望做对他们最好的事,而岁月匆匆流逝。
> 如今,我渴望的双臂空空如也,再也没有那崇高的颤动。
> 如果我再度拥有我的孩子们,
> 我会一直抱着他们!

至于所谓的权威和专家,重要的是我们要明白,有教养的人的标志是,他对任何首要问题都不会最终下定决心,一个受过教育的人是克服了教育系统缺陷的人。

人们反复强调,给予孩子过多的关注会使孩子变坏,而无论是用摇篮还

触摸的力量

是在怀里摇着婴儿入睡的做法,都被认为属于育儿的黑暗时代的做法。于是,摇篮最终被扔进阁楼或木料房,婴儿则被关在婴儿床里。人们认为,这样一来,一种老式的婴儿护理方式和一种"古老"的家具就被一举淘汰了。母亲们重新找回了现代感,不再感情用事。令人痛心的是,其他国家在"走向现代"的同时,也抛弃了摇篮。

例如,在印度和巴基斯坦,最"开化"的人们已经开始引进西方的生活方式,摇篮也开始被认为是"过时的",这些地方正面临着与西方世界相似的命运。杰出的精神病学家、世界卫生组织前主任布洛克·奇肖尔姆(Brock Chisholm)博士讲述了他在巴基斯坦一家大型综合医院的一次经历。他写道:

> 当我们沿着大楼一侧的阳台走廊前行时,我们经过了一间有推拉门的病房。突然,有人兴致勃勃地向我指了指对面地平线上的东西。现在,对于一个资深陆军视察员来说,情况非常清楚:附近有什么东西是他们不想让我看到的。因此,我非常肯定,不管这扇推拉门后面藏着什么,我都应该看到。如果你只看别人想让你看的东西,你就永远不会发现任何东西。
>
> 于是,我冒着可能冒犯医院的风险,坚持要看这间病房。当我坚持的时候,我的向导开始道歉,说我真的一点也不该看,它的模式非常老旧;他们为它感到羞耻;他们希望能够改变它;他们希望世界卫生组织能够帮助他们弄到钱,用现代的新模式改造这间病房。因为这间病房真的太糟糕了,践行的是一个有着几百年历史的陈旧模式。
>
> 我还是坚持去看看这间哪怕是老古董式的病房。一连串的人不情愿地陪着我走进病房,我看到了比我在任何其他国家见过的都更好的产科病房,比北美的要好得多。这里是一间很大的产房,两边都放着病床。每张床的脚柱都向上延伸了三英尺左右,脚柱之间放着一个摇篮。婴儿在摇篮里。我往病房里看时注意到,只要婴儿发出一声啼哭,母亲的脚就会抬起来,用脚尖摇动摇篮。第二声啼哭表明婴儿真的醒了,母亲会把手伸进摇篮,将婴儿抱入怀中——大多数时候婴儿该待的地方。

奇肖尔姆博士补充道:

第4章 温柔、关爱的照料

他们想抛弃这种完美的安排，像我们一样把婴儿放在玻璃下，把他们放在检查病房里。这样，他们慈爱的父亲来探视时，就可以远远地看到自己的孩子。如果他们的母亲听话，按照护士的吩咐做，就可以把孩子带到母亲身边！他们之所以这样做，是因为我们西方人给了他们这样一个印象：我们的所有方法都比他们的优越。

这是一个可悲的故事，直到最近，东方国家和许多其他发展中国家的人民还保留着许多古老的美德，但他们在追求西方"进步"和"先进"的过程中，一心想赶上我们，甚至不惜模仿我们糟糕的错误。

摇篮在我们的社会中已不复存在，因为曾流行一种观念，认为抚摸、爱抚或轻摇孩子会危及孩子作为一个未受污染的独立个体的成长。在摇篮里轻摇孩子被认为是特别落后和应该受到谴责的行为。

尽管这种想法是不正确的，而且对数百万儿童造成了伤害，其中许多人长大后成为精神失常的人，但行为主义、机械主义的育儿方法在很大程度上仍然存在。医院"接生"、产科技术化、婴儿一出生就被从母亲身边抱走、婴儿出生后不久就不喂母乳、取消母乳喂养、用奶瓶喂养代替母亲哺乳、贬低安抚的作用，等等，这些都是非人性化育儿方法的一些令人忧伤的证据。

婴儿出生前都在母亲的子宫里度过，他当然更愿意舒适地躺在摇篮里，而不是被扔在一个大摇篮里，仰卧或趴在里面，暴露在床单或天花板沉闷无趣的白色平面上，只有摇篮边上的栅栏可以打破这种单调乏味的一维景观。正如西尔维斯特（Sylvester）所说：

在超大婴儿床中长大的小婴儿经常会很害怕，因为他们远离了遮蔽物。他们常常显得不愿意尝试和探索。受到新环境或先兆性症状干扰的婴儿，往往会向保护性的庇护所（母亲的怀抱、婴儿床的两侧）靠拢，这在空间上满足了他们的需要，为前自我划定了保护性边界。

我们不禁要问，"婴儿床死亡"或"婴儿猝死综合征"（婴儿死在婴儿床上，而该婴儿此前一直非常健康，找不到死亡原因）这种不明原因的死亡的发生，是否至少有一部分是感官刺激不足，特别是触觉刺激不足造成的。感官刺激不足可能不是婴儿床死亡的唯一因素，但很可能是一个诱发因素。1

岁以上的婴儿很少被发现意外死亡的，大多数婴儿床死亡事件发生在 1~6 个月大的婴儿身上。我们很想知道，摇篮养育的婴儿与婴儿床养育的婴儿相比，婴儿猝死的发生率会有多高。*

婴儿猝死综合征、产前呼吸和产妇护理

婴儿猝死综合征（或称婴儿床死亡）的主要特征是在一次或多次呼吸暂停（不呼吸）后停止呼吸。迄今为止，在诸多调查后，经过大量尸检、解剖学、生理学、生物化学以及其他组织和器官研究，婴儿猝死综合征的原因仍不清楚。我在这个问题上没有特别的专业知识，但在阅读有关触摸的资料的过程中，我也在思考触摸对人类发展的重要作用。这使我清楚地认识到，触觉刺激和其他许多因素一样，在产后呼吸的发展中起着重要作用。

几个世纪以来，人们已经知道，出生时没有呼吸的婴儿可能会因为受到这样或那样的皮肤刺激，从而开始呼吸。婴儿在呼吸暂停时也是如此。除人类外，所有哺乳动物在婴儿出生后都会舔舐婴儿。这起到了刺激胃肠道、泌尿生殖系统和呼吸道的作用。

胎儿在子宫内通过胎盘和肝脏获得氧气来呼吸。出生后，婴儿必须适应一种新的呼吸方式，这与出生前的呼吸方式截然不同。与其他大多数功能一样，人类婴儿在这方面也表现出很大的差异性。

人类胎儿在分娩和产程中通常会受到大量的皮肤刺激，而且由于人类与大多数哺乳动物相比，出生时处于极不成熟的状态，因此现在有大量证据表明，人类在出生后仍然需要大量的触觉刺激。母亲通常可以通过拥抱、爱抚、哺乳等方式提供大量的触觉刺激，而满足这些基本需求对婴儿和母亲都

---

* 一位读者就本段内容给我寄来了她在当地报纸上看到的一个故事：一位护士发现自己 7 个月大的女婴出现了婴儿猝死的症状，于是给她接上了一个监测心跳的警报器。当她的心跳停止时，警报器就会响起，而母亲只需触摸一下小女孩，她的呼吸就会重新开始——《关于人》，载《萨克拉门托蜜蜂报》，1974 年 1 月 15 日。这种警报器后来被广泛采用。

第4章 温柔、关爱的照料

是有益的。

婴儿刚出生时还在用产前呼吸的方式呼吸，他必须适应大气环境的压力，而母亲的作用就是协助完成这一过程。有力的证据表明，如果母亲不能做到这一点，婴儿在很多情况下将无法学会正确呼吸，因此仍将是一个浅呼吸者。有人认为，这种浅呼吸在某些情况下是导致呼吸暂停的一个因素，严重者可能会死亡。

当然，并不是所有母爱不足的婴儿都会发生这种情况，但这确实发生在一部分可能易受伤害的婴儿身上，尤其是那些未能从产前浅呼吸过渡到产后深呼吸的婴儿。

我认为，在许多婴儿猝死综合征病例中都有两个关键因素：一是产妇护理不当；二是婴儿未能适应产后呼吸。关于第一个因素，阿诺·格鲁恩博士（Dr. Arno Gruen）进行的一项调查提供了最好、最有说服力的证据。在这项调查中，格鲁恩博士报告了对死于婴儿猝死综合征的婴儿父母的访谈结果。格鲁恩博士用他自己的话总结道："婴儿猝死综合征的神经生理学前因在于母亲的养育方式，这种养育方式强化了快速眼动（REM*）睡眠，通过阻碍婴儿的期望和减弱吸吮来降低唤醒，并使婴儿过于专注梦境。在这种情况下，呼吸暂停的发生可能会导致死亡。"

格鲁恩博士的研究报告还要过一段时间才能出版。我建议出版后，每一个对婴儿猝死综合征感兴趣的人都应该读一读，因为简短的概括并不足以说明问题。格鲁恩博士的观察结果的精髓在于其反复证实了母爱不足是导致婴儿猝死综合征的主要因素，尤其是在婴儿 6~9 个月期间。有证据表明，从胎儿到出生后形成复杂的呼吸系统，在这个过程中，许多解剖和生理的变化与上述养育方式的发展变化相当。

在婴儿床里，婴儿被床边和床脚的一层层单子压着，一部分暴露在空气中；这并不是他想要或需要的。婴儿想要和需要的是一个舒适的环境提供的支持性接触，这种接触为婴儿带来安全感，让他觉得自己仍然在与这个世界接触，而不是悬浮在空气中。婴儿主要通过皮肤传递的信息来确保自己一切

---

* REM 为 Rapid Eye Movement 的简写。

正常。摇篮的包裹环境为婴儿提供了安心的支持，因为摇篮为他复制和延续了在子宫中的生活环境，这是很好的安慰。当婴儿感到不舒服或不安全时，他可能会发出呜咽声。如果母亲或其他人摇动摇篮，就会起到安抚作用。轻摇可以让婴儿安心，因为在母亲的子宫里，胎儿随着母亲身体的正常运动而自然摇晃。舒适意味着得到安慰，而对婴儿来说，这种安慰主要来自皮肤发出的信号。最舒适的就是被母亲搂在怀里或膝上，或被母亲背在背上。正如派珀（Peiper）所说，"没有比这更好的镇静剂了"。他说："当一个健康的小婴儿即将爆发哭泣时，只需在摇篮里、怀里或婴儿车里晃一晃，他马上就会安静下来；一旦轻摇停止，他又会开始哭闹。如果方法正确，他肯定不会哭。"

说摇篮有害，因为婴儿会养成必须被轻摇才能入睡的习惯，这是荒谬的。如果轻摇摇篮会养成习惯，那么母乳喂养或奶瓶喂养也会养成习惯。然而，除非断奶过于突然，否则孩子在断掉母乳或奶瓶喂养后，不会出现任何严重的困难或后遗症。数百万在摇篮中被摇着入睡的婴儿长大成人后，无须被轻摇也能入睡。孩子们用摇篮长大，就像他们穿婴儿服长大一样。

摇椅在老年人中仍然很流行，特别是在不发达的农村地区，"现代化"在那里还没有像在更加复杂精致的城市地区那样大行其道。奇怪的是，从来没有人认为摇椅对成年人来说是"不必要的、恶毒的"，也没有人认为成年人如果没有摇椅的帮助就无法放松。事实上，摇椅对于成年人，尤其是老年人来说，是非常值得推荐的，其原因与摇篮对于婴儿的好处类似。无论是婴儿还是成年人，摇椅都能帮助人增加心脏输出量，有助于血液循环；促进呼吸，防止肺部充血；刺激肌肉张力。最重要的是，摇椅还能带来亲切感，尤其是被轻摇的婴儿会知道自己并不孤单。轻摇婴儿会刺激婴儿的全身细胞和内脏。同样，特别是对婴儿来说，轻摇有助于婴儿胃肠道的有效运作。肠道通过腹膜褶皱松散地附着在腹腔后壁上。轻摇让婴儿可以像钟摆一样帮助肠道运动，从而提升肠道的张力。肠道中始终含有糜烂液体和气体。摇摆运动会使糜烂液体在肠黏膜上前后移动。糜状物在整个肠道中的总体分布无疑有助于消化，也可能有助于吸收。扎霍夫斯基在1934年写道："与那些躺在婴儿床上不被轻摇的婴儿相比，哺乳后被轻摇的婴儿通常肠绞痛较少，肠痉挛也较少，而且会变得更快乐。事实上，即使在最近几年，我也曾多次利用这种物理疗法来缓解消化不良的小婴儿……我坚信摇篮有助于产妇哺乳。"扎霍夫斯基博士最后说："我相信，有朝一日，在摇篮中哺育婴儿，甚至用摇篮曲唱着歌哄他入睡，将不会是一件丢脸的事。"

遗憾的是，许多年过去了，还没有人响应扎霍夫斯基博士的话。我们应该把摇篮还给婴儿，它本来就不应该被抛弃。当初禁用摇篮的理由完全站不住脚，因为这些理由的依据源自对儿童天性和需求的错误认识，以及摇篮不利于儿童的可笑观点。

轻摇的好处是相当多的。当婴儿太热时，轻摇会产生降温效果，加速皮肤的蒸发。当婴儿太冷时，轻摇有助于取暖。温暖对婴儿有催眠作用，对他的神经系统有舒缓作用。最重要的是，轻摇动作几乎对婴儿皮肤的每一个部位都会产生温和的刺激，从而产生各种有益的生理效应。

作为最终可能恢复摇篮应有地位的第一步，摇椅已被引入一些医院。例如，在俄亥俄州托莱多的河滨医院，摇椅已成为婴儿护理项目的常规组成部分。1957年，河滨医院的助理护士们集资购买了医院"最需要的新设备"——作为圣诞礼物，河滨医院引进了一把桃花心木摇椅。三个护理室都有摇椅，其中包括早产儿专用摇椅。产科主管赫伯特·莫丘里奥（Herbert Mercurio）女士说，护士和助手们在给婴儿喂奶时总是使用这些旧摇椅。"这是喂奶和哄睡婴儿的最佳方式。对护士来说，这也是一种放松。"摇椅被用于安抚哭闹的婴儿。莫丘里奥女士坚信摇椅既实用又有用，并鼓励在家中使用摇椅。她说："摇椅不会宠坏孩子。这是他们喜欢的东西，但很快就会过时。"

以这种方式使用摇椅很可能比摇篮有更多好处。我想，若家里有个小婴儿，那么可以将摇篮和摇椅都作为家中的标准配备——这样一来，婴儿和成人对摇晃的需求都能即刻得到满足。*

---

* 关于摇椅的优点，见 R.C. 斯旺，《摇椅的治疗价值》，载《柳叶刀》，第2卷（1960），第1441页；J. 亚胡达，《摇椅》，载《柳叶刀》，第1卷（1961），第109页。小 T. E. 萨克斯，《坐一坐，瞧一瞧，摇一摇》（纽约：霍桑图书公司，1969年）中记载了一个专门培育摇椅文化的俱乐部的有趣故事。

触摸的力量

研究表明，摇篮对婴儿大有裨益。尼尔（Neal）研究了轻摇对2~3个月大的早产儿的影响。结果发现，在对视觉和听觉刺激的追踪行为、抬头、爬行、肌肉张力、抓握力量和体重增加等方面，被轻摇的早产儿明显优于未被轻摇的早产儿。此外，被轻摇的早产儿从未出现水肿，而一些未被轻摇的早产儿则出现了水肿。尼尔女士认为，母亲在怀孕期间提供的轻摇刺激为婴儿的正常发育提供了重要的感官输入，如果早产儿缺乏这些刺激，会在早产后受到不应有的损害。

伍德科克（Woodcock）观察了每天在机械摇篮中轻摇新生女婴1小时，持续6天的效果，在第6天测试她们对蜂鸣器的心率反应，以此来衡量反应性。结果发现，与不轻摇的婴儿相比，被轻摇的婴儿的反应明显减少，完成加速反应的时间也更短。被轻摇的婴儿的心率和加速反应减少，表明他们的发育成熟度有所提高。

约瑟夫·C.所罗门博士（Dr. Joseph C. Solomon）报告了一个精彩故事，他偶然发现轻摇对严重精神障碍的患者有益。所罗门博士观察到，被火车送往另一个城市转院的患者，即使之前需要用紧身衣和口罩约束，但火车一开动，他们就变得非常安静和平静。所罗门推论，胎儿在子宫内受到大量的被动运动，而这些患者在婴儿时期可能错过的一部分人际接触就是在母亲怀里的主动轻摇，这种轻摇会刺激前庭神经。所罗门认为，如果母亲带来的被动运动可以被适当地内化为一种综合的内在功能，那么有目的的主动运动就会得到轻松愉悦的发展。

相反，当母亲带来的被动摇动几乎没有机会内化时，主动摇动就会成为一种自我控制的习惯性手段。这是为了保护形成中的自我，以此来避免产生被遗弃的感觉。这遵循了牛顿第二定律的原理。如果你积极地推动某个东西，就好像某个东西在推动你。通过这种方式，婴儿实现了不感到完全孤独的目标。就好像这能让他感受到总有人在他身边。因此，它是另一种自我控制手段，类似于吮吸拇指、依恋安全毯、咬指甲或自慰。

小威廉·格林博士（Dr. William Greene, Jr.）在研究一组患有淋巴管和血管疾病的患者时发现，其中很大一部分人是在失去母亲或母亲的替代人后患病的。血管疾病与失去母性支持之间的联系表明，胎儿并不是在被动地接受营养，而是一个运行中的合作关系中的工作成员。格林认为，在子宫内，胎儿可以感受到"由母亲血管搏动提供的振动、压力和声音，这些振动、压力和声音主要来自主动脉，或许还有其他腹部血管"。受母亲内脏功能的刺激，发育中的胎儿可能会意识到这些功能的存在与否，以及是否稳定与有所变化。对胎儿来说，宫内活动可能构成"外界环境"，就像稍后胎儿自身消化系统的运作会为新生儿构成外界环境一样。在子宫内，胎儿可能会将母亲的内部功能视为一种外界物体，并意识到自己是与这种刺激分离的存在。格林博士认为，婴儿一出生就与母亲分离，"接触到新的刺激……不同的、不那么持久的、奇特的，而且最重要的是，相对随机的"。然而，这些刺激并不需要完全发生变化。母亲对新生儿的轻摇和轻拍，可能会给新生儿提供"一种物体感知，这种感知是出生时的桥梁……是以后所有感知的模型"。轻摇"倾向于与母亲和/或婴儿的呼吸频率同步"，而拍打则"接近母亲和/或婴儿的心率"。换句话说，母亲在轻摇和轻拍婴儿时，可以在某种程度上重新创造出自己的呼吸和脉搏节律刺激，这些节律在婴儿出生前就发挥了重要作用，重温这些节律也是在向婴儿确认他需要的熟悉环境。

对早产儿的处置

有关早产儿的相关研究结果非常有趣。例如，弗里德曼（Freedman）、博弗曼（Boverman）和弗里德曼（Freedman）在对5例同卵双胞胎对照组的研究中发现，在出生后7~10天体重呈上升趋势后，被轻摇的双胞胎每天体重增加的速度都高于未被轻摇的双胞胎，尽管被轻摇组的优势是暂时的。实验组的双胞胎每天被轻摇2次，每次30分钟。

许多早产儿在之后的生活中可能会表现出各种缺陷。然而，在以往的研究中，有一个因素没有得到足够的重视，那就是感官剥夺可能会与这些缺陷的产生有关。索科洛夫（Sokoloff）、亚夫（Yaffe）、温特劳布（Weintraub）和布莱斯（Blase）进行了一项试验性研究，探讨了早产儿在受控的单调环境中生活可能产生的不良影响。这些研究人员对4名出生体重不足的男孩和 1 名女孩进行了研究，并将他们与一个类似的小组进行了比较。在 10 天的时间里，实验组的婴儿在一天中的每个小时里都接受 5 分钟的抚触，而对照组则接受常规育儿护理。结果发现，经过抚触的婴儿更活泼，他们更快地恢复了正常体重，似乎哭闹得更少；七八个月后，从生长和运动发展的角度来看，他们也更活泼、更健康。虽然样本很小，但这些发现与哈塞尔·迈耶（Hassel Meyer）的研究结果一致，后者发现接受更多感官、触觉和运动刺激的早产儿明显比未接受刺激的对照组更安静，尤其是在喂奶前。

蒂芙尼·菲尔德（Tiffany Field）、索尔·桑伯格（Saul Schanberg）和他们的同事在重症监护室的过渡护理期间，对 28 名平均孕龄为 31 周、平均体重为 1 288 克的早产儿进行了触觉—动觉刺激的效果研究。刺激包括身体抚摸和四肢被动运动，每天 3 次，每次 15 分钟，持续 18 天。研究发现，与未受刺激的匹配对照组相比，受到刺激的早产儿平均每天体重增加 47%（平均值 =25 克：17 克），在睡眠—觉醒行为观察中表现得更活跃、更警觉，用布拉泽尔顿量表的指标衡量时显示出更成熟的习惯性、定向性和状态行为范围——该量表考察的是对婴儿发展社会关系最重要的能力。最后，研究人员还指出，受到刺激的早产儿比未受到刺激的早产儿的住院时间少 6 天，每个婴儿可节省 3 000 美元的费用。他们总结说："这些数据表明，触觉 / 动觉刺激可能是促进早产儿生长和组织行为的一种经济有效的方法，即使是对月龄非常小的早产儿也是如此。"

克劳斯和肯内尔根据自己的研究和对他人研究的深入分析得出结论：母亲和早产儿之间的早期接触对双方都至关重要。与没有较早接触婴儿的母亲相比，较早抚摸和探索婴儿身体的母亲对婴儿的承诺更多，对自己做母亲的能力更有信心，激发和照顾婴儿的能力也更强。事实上，这些研究不得不中止，因为护士们发现这些研究太痛苦了，她们观察到，与早接触婴儿的夫妇相比，晚接触婴儿的夫妇的结果很不理想、

当孩子长到三岁半时，与早产儿接触较早的母亲在喂奶时会花更多的时间看着孩子，孩子的智商也明显较高，达到 99，而接触较晚孩子的智商只有 85。

研究表明，如果小早产儿在托育期间每天都能得到抚摸、轻摇、爱抚或拥抱，那么他的非呼吸（呼吸暂停）期就会缩短，体重会增加，中枢神经系统的功能也会得到改善。

第4章 温柔、关爱的照料

经过多年的观察，克劳斯和肯内尔得到了一个明显的印象，即母亲越早来到早产儿病房接触自己的孩子，她们从妊娠和分娩中恢复过来的速度就越快。他们的调查也完全证实了这一印象。而我们也应该更关注父亲参与到与早产儿的亲密接触的重要性，因为婴儿与父亲也正是在这个时期开始建立起深厚的感情，其价值不可低估。

事实上，正如 A. J. 索尔尼特（A. J. Solnit）博士所说，我们所有的医院最需要的是"以人为本而不是以技术为本的温暖、接纳、灵活的环境"。

在精神病院，经常可以看到患者自我摇晃的现象，这也是经常被观察到的一种悲伤时的自我安抚行为，否则他们是不会摇晃的。在许多讲闪米特语的人中，包括正统的犹太人，身体摇晃通常伴随着祈祷、悲伤和学习。这显然是一种安抚行为。

所有哺乳动物幼崽的行为和动机都是为了保持与母亲的接触。寻求接触是所有后续行为发展的基础。当这种寻求接触的行为受挫时，婴儿就会退回到自我紧握、吸吮手指、轻摇或摇摆等行为。这些行为是退行到子宫内经历的被动运动刺激中，摇摆、轻摇动作以及用前臂紧贴身体、吸吮手指都属于这类行为。自我摇摆和类似的重复性活动是对被动运动刺激的替代，而自我紧握和吮吸手指是对社会刺激的替代。威廉·A. 梅森（William A. Mason）博士和他的同事格申·伯克森（Gershon Berkson）博士（当时在新奥尔良杜兰大学三角洲地区灵长类研究中心工作）测试了自我摇摆与母性刺激质量之间的假定关系。他们比较了两组恒河猴，两组恒河猴在出生时都与母亲分离。其中一组的"养育者"是一个用布包着的社交替代物，它可以在笼子里自由移动，时间规律；另一组的"养育者"是一个与移动假人相同的装置，但它是静止的。用静止假人"养育"的 3 只猴子都出现了持续的典型摇摆模式，而用移动假人饲养的猴子则没有出现这种行为。

由此看来，自我摇摆很可能是对被动运动刺激需求的一种替代性满足，而通常，可以持续给孩子身体接触的母亲能够满足孩子这种被动运动刺激的需求。

所罗门认为，轻摇运动会刺激前庭器官，这一观点无疑是正确的，但他忽略了一点，即在被轻摇过程中，皮肤本身也会发生一系列复杂的运动，更不用说本体感受器和间体感受器的运动以及内脏器官的运动了。所有这些都具有色情意味。轻摇或摇摆代表着一种自我爱抚和自我安慰，因此经常在悲伤和哀悼时出现。值得注意的是，摇椅在美国最受欢迎的地区是新英格兰——鳕鱼和冷漠者的故乡。

在母乳喂养时，摇椅不仅是对婴儿非常有益的设备，也是母亲的好帮手。摇椅让母婴二人都感到舒适和放松。母亲轻轻摇晃时，会促进自己腿部的血液循环。来来回回的运动会刺激宝宝内耳的前庭器官，有助于他更好地控制平衡和调节位置。当婴儿横躺在母亲腿上时，随着每一次姿势改变，他都会意识到不同的动作正在发生。母亲的在场为孩子形成安全感建立了底色，他学会了解释和使用由前庭器官产生的感知。之后，解读这些感知的能力将帮助他发展和保持平衡能力，这是他学习站立和行走都需要的能力。摇椅的轻柔动作所提供的早期刺激将使他更容易学会用自己的双脚保持平衡。

早产儿、触觉与前庭系统

斯坦福大学医学中心的安娜莉丝·科纳（Anneliese Korner）博士和她的同事在一项实验研究中发现，将早产儿放在可让其从头到脚轻柔振动的水床上，可显著减少其呼吸暂时中断（呼吸暂停）的次数，尤其是在产后头4天效果更为明显。这项实验的理论依据是，类似于子宫内的补偿性前庭本体感觉刺激可能对婴儿有益。这些研究人员还发现，有严重皮肤问题的非常小的早产儿、手术后恢复期的早产儿或接受部分肠内营养（非通过消化道）的早产儿似乎也能从水床的振动中获益。

科纳博士希望弥补早产儿成长环境中的某些不足，并补充子宫内普遍存在但在早产儿护理中极少提供的刺激形式，因此他设计了一系列旨在帮助早产儿加速发育的实验。众所周知，安抚哭闹的新生儿最有效的方法之一就是把他抱起来靠在肩上。在早先的几项研究中，科纳和她的同事们意外地发现，这种干预除了能安抚婴儿外，还能使他们眼睛明亮和警觉，他们也会经常查看周围环境的状况。由于这种视觉探索最有利于最早期的学习，无运动能力的婴儿最容易通过这种方式熟悉周围环境，包括他的母亲，因此出现了一个问题：带来这种效果的究竟是触觉还是前庭系统的刺激和反重力反射的激活？实验表明，与接触相比，前庭刺激明显更能引起视觉警觉。此外，并不是直立姿势本身改善了婴儿的视觉行为，只有当婴儿被垂直或水平移动时，他的视觉跟踪能力才会明显增强。

科纳博士想到，早产儿躺在专门为他们设计的振动水床上（与母亲的呼吸相对应）可能会有好处，因为水床对他们的运动有促进作用，还能提供许多临床益处。水床有助于保护非常小的婴儿脆弱的皮肤，床垫对头部的柔软支撑可减少头部不对称和颅内出血的发生。还有人推测，水床的漂浮状态可以避免婴儿过早地承受重力的全部影响，从而节省体力，减少呼吸暂停的发生。

在27~34周分娩的早产儿被随机分配到实验组和对照组。实验组在振动水床上躺了7天7夜，对照组则被放在非振动的水床上。实验组接受温和的、几乎不可见的、每分钟12~13次的振动，每振动30分钟后静止60分钟。结果发现，与非振动组相比，振动组早产儿的呼吸暂停（暂停出现20秒后铃声响起）明显减少。临床发现，振动水床对患有各种疾病（包括近期手术）的早产儿非常有用。

在另一组从未使用过水床的早产儿中，发生呼吸暂停的次数与使用振动水床的早产儿相比有非常显著的差异。与使用标准泡沫橡胶床垫的早产儿相比，使用振动水床的7名早产儿中有6名呼吸暂停次数减少。

科纳的研究不仅揭示了前庭系统所起的作用，而且前庭系统在通常只归因于触觉刺激的情况下也发挥了重要作用，这一点在婴儿护理中非常重要。同样有趣的是，据报道，与西方国家同龄婴儿相比，土著居民的婴儿在发育方面取得了进步，几乎可以肯定，这是由于他们被母亲背着或抱着，甚至裹在摇篮板上的这些方式影响的。在西方，母亲和一些父亲越来越喜欢用这种方式抱婴儿，这应该会使婴儿在触觉、前庭觉和社交方面得到更多的刺激，从而促进其更高级的行为发展。

这里，我们要先给触摸的形式下个定义，因为了解触摸的形式对研究早产儿很重要。触摸有三种形式，主要是根据它们在行为中所起的作用来区分的。社会性触摸可以促进社会联系、依恋和情感的完整性，因此，在社会情境、社会刺激和社会剥夺中的触摸作用构成了我们最关注的领域。在被动触摸中，有机体被触摸；与被触摸者皮肤的接触受到某种外部因素的影响，例

触摸的力量

如在静止的手指上移动粗糙的表面。这与主动触摸形成鲜明对比，在主动触摸中，有机体进行触摸，指的是主体发起并实施必要的行为，以实现皮肤与物体的接触、探索和对皮肤的使用，从而刺激肌肉、肌腱和关节中的感受器系统——动觉系统。

触觉一词指的是最广义的触觉，通常用来表示探索性和操作性触觉，与刺激直接感受器产生的触觉形成鲜明对比。

杰里·怀特（Jerry White）博士和理查德·拉巴拉（Richard Labarra）博士在与科纳的研究完全独立的研究中发现，在婴儿出生后的头两周，对体型相对较大的早产儿进行持续10天的触觉和动觉刺激，可加速其体重增加，与未受刺激的对照组相比，体重增加优势达10%。据描述，受刺激的婴儿进食很积极，能很好地保持进食量，而且更加活跃和警觉。鉴于他们以及其他人的研究结果，这两位研究者建议，考虑到早产儿保育室的环境比较压抑、相对安静，如果在保育室的日常工作中采用积极、实用的刺激方法来缓解早产儿的这种状况，那么就可以避免早产儿在这种环境中可能遭受的感觉、知觉以及运动剥夺，这对早产儿是有利的。他们建议，当婴儿还在保育室时，母亲可以增加对婴儿的刺激，此外，父母还可以在家里对婴儿进行刺激。这种实用方法的指导可以被纳入准父母培训的内容。

不过，还需要仔细研究对早产儿的"刺激增强"，因为有证据表明，早产儿很容易受到过度刺激。旧金山锡安山医院和医疗中心的彼得·戈尔斯基（Peter Gorski）博士提请人们注意，有些早产儿会受到噪声、光线和社会接触的不利影响。他发现，呼吸暂停和心动过缓（心跳减慢）往往发生在社交触摸之前。戈尔斯基博士认为，脆弱的早产儿"对触觉干预非常敏感，触觉干预也许对他们来说压力过大"。

显然，社会交往很容易给早产儿的神经系统带来过大负担。在讨论父母的这个问题时，戈尔斯基以积极的方式说明了为什么令人兴奋的刺激可能会让精力不足的婴儿不堪重负。"我们不想让父母觉得他们对孩子不好，或者孩子在拒绝他们，我们也不想让他们害怕接近孩子。他们只需要明白，对于一个弱小的婴儿来说，社会交往是一件多么耗费精力的事情。"

特殊护理室是照顾早产儿的最佳场所吗？在英国，仍有许多婴儿在家中出生。很早以前就有研究表明，在家中出生的早产儿的存活率要高于在医院出生的早产儿。

加利福尼亚州立大学富勒顿分校的艾伦·戈特弗里德（Allen Gottfried）博士曾指出，对于早产儿来说，加护病房和康复护理病房可能存在不足。戈特弗里德在对这类病房中的早产儿进行研究后得出结论，触摸在调节早产儿的行为和发育方面似乎最为重要。他还发现，虽然在重症监护室里，早产儿每天可获得约70次抚触，在康复护理室里，每天可获得约42次抚触，但他们获得的大多是非社交性的抚触。约有21%的婴儿在接触过程中哭闹，但护理人员尝试安抚的次数不到一半。他们尝试安抚时，通常是与婴儿交谈，而很少是抚摸。戈特弗里德指出，正如斯皮德尔所言，如果婴儿的哭闹得不到安抚，其血液中的氧气含量就会下降（低氧血症）。

因此，戈特弗里德认为早产儿重症监护室和康复护理室应该有所改变。他还指出，对婴儿的哭闹缺乏回应可能会延迟婴儿潜能和社交反应的发展。他得出的结论是，无论如何，他的研究结果表明，"特殊护理病房中婴儿触觉环境的性质可能不利于婴儿的最佳发育"。

诸多调查（这里只能引用其中的一小部分）表明早产儿从轻柔的社会性触摸中获益匪浅，但在许多涉及社会性触摸的行为中，如拥抱、抱起和扛起、搂抱、轻摇、携带等，完全无意识的本体感觉——前庭刺激，会产生额外的益处。这同样适用于还不会走路的婴儿。对于后者，建议在不过度刺激孩子的情况下，安排可刺激本体感觉—前庭发育的可携带装置、摇篮、游戏、娱乐等。

摇摆、音乐和舞蹈

但奥弗尔的手已消失，声音也已静止！

在丁尼生写下这些凄美的词句时，他是否无意识地或有意识地回忆起早年与母亲相处的经历？有人说，音乐能表达无法言说的东西。在许多音乐中，都有一种非常普遍的触觉特质。据说，瓦格纳的《爱的誓言》（*Liebestod*）在音乐中表现的是交媾导致性高潮和性交后的消沉。德彪西的

触摸的力量

《牧神午后》（*L'Apres-Midi d'un Faune*）则传达了性爱中最细微的触觉感受。在我们今天的"摇滚"音乐中，在西方世界的舞蹈史上，跳舞的搭档第一次在整个舞蹈过程中不再互相接触，而是保持分离，大部分时间他们都是伴随着震耳欲聋的音乐声跳舞。那些音乐的歌词通常是写给父母的，或者一般是写给老一辈的，经常会说"你不明白""当我需要你的时候，你在哪里？"或类似的话。

正如劳伦斯·H. 福克斯（Lawrence H. Fuchs）指出的，这些歌曲对老一辈人提出了尖锐的批评，它们强调了社会的虚伪，善良的人在一个没有爱的世界中的孤独以及社会不公的罪恶。"它们不仅是反叛的宣言，也是对孤独和困惑的承认，正如迪伦告诉我们他的存在与'困惑之舟'息息相关。"

各种声音都可能因其触觉特质而被体验和欣赏，比如，我们会说某人的声音"光滑"，就像"天鹅绒"或者"爱抚"。音乐也可以以类似的方式被体验。莎莉·卡里格尔（Sally Carrighar）在她的自传中告诉我们，当她6岁时听到一位杰出的小提琴家演奏时，她"似乎不仅仅是通过耳朵，而是通过全身的皮肤来感受这美妙的声音"。

埃德蒙·卡彭特告诉我们："歌唱家是通过感觉来确定音高的。这种体验与摇滚乐并无二致，人们往往通过全身来感受摇滚乐。"

劳伦斯·K. 弗兰克（Lawrence K. Frank）在一篇关于触觉交流的精彩论文中写道："音乐的效力，以其有节奏的和不同强度的声音模式，在很大程度上取决于为初级触觉体验提供听觉代用品，其中……有节奏的拍打，对安抚婴儿特别有效。"

像"扭扭舞"这样的舞蹈和后来的摇滚乐，是否至少在某种程度上代表了对缺乏早期触觉刺激的反应，代表了由产科医生和医院创造的一种抗菌、非人化环境中遭受的剥夺？除了在这样的环境中，我们还能在哪里上演最富戏剧性的一幕：一个新成员的诞生和欢迎他投入"家庭的怀抱"？

对于摇滚乐队，参与度最高、支持者最多的是青少年。这并不奇怪，因为正是他们最接近他们所抗议的环境，这种抗议通过音乐、舞蹈和其他形式来表达。在这种情况下，年轻人以这些方式抗议他们认为无法忍受的状况是非常可取的。但遗憾的是，年轻人并不总是清楚所有需要改变的事物的性质。这未免对他们期望过高。然而，在他们最有洞察力的领域，如育儿、教育和人际关系中，他们的洞察力往往远远会超过他们的长辈。对他们来说，"爱"是一个意义非凡的字眼，它所代表的意义远远超过大多数成年人。

如果他们能把爱表现出来，他们就有可能成功地改造世界。

有趣的是，1974年2月，阿瑟·默里公司的总裁乔治·蒂斯（George Thiess）谈到，他的舞蹈工作室的注册人数增加了20%~35%，男人们不再为跳舞感到尴尬。情侣们开始一起跳舞。"敌意舞蹈"——他对摇滚舞的称呼——"已经行不通了，因为夫妻之间的关系与60年代不同了"。他把自己的舞蹈团体称为"碰碰舞"。

当代，未组队的情侣在公共场合扭动身体的舞蹈显然具有性意味，暗示着一种反向的尴尬，这种尴尬使二人无法沉浸在身体接触舞蹈的亲密感中。

在许多土著文化和一些基督教教派中，在恍惚状态下跳舞是为了传达一种与超自然接触的感觉。

婴儿刚出生时的触觉灵敏度在子宫里就已经具备。我们知道，胎儿能够对压力和声音做出反应，胎儿自己每分钟约140次的心脏跳动和胎儿母亲每分钟70次的心脏跳动为胎儿提供了一个同步的声音世界。鉴于胎儿在羊水中受到两颗心脏交响乐般的跳动的洗礼，我们不难理解，在一些研究人员的假设中，有节奏的声音所产生的舒缓效果和胎儿在子宫内与母亲心跳有关的幸福感是联系在一起的。

李·索尔克博士（Lee Salk）的研究表明，无论是猴子还是人类，母亲都非常喜欢把婴儿抱在左侧。由于心尖在左侧暴露得更多，因此可以推断，这些灵长类动物的母亲喜欢把婴儿的头抱在左侧，这与婴儿需要继续听到母亲的心跳节奏有关。然而，由于大多数母亲都是右利手，她们最有可能用左臂抱着婴儿，这样就腾出了右手，使婴儿的头与自己心脏的顶点相对。这可能是大多数母亲将婴儿抱在左侧的真正原因。

索尔克博士假设，婴儿出生后立即听到正常的心跳声，会给婴儿带来持续的、熟悉的、安全的刺激，从而减轻分娩创伤的影响。结果非常有趣。在接触过心跳声的婴儿中，有69.6%的婴儿在出生24小时后体重明显增加，而在未接触心跳声的婴儿中，只有33%的婴儿体重增加。在实验的听心跳声阶段，有38.4%的时间有一个或多个婴儿在哭，而在没有心跳声的阶段，有59.8%的时间有一个或多个婴儿在哭。与对照组相比，听心跳声组婴儿的

触摸的力量

呼吸更深沉、更有规律。在听心跳声期间，呼吸困难和肠胃不适有所减少。

索尔克博士总结说，在婴儿出生后的最初几天和几周内，正常的心跳声很可能有助于婴儿在以后的生活中更好地调整情绪。由于心跳声或类似的声音具有根深蒂固的生物学意义，它是第一声，是持续给予安全感的声音，是与母亲最亲近时体验到的声音，因此它能成功地让婴儿消除恐惧，而其他声音则可能会失败。

在那首光芒四射的诗歌《前奏曲》中，华兹华斯回忆道："那是第一次／一个婴儿通过触摸／与母亲的心进行静默的对话。"

母亲和胎儿的心跳与音乐的节拍和节奏有什么联系？《四分之三拍中的两颗心》(Two Hearts in Three-Quarter Time)是20世纪30年代初一部非常成功的电影。影片的主题曲是一首华尔兹。所有的华尔兹都是用四分之三拍子写成的，即1、2、3——婴儿在子宫内的大部分时间里，母亲的心脏每跳动一次，婴儿的心脏就跳动两次。难道这种平均值的并置代表了子宫或婴儿期经验的回响？约斯特·梅尔洛（Joost Meerloo）博士认为这很有可能。他写道：

每个母亲都凭直觉知道，为了让婴儿入睡，她必须轻摇婴儿，从而重复（胎儿在子宫中的）涅槃之舞。摇篮曲《摇摆——再见宝贝》悄悄地将孩子的记忆带回了刚刚离开的世界。摇滚乐对大一点的孩子也有同样的作用。就是这么简单！节奏和旋律把我们每个人带回到宁静平和的回忆中。

但请听好了，这并不意味着这种舞蹈只是一种倒退的回忆，尽管在我们许多人的心中，切分节奏、音乐和对位在一定的时间间隔内会引起深沉的海洋般的向往和对母性保护的渴望，而母性保护曾是我们生活的幸福世界。

梅尔洛博士还请人们注意他所说的"哺乳之舞"，即婴儿在吮吸母亲乳房时，母子之间的节奏互动。梅尔洛博士认为，婴儿关于乳房的经历会影响其日后的个体节奏感和情绪发展。哺乳剥夺、过晚哺乳或根本没有哺乳，都可能导致被压抑的节奏不适当地凸显出来。"由于这种所谓的早期口腔挫折，这些孩子可能会在角落里惆怅地退缩，自发地开始这种'哺乳之舞'，在空虚中摇晃和打滚。这些孩子被医生贴上了'早期精神分裂症'的标签。事实上，有些这样的孩子可能会在他们的余生中重新成为这样的舞蹈僵尸，一直在凝固的节奏和不安中寻找失去的天堂。"

第4章 温柔、关爱的照料

梅尔洛博士认为，描述这些舞蹈的早期生物学根源非常重要，因为在他的临床实践中，他遇到过"许多舞蹈学生，他们不仅用自己的舞蹈技巧来创造姿态和动作之美，而且将其作为一种手段，不露痕迹地重温童年时期遗留下来的沮丧、绝望的情绪"。

他补充道："这些鲜活的回忆为我们带来魅力和诱惑，既能把我们拖入不断重复悲伤回忆的绝望之中，也能引领我们进入自由创造新的反姿态舞蹈的最高境界。从那时起，我们的动作将比空气还轻盈，以空灵的姿态进入这个空间，远离一切沉重感。"

梅尔洛博士认为，在舞蹈中，人类最早的存在得到了揭示。"每当节奏、韵律、切分音进入人的耳朵和眼睛时，人就会被不经意地拉回到存在的最初阶段；他与其他人一起经历着共同的退行。当特殊的声音和节奏传入人们的耳朵时，所有人都会不自觉地共同退行，这就是在精神上互相感染的线索。而敲击声、有节奏的呼唤声、具有音乐性的呼喊声、爵士乐如此具有感染力的原因也正在于此。"

我们对节奏刺激做出反应的特质似乎是由基因决定的，但反应的表达方式则是由文化决定的。例如，用脚敲击来应和音乐是一种文化习得的活动，主要是无意识模仿的结果。我们大多数人都没有意识到，我们是在用这种方式给音乐打拍子。关于这一点，我记得多年前读过匈牙利伟大的语言学家阿米尼乌斯·万贝里（Arminius Vambery）的自传。万贝里是一位才华横溢的语言学家。他对阿拉伯语的掌握非常完美，因此他伪装成阿拉伯人前往麦加朝圣，当时麦加对他这样的异教徒来说还是一座禁城。在麦加，他作为从远方来的阿拉伯贵宾，受到当地一位酋长的盛情款待。当音乐响起时，酋长走近万贝里，友好地对他说："你是欧洲人。"万贝里大吃一惊，他问："你怎么发现的？"酋长回答说："我观察到，你在演奏音乐时用脚打拍子。没有一个阿拉伯人会这样做。"*

人类似乎天生就喜欢有节奏的运动。然而，这种运动的方式受到文化的制约。交谊舞中特有的身体接触代表了一种正式的在节奏中的亲密，而这样

---

* 我是凭记忆引用这个故事的。故事见阿米念·范贝里，《我奋斗的故事》（伦敦：费希尔·昂温，1904年）。

的身体接触在其他场合是不被接受的，除非是在夫妻或父母与子女之间。到了20世纪20年代的美国，舞蹈中的身体接触又增加了脸颊靠拢的动作。同样，这也是一种形式化的行为，在其他场合只发生在亲友之间。这种脸颊靠拢的动作是否代表了一种尝试，以实现早年被剥夺的皮肤接触？摇滚乐和其他当代流行音乐以及舞蹈是否也代表了类似的反应？至少在一定程度上，而且从根本上说，这些形式难道不是源于对早期安抚、摇摆、滚动和皮肤刺激体验不足的表层反应吗？

在20世纪这个没有摇篮、没有摇篮曲、没有冲突的世界里，摇滚乐和平淡无奇的摇篮曲，有时优美，通常非常强烈，可能是在补偿父母过去对孩子的触觉需求的关注不足，是对感情的呼唤。大众普遍没有意识到对触觉的需求，但这并不意味着无法纠正人们的看法。属于某一部分人和某个时期的音乐有时可能与个人在生命早期的经历或缺乏的特定经历有直接关系。就皮肤而言，现阶段，我们还无法确定这种情况是否属实，还需要对这一引人入胜的课题进行更深入的研究。这是一个有趣的猜想，如果是为了揭示人类发展的微观机制，即揭示人类本性的另一个方面，那么是值得探究的。

在世界各地的"出神"活动中，都会广泛使用触觉，作为一种与现象世界交流的方式，就像它被用于与超自然世界交流一样。在每种情况下，舞者都会脱离与社群成员的正常接触模式。海地舞、巴厘岛舞、布什曼舞和五月节舞蹈都是很好的例子，这一点可以说放之四海而皆准。

在社区舞蹈中，就像在北美印第安人的鬼魂舞中一样，舞者之间的亲密传达了他们的团结一体，以及他们在彼此亲近中找到的安全感。

衣服与皮肤

我们的讨论考虑了早期皮肤刺激体验与音乐和舞蹈种类之间可能存在的关系，尤其是在缺乏足够的摇摆和皮肤刺激的情况下。这就引出了另一个有趣的问题，即衣服、皮肤和行为之间的关系。

欧文（Irwin）和韦斯（Weiss）发现，婴儿穿衣服时的活动明显少于不穿衣服时。这就提出了一个问题：活动减少是由于衣服的机械束缚，还是由

第4章 温柔、关爱的照料

于自我刺激的减少，或是减轻了饥饿的拉扯感，以及最后，衣服是否减少或提供了对传入刺激的隔绝？

这些问题的正确答案可能是所有四个因素都起作用，但最后一个因素最为重要——衣服对外界刺激的隔绝作用。

很难说婴儿早期穿衣服的习惯是否与行为差异的形成有关，是否将这些行为与儿童或成人都不穿衣服的文化中的行为区分开来。不同种类的衣服可能会对皮肤产生不同的影响，从而导致与通过皮肤产生的影响直接相关的行为。可以推测，年轻人在穿着上的显著创新，以及男性的长发、胡须和其他面部饰品等现象，都与早期的触觉体验或缺乏触觉体验有某种联系。毛发是皮肤的重要附属物，实际上也是刺激皮肤的主要途径。20世纪60年代末，年轻人开始留长发和蓄胡须，这可能在某种程度上表达了他们对爱的需求，而这种需求早先是源于他们在婴儿时期应该得到抚摸、拍打和爱抚的被剥夺。大获成功的音乐剧《头发》(*Hair*)，除其他内容外，特别强调了长发和裸体。或许我们可以这样解释：这部剧所渴求的是更多的爱，是正确的抚摸，而不是错误的揉搓。

第一次世界大战期间，当女性开始梳起波浪发、穿超短裙时，英国杰出的字体设计师、排版家和雕塑家埃里克·吉尔（Eric Gill）写下了这首四行诗：

> 如果裙子变得更短
> 摩登女郎抽泣着说
> 就会多出两个可以涂脂抹粉的脸颊
> 多了一个可以晃动的地方

我们不禁要问，他会如何看待超短裙、不穿上衣的女服务员、透视上衣和比基尼呢？

如果考虑到安东尼·康斯托克（Anthony Comstock）、格伦迪夫人（Mrs. Grundy）这些喜欢干涉别人私生活的人物以及审查官的逝去，还有我们日益扩大的自由，那么，大面积的皮肤暴露和皮肤表层的特异化可能与那些在早期生命中未能获得皮肤满足的人对接触的需求有关。

触摸的力量

"裸泳"和"裸体海滩"的日益流行可能也与此有关。近年来，水床广受欢迎，大概是因为其能给人带来带有"拥抱"特质的感官体验。它一改普通床静态"冷漠"的特质，当人在它的"怀抱"中移动时，它提供了持续、刺激性的拥抱和爱抚；当人睡在水床中时，它又提供了全方位的支持，让人想起我们在母亲的身体上入睡的时光。许多有一两个孩子的年轻夫妇都热衷于谈论水床的优点。水床不仅是一张好床，还是一个很好的摇篮。水床必须装得差不多满，并安装在一个框架内，以避免接缝处受力。因为婴儿可能会在床和床架之间，所以绝对不能让他在无人看管的情况下躺在水床上。垫子和床布有助于保护床不被刺穿。父母可以和婴儿一起舒适地睡在床上，这也比婴儿睡在摇篮里受到的干扰要少得多。婴儿和他们的兄弟姐妹喜欢在水床上跑跑跳跳，也不用担心水溅到床垫上。如果没有水床，可以将普通床降低到足够安全的高度，或者将床垫放在地板上，以免婴儿翻滚到床下而受伤。

衣服在很大程度上切断了皮肤对愉悦感觉的体验，因此，实际或象征性地脱掉衣服可能代表着试图享受之前被剥夺的体验。自然的皮肤刺激，即空气、阳光和风对身体的作用，可以让人感到非常愉悦。对此进行研究的弗利格尔（Flugel）发现，人们经常用"光彩夺目"的词语来描述这种自然的皮肤刺激，如"天堂般的""令人完全愉悦的""就像在快乐中呼吸"以及类似的愉悦表达。裸体主义运动的发展几乎确定地反映了人们希望通过皮肤进行更自由的交流*。

有趣的是，裸体主义者通过观察裸体进行视觉交流。所有的裸体主义者都认为，这大大缓解了性紧张，具有普遍的治疗价值。所有天体营地都严格禁止触摸，即使是夫妻之间也不例外，但如今这一规定日趋宽松。哈特曼（Hartman）对裸体主义者进行了认真的研究，他表示很高兴看到"裸体主义者参与各种涉及身体接触但不涉及任何暗示性活动的游戏。我听说过很多关于禁止接触的规定，但在重新搜索期间，我受到了男性和女性的热情接待，

---

* 关于裸体主义和穿衣服的坏处的最早严肃讨论之一，见莫里斯·帕马里（Maurice Parmalee）的《新健身哲学》（纽约：希区柯克，1927年），以及将裸体主义介绍到美国的《在裸体主义者中》（F. 梅里尔和 M. 梅里尔，纽约：花园城市出版公司，1931年）。

我发现这种亲切感与性兴奋无关。这种接触是研究中比较愉快的经历之一"。哈特曼指出,美国文化一直被认为是一种禁止触碰的文化。观察过裸体主义者之后,他相信,裸体主义者可能在不知不觉中加剧了这种状况。他写道:"我相信,在有某种亲密接触的地方,特别是在关系密切的人之间,或者说在所有人之间,个人的成长会更快。根据我的观察,禁止触摸的规则即将废除过时。"

当然,裸体与性之间的联系如此强烈,以至于哪怕有些身体部位在穿着衣服时允许触摸,在未穿衣服时也会被禁止触摸。但这一规则不适用于父母和年幼的孩子。随着孩子年龄的增长,身体接触会变得更加克制,到了青春期就会完全终止,因此,穿着衣服时互相接触的青少年在营地裸体时就不再这样做了。

从婴儿时期开始就习惯穿衣服的后果之一,就是皮肤的敏感度没有达到不习惯穿衣服时的敏感度。例如,据观察,不识字的人的皮肤对刺激的反应比欧洲人要灵敏得多。基尔顿·斯图尔特（Kilton Stewart）在他的《俾格米人与梦巨人》（*Pygmies and Dream Giants*）一书中提到菲律宾的尼格里托人时说,他们"对爬行的东西非常敏感。我丝毫没注意到有一只蚂蚁爬到我的腿上,他们对此感到非常惊讶。"

不同个体对皮肤敏感度的差异非常明显。有些人在接触其他人时,会感觉到"一种电流"在他们之间传递,而其他人则没有这种感觉。同样值得注意的是,有些人到老年时仍能保持这种敏感性,而有些人则往往会在中年时失去这种敏感性。后一种情况很可能与激素变化有关。

人们常比喻说,人与人之间在相互接触时会产生"电流",这可能不仅仅是一种比喻。皮肤是一种特别好的导电体。可以通过多种方法测量皮肤表面的电子变化,其中最著名的是心理测谎仪,或通常被误称为"测谎仪"。通过自主神经系统作用的情绪变化通常会使手掌或脚掌的皮肤电导率增加（电阻减小）。毫无疑问,在触觉刺激中,电子变化会从一个人传递到另一个人。

最后,值得注意的是,皮肤通常含有少量水分,干冷的皮肤是良好的绝缘体,是防止电击的主要保护层。

母性厌恶

并非所有怀孕的女性都想要孩子，而在孩子出生后，对孩子表现出厌恶行为的母亲也并不罕见。路易斯·比格尔（Louise Biggar）博士对这些情况进行了非常有趣的研究。她发现，就像被母亲拒绝的猴子会更加努力地接近或依恋母亲一样，人类儿童的行为也大致相同。这就造成了一种双重束缚的局面，类似于贝特森及其合作者对精神分裂症的描述。母亲发出的厌恶和接近信号相互矛盾，使婴儿处于双重束缚之中。因此，陷入这种束缚的婴儿会表现出某些行为反应，如愤怒、冲突和攻击。

对3组独立的母婴样本开展的研究证实了这一理论。研究发现，母亲在头3个月越是厌恶与婴儿的身体接触，9个月后婴儿的情绪和活动似乎就越容易受到愤怒的影响。此外，研究还发现，"母亲越是在早期表现出对与婴儿身体接触的厌恶，婴儿也会在相对无压力的情况下越频繁地进行攻击或愤怒地威胁要攻击母亲"。研究者在接受研究的儿童6岁时评估了他们的安全感，让这些儿童与父母分离1小时后，再重聚3分钟。结果发现，那些在1岁时被认为非常有安全感的孩子会主动与父母进行个人对话，在对话中充分回应，还会主动进行一些身体接触。

而那些在婴儿时期非常缺乏安全感的6岁儿童则主要表现出3种行为模式。第一组是语言回避型，极少对问题给出回应，谈论的是事情而不是他们自己，并倾向于通过穿过房间或离开房间来避免与父母的面对面接触。第二组孩子则拒绝与家长接触，他们会说"别烦我"或"你为什么不坐到那边去"。第三组很少见，被称为"不恰当的照顾"型。该组儿童对父母表现出一种父母般的行为，反映了依恋的另一种组织形式。比格尔敏锐地观察到，从人类婴儿形成对照顾者的依恋的阶段开始，婴儿会不断地监测某些成人的身体和触觉接触能力，那些能力成为婴儿行为的组织原则。

比格尔的研究再次有力地证明了触觉在婴儿早期发育过程中的重要性，并再次强调了儿童依恋对象失职的严重后果。

母婴分离对母亲的影响

关于母婴分离对婴儿的影响已有很多论述，但关于母婴分离对母亲的影响的论述至今还为数不多。现在有许多研究表明，婴儿出生后不久与母亲分离24小时或不到24小时，都可能会导致母亲信心下降，并伴随着焦虑情绪的出现。索斯特克（Sostek）、斯坎伦（Scanlon）和艾布拉姆森（Abramson）对此进行了报告，并调查了相关文献。从心理学角度看，婴儿出生后立即与母亲亲密接触，对母婴双方都有诸多好处。但母婴分离对母亲的生理影响似乎还未得到足够重视。几个世纪以前，助产士们已经知道，只要让新生儿和母亲保持皮肤接触，就会促使母亲的子宫收缩，从而加快子宫恢复至正常大小的速度。我唯一一次看到关于这个问题的讨论，是在1954年贝齐·马文·麦金尼夫人（Betsy Marvin McKinney）登在《儿童—家庭文摘》（Child-Family Digest）上的通讯中（第一章已经提到过）。麦金尼夫人的这篇通讯非常重要，现全文附于附录2。在许多医院里，婴儿出生后母婴分离的习俗依然存在，但值得庆幸的是，现在的趋势正朝着另一个方向发展，许多医疗机构已经建立了家庭接生中心，这类中心是医院的一部分，或由训练有素的非专业人员创办。

新生儿和母亲之间的第一沟通语言是通过皮肤进行的触摸。如果我们仅考虑这一根本原因，那么新生儿和母亲就不应该被分开，除非其中一方需要休息或睡眠，或者产妇处于感染期间。任何无视这一原则的产科处置都是不可取的。

在迄今为止研究过的所有哺乳动物中，新生儿与母亲哪怕只分离1小时，也会导致母亲对婴儿的漠不关心甚至排斥。

"皮肤的光学感知"

有人称自己的皮肤如此敏感，甚至可以通过皮肤来"看"。有些研究者认为，由于皮肤与眼睛发育自同一胚层——外胚层，有些人的皮肤保留了一些原始的光学特性，使他们能够用皮肤看东西。1919年，法国小说家儒勒-罗曼（Jules Romains）在他的著作《视外视力》（*Vision Extra-Retinienne*）中有力地论证了这一观点。每隔一段时间，这种观点就会出现在报刊上。据报道，一些人拥有"无眼视觉"，或能够从摘除眼球的眼窝中看到东西，或通过手指看到东西，或在彻底封闭眼睛后通过面部皮肤看到东西。

事实上，没有任何证据能证明有人能够用皮肤看到东西。那些看似令人印象深刻的表演通常都是骗人的把戏。马丁·加德纳（Martin Gardner）曾讨论并彻底驳斥过许多所谓的皮肤光学感知案例。皮肤的感知能力非常出色，因此没有必要夸大其词。像劳拉·布里奇曼和海伦·凯勒这样的盲人，以及曾经用手抚摸来访者面部以了解他们长相的斯达尔夫人，她们的能力都是有据可查的。但是，从来没有人说过，这些女士是通过自己的皮肤来看的。我们每个人都有立体视觉能力，即通过触摸来感知物体或形状的能力，而且在视觉上，大多数人几乎都能"看到"他们触摸过的物体的形状。手指尖是人体最敏感的部位，可以通过触觉"读取"物体的形状，也就是进行立体识别。盲文字母高三点、宽三点，使盲人能够阅读任何语言中最复杂的作品。盲人在阅读布莱叶盲文时，并不是"看见"的，而是在大脑中解读指尖摸到的点。这种编码是15岁的盲童路易·布莱叶（1809—1852）发明的。

如果需要任何证据来证明皮肤的思想，那也只能依靠指尖的感觉能力。这些能力体现的形式是：感觉受体接收到刺激，然后以复杂的神经冲动传递给大脑。通过重复，也就是通过学习，这种能力变成了技能，使个体能够进行精细的辨别，赋予特定的感觉以特定的含义。技能是一种训练有素的能力，每个人都必须学会如何进行这种精细的辨别。就像每个人都必须掌握立体识别能力一样，人们也学习发展皮肤内生的敏感性，否则就无法发展出这种能力。这种特殊的学习方式几乎完全是由婴儿和儿童时期的皮肤和相关经历决定的。

第4章　温柔、关爱的照料

皮肤图像化

皮肤图像化是一种皮肤书写术，通过按压使皮肤产生肿胀，通常是在背部平面进行。我们可以用钝器在皮肤上写字。如果痕迹显示为红色，说明迷走神经活动亢进（迷走神经张力亢进）；如果痕迹显示为白色，说明交感神经系统受到了影响。痕迹本身是由于液体从毛细血管渗入周围组织而产生的，而肿胀中的渗出显然是局部血管扩张所致。如果经常抚摸或用力击打，每个人的皮肤都会出现一些痕迹，但在异常病例中，轻柔的抚摸就会引发皮疹。目前还不确定这些皮疹是否与儿童早期的皮肤体验有关。

一代代的孩子都在玩在对方背上描字母的游戏，比赛谁能猜出更多的字母。不同能力水平的成年人也可以玩这种游戏。大脑显然能够将受刺激的触觉感受器的模式转化为字母和简单的图像。据我所知，目前还没有人研究过不同个体翻译这种皮肤信息的差异性。我认为，如何猜想这种皮肤图像与早期皮肤体验之间存在显著的相关性。

位于旧金山的太平洋大学医学研究生院的史密斯·凯特威尔视觉科学研究所的保罗·巴赫·伊·里塔（Paul Bachy-y-Rita）博士和卡特·C.柯林斯（Carter C. Collins）博士主要研究的课题是大脑翻译皮肤信息能力的知识，他们发现当刺激来自与照相机相连的电极阵列或振动点时，也会发生这种翻译。经过几小时的训练后，盲人可以识别几何图形以及椅子和电话等物体。经过进一步的训练，盲人就能判断距离，甚至识别人脸。皮肤和眼睛视网膜的独特之处在于，它们的感觉受体是按某种图形模式排列的。这使得视网膜和皮肤都能捕捉到刺激的规律和模式，并可以轻松地在大脑中轻易地转换成图像。我们可以使用一种安装在弹性矩阵中的电极阵列，为盲人佩戴在背部或腹部，穿在普通衣服下面。摄像头可以将采集到的信息传送给电极，电极再将这些信息传送给皮肤。然后，这些信息就会在大脑中转化为现实。在这项研究中，我们发现腹部皮肤的"视力"比背部或前臂皮肤更好。

皮肤的时空感知能力也非常出色。皮肤处理时间的能力和耳朵几乎不相上下。在稳定的机械压力或触觉蜂鸣声中，皮肤可以捕捉到大约万分之一秒的间歇。眼睛的分辨力约为千分之二十五到三十五秒。皮肤从其表面信息

触摸的力量

捕捉到的距离和位置比耳朵对远距离声音的定位要有效得多。普林斯顿大学皮肤通信实验室的弗兰克·A. 格尔达德（Frank A. Geldard）博士利用这一信息，研究出了一种可快速、生动地印在皮肤上的光学字母表。这些符号很容易被学习和阅读，可以被称为"身体英语"。格尔达德已经证明，卢梭在1762年关于教育的论文《爱弥儿》中提出的通过皮肤进行交流的可能性，确实是卓越的先见之明。盖尔达德已经证明，皮肤能够接收和阅读快速而复杂的信息。他说："完全有可能设计并使用精妙而快速的皮肤语言。"

1907年，玛丽亚·蒙台梭利（Maria Montessori）的研究表明，当儿童能够感受到字母和观察字母时，他们似乎会更容易学习。最近有人提出，如果先天性失明的儿童能够感觉到"视觉化"，那么从感觉图案到识别其视觉图像也许就是一个自然的过程。遗憾的是，事实并不支持这一观点，因为对于先天性失明的人来说，事物并没有远近之分，因此他们无法判断距离。即使他们恢复了视力，在一段时间内也无法将距离视觉化。对于先天性盲人来说，根本不存在所谓的"触觉空间"。当他们恢复视力后，一切都是新奇的，他们很难依靠视觉识别出他们触觉经验中的物体。

希拉·霍肯（Sheila Hocken）在她的《艾玛与我》（*Emma and I*）一书中讲述了一个富有戏剧性和启发性的故事：一个失明的人无法通过视觉识别她在失明前在触觉上熟悉的物体。

皮肤光学感知是一个传说，但通过皮肤的其他特性进行感知却是现实存在的。皮肤具有对多种模态做出反应的能力。现在已经有电子设备可以通过振动显示出与字母相同的轮廓，盲人在稍加练习后就能识别。除了振动触觉交流外，人们还在开展通过电脉冲编码字母的研究。卡内基理工学院的冯·哈勒·吉尔默（B. von Haller Gilmer）和李·W. 格雷格（Lee W. Gregg）一直在研究这种方法。他们指出，皮肤很少"忙碌"，这使它能够学习和习惯在任何情况下都不会受到干扰的编码。振动触觉或电触觉信号无法被隔绝。皮肤也不能"闭上眼睛"，甚至不能"捂住耳朵"——在这方面，它比眼睛更像耳朵。吉尔默和格雷格推测，就其本质而言，皮肤并不像书面和口语那样受制于过多的文字。他们认为，也许皮肤具有编码的能力，甚至因其"简单"而优于其他渠道。皮肤在结合听觉和视觉的时空维度方面可能是独一无二的，耳朵擅长时间维度，而眼睛擅长空间维度。

吉尔默和格雷格使用哈恩设计的仪器对皮肤及其电阻进行了方波脉冲传输和测量，对正常人和盲人进行了探索性研究。特定部位的皮肤可以以每秒一个脉冲的速率接受刺激，每次刺激持续时间为一毫秒，持续两小时，受试者没有报告疼痛感。因此，一旦设计出脉冲编码，脉冲语言就成为可能。这种人工语言的要素由皮肤感觉来定义，具有非凡的可能性。研究人员将皮肤感觉与语音元素（音素）一一对应，使用一台专业计算机（译码器）来模拟人类的通信接收器。他们希望借助这台计算机来构建一个系统，获得必要的信息，并在此基础上编写出完美的代码。

目前，尚未对触摸的时间间隔进行过适当的研究。音乐中的"间隔"（音程）是指两个音符之间的音高差。在触觉中体验到的各种间隔将信号传递给大脑，大脑则赋予它们意义。在音乐中，音程可以是和谐的，也可以是不和谐的。该子系统的心理物理学还有待探索。

瘙痒和抓挠

瘙痒是一种刺激性皮肤感觉，会引起抓挠或摩擦皮肤的欲望。通常人们会用抓挠来缓解瘙痒，即用指甲刮擦皮肤。瘙痒和抓挠的身心学意义已广为人知。杰出的多面天才威廉·莎士比亚在《科利奥兰纳斯》中让凯厄斯·马西乌斯（Caius Marcius）这样说：

> 你们这些持不同政见的流氓，怎么了，擦着你们意见中可怜的痒处，让自己结痂了？

心灵中的"痒"往往会表现为皮肤上的痒。穆萨夫（Musaph）写了一本关于瘙痒和抓挠的精彩专著，他将这些行为描述为"衍生"活动，也就是说，这些活动是由个人早期经验"激发"或传导为皮肤反应而产生的。例如，在令人沮丧的情况下，愤怒的情绪可能会在符号下转化为瘙痒和抓挠。各种形式的心身性瘙痒症——由功能引起的皮肤瘙痒——往往代表着一种无意识的努力，旨在获得早年生活中被剥夺的关注，尤其是对皮肤的关注。即使在没有瘙痒的情况下，被压抑的挫败感、愤怒和内疚，以及被压抑的强烈的爱的需要，也会以抓挠的形式表现出来。

塞茨（Seitz）曾经注意到许多人的秘密抓挠行为。许多人因为抓挠而感到羞耻，因为这种做法会让他们体验到色情的快感。例如，马丁·贝雷津（Martin Berezin）描述了一位48岁妇女的病例，她患有严重的阴部瘙痒症，以至于通过抓挠诱发了会阴部的溃烂。在心理治疗过程中，她发现抓挠肛门相当于手淫，当她把抓挠的部位转移到外生殖器时，这一发现得到了证实。随着心理冲突的解决，她的瘙痒症也完全消失了。

搔痒的色情意味相当明显。有句古老的谚语说："挠痒痒比发财好"。蒙田在他的《关于经验》一文中写道："搔痒是大自然最甜蜜的满足之一，而且近在咫尺。"英国的詹姆斯一世也曾宣称："除了国王和王子，任何人都不应该有瘙痒的感觉，因为挠痒的感觉是如此令人愉悦。"而性格暴躁的托马斯·卡莱尔（Thomas Carlyle）甚至说："人类幸福的最高境界就是挠痒痒。"塞缪尔·巴特勒（Samuel Butler，1612—1680）在《赫迪布拉斯》（*Hudibras*）中描绘了挠痒对情绪紧张的缓解作用：

他能提出黑暗而美好的顾虑，并三下五除二地解决它们：

就像神抓住了

痒，故意让人挠。（I. I. 163）

奥格登·纳什（Ogden Nash）在他的四行诗《禁忌之靴》中简明扼要地做了总结：

有一种幸福

无与伦比

就是当你痒的时候

起来抓挠。

布莱恩·罗素（Brian Russell）指出，爱的匮乏往往会导致瘙痒，一种渴望被爱的瘙痒。"患有大面积湿疹的患者，一听说要出院，皮肤病就会复发，他们退回到婴儿期的依赖阶段，发出无声的呼喊：'我很无助，你必须照顾我。'"

抓挠可能同时带来快感和不满，表现出负罪感和自我惩罚的倾向。瘙痒症患者几乎总是存在性生活紊乱和敌意。

老话说"你帮我挠挠背，我帮你挠挠背"，这句话所隐含的互惠互利不仅仅是一个比喻。

1971年8月，芝加哥论坛报大厦安装了闭路电视，以防止小偷光顾办公室。克拉伦斯·彼得森（Clarence Petersen）写道："在电视监控器的存在被传开之前，它们揭示了一些关于人性的非常重要的东西。人类最重要的天性就是痒。让人吃惊的是，竟然有那么多人会痒，这还只是指那些无拘无束地抓挠的人。"的确，瘙痒和抓挠是一种经常被放纵的行为，如果我们意识到我们做这些行为的频率，几乎所有人都会大吃一惊。从系统论的角度讲，挠背的乐趣由来已久；即使是无脊椎动物也会通过轻柔地搓背来舒缓情绪。众所周知，所有哺乳动物都喜欢挠背。此外，像人类一样，其他哺乳动物在没有瘙痒感的情况下比在有瘙痒感的情况下更喜欢挠背。被称为挠痒器或挠背器的工具是一种非常古老的装备；最新的电动挠痒器有这样的宣传词："比朋友更好用，会像真手一样上下移动。"因此，适当刺激皮肤所带来的纯粹快感，证明了皮肤需要愉悦的刺激。从这个意义上说，几乎每一种不具有伤害性的皮肤刺激都具有色情成分。在适当的情况下，即使是对手部的抚摸也可能会使人性兴奋。不同的人在各种状态和条件下对皮肤刺激所产生的快感所表现出的皮肤敏感程度的差异，很有可能在很大程度上受到早期皮肤刺激经历的影响。当然，哈洛夫妻和其他人的实验充分证明了在猴子、类人猿和其他哺乳动物中都存在的这一事实，而精神病学研究也完全支持在人类中存在的这种关系。

洗澡与皮肤

婴儿在温水中沐浴时的愉悦，他们欢快的泼水声和哗哗的流水声，以及他们极不情愿离开水的样子，都证明了他们从这种对皮肤的水合刺激中获得了快乐。因此，浴室已成为美国家庭的圣殿，而每天的沐浴则是对自我解脱的礼赞，这也许不足为奇。女人觉得洗澡能放松，男人觉得淋浴能刺激。而且，无论男人还是女人，洗澡的时间往往比仅为了清洁而需要的时间要长得多。除了享受两性以自己的方式获得的自发刺激所带来的愉悦之外，这些愉悦会不会在某种程度上代表着最初在母亲子宫的水环境中以及在婴儿期的早期沐浴经历中所享受到的愉悦的仪式性复苏呢？

令人感兴趣的是，平时很少唱歌的男人，有时甚至是女人，会在浴缸里或淋浴时突然唱起歌来。这是为什么呢？此外，很大一部分自慰活动都是在洗澡或淋浴时进行的。为什么呢？很明显，在淋浴时，水对皮肤的刺激与在浴缸中截然不同。淋浴时，水对皮肤的突然和持续刺激会诱发积极的呼吸变化，这可能会让一些人想唱歌。而在浴缸中更温和的水流刺激下，发生这种情况的可能性要小得多。不过，在这两种情况下，皮肤的摩擦都有可能引起性欲，从而导致自慰。

在水中，触觉刺激会带来更多快感，许多情侣都曾偶然发现过这一点。在水中，皮肤似乎有了新的特性，变得光滑而令人兴奋，触感更加舒适，极大地增强了性交流的乐趣。

私人游泳池的数量在大幅增加，夏天，人们纷纷涌向海滩，沐浴在阳光和微风中，这进一步有力地证明了脱掉衣服，将皮肤暴露在大自然中，会给人带来极大的感官刺激。多年前，萨利比博士（C. W. Saleeby）在他的著作《阳光与健康》中对此做了精辟的评论。在谈到皮肤时，他写道：

> 这个令人赞叹的器官是人体的天然外衣，它一生中不断生长，至少有四组不同的感觉神经分布其上。它对调节体温至关重要。它对外防水，但允许汗液自由排出。但这个最美丽、功能最多、最奇妙的器官，在大多数情况下都被衣服束缚着，闷得苍白，无法接触外界。它只能逐渐在空气和光线中恢复，而空气和光线正是对它来说最自然的环境。只有到那时，我们才能了解它的能力。

从柏拉图时代到今天，几乎所有在这方面有所著述的人都在赞美裸体，而不是穿衣的身体；但当代人，尤其是当代女人，却完全不了解皮肤的需要，这种无知常常带来无法弥补的巨大伤害。如今，越来越多的人沉溺于对阳光的崇拜，这不仅会导致皮肤干燥、长出皱纹和有其他损伤，而且常诱发皮肤癌。约翰·诺克斯（John M. Knox）博士指出，大多数我们归咎于衰老而产生的皮肤损伤迹象，实际上都是暴露于阳光下的结果。适度接触阳光是有益的，更是必要的；而过度地暴露在阳光下不仅不必要，而且相当危险。妇女们花费数十亿美元在乳液、润肤霜、面霜等皮肤美容护理品上，与此同时，她们的皮肤却过度暴露在最有害的影响因素下——若我们仔细思考这一点，便会哀叹人类的愚蠢。在夏日正午的阳光下暴晒20分钟就会导致皮肤晒伤发红。大多数人会在海滩上曝晒数小时，这种曝晒可能导致皮肤晒伤，疼痛难忍。有趣的是，把晒黑作为健康标志的观念产生于20世纪20年代。恰好在这一时期，行为主义者的严厉教导让父母像对待自动装置一样对待自己的孩子，孩子接收到的爱抚和其他形式的皮肤刺激被减少到最低限度。这里可能也有某种联系。晒黑可能象征性地意味着："你看，太阳继续对我微笑，我自由自在、无拘无束地沐浴在阳光的怀抱中。我得到了美好而温暖的爱。"

皮肤与睡眠

皮肤是睡眠中最警觉的感官，也是苏醒后最先恢复的感官。皮肤上的感觉器官和深层的感觉器官似乎都参与了睡眠运动。如果一个人长时间躺卧，承压的皮肤会因缺乏通风而变得过热，从而将导致体位改变的信息传递到相应的中枢。研究者对正常睡眠者的心跳记录做了分析，发现在睡眠者改变体位前约6分钟，他的心跳开始加快。随着睡姿的改变，心跳也会慢慢恢复正常。

安娜·弗洛伊德（Anna Freud）曾评论过睡眠需求和皮肤接触需求之间的密切关系："对于与母亲的体温严格隔离的婴儿来说，入睡更加困难。"弗洛伊德女士还提请我们注意睡眠与被动身体运动即轻摇之间的相互关系。放松的孩子睡得香甜，烦恼的孩子睡得不踏实。正常的睡眠是一种刺激障碍。睡眠障碍是由内源性兴奋导致的脆弱状态。与母亲短暂分离的儿童在分离期间会出现睡眠紊乱。正如海尼克（Heinicke）和韦斯特海默（Westheimer）在关于这个问题的著作中所说："我们发现，不仅对父母最强烈的焦虑与最大

触摸的力量

的睡眠障碍同时存在，而且……睡眠障碍与对父母的渴望直接相关。"3 天后，这些孩子的睡眠障碍明显减少，但入睡困难和害怕被单独留下的情况出现得更频繁。此外，在与父母重聚后的一段时间里，有持续睡眠困难的儿童比没有与父母分离过的儿童要多。这些 2 岁儿童的分离持续了 2~20 周。在重聚后的头 20 周内，经历过分离的 10 名儿童中，有 7 名在入睡或/和持续睡眠上遇到了明显的困难。入睡困难的持续时间从 1 周到 21 周不等，中位数为 4 周。

这些发现有力地表明，如果正常的母亲养育过程在早期受到干扰，可能会严重影响婴儿入睡或保持睡眠的能力。这不仅发生在婴儿能认出母亲之后，甚至在这之前都会产生类似影响。在婴儿早期，母亲抱、背、搂和轻摇婴儿的行为对婴儿日后睡眠模式的形成起着重要作用，这种作用可能会持续一生。

剥夺触觉需求，就像剥夺其他需求一样，会给婴儿带来痛苦和分离的焦虑。因此，婴儿会发出求救信号，通过哭泣来迫使他人关注自己的需求。奥尔德里奇（Aldrich）和他的同事发现，很少有人会认识到，婴儿哭闹的原因可能包括对爱抚和有节奏运动的需求。这些研究人员发现，哭闹的数量和频率与护理的数量和频率之间存在着一种恒定的关系：护理越多，哭闹越少。即使婴儿看到有人靠近他们或听到母亲呼唤他们的名字，也会继续哭闹。但是，如果把婴儿抱起来抚摸，他们就会立即停止哭闹。因此，亲密的触觉刺激显然是一种首要需求，如果婴儿要发展成为健康的人，就必须满足他们的这种需求。

那么，什么是健康的人呢？我认为，一个能够爱，能够工作，能够玩耍，能够辩证地和不带偏见地思考的人才能称为健康的人。

第 5 章

触摸的生理效应

> 用两码的皮肤包裹起一个精神世界。
>
> ——约翰·多恩（John Donne），
> 《第二周年》（*The Seconde Anniversarie*），1612 年

在调研关于动物和人类对触摸反应的研究时，有一个令人印象深刻的发现，即相较于很少或从未被触摸的人，那些被触摸的人常常在健康、警觉性和反应性方面有显著优势。魏宁格（Weininger）一项早期未发表的研究报告观察了 10 个 10 周大的婴儿，其中一部分婴儿的母亲被告知为婴儿抚摸背部。报告指出，6 个月大时，对比控制组（没有被母亲抚摸的婴儿），那些被母亲抚摸背部的婴儿更少出现抽鼻子、感冒、呕吐和腹泻的情况。可以确认的是，出现这样的差异和许多其他差异背后的原因，是神经和免疫系统的结构和相关功能的重大变化。

大量证据表明，皮肤具有免疫功能，近期一些独立研究者也证实了这一点。皮肤，更确切地说，皮肤最表层的表皮，产生一种在免疫化学上与胸腺生成素相似的物质。胸腺生成素是胸腺中促进 T 细胞分化的激素。T 细胞负责细胞免疫。之所以称为 T 细胞，是因为它们在胚胎中来源于骨髓中的淋巴干细胞，迁移（至少一半）到胸腺后发育成为 T 细胞。某种程度上，胸腺让

触摸的力量

T细胞具备了免疫的功能，使它们分化为有特定免疫功能的细胞。这些T细胞成千上万，每一个都可以识别特定的抗原并将其消灭。

现在我们已经知道，触觉刺激对生命体有着生理和行为双重层面的深远影响，但还不清楚在生理和生化层面，触觉刺激究竟是如何发挥作用的。这个课题在近几年才开始受到关注。接下来我们简要讨论这个课题下的近期研究，这些研究将有助于拓宽我们关于触摸和缺乏触摸造成的影响的知识。

科罗拉多大学医学中心发育心理生物学研究小组的马丁·莱特（Martin Reite）博士和他的同事们发现，与母亲分离2周后的冠毛猕猴幼猴（Macaca radiata）的免疫功能受到了抑制。当它们与母亲分离14天重新回到母亲身边时，它们的身体则恢复了正常的淋巴细胞增殖。

类似情况也出现在一对豚尾猴（Macaca nemestrina）身上。这对豚尾猴一起长大，直到17周大时它们被分开了11天。分开饲养时它们出现了淋巴细胞反应抑制情况，重新饲养在一起后，它们的淋巴细胞反应才恢复正常。

杜克大学医学院的斯蒂芬·巴特勒（Stephen Butler）博士和索尔·桑伯格（Saul Schanberg）博士发现，乳鼠体内的鸟氨酸脱羧酶（ODB[*]）水平受到激素变化影响，并且与压力有关。ODB是多胺类物质"腐胺"和"精胺"合成所必需的酶，其最终产物与蛋白质和核酸的合成密切相关，也是细胞生长和分化的重要调节因子。研究发现，10天大的幼鼠与母亲仅分离1小时，其体内ODB活性水平受到激素变化的影响而显著下降；分离2~4小时后下降到谷底。此时，幼鼠大脑的ODB活性水平比同窝对照组低60%。回归母亲身边时，幼鼠的全部大脑区域乃至心脏的ODB活性水平则会即刻开始恢复。毫无疑问，当人类婴儿被迫与母亲分离时，类似的影响在一定程度上也会发生。

在另一个系列实验中，库恩（Kuhn）、埃沃纽克（Evoniuk）和桑伯格（Schanberg）发现，幼鼠身体组织针对促进生长的肽类激素、生长激素和胎盘催乳素的特异性抑制，与其被迫与母亲分离有关。当实验中的乳鼠回归到母亲身边时，它很快便恢复正常。

研究人员得出的结论是，一些幼鼠与母亲间微妙的互动行为可以逆转幼

---

[*] 原作此处缩写为ODB，下文缩写为ODC。——编者

鼠因被迫与母亲分离而带来的不良影响。研究人员猜想，触觉体验可能是逆转不良影响的一个主要因素。为证实这一猜想，研究人员进行了以下实验：把一些 8 天大的乳鼠从母亲身边转移到舒适的窝里。在一组中，每 5 分钟用一把被水软化的 1 英寸长的骆驼毛刷快速、用力地抚摸乳鼠的头和背 10~20 次。其他组别测试了另外两种刺激方式：一种是每 5 分钟进行 10~20 慢速、轻柔的抚摸，另一种是捏一捏乳鼠的尾巴。这些组以外的乳鼠被安置在另外一个条件相同的窝里，除实验前后的操作触摸外，这些乳鼠全程不被触摸。

在第一项实验中，研究人员对比了 5 种不同操作模式下乳鼠大脑、心脏和肝脏中的 ODC 活性：控制组中与母亲待在一起 2 小时的乳鼠，离开母亲 2 小时期间分别被轻抚、用力抚摸、捏尾巴的乳鼠，以及离开母亲 2 小时未被触摸的乳鼠。其中，离开母亲 2 小时未被触摸的乳鼠，其大脑、心脏和肝脏的 ODC 活性水平大大低于未被带离母亲身边的乳鼠。同样地，离开母亲后被捏尾巴和轻抚的乳鼠体内的 ODC 活性水平大大低于未离开母亲的乳鼠，并且没有明显高于未被触摸乳鼠的 ODC 活性水平。与之相反，离开母亲后被用力抚摸的乳鼠的大脑、心脏和肝脏的 ODC 活性水平高于或与控制组持平。

另一项测试生长激素（GH）的实验也得到了类似的结果。第三项实验发现，触觉刺激可以提升因离开母亲降低的 ODC 活性水平和血清 GH 水平。对比离开母亲 4 小时和离开母亲 2 小时后用力抚摸 2 小时的乳鼠，后者大脑和心脏的 ODC 活性水平与血清中的 GH 水平，与对照组相比并没有显著差异。相反地，离开母亲 4 小时的乳鼠，其 ODC 活性水平和血清 GH 水平都大大低于对照组。被抚摸的乳鼠的肝脏 ODC 活性水平大大高于被带离母亲、未被触摸的乳鼠，然而，仍低于对照组。

近期，桑伯格（Schanberg）及其同事彻底验证了他们最初的发现并指出，与母亲分离后，幼鼠体内 ODC 活性水平的下降甚至发生在幼鼠外周组织的神经支配前。研究人员认为这一发现具有重大意义，他们的实验在这些动物身上引发的症状与人类儿童生长和行为发展迟缓的症状惊人地一致，这种症状被称为"心理社会性侏儒症"。被分离幼鼠表现出与被分离的猴子和儿童相同的表型效应。毋庸置疑的是，该效应涉及相似的生理或心理神经免疫机制。

触摸的力量

　　这些发现和其他研究者的发现，为长久以来的猜想提供了实验证据——在得到和未得到充分触摸刺激的人类之间是否存在显著的生理差异？该猜想很可能适用于人的一生：无论在什么年龄，不被爱的人与被爱的人的身体之间可能存在非常明显的生化差异。长久以来，某种形式上的"无法成长或茁壮成长"会以不同程度的智力发育迟缓作为判断依据，被诊断为脑垂体激素分泌不足所致，尤其是生长激素分泌不足。直到人们发现脑垂体激素分泌不足，即所谓的特发性垂体功能减退症及其症状，实际上是缺失父爱或母爱所致，尤其是母爱。这种情况现在被称为"心理社会性侏儒症"、"母爱剥夺性侏儒症"或"可逆性垂体功能减退症"。

　　1951 年，剑桥大学的埃尔西·M. 威多森（Elsie M. Widdowson）博士首次提出，不愉快的环境会影响儿童生长。这种影响会体现在儿童的体重和身高上。该研究对比了被严厉的、拿着铁棒的孤儿院女院长管束的孤儿和临近的一家孤儿院里由一位真心关爱儿童的女性照顾的孤儿。

　　约翰斯·霍普金斯大学医学院儿科系的 G. F. 鲍威尔（G. F. Powell）博士、J. A. 布拉塞尔（J. A. Brasel）博士和 R. M. 布利扎德（R. M. Blizzard）博士率先认识到，所谓的特发性垂体功能减退症并非垂体功能失调导致，而是不良的社会心理条件所致。他们研究了 13 名家庭背景不尽如人意的儿童，发现其古怪的行为举止、语言缺陷、智力发育迟缓、体重和身高下降以及内分泌和生理缺陷都与不良的环境有关。

　　在另一个典型的案例中，一对异卵双胞胎中的女孩在 7 岁时开始出现严重的发育迟缓。进入学校后，她的情况开始恢复。直到 13 岁时，其生理、心理和社会性发展等各方面已经恢复到与她的异卵双胞胎兄弟一样的程度。回顾童年，研究者发现，她曾经不断地被家庭孤立，她的父母不喜欢她，认为她很难相处，并且相信她有永久性的生理和精神上的发展迟缓，关于她"吃东西很快，而且不喜欢拥抱"的评价也非常具有代表性。普遍来说，不被爱的孩子倾向于用吃来代替他们缺失的爱，并且会因为不习惯被拥抱而对此感到尴尬，以至于不知所措。最后这一发现来自我的观察，而非论文的作者。

　　玛格丽特·里布尔（Margaret Ribble）、雷内·施皮茨（Rene Spitz）、安娜·弗洛伊德和多萝西·伯林汉姆（Dorothy Burlingham）、威廉·戈德法布（William Goldfarb）、阿什利·蒙塔古（Ashley Montagu）、约翰·鲍尔比（John Bowlby）、詹姆斯·罗伯逊（James Robertson）等在 1943—1957 年间出版的关于失散儿童的经典著作中都提到，母爱剥夺带来的不良影响是值得注意的。尽管这些研究大多没有提及触摸，但能从中清楚地认识到，缺乏与母亲的接触是造成儿童不良影响的一个主要因素。*

---

* 这些作品的清单见参考文献。

第 6 章

皮肤与性

> 触觉——源自神明的神圣力量！
> 它是身体的感知，
> 无论是由外物触及身体，
> 还是从身体中生发内在感受，
> 无论是带来伤害还是欢愉，
> 皆是维纳斯衍生之力的表演。
> ——卢克莱修（Lucretius，公元前96—公元前53年），
> 《物性论》（De Rerum Natura），第2卷，第434页。

性的真谛并非言语所能尽述。人类的语言与想象，远远不足以表达我们内心深处复杂而细腻的感受。若我们无法确认，通过触摸，我们能够与彼此分享生命的美好，那么我们的恐惧和不安便会束缚住"非言语交流"所能带来的丰富体验。对多数人而言，性表达的强大力量仍在探索之中。

正如前文提及的那位法国智者所言，"性"乃是两颗心灵、两片肌肤之间的和谐共鸣。此言精妙地强调了一个基本事实：在性爱中，皮肤扮演着至关重要的角色。实际上，没有哪种关系能像性爱那样，如此全面地依赖皮肤

的参与。性爱堪称最高形式的触摸。从最深刻的意义上说，触摸是性的真正语言。在性交过程中，男女双方通过皮肤刺激达到高潮（男性主要是通过阴茎上的感觉受体，女性则主要通过阴道内部及周围皮肤的感觉受体）。不论男女，耻骨及其上方被毛发覆盖的区域都极为敏感，女性的阴阜区域敏感度尤甚于男性。值得一提的是，女性耻骨弓上的毛发呈卷曲状，形同柔软的垫子；相比之下，男性的毛发则较为直长。此外，女性阴阜部位的脂肪层通常较男性更为丰厚。这些男女性的生理的不同，可能是为适应性交中男性俯趴于女性身体上方这一体式。

这些生理结构的设计给人提供了几种功能。对男女双方而言，它们可以有效地防止皮肤的擦伤或瘀伤，减轻耻骨所承受的压力，同时增强性爱过程中的兴奋感。刺激到达耻骨上方的毛发根部时，会引发神经末梢中化学传递物质的改变，这些变化与直接作用于皮肤的神经末梢相互作用，提升了性兴奋的程度。会阴区域——从外生殖器基部延伸至肛门并包含肛门在内的区域——布满了高度敏感的毛发和感觉神经。实际上，无论男女，其肛门和生殖器区域均拥有全身最密集、最敏感的触觉神经支配的毛囊。无论是男性的乳头还是女性的乳头，乃至双唇，都是极其敏感的。刺激乳头能够激发性兴奋。不论女性（无论是否处于孕期）还是男性，在接受刺激后都会导致脑下垂体激素——催乳素的显著分泌，这种激素负责维持乳汁分泌并抑制排卵。嘴唇和外生殖器上分布着凹圆盘状的感觉神经末梢，每个末梢都与单个增大的上皮细胞接触。这类神经末梢在毛发覆盖区域相对较少。对于女性而言，刺激阴阜能够引发高潮。然而，对男性来说，仅通过刺激耻骨上方区域很难达到同样的效果。因此，女性可以不需直接刺激阴道便能自慰，而男性则通常需要直接刺激阴茎才能达到自慰的目的。

对男性和女性来说，触觉刺激是最能引发性唤起的方式。在性前戏及性爱过程中，通过手和嘴对性敏感区域的刺激极大地增强了性体验。稍微思考一下就会发现，这种性体验可能与我们在母亲怀抱中曾经体验过或未曾体验过的感觉有着千丝万缕的联系。婴儿会用手探索自己的身体，这一行为本身就带有某种性意味。有趣的是，手指本身就是有性意味的，两个相互吸引的人只需通过互相轻抚指尖就能感受到性唤起。在性爱过程中，呼吸会加深，血液中的二氧化碳含量降低，随之而来的是体液中的离子平衡发生变化，这

触摸的力量

使得神经的兴奋性阈值提高，表现为指尖等部位的皮肤产生酥麻感。

我们不禁要问：那些从小得到母亲充分照料的人与那些未能得到母亲充分照料的人，在面对亲密关系、爱抚及性行为时，他们对皮肤刺激的反应会有何不同呢？答案是，如今已有大量研究证据表明，那些从小得到母亲充分照料的人相比那些没有得到过母亲充分照料的人在所有的触觉互动中往往表现得更为自如。回想哈洛的实验，缺乏母爱的雌性动物从未展现出正常雌性所应有的行为姿态和反应。"她们得以受孕，不是因为自己的主动求偶，而是得益于雄性动物的耐心、执着与敏锐。"显然，充分的母爱对于培养健康的性行为模式至关重要。在这里，"充分的母爱"指的是：日常生活中频繁而复杂的皮肤接触，激活了婴儿的触觉反应系统，帮助他们在早期生活经历中建立起一套处理各种情境的触觉反应机制。这似乎同样适用于性行为领域。就像一个人学习自己的性别角色一样，每一次成功的尝试或失败的经历，都通过皮肤反馈的信息塑造了他的行为模式。

雷诺·史必兹（René Spitz）在其拍摄的一部关于哺乳的影片中，展示了母亲如何在哺乳过程中与婴儿沟通，进行一种至关重要的性启蒙教育。这一点在以下几方面体现得尤为明显：母亲如何温柔地将乳房给予婴儿；她与孩子之间亲密接触的质量和数量；在哺乳及其他照顾婴儿的过程中，是否存在烦躁、冷淡或恼怒的情绪。这些因素共同构建了婴儿在语言能力发展之前的性启蒙阶段。哺乳的母亲经常形容哺乳是一种"性感"的体验，而这种"性感"特质的体验可能会对孩子未来的性发展产生深远的影响。

"在生命的起始阶段"，安娜·弗洛伊德写道：

> 通过温柔的抚摸、拥抱和安抚式的触碰，为婴儿的身体各部位注入的性能量，有助于婴儿构建健全的身体意象和身体自我，促使他全身心投入自我的性自恋。同时，借助母亲与婴儿间的深层次的情感联结，推动婴儿对其他客体的爱意发展。毋庸置疑，在这一阶段，皮肤作为性敏感区域，对于孩子的成长具有多方面的意义。

母亲的拥抱和温柔的搂抱在孩子后续的性发展进程中扮演着至关重要的角色。一个充满爱的母亲会给予孩子温暖的怀抱。她将孩子紧紧地拥入怀中，给予其亲密的拥抱。无论是男孩还是女孩，经历过这种温情的孩子长大后往往会期待并乐于给予同样的体验。那些在童年时期缺乏足够拥抱与爱抚的孩子，在成长为青少年乃至成年人后，可能承受内心的痛苦，并强烈渴望得到这种关爱。范德比尔特大学医学院精神病学系的马克·H. 荷伦德（H. Hollender）博士曾报告了一项研究，该研究探讨了身体接触的必要性，其中涉及对39位患有相对急性心理障碍的女性患者进行分析，最常见的诊断是抑郁性神经症。在这项广泛的研究中，马克·H. 荷伦德博士和他的同事发现，对拥抱和温柔搂抱的需求如同其他需求一样，因人而异，且在同一人的不同阶段也会有所变化。对于大多数女性而言，身体接触是令人愉悦的，但并非不可或缺。然而，研究揭示了两种极端情况：一种是有些女性觉得身体接触令其不悦甚至反感；另一种是有些女性对身体接触形成了依赖。

对于身体接触的需求，类似于对口腔满足的需求，在面临压力时会显得更为强烈。口腔的渴望可以自行缓解，比如通过进食、吸烟或饮酒等，而身体接触的渴望则不然，它需要另一人的参与才能得到满足。

在这39名女性患者中，超过半数（21名）的患者曾试图通过性行为吸引男性以获得拥抱；有26名曾主动表达希望被拥抱的意愿；有9名明确要求拥抱，而没有将性作为交换条件；另有4名虽利用性吸引对方，但并未直接提出拥抱的需求。

很明显，这些女性有时会通过性行为来换取拥抱。正如一位女性在描述自己对拥抱的渴望时所说："这是一种痛楚……并不是对某个不在身边之人的感情渴求，这是身体上的需要。"

荷伦德引用了一位曾经是性工作者的话："在某种程度上，我用性来换取拥抱。"布林德（Blinder）在一次关于抑郁障碍的研讨会上提出了"性作为一种换取身体接触手段"的观点。他提出："这些极度不幸福的人，他们的性经历似乎更多地是在寻求人际的联结，而不仅仅是肉体上的满足。"马姆奎斯特（Malmquist）及其同事在报道20名有多次未婚怀孕经历的女性时提道："其中有8名女性认识到，性行为对她们来说是获得拥抱所需付出的代价。这8名女性觉得，性前戏比性爱本身更能带来快感，性爱仅仅是可以忍受的事情。"其他研究人员也有相似的观察结果。

荷伦德及其同事指出，在成人的性爱中，渴望被拥抱和搂抱是普遍接受的。但如果希望像孩子在母亲怀中那样被拥抱，则会被视为过于幼稚。为了避免尴尬或羞耻，女性会将其作为成人亲密行为的一部分而转化为渴望被男性拥抱。

如果有人询问这些女性患者为何不愿被女性朋友拥抱，答案在于：尽管她们确实曾尝试说服女性朋友给予拥抱，可一旦目的达成，她们很快会感到不适并渴望逃避，这种逃避反应在与男性拥抱时并未出现。这些女性中的大多数都会将拥抱的渴望与成人性行为相联系，以此避免与同性恋行为混淆。显然，无论如何，她们都不愿被误认为是女同性恋者。其中一位女性透露，当她被一个女人拥抱时，她会脸颊泛红，她担心别人看见会认为她是同性恋。另一位女性说："我不要任何女人触摸我，这会让我想起同性恋。"

荷伦德及其同事认为，对某些女性而言，拥抱和温柔的搂抱需求是促成滥交行为的关键因素。这或许是因为这些女性内心深处有种强烈的、无意识的渴望，希望由象征母亲的女性给予拥抱。一旦这种需求被抑制，将会促使她们在异性恋关系中寻求身体接触，将她们不那么介意的性行为作为给予男性的回报；而她们避免与其他女性有过多的身体亲密接触行为，生怕自己的真实动机被他人察觉，甚至被自己所知——女性在被女性拥抱时会脸红，可能就是这一"象征"的体现。这项研究中的某些女性甚至会对与丈夫或其他人的性行为极度反感，以至于她们宁愿放弃被拥抱的强烈愿望。

这些成年女性对拥抱和温柔搂抱的渴望，是她们对婴儿和儿童时期未能得到满足的需求的回应。这一点在某些案例中表现得尤为明显，一些年轻女性希望从父亲那里获得在母亲那里未曾得到的温暖和呵护。于是，她们转向父亲，将其视为母亲的替代品。性爱成了这些女性满足母爱渴望的一种途径。对她们而言，有一个非言语的信息：被拥抱即意味着被爱。荷伦德认为，拥抱的愿望越是强烈，也就越有可能是源于对婴儿期安全感的追求和条件反射。

在后续的研究中，最初参与首项调查的39名女性样本扩展至112名，这些女性的年龄介于18岁和59岁之间。研究人员收集了她们渴望拥抱的信息，以及这些需求与行为模式和主观感受之间的关联。研究显示，强烈的拥抱愿望和轻微的搂抱愿望与个体情感表达的开放性密切相关。这些女性对语言沟通非常感兴趣，对性的态度比较积极，能够自由地体验和表达敌意，饮酒后的反应友好且温和，对其他形式的身体接触（如社交舞蹈）持肯定态度，对其他触觉体验感到愉悦。

在关于怀孕期间拥抱需求的研究中，荷伦德和麦吉（McGhee）发现受访者的可变性十分引人注目。在很多情况下，女性在孕期时，拥抱需求会显著增长，这与她们寻求安慰和安全感紧密相关。对于一些女性而言，当她们感到自己身体不再吸引人时，会主动减少拥抱需求。研究人员认为，这些女性可能真正地减少了拥抱需求，或可能反映了其潜意识的反应：要么是无法接受自己的愿望，要么是预感愿望难以实现。这种情况可能尤其发生在没有稳定伴侣或自感魅力不足的女性身上，拥抱的愿望可能在尚未进入意识层面时就被抑制或否定了。

不同性别的人在拥抱和对拥抱的渴望上是否存在差异？荷伦德和墨瑟（Mercer）对此进行了探究。研究对象包括30名男性和45名女性，年龄跨度从18岁到54岁，他们或是来自两家小型精神病院的住院患者，或是同一医疗机构的门诊患者。研究揭示，相当一部分男性渴望拥抱，其中一些人拥抱时并不伴有性欲；另一些人则觉得拥抱他人比被拥抱更显得有男子汉气概。很明显，男性能够承认他们渴望拥抱，但这种需求的强烈程度要么不如女性，要么即便强烈，也未被充分报告。

少女青春期过早怀孕，成为社会关注的焦点

在美国，每年都有超过一百万名的少女怀孕。特别令人忧虑的是，15岁以下少女的怀孕率攀升最快，而这些女孩在生理、社会和心理上均未准备好承担母亲的职责。针对少女怀孕现象的持续加剧，人们给出了各种各样的解释。毋庸置疑，背后的原因错综复杂，各不相同。但是鲜有人提及，童年后期缺乏愉悦的触觉体验可能是其中一个重要因素。

伊丽莎白·麦卡纳米（Elizabeth McAnarney）博士长期致力于关于怀孕少女的工作。她提出一个问题：10~14岁少女的性行为是否体现了"非性欲驱动"的性行为，以及过早涉足性行为的青少年是否在寻求来自他人的亲密与拥抱，而非纯粹的性快感？她观察到，青少年对触摸的渴望增强时，尽管并非完全被压制，但很大程度上还是受到了抑制。这样的青少年可能利用他

触摸的力量

们新觉醒的性能力，通过性行为来满足触摸和被拥抱的渴望。

麦卡纳米博士写道：

> 当青春期性冲动显现时……青少年开始意识到，异性父母不可能成为他们成年后的爱情伴侣。此外，乱伦禁忌阻止青少年与异性父母在情感和身体上过度亲密。理论上，青少年与异性父母之间的情感疏远，加上乱伦禁忌，可能是导致青少年与父母之间缺乏身体接触的主要原因。

安·兰德斯（Ann Landers）的报纸专栏拥有约7 000万来自各行各业的忠实读者，她向读者发问：你是否愿意仅仅享受深情的拥抱和温柔的对待，而不需要性行为？请回答"是"或"否"。仅仅在4天内，她就收到了超过10万份回复。在受访者中，72%的人回答"是"，他们愿意接受深情的拥抱和温柔的对待，不寻求性行为。在这72%的受访者中，有40%的人年龄小于40岁。

安·兰德斯从调查中得出结论，近三分之二回答"是"的女性表示，她们更渴望被尊重和关怀，认为温柔的话语和爱的拥抱比一个沉默、机械、自私的男性所带来的高潮更有价值。

为了探究文化差异如何影响女性对拥抱的渴望，黄（L. T. Huang）博士、费尔斯（R. Phares）博士和荷伦德博士在马来西亚吉隆坡对五组亚洲女性进行了调查。总计有190名女性参与了调查，其中包括：

> 24名接受过中文教育的中国人，65名接受过英文教育的中国人，25名接受过马来语教育的马来西亚人，34名接受过英文教育的马来西亚人，42名接受过英文教育的印度人。

所有的受试者均已婚，年龄大多在二三十岁。调查的结果令人惊讶：接受过中文教育的中国女性表现出较低的拥抱愿望，并倾向于将其视为需要保密的事情；与此相反，接受过英文教育的中国女性更愿意拥抱他人，并且不太倾向于对这种愿望保密；英文教育对马来西亚女性的影响则有所不同，接受过马来语教育的马来女性比接受过英语教育的马来西亚女性更愿意承认她们希望被拥抱的需求。这些发现似乎表明，接受过马来语教育的人在表达感官感受和享受性爱方面享有相对较大的自由度。研究者认为，他们的研究结果表明，文化因素和心理因素对于拥抱的愿望有着深远的影响。他们补充说，这种影响与文化对性反应的影响类似。

洛温（Lowen）记录了一些案例，其中涉及一些妇女在婴儿时期缺乏触觉刺激，成年后持续试图通过性行为与自己的身体建立联系。洛温写道："这种强迫式的行为可能会让人误以为这些女性性欲旺盛。实际上，她们缺乏性能力，她们只是通过这种方式寻求情色刺激，而非真正的性满足与性兴奋。这样的性行为无法带给她们高潮的快感，只会让她们空虚与失落。"

这些观点十分重要，它们促使人们关注一个事实：在西方世界，性行为很可能实际上是对性的狂热追求，这种追求已成为西方文化的一个特征。在很多情况下，这根本不是性兴趣的表达，而是为了满足与他人亲密接触的需求。正如洛温所说："如果一个人的自我没有植根于身体感受的真实之中，就会变得绝望。"

很重要的是，放眼这个世界，触摸和性有很相似的特征。在英语世界的特殊情况下，如同布鲁斯·马力文（Bruce Maliver）所说，大多数美国人无法将触摸视为友好和情感的表达，他们把成人之间的肢体接触当成了性的前奏，于是，身体接触就因性禁忌而被限制。性兴趣的暗示很容易通过触摸手或四肢，或通过轻轻地按压手、手臂或肩膀来传递。不用性交，每个人都可以借由一双有爱的手所带来的温柔抚触令对方达到高潮。性爱的完整意思应当是两个人之间的交流，性器官的交合只是其中一部分，但不应被当成全部。缺乏触觉交流（身体感受和非口头的表达）的性爱是不完整的。

严格地说，正如弗洛伊德所指出的，整个身体都是性欲区。又如同费尼歇尔（Fenichel）所指出的，触摸引发的性冲动可类比于视觉带来的性冲动（窥视癖），两者都是在特定情况下由感官刺激引发的。从生殖器发育前的口欲和肛欲的满足，到以生殖器为主导的满足，此时性兴奋变成以生殖器为导向，支配着生殖器之外的性敏感带。感官的刺激通常是"性兴奋的煽动者，并且在前戏中扮演着相应的作用。如果它们在童年时期被拒之门外，使人感受着孤单，那么性的整合就会被干扰"。

在那本令人钦佩的著作《我们的身体，我们自己》（*Our bodies, Our Selves*）中关于性的章节里，作者引述一位团体中女性的陈述：她虽然不想要性爱，却希望在身体上靠近他人，被拥抱、被触摸，这样她能感受到"我们是在一起的"。

被拥抱的需求可以是与性完全不同的体验，然而，它几乎总是性需求的一个主要组成部分，而且正如我们已经看到的那样，在很多情况下，它可能更加让人难以抗拒。如上面提到的作者所说："从我们出生的那一刻起，我们就开始通过触摸和探索自己的身体来让自己感到舒适。其中的一些体验显然是性的体验。"在生命中，我们与一个选定的对象一起去追寻的"再次体验"，正是这些早期的触觉体验以及这些体验所给予的愉悦感。

已故流行歌手詹妮斯·乔普林（Janis Joplin）就是通过性寻求身体接触以获得爱的保证并缓解焦虑的一个悲惨例子。麦拉·弗里德曼（Myra Friedman）在她的歌手传记中讲述了这一切。

> 詹妮斯的呼吸、思考、感觉和行动几乎处于原始水平。即使到了二十多岁的年纪，她仍然像一个受伤的、乞怜的孩子，她想要在拥抱中获得完整的爱。在某种程度上，性成了她所追求的东西的有效同义词。成年人都知道这并不是爱：没有分享，没有兴趣，没有承诺，没有给予，什么都没有。但对她来说，这确实是爱。在对情感的渴望中，她几乎失控了。婴儿时期未被满足的渴望令她不断地寻求身体的接触，而这种求而不得的挫败感给她带来了难以忍受的焦虑。从这个意义上说，性成了一种缓解手段，是对无法承受的紧张情绪的一种逃避，因此性放纵对她来说变得过度重要。

在荷伦德和洛温所研究的女性中，被拥抱的需求几乎可以肯定是被回避了，因此她们在孤立之中承受压抑，与她们被阻断的、未整合的性需求分离了。性发展之前对被拥抱和轻搂的需求似乎是她们唯一真正的需求，她们需要用这样的方式感受到被爱。在其他的观察变量中，母亲的行为和孩子日后的行为之间呈现了高度的相关性，父母早期养育的失败和孩子日后对拥抱的渴望呈现出因果关系。

尤尔根·鲁施（Jurgen Ruesch）写道：

> 我们知道为了确保健康的发展，任何人都必须在恰当的时间，以恰当的量，获得恰当的刺激。对儿童来说，尤其如此。婴儿向父母发出的原始信号——如"我冷了""我湿了""我累了""我吃饱了"——如果

没有得到足量的回应，婴儿会建立异常的反应回路。性质上不恰当的回应同样会产生干扰。在婴儿口渴时提供食物，在婴儿太冷时提供液体，都是简单易懂的"性质上不恰当"的例子。

荷伦德所研究的女性中，被拥抱的需求和对性满足的需求这两者的分离可以解释为［早在1898年由阿尔伯特·莫尔（Albert Moll）所论］性冲动由两部分组成：一是身体和精神上与另一个人的亲密感，性行为的前戏冲动（"去触摸"，"去想要"）；二是消退冲动。莫尔说得很清楚，每一种冲动起初都是完全独立于另一种冲动的，就像我们观察到一些儿童有很好的触觉发展，但在其充分发育前并不会产生与他人之间的性冲动。不充分的触觉体验，会导致性前戏行为发展的失败，个体会固化对这部分满足失败的模式，从而将消退期的需求的发展也排除在外。

触摸与沟通

有人认为，归根结底，每一个悲剧都是沟通失败的结果。如果儿童无法接受充分的皮肤刺激，他们将会遭遇作为一个人的整体发展的失败，以及体验爱的沟通的失败。被触摸，被爱抚，被抱起，被搂进怀中，被充满爱意的话语围绕，这样一来，孩子便学会了触摸、爱抚、搂抱、安抚、轻声细语、去爱另一个人。从这个意义上说，从"性"这个词最健康的意义来看，爱是性的表达。它意味着参与、关心、责任、温柔，以及对他人的需求、情感和脆弱性的觉察。所有这些都是在婴儿生命的最初几个月通过皮肤传达给他的，然后通过婴儿发展中的饮食、声音和视觉提示来逐渐强化。毋庸置疑，婴儿对世界现实的认识是通过皮肤接触获得的。如果婴儿要茁壮成长，他通过皮肤器官输入的信息必须是安全、可靠和愉悦的，甚至在食物摄取上也是如此。正如布罗迪（Brody）在她关于母亲的研究中所表明的那样："除非在身体安全和舒适的条件下，否则婴儿无论多么饥饿，似乎都不喜欢被动地喂养。"

我们掌握的证据强有力地表明，婴儿时期皮肤接触不足，很可能会影响

触摸的力量

其日后性功能的发展。

弗洛伊德把皮肤看作一个性欲区，它分为感官器官，以及特殊的性敏感区（例如肛门、口腔），生殖器属于性敏感区。劳伦斯·弗兰克观察到，他所说的婴儿性欲看起来似乎主要是触觉的。随着儿童的成长和成熟，这种触觉的敏感性逐渐转化为人际关系、自慰行为，最后转化为性行为。令人遗憾的是，有些人认为弗洛伊德过分强调了皮肤的性敏感作用，把皮肤的意义局限在了性发展中。这种从情欲的角度来看待皮肤的方式阻碍了人们在其他行为特征中扩展对皮肤所扮演角色的理解。

在这一领域，假装我们懂得很多，无异于掩耳盗铃的愚蠢行为。尽管成千上万的书籍和文章已经讨论了性的几乎每个方面，但生命早期皮肤被抚摸和照料的经验在很大程度上被忽视了。布罗迪提出了这样一个问题，即早期的皮肤和肌肉性欲没有得到应有的承认，它在生命的最初几个月里口腔性欲和感觉的满足中是否发挥了作用。答案是肯定的。因此，我们很大程度上是依赖于猜想和推论，而不是建立在坚实的研究基础之上。

男性拥有突出的生殖器、阴茎、阴囊、生殖腺，男性的生殖器比女性更加显化，这样的结构令母亲、他们自己和其他人在照顾他们时更加容易。或许正因如此，在各种文化背景下，男孩比女孩更多地受到生殖器的刺激。这种性生理解剖的不同，也许至少部分地解释了为什么男性比女性更频繁地通过皮肤刺激来自慰。母亲或其他人对男孩外生殖器的早期刺激，可能会对男孩以后的行为发展产生各种影响。

劳伦斯·弗兰克写道：

> 这是值得注意的，在我们关于儿童个性发展和性的讨论中，很少提及婴儿的触觉经验。就像所有幼年的哺乳动物，被舔、被咬、被拥抱，需要时常靠近母亲，人类婴儿显然也有这种需求：需要亲密的身体接触，需要轻拍和爱抚，需要触觉的抚慰以使他平静下来，平复伤心、恐惧、愤怒，重回平衡。

这种触觉的敏感在生殖器上尤其显著。

> 婴儿的触觉，就像其他生理需求一样，是逐渐转化的。如同孩子接收到母亲的声音作为她情感的媒介，她令人安心的话语和语调给到孩子

的接触感，与亲密的肢体接触有同样的效果。又或者当母亲发出生气斥责的声音，就如同肢体上挨打一样，变成一种令孩子哭泣的惩罚。用恰当的语言和音调去爱抚孩子是表达亲密和关爱的主要方式。所有的身体接触都因情感而变得富有意义和色彩。

弗兰克接着指出，在潜伏期——从四五岁至12岁左右，这是对性的兴趣升华的时期，女孩们、男孩们会更少寻求和接受来自父母的触觉接触，其中男孩们更是如此。但青春期或青春期之后的触觉敏感度会比过往更加强烈。这个需求成为一个主要的客观需求，即去触摸和被触摸。这不仅是一个不具人格的感官刺激，而且是一种在寻求亲密、接纳、安全、舒适的过程中的象征性的满足。如果在童年早期没有获得肌肤接触的满足，则会继续拒绝这样的接触。

在更长远的发展中，我们需要触觉刺激。

……触摸成为性行为和性爱中的首要部分，个体在婴儿时期是否拥有充足的触觉接触会影响其在这个过程中的回应能力。生殖器皮肤触觉的敏感性在青春期会变得更为灵敏，男性的敏感区主要在生殖器，女性的敏感区如乳房、阴唇和阴蒂，则保留了更多来自婴儿时期的敏感。自体性行为成为替代性满足的方式，同时也为日后的性爱做了准备。

对不同的人来说，性或许有着各种各样的意义，它是一种无法被替代的语言通道，能够表达很多的意象：一种爱的交换，一种伤害或压榨他人的手段，一种防御方式，一种讨价还价的方式，一种自我否定或自我主张的方式，一种对男性特质或女性特质的肯定或拒绝，等等，更不用说性可能采取的异常或病态的表达方式，所有这些都或多或少地受到早期触觉经验的影响。

特别是在西方世界，我们中有很多人从小就被灌输感官享乐是不好的；更糟的是，人们相信身体的所有快乐都是错误的。因此，这样的愉悦被强烈地阻断了。婴儿的拇指从嘴里被拔出，如果婴儿继续吸吮手指则会受到惩罚，或者手臂被固定。其他不被支持和鼓励的行为还包括抚摸自己的生殖器或快乐地感受自己的身体。如盖·鲁斯（Gay Luce）曾经指出的，这是一个破坏性的信息，在表达：身体是有问题的，寻求愉悦感是有问题的。

触摸的力量

  这种破坏性不仅会影响孩子自我感觉的发展，而且父母的禁止和惩罚也会严重影响亲子感情，尤其是孩子对压抑型父母的感情。结果对两者都将是一个严重的且不必要的压制。

  如同洛温指出的，

> 母亲和孩子间肢体的亲密品质反映了母亲对于性和亲密的感受。如果母亲以厌恶的眼光看待性，身体的接触都会带着这份厌恶感。如果一个女人为自己的身体感到羞耻，她就不能优雅地给婴儿哺乳。如果她对自己的下半身感到排斥，就会在对待孩子身体的这一部位时感到厌恶。每次和孩子的接触都是一次机会，让孩子体验亲密中的乐趣，或让孩子被亲密中的羞耻和恐惧击退。当一位母亲害怕亲密时，孩子会感受到母亲在害怕并将其解释为拒绝。一个害怕亲密关系的女人的孩子会对自己的身体产生羞耻感。

  密歇根州立大学的安德鲁·巴克莱（Andrew Barclay）博士提请人们注意这样一个事实，即男孩和女孩在出生时的不同之处在于：（1）男孩比女孩的睁眼时间更长；（2）男孩动得更多；（3）女孩通常一被抱起就会停止哭泣。男孩在头6个月被抱得更多，这是因为他们在被抱起后通常不会立刻停止哭泣，于是与女孩相比，男孩有更长的时间被家长一边走一边晃着安抚。6个月以后，女孩被抱的时间更多，因为她们没有那么活跃，也更加享受被安静地抱着，而男孩则更抵触被抱着不动，更喜欢按自己的意愿来移动身体。这些差异或许可以解释为什么男性更容易因视觉刺激获得性唤起，而女性更容易通过触摸获得性唤起。巴克莱的结论是，男孩从需要被抱着到不那么需要被抱着，女孩从不那么需要被抱着到需要被抱着的转变，导致了性别角色的差异。

  埃里克森曾指出，在生命最初的6个月，孩子在学习信任和不信任，而在抚养男婴和女婴的过程中，对拥抱的不同需求可能会影响孩子对信任和不信任的学习，并且塑造性别角色。由于男孩在从更多拥抱到更少拥抱的需求转化过程中，得到的满足相对没那么充分，这使男性对他人相对没有那么信任。由于女性在婴儿时期被拥抱的需求相对多地被满足，因而她们也应该会对他人总体而言有更多的信任。日常的生活经验也证实了这一点。

西方世界的父母试图用这些迷思来培养他们的孩子：（1）"好男人不哭"；（2）"好女孩不那样做"。由于经常听到第一个迷思，男性学会了否认自己的情感，认为这是"长大"的象征。由于认同这个迷思，我们培养出的成人已经否认自己的情感太久了，他们不再知道自己在感受什么、他们是谁，因此也不确定自己应该要怎么做。这些人需要极端的刺激，比如露骨的性爱电影，或是"疯狂足球"，来真正感受到一些东西。

说服女孩相信"好女孩不那样做"就是训练她们否认自己的女性身份。"好"女孩不触摸自己，或者不让男孩触摸，等等。一些女性经过多年的努力来把自己从早期的教导中释放出来，而另一些人却从来没有这样做过。

任何身体上的爱抚和接触往往被误解为性。这本身很重要。事实上，触觉与性行为的发展紧密相连，性行为的发展总是伴随着个体触觉发展的特征。然而，在那些遭受触觉剥夺的人中，触觉中蕴含的性意味让他们感到困惑和焦虑。除非有特殊情况，这类人通常会避免触摸他人，或被他人触摸。

早期的触觉剥夺可能会导致一些替代触觉体验的行为，这些行为以自我操控的形式出现：自慰、吮吸脚趾、手指、拇指、拉或摸耳朵、鼻子、头发。有趣的是，总的来说，不识字的人反而能给自己的孩子提供足够的触觉刺激，因而他们的孩子吸吮手指或拇指的现象很少发生。例如，莫罗尼（Moloney）写道："我在非洲、大溪地及其周边岛屿、斐济群岛、加勒比海的岛屿、日本、墨西哥和冲绳的观察证实了这样一个事实：这些地区的大多数婴儿都是母乳喂养的，并且母亲将他们带在身边。我注意到，在这些地域几乎不存在婴儿吸吮大拇指的现象。"

莫罗尼认为，大拇指可以被视为母亲的替代品，就像精神分裂症患者常常在手指间滚动小纸丸一样。正如罗恩菲尔德（Lowenfeld）所说，手指的作用类似于触角和触须，它们探测周围的环境，以便进行后续的活动。

女人常抱怨男人在性前戏和性交过程中的笨拙、粗鲁和无能，抱怨男人缺乏前戏技巧和不理解前戏的意义。可以肯定的是，这很大程度上反映了这些男性在童年时期缺乏触觉体验。许多男人对女人和孩子的粗暴态度，再次证明了他们在生命早期没能获得充分的、良好的触觉体验。在婴儿时期被温柔抚摸与爱抚的人也会同样温柔地对待女人和孩子。"温柔"这个词，意味着柔软、细腻、关怀。大猩猩，这种温和的生物，是女性在描述普通男性的性前戏时最常被引用的动物。性爱似乎被认为是一种释放紧张的行为，而不是人类关系中一种深刻且有意义的交流行为。在它的许多要素中，性关系再现了慈爱的母亲与孩子的关系。正如劳伦斯·弗兰克所说：

> 无论是在前戏还是性交中，成年人性爱中的触觉交流被一些文化细致描绘并提炼为最令人惊叹的情爱模式：利用在身体诸多部位的触觉刺激来唤起性欲、延长时间、提升强度，并激起情感交流。运动和语言进一步强化并阐释了触觉交流。触觉刺激与性爱伴随的视觉、听觉、嗅觉、味觉和深层肌肉感知的刺激，共同提供了一种有机的人格关系，这可能是人类最强烈的体验之一。它被认为是一种美学的体验，因为它可能很少或完全没有工具性的、目的性的或认知性的因素，它让人或多或少地暂时失去了对时空的感知。但是作为有机体的人类的基本的性爱过程可以被转化为与一个特定对象的爱情关系，那么每一次的性行为都是在寻求与对方的交流。性不再是单纯为了生育，而是作为人与人沟通的"另一种语言"。触觉沟通很大程度上被听觉符号和视觉符号所掩盖和取代。在性爱中，触觉的功能以有机的强度得以恢复，前提是个体没有失去通过触觉体验与他人沟通的能力。

人们或许会问，如果男性因缺乏早期触觉体验而受到影响，那么女性又会受到什么影响呢？答案是：正如本章前面所讨论的那样，女性往往渴望被拥抱和搂抱。这些女性虽然渴望触觉上的满足，却可能会经历性冷淡的问题，她们可能会伪装出性兴奋来掩饰自己的性无感，或者变得过度热衷于性行为。需要再次强调的是，并非所有这些情况完全是由生命早期缺乏触觉体验导致的，而只能说这种缺乏可能在某种程度上促成了这些结果。

总的来说，女性常常抱怨男人缺乏温柔体贴的性行为。随着越来越多的母亲选择不进行母乳喂养，孩子们得到的触觉体验也在减少。这一趋势是否会加剧女性对于男性性行为的不满情绪呢？即便我们不能得出绝对的结论，但至少可以说，这种现象在某种程度上是有一定影响的。

很多母亲过早地拒绝儿子们的爱意，因为她们错误地认为如果不这样做，儿子们会变得过于依赖她们。许多父亲拒绝接受儿子们的拥抱，就像一位医生父亲曾经对我说过的那样："我不想让他变成那样的人（同性恋）。"

这种态度所反映出的无知是极具破坏力的，它会让一个男人无法通过触觉与他人建立联系。

儿童的触觉剥夺与过度自慰

在许多报告儿童早期过度自慰的案例中，可以很明显地看到婴儿期和儿童期的触觉剥夺与性之间的关系。如果孩子缺少温暖人心的触觉刺激，便会转向自己的身体来寻求满足。格伦·麦克雷（Glen McCray）博士在一份关于5个案例（其中包含4个女孩和1个男孩）的报告中，发现过度自慰可能是父母对孩子的情感疏离造成的，这种情感疏离有可能是客观发生了的，也有可能是臆想的。其他可能造成过度自慰的原因还包括：弟弟或妹妹的降生，父母一方在家庭中长期的缺席，因离婚或死亡而失去了父亲或母亲。在麦克雷博士所举的案例中，当父母态度有所转变并且重新建立恰当的触摸刺激后，每个孩子的过度自慰现象都会因此停止。能够协调自己的性感受的父母会遵从孩子们的身体接触需要，鼓励并给予孩子触摸、拥抱、轻拍，和他们摔跤玩闹，在游戏中接触彼此的身体。

触觉剥夺与暴力

在一个著名的实验中，哈洛等报告了5只成年雌性恒河猴的行为。这5只雌性恒河猴从未见过自己的亲生母亲。她们自己成为母亲时，则表现出一种彻底的绝望感——有2只对她们的幼崽毫不关心，另外3只则暴力对待她们的幼崽。幼崽试图通过一些行为引起雌性恒河猴的关注时，常常会招致她们的排斥和拒绝，以及其他粗暴的行为。哈洛等认为："由于这些雌性恒河猴自身缺失婴儿时期正常的肌肤亲密接触，因此她们无法与自己的婴儿建立起正常的、有肢体接触的关系。"这个观点是对这种行为过于简化的解释。他们认为："猴子的母爱是高度综合的整体的系统，而不是把一系列互不相关的部分拼凑在一起……它取决于整体的社会经验，而不是某一方面的经验。"触觉经验虽然基本，但它并不是动物和人类为了实现充分的社会发展所需的唯一经验。尽管如此，没有母亲的猴子与童年缺失母爱的女性，在对待自己孩子的态度与行为上有着惊人的相似之处。正如科罗拉多大学的勃兰特·F. 斯蒂尔（Brandt F. Steele）博士以及 C. B. 勃洛克（C. B. Pollock）博士在研究受虐儿童家庭的三代人时所发现的那样：这些受虐儿童的父母在童年时期缺乏身体上的情感交流，而且他们成年后的性生活也极为匮乏，母亲从未体验过性高潮，而父亲的性生活也不令人满意。

没有母亲的猴子成年后的行为，与那些在儿童时期曾被父母虐待的成年人遭受的不幸经历有着惊人的相似之处。詹姆斯·H. 普雷斯科特（James H. Prescott）博士是位于美国贝塞斯达的国家儿童健康和人类发展研究所的一位发育神经心理学家。他相信，人类暴力行为源于生命早期身体愉悦的缺乏。"最近的研究，"他写道，"支持这样一种观点，即身体愉悦感的剥夺是身体暴力形成的一个主要原因。性与暴力的关联为从身体愉悦剥夺的角度理解身体暴力提供了线索。"他接着指出，与暴力不同的是，人们在寻求感官愉悦上，总是乐此不疲地尝试新的形式，试图取代触摸带来的自然的感官愉悦。实验室研究使普雷斯科特博士确信，感官愉悦的剥夺是暴力的主要根源，它们之间存在着相互依存的关系：一个的存在会抑制另一个。当快乐呈现时，愤怒就无从生发。用电极刺激一个愤怒暴力的动物大脑的愉悦中心时它会平静下来。普雷斯科特博士认为，在发育过程中，某些感官体验会令人产生一种神经心理倾向：在日后的生命道路上，会选择暴力或愉悦的人生体验。普雷斯科特博士写道：

> 我确信心理学家称之为"母性社会"的剥夺会导致各种非正常的社交和情绪行为。这种剥夺包含了缺乏温柔的对待和爱的关怀，其根源在于一种独特的感官被剥夺、躯体感觉被剥夺（somatosensory deprivation）。"somato-"这个词来源于希腊语，意为"躯体的"，它涉及触觉受和身体动态，不同于视觉、听觉、嗅觉和味觉。我相信身体触觉的剥夺、肢体接触的剥夺及身体动态的剥夺是引起诸多情绪障碍的根本原因，这些情绪障碍包括抑郁、孤独症、多动症、性变态、滥用药物、暴力和攻击行为。

普雷斯科特博士可能对这种躯体感受被剥夺的影响的说法有点过头了，但大体上，他的方向是正确的。正如大量证据所证明的那样，这个问题值得被更多地关注。正如普雷斯科特博士所说，通过对青少年罪犯的大量研究发现，他们行为的背后往往伴随着童年家庭破裂、父母忽视或虐待的个人背景。

以几乎任何一个有暴力行为的人为例，如果去调查他小时候的经历，你可以非常有把握地预测他有一个缺爱的童年，童年时的他没有受到温柔、慈爱的照顾。* 然而，也应该清楚地说明，有许多有记录的案例表明确实有人虽然在婴儿时期遭遇爱的缺失，但日后却仍然在精神上相当健康。**

顺便指出，强奸犯大多是男性。与其说他们犯罪是出于对性的需要，不如说是出于对女性实施残暴行为的需要。除了其他原因外，孩子可能把触觉剥夺等同于母亲对他的排斥，这个早期经验会导致他在以后的生活中施加暴力于女性。女性遭受的来自男性压迫的背后也可能涉及类似的机制。

有证据表明，乱伦中的驱动力很少是对性的需求，而是对亲密、温暖和关怀的需求。

许多女性，尤其是工人阶层的女性，将被粗暴对待视为爱情的象征。例如，有一句广为人知的话，一位女性对她的情人说："如果你爱我们，就把我们扔掉。"在中世纪，鞭笞非常流行，其中蕴含明显的性因素。最初，教会支持鞭笞作为一种忏悔方式，但后来发现了其中涉及肉欲成分，便开始禁止这种行为。这种鞭笞行为的接受者非常渴望得到鞭子的"抚摸"，这可能表明中世纪的许多婴儿接收到的触觉刺激的数量和质量不够充分和精良。

扇孩子耳光，无论是出于管教还是其他任何原因，都会使孩子的皮肤变成一个痛苦的器官，而不是愉悦的器官。由于不难理解的原因，臀部成为打

---

* 更多细节的讨论请参考阿什利·蒙塔古的书：《人类发展的方向》（*The Direction of Human Development*，修订版，纽约：霍桑图书，1970 年）。

** 关于最引人注目的案例可参考阿什利·蒙塔古的《象人》（纽约：杜登出版社，1979 年）。也可参看 D. 贝尔斯和 S. J. 欧伯斯的文章《婴儿期极度剥夺对青少年精神结构的影响：一项关于自我发展的研究》，选自《儿童精神分析》第 5 卷（纽约：国际大学出版社，1950 年），第 212~235 页；A. M. 克拉克和 A. D. B. 克拉克的书《早期经验：神话和证据》（纽约：自由出版社，1976 年）。

触摸的力量

孩子的首选部位。这个区域与性器官相关联，与性功能相关的神经丛的部分感觉神经分布于此。因此，拍打臀部可能会使儿童产生明显的性感觉，包括性高潮。众所周知，孩子们有时会故意行为不端，以"获得"这种期望的"惩罚"，并在经历这种惩罚时假装很痛苦。

卢梭（Rousseau）提到，他10岁时，在被家庭女教师打屁股的过程中产生了性快感。家庭女教师经常把他平放在自己的膝盖上以方便体罚。他不仅没有对这种惩罚感到苦恼，反而十分兴奋。直到家庭女教师意识到了这一点，他的床才被搬出了她的房间。

无论特定的训诫者的人格中是否存在某种变态虐待的因素，在生命早期被打屁股所产生的疼痛和性快感之间的关联都可能造成永久性的病态。*这种障碍被称为性虐癖。性虐癖狂通过疼痛和残暴的行为引发性快感。它可能是主动的，也可能是被动的。性受虐癖者表现为在疼痛、恶心或被羞辱的过程中体验到性快感。而性施虐癖者则相反，他们将施加疼痛、不适、恐惧或羞辱他人作为性快感的源泉。

成人在惩罚孩子时采取的打屁股和扇耳光的方式至今仍然经常被社会所接受。但这种方式让孩子感到十分痛苦，剥夺了孩子与他人通过肌肤接触的正常交流；结果，他们可能会将自己的肌肤与他人肌肤的接触和恐惧及疼痛联系在一起，因此在日后会回避肌肤接触。

通常，咬、捏、挠、抓、抚——甚至强烈到带有痛感的程度，都会与正常的性行为混合在一起，让伴侣中的一方或者双方感觉很享受。在病理性性行为中，这样的行为会更激烈，皮肤成为性快感体验的主导因素。鞭答臀部和大腿是最常见的性癖，而且为了达到体验性快感的目的，各种能想到的鞭子都用上了。尤其在欧洲大陆，这些形式早已存在；在北美和南美，无疑也已经存在并将继续存在，在那里，有的人在寻求性满足的过程中，几乎被活活剥了皮。

"肮脏的老男人"这一称呼用于形容那些龌龊地捏女人屁股的人，这样的行为现在已被普遍视为性变态的一种表现，社会大众也已清楚认识到这是

---

* 对此的精彩讨论可参看 I. F. 奥利维亚的书《性的保健和病理学》（费城：利品考特，1965年），第63~67页。

一种令人反感的行为。有趣的是,有些女性对捏男性的臀部也表现出了浓厚的兴趣,以至于被捏男性身上常出现青紫的痕迹。在性唤起的过程中,皮肤的整个感官特质都会得到提升。通常情况下被认为是疼痛的感受,在这时往往会变成一种愉悦的体验。有的女性在性高潮时会因为疼痛而发出叫声,但同时也乐在其中。这种疼痛总是指向皮肤,并通过皮肤体验。另一些人则对所谓的"情咬"情有独钟。正如范·德维尔德(Van de Velde)所说:"女性显然比男性更热衷于'情咬'。"对于充满激情的女性而言,在男性的肩膀上留下一个有一点斜椭圆形的齿痕并不罕见。这种咬总是发生在性交过程中或性交后不久,而男性给予伴侣的咬通常比较温和、轻微,或者至少不那么明显。对于男性来说,"在女性手臂上留下的许多青紫痕迹或瘀伤可以视为男人进行过性行为的证据。"范·德维尔德认为,女性在性行为中热衷于咬人主要源自她们想要给予对方一个极其强烈的吻的愿望。这是一种希望在对方的皮肤上留下一个永久的记忆的愿望,是一种触觉上的强化。实际上,随着性爱游戏的逐渐激烈,主动方和被动方都会感受到双方爱抚和揉捏带来的强烈性快感。这种爱抚和揉捏持续不断,它可以是轻柔的、微妙的、温柔的或强烈的,但不会真正让人感到疼痛。在这里,正常与非正常的界限非常模糊,哈维洛克·艾利斯(Havelock Ellis)和其他人对此已经有深入的研究。

性异常个体以异乎寻常的频率遭受皮肤病态的经历表明,这不仅仅是一种离心的心身反应,而是一种向心、指向生命起源的影响。这一点可以从这些个体努力通过与母亲或代理母亲建立密切、可靠、被动的关系来解决他们的性冲突得到证实。可以推测,这些个体在生命的早期未能获得足够的母爱,特别是充分的肌肤交流。

前文提到的窥视癖是由视觉带来的快感,它可能会成为一种病态:窥阴癖。窥阴癖可能只限于窥视他人的生殖器,也可能延伸至恶心的事,如窥视他人排泄。又或者,它会不以性作为目的,而是取代性,例如暴露癖。

在生命的第一年里,看东西、触摸东西、把东西放进嘴里是相互关联的行为。看与触摸之间的联系尤其紧密。排尿与排便应该是令人愉悦、舒缓且温暖的体验。如果口腔的需求得不到满足,人就会变得贪婪、饥渴,甚至带有攻击性,并因此产生敌意和恐惧,那么视觉功能可能会表现出类似的强迫性和吞噬性特征,进而激活一系列复杂的抑制机制。在这种情况下,口腔、

触摸的力量

肛门、触觉和视觉的功能无法和谐地整合在一起，变得混乱且失调。因此，在窥视癖中，视觉取代了正常的性器官活动；触摸也会以一种不正常的方式呈现，如捏、抓、咬（该过程中可能伴随也可能不伴随疼痛的欲望）或暴露癖。在暴露癖中，女性通常不会直接暴露生殖器区域，而是会暴露乳房或臀部。当然，女性暴露乳房的做法自古以来就已经存在。在古代的克里特岛，公众普遍接受乳房的暴露；而在西方世界的不同历史时期，时尚设计也试图吸引人们对乳房和臀部的关注。但最激进的做法出现在20世纪60年代，那时迷你裙的设计试图将人们的注意力引向外生殖器区域。而袒胸的裙装在当时还没有成为时尚，透视衬衫也还未广泛流行。

然而，这些现象在任何意义上都不能作为性障碍的病理学证据，它们实际上证明的是对爱的需求的表达；既然爱和性在西方世界被认为是一体的，性吸引力就成了实现"爱"的一种手段。在此方式中，爱被定义为是"肤浅的"——女性暴露的皮肤越多，她就越迷人。这种窥视癖在西方男性中变得很正常，他们认为一个女性如果拥有优美的曲线，就像植物的趋光性一样，人们也会被她吸引。于是，身体的裸露被刻意强调。在这种情况下，与其说是皮肤，不如说是性。然而，真正的暴露癖者可能对于裸露身体这件事极端拘谨，他们可能从不允许自己或妻子看到其他人的裸体。众所周知，这种清教徒式的态度是暴露癖家庭的特征。在这些家庭中，皮肤触摸及其相关的剥夺将会在整个童年期间持续存在。

脱衣舞女的动机似乎证实了我们的观点。斯基珀（Skipper）和麦克凯西（McCathy）研究了35名脱衣舞女，发现大约60%的脱衣舞女来自破裂和不稳定的家庭，在这些家庭中，父亲在某种程度上是不称职的。由于缺乏来自父亲的有效回应，这些女孩不得不寻求情感替代。脱衣舞女裸露自己的身体，可能仅仅为了得到她们的父亲未曾给予她们的关注和关爱。在这项研究中的脱衣舞女中有50%~75%是女同性恋者。这一事实进一步证实了这样一种观点，即脱衣舞女仍然保留着童年时期来自父亲的排斥感。

安纳托尔·布罗雅德（Anatole Broyard）在他对一本关于父亲的书的评论中捕捉到了这场悲剧的辛酸。他写道："如果父亲能回归本位，情况也许会有所不同：在一家肮脏的剧院或夜总会，当乐队带着浓厚口音演奏《爱你爱到肌肤之下》（*I've Got You Under My Skin*）这首歌时，一名年轻女子面无表情，正一丝不挂地站在那里。这时一名中年男子跑上舞台，帮她穿上衣服。"

好的触摸与不良触摸：界定父母与子女间的适当身体接触

1984年，位于华盛顿的美国国家应对虐待儿童事务中心报告称，在过去一年里有超过100万名儿童遭受虐待。据估计，至少有30%的女孩和10%的男孩在18岁之前曾遭受过性骚扰。媒体上几乎每天都有关于儿童性虐待的报道，这让许多父母感到担忧，他们可能在爱抚孩子时做了不当的事情，也许他们不应该拥抱、亲吻或以其他方式触摸孩子。

在一个充满爱、性、感情和触摸的社会里，这种担忧是可以理解的。但真正有爱心的父母不会害怕，他们会大胆地表达对孩子的爱。然而，父母应该避开性敏感部位，这些敏感部位包括嘴唇、乳头、外生殖器和臀部（嘴唇也要避开，因为嘴唇不仅是性敏感地带，而且接吻很容易传播疾病）。在洗澡时，这些区域不应成为关注的焦点。

在前工业化社会，即所谓的"原始社会"，这种建议会被认为是荒谬可笑的，因为在此时期人们不像所谓的"文明"社会那样对这些问题感到困惑。西方世界的每个人都明白，只要能避免性暗示，触摸在社会上是被允许的。如果父母和其他人能记住这一点，就没有什么可害怕的了。父母和孩子睡在一起或和他们一起洗澡也是可以的，任何行为的正确与否取决于父母的动机以及孩子对他们的看法。

触觉的性别差异：从出生到成年的感知与行为差异

触觉敏感度的性别差异在婴儿出生后即显现出来，女孩比男孩对触摸和疼痛的感知阈值更低，这种差异会贯穿人的一生。在各个年龄段，女性对触

触摸的力量

觉刺激的反应都比男性更加灵敏，她们比男性更依赖触摸来唤起性欲，而男性则更依赖于视觉刺激。这个差异应当至少有一部分是来自基因的，但文化因素无疑也在两性不同的触觉敏感度发展中发挥了作用。

男孩对于谈话和触摸的反应通常比女孩少，因此，父母可能会发现女孩对谈话和触摸的回应更加积极。出生几个月后，女孩就会比男孩对面孔表现出更大的兴趣。俄勒冈大学的贝弗莉·法戈（Beverly Fagot）研究了幼儿玩耍的性别差异，并将其与父母的行为联系起来。她发现，父母都喜欢与孩子一起玩耍，但矛盾的是，他们也更多地让男孩独自玩耍。男孩经常独自玩耍，这可能导致男孩比女孩更加独立。

触觉刺激对女性来说比对男性更加富有意义。如弗里茨·卡恩（Fritz Kahn）所说，身体接触对女性来说是一种非常亲密的行为，同时也是一种意义深远的让步。因此，一个拒绝与男性建立更亲密关系的女性，如果他违背她的意愿碰了她，她会愤怒地用一句令人沮丧的话来拒绝他："你竟敢碰我！"

女性触觉的独特品质很早之前就有口语的表述，例如这一个意味深长的词：女性化的触摸。

另一个存在性别差异的性偏好现象是性欲倒错。性欲倒错是通过对一些不可接受的刺激的偏执反应达到性高潮，更多地表现在男性身上，例如恋尸（被尸体吸引）、恋露阴（暴露生殖器）、恋粪便（被粪便唤起性冲动）、恋受虐（因疼痛而获得快感）、恋尿（由被尿淋到身上而唤起性冲动）、恋叙事（通过听色情故事性唤起）、恋淫秽品（通过图片引起性兴奋）、恋秽语（通过听脏话性唤起）、恋兽（通过动物性唤起）、恋窥淫（通过偷窥性唤起）、恋施虐（通过施加疼痛和惩罚性唤起）、恋摩擦（通过摩擦其他人获得高潮，通常是在拥挤的人群之中）。这些性反常更多地出现在男性之中。性反常不仅在女性中很少见，而且几乎完全局限于触摸：同性恋者对另一个女人的感觉和触摸，或者恋兽癖者对宠物的感觉和触摸。偷情、孕期替代品（如盗窃癖）可能成为女性产生性冲动的刺激，然而实际的感受和接触对女性的性唤起是重要的，男人则可以远距离地感受情色的吸引。

触觉经验的性别差异

除了美国，现有的关于不同文明社会中男女所接触到的触觉体验之差异的信息很少。玛格丽特·米德（Margaret Mead）注意到了一个现象：在美国，母亲与女儿的关系往往比与儿子的关系更为亲近。这一观察已被多次证实。例如，哥德堡（Goldberg）和路易斯（Lewis）发现，在孩子1岁的时候，女孩相较于男孩，表现出更多对母亲的依恋。无论男女，对母亲的抚摸次数都与这个年龄段的依恋程度相关。哥德堡和路易斯所谓的依恋行为是指渴望接近母亲、触摸母亲的行为，以及母亲离开后的反应。

埃里克森基于自己的临床经验描绘了一幅图景：美国的母亲在她们的儿子"童年早期……没有给予足够的情感和性的刺激"，并且"某种程度上缺乏母爱"。希尔斯（Sears）和玛科比（Maccoby）在他们对美国儿童抚养方式的历史回顾研究中发现，女婴相较于男婴获得了更多的爱意表达；母亲们似乎更偏爱女孩，正如费舍尔（Fischer）在一个新英格兰小镇的研究中所发现的那样，女孩断奶的时间比男孩晚，这表明了母亲对女孩的更宽容的态度。克莱（Clay）在其关于美国母婴触觉互动的研究中也发现，女婴接受了比男婴更多的触觉刺激。匹兹堡大学护理学副教授列娃·鲁宾（Reva Rubin）表示，在她的印象中，"男孩受到的抚摸比女孩少，得到的爱抚也少，被抱的时间也较短"。不论是温柔的还是粗暴的触摸，女婴的反应更强烈，而且相较于同龄的男婴，她们对人脸的兴趣更大。

或许这种触觉体验上的差异在一定程度上可以解释为什么美国女性相比美国男性对触摸的紧张感低。

有证据表明，外向的人的触觉系统更容易被唤起，他们也表现出更强烈的性唤起。

双胞胎与触摸：触觉经验的差异及其影响

有趣的是，双胞胎比独生子女接受的触摸更少。利顿（Lytton）、康威

触摸的力量

（Conway）和索韦（Sauve）进行了一项针对46对双胞胎男孩（其中包括17对同卵双胞胎和29对异卵双胞胎）与44名年龄在25~35个月的非双胞胎男童的研究。该研究表明，独生子女的父母对其孩子表现出了更多的爱意，进行了更多的"积极行为"，比如拥抱和支持；他们与孩子的交流也比双胞胎的父母多得多；同时，父母对独生子女有更多的"控制行为"，包括更多的命令和禁止，以及更多的讲道理和建议。双胞胎比独生子女说话要少得多，他们的词汇量也相对不大。照顾双胞胎所带来的双重负担似乎让父母分配给每个孩子的时间和精力减少，这对双胞胎产生了重大影响。此外，众所周知，同胞之间较小的年龄差会对较小的孩子的智力发展产生不利影响。而双胞胎的情况，就像是兄弟姐妹年龄间隔的最小化，同时影响着两个孩子。

第 7 章

成长与发展

> 人类是不断成长的动物，发展自我是他与生俱来的权利。
>
> ——无名氏

　　成长指的是在某个维度上的增长，发展意味着复杂性的增强。在有机体的成长和发展中，触觉体验发挥着什么作用呢？现在已有的动物和人类方面明确且清晰的证据表明：触觉在迄今为止研究过的哺乳动物（可能也包括非哺乳动物）的成长和发展中，扮演了至关重要的角色。

　　劳伦斯·卡斯勒（Lawrence Casler）注意到，鲍尔比等细致地讨论了母爱剥夺的不良影响，而这种影响很可能是知觉剥夺的结果，尤其是触觉、视觉的剥夺，也可能与前庭感觉剥夺相关。前庭是内耳的中心部分，前庭前部与重要的听力器官耳蜗相连，上方和后方与半规管相连，负责保持平衡感。毋庸置疑，母爱剥夺的过程当然涉及知觉剥夺，但这只是社会剥夺的另一个说法，构成它的元素是复杂的。我们可以将母爱的组成要素描述为多种因素的共同作用，包括生物化学的、生理学的、动力学的、触觉的、视觉的、听觉的、嗅觉的和其他因素。我们在对非人类动物的观察中可能获得一些启示，了解触觉体验可能通过哪些方式影响人类的生长和发展。因此，我们将从讨论非人类动物的研究发现开始，然后来研究触觉体验对人类产生影响的证据。

触摸的力量

非人类动物研究中的证据

在科罗拉多大学医学院的约翰·D. 本杰明（John D. Benjamin）博士进行的一系列实验中，实验者给两组实验大鼠（每组 20 只）提供种类和分量完全相同的食物以及完全一致的生活条件。不同的是，其中一组受到研究者的爱抚和拥抱，而另一组则被冷淡对待。在实验报告中，一位研究者评论："这听起来很傻，但被抚摸过的大鼠学习得更快，发育得也更快。"

这非但不是什么傻话，反而正是我们所期待的结果。生物体的生长发育在很大程度上依赖于外界的刺激。这些刺激必须大部分是令人愉快的，在学习中也是如此。因此，正如我们所预期的那样，在后期的野外测试中，相比那些没有被触摸过的同类，在断奶前被触摸过的动物表现得较不易情绪化，排便和排尿次数较少，并且表现出更强的探索陌生环境的意愿。此外，他们能够更好地学习条件性躲避反应。断奶前对它们的触摸关爱也会使它们大脑的重量增加，皮层和亚皮层发育加快。研究者发现，被温柔抚摸过的大鼠的大脑中的胆固醇和胆碱酯酶的含量要高于未被温柔抚摸过的大鼠，这表明前者的神经发育处于更高级的阶段，尤其在髓鞘（神经纤维周围的脂肪鞘）的形成过程中发育得更好。

被温柔抚摸过的大鼠比未被温柔抚摸过的大鼠表现出更多的活力、更强烈的好奇心和更强大的解决问题的能力。它们也往往在群体中居于主导地位。

被温柔抚摸过的大鼠的骨骼和身体发育相对更发达，食物得到了更好的利用。早些时候已经引用的证据表明，被温柔抚摸过的实验动物在紧张的情况下更少表现出情绪化状态。人们还注意到，在婴儿期被温柔抚摸过的大鼠成年后的免疫系统比未被温柔抚摸过的大鼠发育得更好。这是一个非常了不起的发现。目前，尚不清楚这个机制是如何运作的，但有研究表明，环境反应性激素可能影响胸腺功能的发育，胸腺功能又对免疫能力的建立起到重要的作用。下丘脑除了调节免疫功能之外，也可能在这个过程中发挥了作用。

被温柔地对待会使身体的报警反应系统垂体—肾上腺轴更快地成熟。在经历电休克后，被温柔抚摸过的大鼠比未被温柔抚摸过的大鼠明显恢复得更快。

我们可以预见，在有机体的发育过程中，早期的触觉刺激在大多数方面都比后期的触觉刺激更重要。事实上，实验发现确实如此。莱文（Levine）发现，与未被触摸过的大鼠相比，被触摸过的大鼠表现出更强的情绪稳定性，排泄活动和总体活动表现得也更好。此外，接受了额外触摸的大鼠，比接受了一般量触摸或未接受触摸的大鼠更善于学习和记忆。

拉尔森（Larsson）发现，反复触摸成熟雄性大鼠会提高它们对雌性大鼠的性反应力。这种方式似乎可以将青春期的开始提前几天。如果每分钟触摸2次雄性大鼠，每次持续几秒钟，然后把雄性大鼠放在雌性大鼠身上，它们的交配间隔更短，射精次数增加，从每小时3.7次增加到5.3次。因此，触摸可以大幅增强大鼠的性活动性。

毫无疑问，遗传因素会影响动物被触摸或温柔抚摸的行为结构。同时，有明确的证据表明，所有动物都对触摸或温柔抚摸有良好的反应，并且与没有经历过这种触觉体验的动物相比，前者在任何测试或试验中的表现都更好。乌列·布朗芬布伦纳（Urie Bronfenbrenner）很好地总结了这些发现。

> 首先，这些影响通常对有机体的生理和心理都是有益的。因此，触摸已被证明可以提高有机体的后期抗压能力、总体活动水平和学习能力。其次，据报告，尽管在动物出生后50天内，触摸都会对其产生显著的影响，但在动物出生后的前10天，是否接受足够的触摸对有机体产生的影响是最大的。

在机体层面上，生长发育受内分泌和神经因素的控制。众所周知，情绪因素能够通过激素的不同作用，影响生物体的生长发育。有过足够触觉体验的动物将会做出与那些没能得到足够的这种体验的动物做出截然不同的反应，这些在情感、神经、腺体、生物化学、肌肉和皮肤方面的差异是可测量的。研究者通过测量被触摸过的动物和未被触摸过的动物在这些方面的差异，发现正如预测的那样，被触摸过的动物在这些方面的指标都更胜一筹。

我相信，我们可以断定，没有获得充分温柔对待的动物在情感上未能得到满足。基本需求被定义为有机体要生存就必须得到的满足。迄今为止，触觉的需求还未被公认为基本需求。但事实上，触觉需求正是人的一种基本需求，如果有机体要生存，就必须满足这种需求。如果完全停止对皮肤的刺激，有机体就会死亡。如果被剥夺了皮肤感觉，有机体便不能生存。当然，总的来说，我们关心的不仅是个体是不是得到了触觉刺激，更需要看到触觉刺激的质量、数量、频率和敏感期（敏感期指生物体必须接受一定数量和质量的触觉刺激的阶段）。大量证据表明，所有拥有皮肤的有机体在发育过程中都有触觉敏感期，在此期间，如果该有机体要以健康的方式发育，皮肤就必须接受足够的刺激。

断奶之前的时期是触觉刺激至关重要的阶段，在此期间，新生儿的生存环境更复杂了。新生儿面对的不安全感类似于四脚朝天的甲壳虫，它的脚无法与大地接触。婴儿需要有形的安全感，也就是与另一个身体令人安心的接触体验。

来自婴儿的证据

婴儿神经系统的早期发育在很大程度上取决于所接受的皮肤刺激类型。毫无疑问，触觉刺激对于婴儿的健康发育是必需的。正如克雷（Clay）所说：

> 对外周皮肤刺激和接触的需求贯穿人的一生，但在反射性依恋的早期阶段似乎最为强烈和关键。里布尔（Ribble）说，婴儿的神经系统在早期需要某种触觉刺激输入的"喂养"。当然，年幼的孩子需要照顾者在某个最佳的时期满足他的感官需求，包括口腔和触觉的需求。因此，出生后的头几年是触觉学习的关键期。之后，触觉接触的需求开始减少，但对于不同年龄段的人而言，触觉刺激仍然是发展的需求，只是随着年龄的增长而发生变化。

证据清楚地表明，皮肤是人类婴儿的主要感觉器官，在反射性依恋期，触觉体验对婴儿的持续生长和发育至关重要。我们可以通过多种方式看到这一点，但最特别的是，在触觉敏感性的成长和发展方面，接受了足量触觉刺激的婴儿与没有接受足量触觉刺激的婴儿之间存在明显差异。

我们有充分的理由相信，正如蝾螈的大脑和神经系统在外周刺激下发育得更充分一样，人类的大脑和神经系统也会在这种刺激下获得更全面的发展。亚罗（Yarrow）有一项调查，研究产妇对婴儿的早期护理带来的影响，其中最引人注目的发现是，母亲给予的刺激似乎影响了婴儿前6个月的发育进展。刺激的数量和品质与母亲的智商高度相关。亚罗写道："这些数据表明，给孩子多且强的刺激，并鼓励孩子去练习发展技能的母亲往往会成功地培养出发育得更快的婴儿。"亚罗认为，这一结论还有另一个方面的证据，即在婴儿照料机构中，婴儿早期的刺激剥夺是导致其发育迟缓的一个因素。

亚罗还报告了几个在婴儿时期缺乏身体接触的案例，他们在与母亲的关系中遇到困难时，会呈现出触觉接触的障碍。

普罗文斯（Provence）和利普顿（Lipton）比较了75名被收容所收养的婴儿与75名家庭养育的婴儿，发现被收养的婴儿对拥抱有特殊的反应，他们会较多地摇晃，经常保持安静，睡眠过多。"他们的身体不适应成人的手臂，呈现的状态不会让人想要去拥抱他们，他们的身体缺乏柔韧性……他们像是木屑娃娃；他们虽然活动身体，也能运用恰当的关节屈曲身体，但他们的身体质感僵硬，像木头一样。"在五六月龄的时候，大部分的婴儿身体动态中出现了摇晃的动作。到了八月龄，所有的婴儿都出现了摇晃的动作。普罗文斯和利普顿区分了四种类型的摇晃：（1）作为对挫折的正常反应的短暂摇晃；（2）遭受某种程度母爱剥夺的儿童，以摇晃作为一种自体性行为（autoerotic activity）；（3）对罹患婴儿精神病的儿童而言，摇晃是其注意力退缩和极端专注的表现；（4）以自我释放和自我刺激为目的的摇晃。

梅宁格诊所（Menninger Clinic）的谢温（Shevrin）和塔辛（Toussieng）通过观察有触觉障碍的青少年患者，提出这一假设：婴儿早期存在对适宜的触觉刺激的需求，但这一需求都在某种程度上被剥夺了。他们写道："在我们迄今为止研究过的所有儿童的个人历史中，都发现了这个严重的障碍。"根据这些研究人员的说法，婴儿接受的触觉刺激太少或过度时，就会产生冲突，严重干扰婴儿心理的发展。在一些有此障碍的各年龄段的儿童的想法和行为中，可以发现产生这种冲突的原因。这些孩子处理触觉冲突的主要方式不是压抑或采取其他心理防御，他们要么防御性地提高对环境或身体内部所有刺激的感受阈值，要么改变自己和其他人之间的物理距离，以保护自己的感受。这些孩子的幻想为这种冲突提供了有力的证据，通常表现为精心否认

触摸的力量

亲密关系的必要性。尽管如此，他们对触觉的需要仍然存在。谢温和塔辛假设某些有节奏的行为，比如摇晃，可以用来防止在过高的感受阈值下触觉刺激完全缺失。

婴儿对身体接触的需求非常强烈。如果这一需求没有被充分满足，就算其他需求都被满足了，婴儿仍然会感到痛苦。由于一些基础的需求，包括饥饿、口渴、休息、睡觉、排便和排尿，以及避免危险和疼痛刺激等，得不到满足的后果是很明显的，我们都会意识到满足这些需求的重要性。但未能满足触觉需求的后果并不外显，因此这一需求时常被忽视。重要的是，人们开始逐渐认识到，充分满足触觉需求对儿童健康成长和发展十分必要。

此前我们没有太多的证据直接证明，触觉刺激的有无会影响人类婴儿的生理或心理的生长和发展。缺乏直接证据的原因在于，研究者没有直接在人类中寻找证据。时至今日，如大家所见，我们不仅有大量非人类动物的直接证据，而且有大量人类婴儿的直接证据。这些证据完全支持这样一个观点：触觉刺激在人类婴儿的身体和心理发展中十分重要，其作用不亚于对非人类婴儿的影响。

通过研究未能满足触觉需求的人类婴儿，我们看到了触觉剥夺的危害，以及在发育早期满足触觉需求的重要性。

母爱剥夺综合征，包含了缺乏母亲般呵护的影响，这无疑也包含了实质性的触觉剥夺带来的影响。一个有趣的事实是，这些儿童的皮肤不像健康婴儿的皮肤那样红润和结实，而几乎无一例外地表现出深度的苍白无色并伴随着其他各种病症。

巴顿（Patton）和加德纳（Gardner）发表的关于母爱剥夺儿童的详细记录显示了他们的身体发育和精神发展受到了严重干扰：一个3岁的孩子在母爱剥夺的情况下，其骨骼生长只有正常儿童的一半。世界各地也都有文献记录，遭受情感剥夺的儿童在身体和行为方面存在严重的发育迟缓。

已有研究证明，由家庭环境不良而导致情绪紊乱的儿童大多患有垂体机能减退，其最常见的缺陷是促肾上腺皮质激素以及生长激素的不足，这是矮小和智力低下的直接原因。当这些孩子被转移到良好的环境中后，他们的生长激素分泌便恢复了正常。

与触觉剥夺有关的生理机制似乎与母爱剥夺及情绪障碍有关，诱发方式可能不同。所有这些机制叠加在一起就形成了一系列复杂的过程，这个过程可以用一个词来形容："惊吓"。

出生的过程也是由一系列持续的惊吓组成的，每个婴儿都曾有过这样的体验。母亲在孩子分娩后即刻给出的爱抚和哺乳是最能平息这些惊吓的良药。当婴儿通过皮肤接收到这些慰藉，婴儿由出生带来的惊吓逐渐被舒缓。但如果这个婴儿没有获得足够的安抚，这种惊吓体验的影响就将会持续，并或多或少地影响他之后的生长和发育。

与过去几年相比，我们如今对惊吓的机制有了更多了解。事实上，我们现在可以在细胞层面去探讨惊吓的机制。

本质上，惊吓是分子的紊乱引起有氧葡萄糖代谢的紊乱，导致乳酸大量增加。乳酸的增加使焦虑感提升，并促使氨基酸、脂肪酸和磷酸生成，而酸的代谢不足会破坏溶酶体的消化并溶解酶的膜，从而导致细胞死亡。细胞所依赖的能量三磷酸腺苷减少，导致蛋白质合成和细胞膜泵功能的紊乱。蛋白质合成的紊乱会干扰婴儿的生长和抗惊吓的能力，细胞膜泵功能的紊乱则会引起身体肿胀。于是，身体的血液循环趋于减慢，血压下降，红细胞更易凝集，身体组织的供氧减少，这带来机体整体功能的衰退，直至心脏停止跳动、大脑不再兴奋。当然，这描述的是惊吓未被舒缓导致死亡的极端情形。然而，在未接受充分皮肤刺激的婴儿身上，以上这些过程都很有可能不同程度地发生。惊吓的过程通常是可逆的，可通过使用血容量、抗酸剂、氧气、皮质类固醇、血管舒张药以及一些补充能量的方法，如摄入葡萄糖、钾和胰岛素来干预。同样，如果婴儿皮肤刺激不足，可以通过提供他所需要的温柔、关爱的护理来挽救，最主要的护理形式也是婴儿最容易理解和最快理解的形式：温暖的、爱抚的、有包裹感的触觉感受。以这种方式满足婴儿的触觉需求会产生非常显著的效果。

特默林（Temerlin）和同事进行了一项对 32 位年龄的中位数为 9 岁的发育迟缓（不具言语能力）的男孩的研究，发现在试验期间，接受母亲积极照料及最大化的皮肤接触的儿童的体重增加明显高于对照组的受试者。

婴儿感受到什么？

足月儿还未能清楚区分疼痛和触摸。麦格劳（McGraw）说，

> 一些只有几小时或几天大的婴儿对诸如针刺的皮肤刺激没有明显的反应。我们还不能确定这种反应的缺失是否应该归因于未发育完全的感觉机制，或是感觉中心和躯体中心之间缺乏联结，又或是受体中心和管理哭泣的机制之间缺乏联结。这些婴儿通常确实只对较强的压力刺激有反应。无论如何，这个触觉不敏感期都是短暂的；在出生后的第1周或10天之内，大多数婴儿就会对皮肤刺激做出反应。

许多研究者已经注意到新生儿对皮肤刺激相对不太敏感。

随着婴儿的成长，他们皮肤上的感觉感受器的数量也在增长，范围扩大，密度也会增加。正如格里纳克（Greenacre）所说，新生儿的部分感受性降低可能源自分娩过程带来的疲劳。

起初，婴儿的触觉是非常笼统的，它表现为一种量的效应，而不是明显可识别的临界点效应。触摸和疼痛感尚未完全分化，触觉刺激的临界点识别的发展过程与神经被切断后感觉的恢复过程大致相同。英国杰出的神经学家亨利·赫德（Henry Head）在生理学上对此进行了详细的描述。当感觉开始回归，它以一种非常笼统的方式被体验，这被称作原始的感觉。刚开始被触摸时婴儿只能笼统感知到它是在身体的哪个部分。随着时间推移，婴儿能够逐渐更清晰地知道是在哪个区域，最后能够更精准地感知，进而很好地定位被触摸的部位。这被称作精细的感觉。新生儿的触觉最初是非常粗糙的，随着精细感知能力的逐渐发展，他们才能更精确地定位接触点。

婴儿在7~9个月大时，开始发展明确定位的能力，并在12~16月龄时完全形成。

婴儿的皮肤敏感度可能不同。正如艾斯卡罗纳（Escalona）所说的："毫无疑问，皮肤的知觉或由皮肤生发出的感觉对于一些婴儿来说是很强烈和频繁的，而对另一些婴儿来说则不同。"她继续指出，皮肤敏感的婴儿会获得更多的关注和触摸。这些婴儿在醒着和半醒着的大部分时间里，往往会接收到大量的触觉刺激。在西方世界，如果婴儿皮肤敏感，或患有尿布疹及其

他皮肤病，可能会带来一个好处，就是这能保证他们接到接近足量的皮肤刺激。里布尔（Ribble）相信，至少在美国，换纸尿布这件事"总是做过头了"。她认为在婴儿出生后的第一个月，并不需要让尿布总是保持干燥，"除非是为了满足成人照料婴儿时自己的心理舒适感"。她又补充说，经常性更换纸尿布会让婴儿过度关注自己的这个部位，"进而使日后的情绪反应与排泄功能紧密关联"。在许多情况下，这可能是正确的。艾斯卡罗纳指出，对于婴儿来说，他们所面对的触觉刺激在总量和种类上都有很大不同，"婴儿的生活很大程度上是一个连续体，由可被他敏锐地感觉到的触摸、声音、视觉、运动、温度等组成"。

几乎可以肯定，艾斯卡罗纳提到的"敏锐地感觉到的触摸"没有准确地描述新生儿和婴儿的感觉。有证据表明，婴儿的感受是原始的，而非精细的，他们需要逐渐学会辨别躯体上离散的点的感觉。婴儿最初的感觉不是"敏锐的"，在很大程度上只是以笼统的方式感受触碰。这种适应性令人钦佩，因为在生命早期，他们所需要的正是这样一种笼统的而不是强烈的或明确的安全感。这并不是说婴儿没有能力辨别和定位离散的接触点的感觉。婴儿无疑能够做到这一点，但几乎可以肯定的是，在大多数情况下，这种感觉并非"敏锐的"。正是在笼统的触觉经验基础上，婴儿之后学习并提炼了敏锐地感觉到的触摸、声音、动作、温度等，使之成为具体、清晰、有意义的形态。

有的婴儿天生在触觉方面高度敏感，被触摸就会感到疼痛。这显然带来了一种危险：亲密，以及将自己视为他人的一部分变成了不适的体验。劳里（Lourie）指出，如果婴儿保持这个状态，可能会导致一种长期的期待：依赖意味着疼痛。在这个模式里，可能会发展出受虐倾向，对其中一些人来说，疼痛不仅是一种需要，而且是一种愉悦。通常这样的发育异常会在生命第一年结束时结束，否则可能会导致对触摸的恐惧，还将无法信任任何依赖关系。

300多年前，托马斯·霍布思（Thomas Hobbes）写道："在人的头脑中，没有一种观念不是首先由感觉器官产生的。"婴儿通过所有感官获得现实体验，并基于一个个现实体验的模块，逐渐构建出现实的外部世界的形状、形式和空间，及其形状和背景。这个过程始终是偶然的、关联的，可以用触摸的标准来评估和测量。如果这个对象如此愉悦、长久、稳定地拥抱着我，我会很高兴识别出她的脸，并最终将她所有可感可见的部分贴上愉悦的标签。不过，此时主要是我的皮肤告诉我这张脸是给予愉悦的，因为作为一个婴儿，我主要是通过皮肤来做出判断。我所经历的其他感觉也是如此。

这种感觉是如何被感受到的呢？因为各种感官其实都是皮肤感受器的不同形式，眼睛、耳朵、鼻子，当然还有舌头，它们一开始是去"感觉"，而非去看、去听、去闻、去尝。婴儿一旦获得行动能力，就会把他所能触及的任何东西都放进嘴里，他用手和嘴感觉到他想要了解的物体。渐渐地，他会逐渐区隔开触觉体验与其他感官体验，直到最终能够认识到每一种体验或物品是彼此独立且不同的，并根据每个事物自身的属性来认识它，而无须再通过自己的皮肤来分辨。

就像希尔维斯特（Sylvester）所说："来自母亲的回应的敏感性和选择性会促进婴儿从普遍的近距离感受器导向向远距离感受器导向转化。在早期阶段，婴儿的安全感来自皮肤的接触，以及被拥抱、被支持的动觉感受。随后，安全感也来自视觉、听觉，以及通过这些感知模式与母亲保持接触的能力。"希尔维斯特接着说，有时候婴儿会持续依赖于皮肤接触，而没能发展出用视觉和听觉定向与沟通的能力。这个现象的产生可能源自"原初母性态度"或是导致皮肤敏感度增加的事件（如婴儿湿疹，或其他感觉器官的丧失或缺失）。根据希尔维斯特的说法，"定向或身体意象的习惯性缺陷"的开端通常可以追溯到这些早期的困难。

与孩子相互适应的母亲会有节律地回应孩子的需求。她的灵活性会反映在孩子的知觉发展上。母亲是孩子接受到如潮水般起落的刺激的主要来源，同时也是孩子的舒适感的主要来源，这个提供舒适感的角色随后会由孩子自己来承担。根据希尔维斯特的说法："如果母亲阻止孩子自主靠近和远离，那么孩子可能会通过更靠近或逃离某个无生命物体来应对威胁。这种强制性地用工具物件替代人的做法可能是人类机械化的根源之一。"

在出生后的最初几天里，婴儿从出生时的惊吓中恢复过来，在接下来的几个月里，他将忙于组织感知——触觉、视觉、听觉、味觉等。在这样的经验基础上，婴儿开始将自己与自身之外的世界区分开来。起初看起来没有永恒性的物体现在成为他心智结构中最初的观念化的不变量。能区分自我与客体世界是一项很大的成就，推动这项成就达成的主要是触觉。从这种分化中主要产生了三方面的发展：自我（行动的主体）、客体（行动的客体）以及它们之间的行动关系。随着自我与他人的日益分化，对沟通的需求也在增加。正如辛克莱（Sinclair）所指出的，孩子的流动性越来越强，与他人直接的身体接触越来越少，于是这种需求也变得越加迫切。婴儿最早的发声形式是为了传达情感和需求状态。通过这样的发声，婴儿日后的语言能力得到发展。

埃斯卡洛纳（Escalona）写道："从他出生第一天开始，婴儿就开始与周围人互动。这些接触会随着年龄的自然增长变得更加频繁、多样和复杂。这也许是最重要的因素，决定了他如何体验自己的世界，以及长大后能够建立何种人际关系。"

婴儿会根据自己的感官印象去信任或不信任另一个人，这种感觉无论是否得到满足，主要是通过皮肤来获得的。对婴儿来说，空间感、时间感和现实感是浑然一体的，它们最初是一种持久而令人满意的存在，然后被感知、被赋予某种意义，再后来则成为可预期的事件。在婴儿发育的后期，时间仍然没有意义。在埃斯卡洛纳的想象中，掌握时间和空间的最早期的体验是这样的：

> 起初，世界是一系列不同的感觉和感觉状态，不同的是感觉的质量、分布和强度。除了感觉的性质不同之外，源自体内的感觉（如饥饿感）和来自外部接触而产生的感觉（如莫名传来的尖锐声响、空气中吹来的冷风）没有什么区别。这个时候的婴儿对于诸如靠近、远离或方向之类的感觉没有意识。即使婴儿转头朝向乳头并含住乳头，他的感觉也只是乳头来了，还不存在与之形成对比的其他状态。光明与黑暗，严酷与柔和，冷和暖，睡着和醒来，从下往上地、面对面地、从上往下地看见妈妈的脸，被抱起又被放下，被移动和自己移动，移动的人、窗帘、毯子、玩具的景象，所有这些都退去了又靠近了，连续不断的每个瞬间组成了一系列的体验，进而构成了一个整体。随着体验的再现，会发展出一致性的群组。例如，以某种方式被抱起，某种动觉感受，由垂直位置带来的视野变化，这些群组体验组合在一起，形成一种被抬升、被移动的意识，成为一个实体。

触摸的力量

相同体验的重现十分重要，它是这个发展过程中的精髓。埃斯卡洛纳认为，在喂养和洗澡等重要体验上，若这些"一致性群组"有着明确的节奏性和重复性，婴儿就可以获得一种自我意识，即事物发生在谁身上，谁可以让事情发生。"如果某个婴儿没有被抱住、移动和晃动，就不太可能通过被动运动的感觉意识到自己，也不太可能识别出母亲特有的触觉和节奏。"

婴儿最初不仅缺乏心理结构，而且缺乏精神与身体的边界。他不能区分身体内的和身体外的，不能区分"我"和"非我"；简而言之，他处在一个精神上未分化的状态。在这个阶段，他的原始性认同将他要被满足的需求视为身体的一部分。而且，正如斯皮兹所指出的那样，如果母亲拒绝触摸婴儿以满足他所固有的需求，那么，婴儿的原始性认同会变得困难：

> 他们通过保留触觉体验来广泛地限制原始性认同。如果婴儿要将自己与母亲区分开来，就必须处理、切断和超越这些原始性认同，无论是触觉的认同还是其他认同。他们首先会通过动作导向的运动性，之后是空间中的移动，去处理原始性认同，实现与母亲的分化。当分化完成后，婴儿可以形成那些次级认同，从而为自主和独立铺平道路。

丁纳森（Tennyson）清楚地认识到了这个过程，他在他壮丽的悼念诗《纪念》（*In Memoriam*）中提到了人的个性化过程。尽管这首诗发表于1850年，但大部分内容在更早之时即已完成。

> 婴儿新生于天地之间，
> 当有一天他将柔软的掌心
> 放在了自己的胸口，
> 此刻，他还想不到"这就是我"。
>
> 但随着他长大，他不断地认知，
> 学了很多关于"我"的主宾语用法，
> 他发现"我不是我眼前所看到的，
> 我也不是我所触摸到的东西"。

> 于是他转向独立的思维，
>
> 从那时起，清晰的意识逐渐开始了，
>
> 通过将他约束在这个形体之中，
>
> 他与世界的分离变得清晰起来。

> 人被血液和呼吸承载着，
>
> 而其他责任只是徒劳，
>
> 如果必须让人类重新了解自己。
>
> 那便是在死亡带来的第二次新生之后。

马勒（Mahler）所说的个体化分离是通过次级认同形成个体化的过程。婴儿通过接受母亲的照料从而认识到自我，这开启了自我形成的第一步。次级认同阶段开始于出生后第一年的下半年，在这个阶段，婴儿掌握了令自己独立于母亲的技能和能力。在出生后的最初6个月，触觉体验是原始性认同阶段发展的基础，也是次级认同机制得以建立的基础。

伊拉斯谟·达尔文在1794年发表的《动物学》（*Zoonomia*）一书中也得出了大致相同的结论。他写道：

> 我们首先熟悉的是触觉，因为胎儿必须经历在各种各样的液体中的移动，并在子宫内进行一些肌肉活动，因此，胎儿很可能会感知到自己的形状、子宫的形状以及周围液体的弹性……
>
> 许多感觉器官，如鼻孔、耳朵或眼睛，都局限于身体的某个局部，而触觉则遍布整个皮肤，但在手指、拇指末端和嘴唇处更为细腻。触觉有利于涵容婴儿小小的身体，以便去适应与之比较大得多的周遭环境。婴儿用自己的嘴唇和手指去认识小小的身体的形状；无论是否饥饿，他们都会把所有新鲜的物体放进自己的嘴里。而幼犬似乎主要是在玩耍时用嘴唇来认知身体的形状。
>
> 我们认识有形之物时，要么用触觉器官对这个物体施加压力，要么用触觉器官沿这个物体的表面移动。我们通过移动我们的触觉器官并持续施加压力，来了解物体的长度和宽度。

因此，我们获得有形概念的速度非常缓慢，回忆时也非常缓慢。如果我现在回想一个立方体的有形概念，也就是说，要回想它的形状，以及这个形状每一部分的坚固感，我一定会设想自己在用手指抚摸它，并且在某种程度上似乎感觉到了这个概念，就像我以前接触过这个物体之后获取的印象一样。因此，要清晰地回忆起来是个缓慢的过程。

几乎可以肯定地说，空间、时间、现实、形状、形式、深度、质量、质感、视觉的三维特性等，在很大程度上都是基于婴儿的触觉经验而发展起来的。正如埃斯卡洛纳所说：

> 对空间中的身体和自我周遭空间的意识必定是通过无数种方式产生的，例如婴儿踢和伸展腿，尿布的压力增加，他的脚接触到毯子、长袍或婴儿床尾端。他挥舞双臂时，碰到婴儿床的侧面，或者什么也没碰到，或者碰到他躺着的表面，或者他自己身体的一部分。当他被抱起来时，他暂时感觉到，除了母亲抱住他的身体部位之外，他没有接触到任何坚硬的东西。同时，他的动觉感觉和以前大不相同，当他处于垂直位置时，视野的轮廓和范围发生了奇怪的变化。大约在婴儿更容易进行视觉协调和聚焦时，有目的的身体运动开始出现。

如我们将在下一章中看到的那样，儿童在单一文化和跨文化中所接触到的各种触觉体验，令他们在成熟的速度和与同伴相处的方式上产生了非常显著的差异。

兰道尔（Landauer）和怀廷（Whiting）已经提出了一些有趣的证据，表明"处置"（对身体施加处理）会使啮齿动物的身形变大。他们假设这是压力效应的结果，人类也有类似的机制。为了阐明这一问题，他们对大约80个不同的社会进行了跨文化研究，获取了来自这些社会的有效信息，发现在令婴儿感到有压力的育儿操作与成年男性身材之间，存在明显的关系。他们研究的压力包括：

1. 穿刺：鼻子、嘴唇、包皮环切、阴部封锁等。
2. 塑形：拉伸手臂、腿，给头部塑形等。
3. 外部的：高温、热水澡、火、强日晒等。

4. 极寒：洗澡、暴露于雪中、冷等。

5. 内部压力：情绪、刺激、灌肠。

6. 擦伤：用沙子摩擦等。

7. 强烈的感官刺激。

8. 约束：用衣服裹紧身体。

经过分析，研究发现，"如果在某个社会里出现这样的情况：婴儿的头部或四肢被反复塑造或拉伸，或者婴儿的耳朵、鼻子或嘴唇被穿刺，或者婴儿被割包皮、打预防针、接种，或者皮肤上有被割或被烧伤的部落记号，那么成年男性的平均身高会比没有这些习俗的社会的男性身高高出两英寸以上。"

这里是时候来探究"处置"和"抚摸"之间有何不同了。很多研究者将"处置"解释为类似一种压力体验，而"抚摸"则被定义为一种让动物感到安慰和安心的体验。兰道尔和怀廷研究的压力操作无疑在很大程度上会对人造成压力。然而，仍然存在一个非常真实的问题，即这些操作是否也会在某种程度上让人感到愉快。这些研究人员发现，与成长最显著相关的操作在很大程度上与地位的提升、从一个人生阶段进入另一个阶段、更大的吸引力以及更高的自尊有关。因此，这些令人有压力的触觉体验会产生一系列直接或是间接的结果，带来可观的令人愉悦的体验。在无数的社会中，都存在着通过切开皮肤、穿刺、在伤口上涂抹污垢、文身之类的方式来装饰皮肤等对待身体的行为。尽管如此，由于最终结果是令人向往的，人们还是自愿寻求这些体验。即使是被处置过的啮齿类动物也会体验到获得奖励的感受，若是在处置过程中没有受伤，又能被放回笼子，都会被视为奖励的构成元素。对于人类而言，不适的皮肤体验与随之而来的高回报体验结合在一起，可能会使得个体加速成长。

在生理学上，交感—肾上腺轴的参与，加上垂体生长激素的分泌，在综合条件下足以解释观察到的结果。

发育异常被认为是与母体缺乏充分接触的直接结果，通常表现为反应性皮肤病。弗兰德斯·邓巴（Flanders Dunbar）在总结证据时说道："可以说，皮肤与其他感觉器官相似，当患者早年与父母及外界的接触受到干扰时，皮肤很可能会生病。当与外界的情感接触改善时，许多皮肤疾病的症状似乎会得到缓解。"许多皮肤病的患者都在幼年时期经历过触觉表达和体验的抑制。D. W. 温尼科特（D. W. Winnicott）说："哪怕是最小的皮肤损伤，只要和内心感受相关，就会影响到整个身体。与触觉体验相关的禁忌，如'不，不，不要摸！'，以及必然也会有'别让自己被碰到'。"因为皮肤是拥抱和接触的器官，所以许多皮肤病可以理解为与这种亲密的触觉体验有关的矛盾心理的表达。

触觉交流本质上是一个互动过程，因此，如果婴儿从降生后第一次被触碰，直到与母亲的身体亲密接触的过程中，出现重大的触觉体验缺失，就可能会导致后期互动关系的严重失效或紊乱，有时可能表现为孤独症、精神分裂症，以及各种其他行为障碍，自然还包括哮喘等诸多呼吸系统疾病。

孤独症与触摸

布鲁诺·贝特尔海姆（Bruno Bettelheim）关于孤独症儿童的报告是现有最好的报告之一。下面是一份简短的个案记录，它既典型又富有启发性，也为理解触摸在治疗这类儿童中的作用奠定了基础。

乔伊（Joey）是军队婚姻的后代，他的父母都没有做好成为父母的准备就生下了他。当他出生时，他的母亲感觉他"更像是个东西而不是人"。甚至在他母亲的妊娠期间，这个胎儿的存在也没有给她带来什么不同；她说，她从来不知道自己怀孕了，这意味着怀孕并没有以任何方式改变她的生活。乔伊的出生"没有带来什么改变"，他的母亲只按固定时间喂奶，每4小时一次，只在必需时才碰触他，不搂抱他，不陪他玩。乔伊很快就变成了一个爱发脾气的婴儿，"大部分时间"都在哭，也有了身体摇摆的状况。而他的哭闹可能会遭到来自父亲的惩罚。

令人感兴趣的是，尽管乔伊一开始就正确地命名了他的食物，"黄油""糖""水"等等，但后来他放弃了这个叫法，转而使用"触觉"这个专业术语。这样，糖就变成了"沙子"，"黄油"变成了"油脂"，"水"变成了"液体"，诸如此类。

贝特尔海姆认为，乔伊用触觉的语言代替食物的名字，是因为他希望他的语言能匹配他对物体的感受，但只是针对物品，而不包括人。物理属性取代了营养属性，因为他只得到了食物的喂养，而没有得到情感的滋养。因此，他剥夺了食物的味道和气味，取而代之的是他对食物的触觉感觉。于是，他将母亲关怀的需求缺失转化为触觉语言，他创造了"一种符合他对世界的情绪表达的语言"，在构建这种语言的过程中，尽可能接近他被剥夺的触觉体验。

乔伊在4岁时到芝加哥大学的特殊学校进行治疗，他害怕被触碰，也害怕触碰到其他人。过了一段时间后，他产生了一种渴望，想要触摸一位男性学校职员，那位男士很胖，这让乔伊想起妈妈肚子里怀着妹妹的样子。他之后解释，通过触摸这位叫作米歇尔（Mitchell）的职员，他很想要表达内心中一个真实的想法，他希望他的妈妈再次把他怀在肚子里，让他再出生一次，以重新开始他的人生。

大多数孤独症患儿的病史或多或少都有相似之处。他们无法以普通的方式与他人和环境建立联系，呈现为重复性活动，发育性语言障碍，明显无法适应社会。他们的病症在过去有时被称为儿童精神分裂症。在过去，治疗孤独症的方法主要涉及心理上的混乱状态以及无效性的研究。在这个领域，引人注目的领导者之一格特鲁德·施温（Gertrude Schwing）通过将孤独症儿童抱在怀里安抚和拥抱，而在治疗方面取得了成功。相关的论文在1953年就已发表，但其中的大部分内容并没有相关后续研究。1983年，廷伯根夫妇（Tinbergens）的著作《孤独症儿童：治愈的新希望》出版了，这似乎是一个重大突破。

牛津大学的尼克·廷伯根教授因动物行为学研究而获诺贝尔奖。他和妻子在调查孤独症的病因和治疗方面进行了广泛的研究。《孤独症儿童：治愈的新希望》是第一本从科学角度探讨这个主题的书。在书中，他们完整地探讨了孤独症的课题，包括病因、治疗方法，以及孤独症的多样性和治疗方法的多样性，并在详细和彻底的研究之后得出结论，即孤独症是一种焦虑主导的情绪失衡，导致患者社交退缩，并引起学习社交互动和探索行为的失败。

廷伯根夫妇认为，现代生活方式中存在很多触发婴儿脆弱性的因素，其中最重要的因素通常是母亲和孩子的关系，且此因素出现的频率非常高。

玛莎·韦尔奇（Martha Welch）博士是儿童精神科医生，也是美国康涅

触摸的力量

狄格州科斯科布社区的母亲养育中心的主席，她的一篇关于从孤独症中恢复的文章发表在廷伯根夫妇的书中，文章中报告了"强制"拥抱孩子的巨大成功。对于母亲和孩子来说，这往往是一次非常艰难的经历。孩子可能会竭尽全力抵抗被拥抱，可能会尖叫、踢打、摔跤和哭泣，但母亲绝不能放弃。她必须紧紧地抱着孩子，尽量与孩子建立眼神交流。在接下来的战斗中，母亲必须坚持到孩子放松下来为止，"紧贴身体，凝视她的眼睛，深情而温柔地摸抚她的脸，最终开始说话"。柔软的沙发或垫子可以保护两人的身体免受伤害。

母亲被要求把孩子面对面地抱在腿上，父亲则要坐在旁边，用胳膊搂住母亲。孩子双腿分开跨坐在母亲腿上。母亲将孩子的胳膊固定在腋下环绕着孩子。然后，她可以自由地用手抱着孩子的头，以便进行眼神交流。这种姿势对双方来说都不一定舒服。

治疗师保持足够近的距离来密切观察并解读母亲和孩子的行为及反应。拥抱孩子的治疗每天需要至少持续 1 小时，过程中即使孩子发出不舒适的信号，也需要继续进行。父亲的拥抱应该是对母亲的拥抱的支持和补充，而非替代。治疗师不能提供拥抱。韦尔奇博士说得很清楚，拥抱孩子治疗法是一项令人精疲力竭的工作，需要整个家庭的强化治疗，但就它的结果来看，是非常值得努力尝试的。除了韦尔奇博士在文章中介绍的自己的治疗案例外，我还看到了来自国外的报告，称韦尔奇的治疗方法被成功地用于治疗孤独症儿童，以及患有其他行为障碍的儿童，包括口吃儿童。

这里需要注意的是，无论有什么其他因素加入了用"强制"拥抱技术治疗孤独症的过程，拥抱和触觉体验都是首要的，对母亲和孩子都有利。

孤独症儿童的行为就好像他们被严重剥夺了母爱，无论是否真的发生了这种情况，最有效的治疗方法是当作他们确实被剥夺了母爱。天宝·格兰丁（Temple Grandin）博士本人也曾是一名孤独症儿童，她在这个问题上有很多令人印象深刻的论述。

尽管有人称孤独症的病因与遗传决定因素有关，但事实不太可能如此，因为我们有相当多的同卵双胞胎的记录，其中一个患有孤独症，而另一个没有患病。毫无疑问，不同的儿童在各种环境压力下的脆弱程度也不相同。在这些压力中，母爱剥夺带来的不同程度的影响似乎最为明显。

在英国，杰拉尔德·奥戈尔曼（Gerald O'Gorman）博士有一个绝妙的想法，那就是在护士的督导下，请一些来自收容所的有精神方面缺陷的女生抚触孤独症儿童，与孤独症儿童互相抚摸、拥抱，陪伴彼此睡觉。孤独症儿童很快发生了戏剧性的变化。他们的协调运动能力和表达能力得到了发展。这些代理母亲也乐于履行自己的职责。

朱尔斯·奥德在其著作《触摸即疗愈》中介绍了佛蒙特州的儿童保育员梅瑞迪斯·莱维特·蒂尔（Meredith LeavittTeare）关于孤独症儿童的未曾公开发布的工作内容。她教学的班里有唐氏综合征儿童和孤独症儿童，她鼓励唐氏综合征儿童去拥抱孤独症儿童，并强化他们的行为反应。奥德写道："孤独症儿童不能忍受成年人的触摸，但这些体格相当的拥抱者对他们来说不会有威胁感，他们很快就可以接受对方的触摸。"

意大利锡耶纳地区医院的米歇尔·扎培拉（Michele Zappella）博士也观察到，正常的儿童与孤独症儿童的互动异常良好，彼此间形成了一种对话，他们之间的交流比起医院环境能引起孤独症儿童更多的回应和普遍兴趣。在扎培拉博士对孤独症儿童的研究中，触摸和拥抱扮演了重要的角色。他在这方面的工作受到了韦尔奇博士的方法的启发。

显而易见，在孤独症儿童的治疗中，各种通过触摸开展的方法注定会发挥重要作用。

精神分裂症与触摸

亚历山大·洛温（Alexander Lowen）在《身体的背叛》（*The Betrayal of the Body*）一书中，出色地诠释了早期触觉体验失败与精神分裂症的关系。洛温基于对许多精神分裂症患者的临床研究，论证了自我认同感来源于身体的接触。一个人要想知道"我是谁"，就需要找到自己的感受。这正是精神分裂症患者所需要的。精神分裂症患者与身体完全失去了联系，以至于从广义上说，他不知道自己是谁，他和现实脱节了。若他能意识到自己有一个身体，则能在时间和空间中定向。"但由于他的自我不能识别他的身体，也不能以活生生的方式来感知身体，他感觉自己和世界及他人是没有关联的。同样地，他在意识层面的身份认同与对自己的感知也互不关联。"在精神分裂状态下，心理意象和现实是分离的。健康者的自我意象与他的自我感受和外表一致，因为意象的现实性通常是从感受和感官的联系中获取的。与身体的失联会导致与现实的失联。个人的认同感只有基于身体感受到的现实，才能具备实质和结构。

洛温指出，精神分裂症患者的基本创伤，源自缺乏母亲和孩子之间令人愉悦的身体亲密关系。"缺乏身体接触，对孩子来说意味着一种遗弃。如果孩子对于接触的需求没有得到母亲温暖的回应，孩子就会感到没人爱自己。"为了切断不愉悦的感受和感官体验，孩子会屏住呼吸、吸住肚子、令膈肌停止活动。他会一动不动地躺着来避免恐惧。简而言之，为了避免感到疼痛，他会让自己的身体像死了一样，以这样的方式远离现实。在这个失联的过程中，特别是当孩子已经难以承受对身体的恐惧时，自我就会与身体分离，人格将完全分裂成两个矛盾的身份：一个基于身体，另一个基于自我意象。

正如奥托·费尼谢尔（Otto Fenichel）指出的："情绪的缺乏不仅源自压抑，而且因为确实与客观世界失去了联系，给了观察者一种'古怪'的特殊印象。"有时候，这些人"看起来很正常，因为他们成功地用各种假性接触代替了与他人真实的情感接触；他们表现得像是与他人之间存在着关系"。洛温补充到，假性接触通常以语言的形式呈现，语言被当作触摸的替代品，这些人发现很难找到比语言更适于接近他人的方式。另外一种假性接触的形式是角色扮演，所扮演的角色在情感交流中成为某种替身。正如赫伯特·维纳（Herbert Weiner）所说，精神分裂人格患者主要的不满是无法感受到自己的情绪，与人疏远、孤僻、淡漠。

人际参与和认同是通过母婴之间的关系投入和认同而建立起来的，主要通过触觉来实现。婴儿时期缺失触觉体验往往导致随后的疏离、无法建立关联、缺乏本体认同、淡漠、情感浅薄和漠不关心等表现，所有这些都是精神分裂症和精神分裂人格的标志。

我们对自己的身体感觉意象，如敏感或麻木、感性或无感、放松或紧张、温暖或寒冷等很大程度上基于我们在婴儿时期的触觉体验，随后又由儿童时期的经验所强化。经历过触觉剥夺的人会"关闭"自己的皮肤，不去接受愉悦的触觉体验，这可能会导致皮肤紧张，以至于对很轻微的触摸都感到畏缩。乔治·华盛顿（George Washington）就是这样的人，他讨厌被触摸。英国作家和冒险家 T. E. 劳伦斯（T. E. Lawrence）对触摸有一种"病态的恐惧"。显然，他年幼时很少接受到触摸刺激。这些人的皮肤有一种紧张感，好像穿着一件不合身的衣服，或者被包裹在一副盔甲里，即使想挣脱也不能如愿。当外部世界试图进入自我时，这种"穿着盔甲"的感觉常常激起个体的脆弱感。这种不可触及性从皮肤层面开始，但并非完全无法突破。而这个状态确实给这个世界呈现了一种外表，它通常表现为对爱或温暖的漠不关心。"cold fish"（字面意思为冷的鱼，引申义为冷漠的人）确实给人感觉像是一只冷的鱼。在某些情况下，如果他知道方法的话，他真的很想"感觉更有活力"。事实上，在每一个失意的人身上，都有一个潜在的、温暖的、有爱心的生命体在挣扎着要走出困境。与他相处的诀窍在于双方产生某种互动，从而释放出他的潜能，让他获得在婴儿期和童年时应该享受的那种人性化的体验。

身体觉察是通过接收对身体的刺激产生的，主要通过皮肤进行。这种刺激从出生时甚至更早之前就开始了。

有些人对他人的需要麻木不仁，他们变得如此"坚硬"以至于不再与人接触。这不仅是隐喻层面的，而且在生理上更是如此。有证据表明，那些在幼年时期没有被充分触摸过的人，他们皮肤中的触觉神经元的发育程度不及那些被充分触摸过的人。触觉神经元在个体的成长过程中会不断成长和发展，一直持续到大约 25 岁或更年长。儿童神经系统的可塑性更强，因此他们比成年人恢复得更好，例如，儿童比成年人能更好地从神经切断术中恢复过来。此外，孩子们必须学会触觉-动觉定位，在掌握这一技能之前，他们在定位刺激方面相对较差。从 8 岁到 12 岁，触觉动觉定位优于视觉定位直到 12 岁以后，视觉才成为触觉定位的主要信息来源。

眼神接触

新生儿能看得很清楚，有时他们对周围发生的事情非常感兴趣。所有婴

触摸的力量

儿都会很快与母亲建立"眼神交流",这对母婴之间随后产生的联结非常重要。因此,在婴儿出生后不应立即将硝酸银滴入婴儿的眼睛,因为这会影响他们的视力,也会阻碍他们与母亲建立联结。同样,他与父亲的眼神接触也会受到干扰,继而延迟与父亲之间建立联结。婴儿出生后,应先接受父母的"探望",半小时后再使用抗生素软膏,最好使用四环素,而不是硝酸银,因为后者经常会导致眼睛肿胀、发红,出现分泌物。

父母和新生儿之间的眼神交流有着显而易见的效应——通常这种接触会一直延续到孩子成年。人们早已理解,眼睛讲述着自己的语言,就像20世纪20年代的歌曲里唱的一样:"你的嘴巴告诉我'不要,不要';但你的眼中却在说'是的,是的'。"

一个人在婴儿期和儿童期经历的触觉体验不仅会使大脑发生相应变化,还会影响皮肤末端器官的生长发育。如果一个人遭受了触觉剥夺,那么他也会缺乏皮肤和大脑之间的反馈,这可能会严重影响他的发育。

母婴之间的亲密关系带来身体层面的联结感,这为孩子日后与他人建立关系("社会性"的发展)奠定了基础。有了这种亲密的身体关系,婴儿才能进一步对自己产生良好感觉,而身体联结的感觉会转化为自尊。从根本上讲,自尊的来源就是爱。婴儿用自己的身体来表达自己的爱和情感。

在一个针对自尊和触觉的研究中,艾伦·F.西尔弗曼(Alan F. Silverman)博士、马克·E.普莱斯曼(Mark E. Pressman)博士和赫尔穆特·W.巴特尔(Helmut W. Bartel)博士研究了8名男女学生,发现受试者的自尊程度越高,其在通过触摸进行交流时就越亲密,在与女性交流时这种情况会更明显。

触摸缺乏是一种分离焦虑的体验——缺乏接触,缺乏联系。正如E.M.福斯特(E. M. Forster)在他的小说《霍华德庄园》(Howard's End)中塑造的角色。在那些被剥夺了身体接触,但能够用语言表达这种感觉的成年人身上,能明显地表现出这种焦虑的本质。布法罗医学院的吉米·霍兰德(Jimmie Holland)博士和她的同事报告了白血病患者的治疗情况,作为治疗的一部分,这些白血病患者被隔离在无菌室中,这个透明大气泡空间双向可视,配有语言交流设施,用于防止患者与他人之间产生任何皮肤接触。研究者发现,该装置的主要缺点是剥夺了人类触摸。四分之三的患者经历了强烈的孤独感,这主要与无法触摸或被触摸相关。缺失与人的身体接触会使人产生孤独感、挫败感、冷漠感，以及温情的缺失感。工作人员也一样，有时他们因无法触碰和安抚患者而感到困惑。一位女性患者形象地描述了自己的感受：

> 我大约从一周前开始感到烦躁……我感觉不到其他人，我希望自己快点从这里出去。我感觉所有东西都对我关闭了通道，我无法再忍受了。我只是需要感觉到其他人，我要感受人，触摸人。如果能做到这一点，我本可以坚持更长时间……但我做不到，我无法触摸任何人，也无法通过触摸或按压某人的手来表达我的情感。这很难用言语解释。我只觉得自己在这个世界上很孤独，一切都很冷。没有温暖。温暖消失了，什么都没有了。

苏珊娜·戈登（Susanne Gordon）在她的书《孤独美国》（*Lonely America*）中定义孤独为"一种被剥夺的感觉，来源于缺乏某种人与人的接触"。在剥夺婴儿和儿童与母亲的接触后，他们所体验的分离焦虑在很大程度上可以与这种孤独感归为一类。这种分离焦虑，会导致青少年或成年人在独处时焦躁不安，并不惜一切代价来寻求他人的陪伴。剥夺与他人的接触会带来莫大的痛苦，这是为什么单独监禁能成为最残忍的惩罚之一……即便是监禁在家也是一样。

孤独是一种状态，这种状态是没有联结的状态，是与他人没有联系的状态，是思念一个人却不能与其在一起的状态，是无法求助于任何人以确认自己本质人性的状态。

在一篇对西蒙·格雷（Simon Gray）的戏剧《另有安排》（*Otherwise Engaged*）的评论中，克莱夫·巴恩斯（Clive Barnes）将其描述为"对随意而漠不关心的当代道德、对不愿被触碰的人、对生活本身无法渗透的艺术和文学世界的野蛮控诉"。

在这样一个世界里，人们追求互不接触的平行生活，只是彼此接近，却不建立关系。正如罗洛·梅（Rollo May）所说，在这个世界里，触摸的最佳状态是闭着眼睛去摸索。我们用手指在另一个人的身体上移动，尝试认出对方；然而在自我封闭的黑暗中这无法实现。

莉莉安·莱伯（Lillian Leiber）博士和她的同事在布法罗大学医学院和

触摸的力量

医院的罗斯韦尔纪念研究所对癌症患者及其配偶之间的情感交流进行了研究。研究表明，虽然这些患者的性交欲望减少，但身体亲密接触的欲望却增加了。

令人遗憾的是，在西方世界，许多已婚夫妇直到其中一方患上严重疾病时才会表现出非性的身体亲密或建立真正的亲密关系。女性通常比男性更愿意表现出这种感情，但男性往往会主动避免任何身体上的感情表达，这使妻子的感情也受到了抑制。这些男人似乎害怕被触摸，他们在被触摸时变得非常焦虑，经常感到困惑，而且充满敌意。他们的爱未被表达，也常常无法表达。他们精心呵护某些事物，这似乎变成了直接的感情象征，他们没有自信在其他场合表达这种感情。

> 他是多害怕人类的接触，
>
> 害怕其他人笨拙的触摸。

俄罗斯诗人叶夫根尼·维诺库罗夫（Yevgeny Vinokurov）如是说。过时的传统将人与人彼此隔离开来。一项由斯沃斯莫尔学院心理系的肯尼思（Kenneth）、玛丽·格根（Mary Gergen）和威廉·H.巴顿（William H. Barton）开展的实验证实了这一点。他们发现，当年龄在18~25岁的受试者（大多数是学生，其中半数人是互不相识的陌生人，大家也知道此后不会再见面）被带入一个漆黑的房间后，有超过90%的受试者有意地触摸他人，而如果受试者进入另一个有灯光的房间，则几乎没有人这么做。在漆黑的房间里，有近50%的受试者彼此拥抱，有近80%的受试者报告自己感受到性兴奋，而在有灯光的房间的受试者中，只有30%有此感受。

研究者被漆黑的房间内彼此亲密联结的渴望所打动——只是简单地关闭灯光，就能使一群陌生人在30分钟内达到亲密的状态，而在生活中，即便经过多年的正常交往也很难达到这种亲密程度。实验者得出的结论是，人们都渴望彼此亲近，但我们的社会规范提高了表达这些感觉的成本，也希望人们保持距离。他们补充说，这些传统规范也许已经失效了。

然而，这些规范在过去是否起到过作用呢？这个问题的肯定回答也值得怀疑。一个男孩写道："无须用固有的、刻板的方式看待他人，这令人感到喜悦。在丰富的环境中，可以享受自我意识带来的感觉……还能够肆意享受自由地爬来爬去,越过伙伴从一个地方到另一个地方的感觉。"

一位叫 D.A. 的学生也有类似的观察。将一组学生分别蒙上眼罩,单独带到楼下的暗室里,录音机放出奇怪的声音。接着,他们听到一个女人在哭泣,随后她爆发出歇斯底里的笑声。当学生们听着这些声音时,那些没有蒙眼的人开始按摩每个蒙着眼睛的学生的背部,并在他们的手和脸上涂上一种气味甜美的乳液,然后将他们带到房间中央,那里有一大堆塑料袋。学生们在这堆塑料袋里玩耍,用触觉来感受周围的东西——用触觉来"看"。他们牵手,触摸彼此的脸,一些人甚至开始亲吻彼此。一小群人在塑料袋中围坐一圈,手牵着手。学生们很快站起来开始跳舞。他们四五个人一组,蒙着眼睛、未蒙眼的学生都围在一起跳舞。几乎所有人都感到快乐和自由。音乐播放到一半时,眼罩被摘了下来。大多数心理学学生都对自己的行为感到尴尬。起初他们只用触觉来"观察"周围的事物。而后,摘掉眼罩的他们"被发现"与一群陌生人拥抱跳舞,这让他们很尴尬。D.A. 写道:"在一群刚刚还很快乐的人身上,事情发生了如此奇怪的转折。"

这些观察让我们看到,视觉带来的价值系统与触觉不同。视觉在社会层面审查着感官信息。当然,大脑确实做了审查工作,但视觉是传递信息的媒介,所见之物通过这个媒介被输送至大脑,在大脑中被评判。然而触觉与此不同:触觉没有审查机制,是自由且开放的。视觉实际上是行为的仲裁者、抑制者或刺激者;而触觉没有审查、挑剔或抑制机制。视觉是带着偏见感知世界的媒介。正如奥古斯特·F.科波拉(August F.Coppola)博士所说,我们对这个过程过于习以为常,以至于很少有人意识到,我们的大多数偏见与我们看待事物的方式有极大关系。"这么说似乎有亵渎之嫌,但罪魁祸首就是视觉,它决定了我们的大部分价值观,几乎支配了社会的方方面面。有了视觉,我们才会区分肤色、财富的外在表现,才会根据衣着和外貌对人进行分类。要被社会所接受,我们必须融入视觉的世界,即使盲人也不例外。"科波拉博士继续说道,"视觉的重要性毋庸置疑,但它可能被高估了,因为它会蒙蔽我们的感知,会使我们忽视那些本不是用来看而是用来感觉的东西。"失明和失聪虽然也是障碍,但失明者和失聪者有可能调整并适应自己所处的状况。然而,若失去了触觉或身体感觉,那便失去了生命感。在生命的感觉和人际关系的能力方面,触摸具有视觉世界不具备的根本价值和

· 193 ·

触摸的力量

意义。

在看不到陌生人时，我们会乐于通过触摸与他们建立联系，但在看到他们的那一刻，我们会立刻发生改变，与他们"恰当地"疏远了。前文提到的学生写道："无须用固有的、刻板的方式看待他人，这令人感到喜悦。"他在视觉上受到文化刻板印象的制约，当这些陈词滥调和刻板印象不再起作用时，他就可以完全超越"不要触摸"的禁忌，不受抑制，也不受传统的约束，允许自己去享受触觉体验。威廉·布莱克（William Blake）在他的诗歌《永恒的福音》中清楚地写到了这一点，

> 这五扇通往灵魂的生命之窗，
> 扭曲了天堂的每一端，
> 它引导你去相信谎言，
> 因为你只用了肉眼看，并未穿透眼前的景象去获得洞见。

在西方世界，拍脸颊、轻拍头发、触碰下巴下方都是表达友善情感的行为，这些都是通过触觉来传达的。

"按手礼"是一种古老的习俗。手是身体上最活跃的器官，执行着各种日常的、魔法的或宗教的行为，因此，它顺理成章地成为权力的象征。在许多文化里，可以用手将一个人的力量传送给另一个人。只需把手抬起放在另一个人身体上，即可为这个人带来和谐的感受，哪怕并没有实际的身体接触也可起效。在《圣经·新约》中，我们可以读到，耶稣下了山，有大批群众跟随他。有一个麻风病患者来了，拜见他，对他说："主若肯，必能叫我洁净了。"耶稣伸手摸他，说："我肯，你洁净了吧。"他的麻风病立刻就被治好了。（马太福音 8：1–3）然后，他们把年幼的孩子带到他身边，要他触摸他们……他把他们抱在怀里，给他们按手，为他们祝福。（马可福音 10：13–16）

"按手礼""国王的触摸"曾经一度被广泛运用于治疗淋巴结核等特定疾病，并且经常被认为是很有效的。各地的治疗仪式都曾涉及"按手礼"。来自王室的触摸可以追溯至法国的卡佩王朝和英国的诺曼人。国王具有神圣和富有奇迹的特质，人们认为这可以赋予病患神圣的治愈力量，尤其可以治疗

淋巴结核。在中世纪，几乎所有法国和英国的国王都会行使"国王的触摸"，这个仪式一直延续到近代。在18世纪的英国，随着汉诺威王朝的出现，这一习俗也被终止了。在法国，最晚的"国王的触摸"记录是在1825年5月31日，当时查理十世触摸了120~130人……这项仪式是由康尼圣马库尔救济院的修女举行的。在仪式完成14周后，人们发现只有5人痊愈了。如马克·布洛赫（Marc Bloch）在他的著作《国王的触碰》（*The Royal Touch*）中所写："在真正有信仰的时代，明智的选择是在这样的事上保持耐心。"

由于"国王的触摸"和淋巴结核经常被关联在一起，于是人们也把淋巴结核称为"国王病"（the King's evil）。塞缪尔·约翰逊（Samuel Johnson）在两岁半时，从他的奶妈那里感染了淋巴结核。1712年3月30日，他被母亲带到伦敦，当时安妮女王触摸了200人，他也是其中之一。可惜，至少就他的情况而言，来自女王的触摸并未治愈他的疾病。大约2年后，在1714年4月27日，也就是女王去世前3个月，女王最后一次在英国举行了这种以疗愈为目的的按手礼。尽管后来王室成员不再举行这种仪式，但这种信仰一直延续到20世纪，以带有王室形象的奖章的形式存在，王室过去以触摸传递的力量转移到了奖章上。

对于患有任何皮肤病的儿童来说，来自他人的手的触摸尤为重要。因此，一些皮肤科医生建议，当母亲给孩子用药时，应该用手来上药，而不是用棉签或压舌板这类工具，这样孩子就能感觉到爱抚。由于皮肤病很少具有传染性，因此母亲通常不必担心被感染。

在"文明"的世界中，这个信仰仍然广为流传：把手放在身上可以带来疗愈。例如，在爱尔兰，家里的第7个儿子通常被认为具备某种"魔力"。据说芬巴尔·诺兰（Finbarr Nolan）就是这样的一个人。1974年，他21岁，据说已经从那些寻求治疗的患者那里获得了50万英镑的"捐赠"。1974年2月，他将活动范围扩大到整个英国，在伦敦的几天内收到了6 000多份捐赠，取得了巨大的成功。

至少有40%的皮肤病都与情绪因素有关，如果不加以治疗，皮肤不适可能演变成慢性症状。

与人接触、与他人分享自己的生活，这是人类的基本需求，这也反映在我们的皮肤上。在被剥夺母爱的儿童和被抛弃的成人身上，都能发现明显的皮肤问题。不良皮肤状况通常反映了深层的情绪问题。

在过敏性疾病方面，莫里斯·J.罗森塔尔（Maurice J. Rosenthal）博士通过一项测试来直接验证这一观点："某些易感婴儿之所以会患上湿疹，是因为他们未能从母亲或替代母亲的照顾者那里获得足够的身体抚慰接触（爱抚和拥抱）。"他调查了25位有2岁以下患有湿疹的孩子的母亲，发现这一假设得到了充分的证实。这些孩子大多没有得到来自母亲的足够的皮肤接触。

在讨论婴儿湿疹的案例时，斯皮茨提出了一个有趣的问题。"我们可能会问自己，"他写道，"这种皮肤反应是一种适应性的努力，还是一种防御？孩子的反应可能代表了向母亲提出的要求，需要母亲更频繁地触摸。这也可能是一种自恋的退缩形式。从某种意义上说，通过湿疹，孩子会在自己的身体领域获得未从母亲那里获得的刺激。对此我们不得而知。"

然而，有人指出，患湿疹的儿童需要母亲额外的照顾，要进行持续的日常皮肤护理，防止抓挠皮肤，还要关注大量医疗细节，这些琐事都令人疲惫，可能会破坏母子的关系。

利普顿（Lipton）、斯登斯耐德（Steinschneider）和里奇蒙（Richmond）回顾了相关的证据后得出结论：湿疹引发的瘙痒在某些情况下可能是原发性的，而不是继发性的。心理社会因素和文化因素可能通过自主神经系统（自主神经系统对皮肤的结构和功能有一定的控制作用）对皮肤功能紊乱产生了重要的影响。

多年来，赫尔曼·穆萨夫（Herman Musaph）已经数百次观察到，那些在红灯前不得不停车的司机会开始抓挠自己，多数情况下他们挠的是头部。他把这种现象称为"红灯现象"。在他看来，有理由认为，在许多情况下，被抑制的愤怒转化为动觉释放（抓挠），这是一种用言语无法表达的愤怒。类似的例子还包括无聊的讲座、枯燥的阅读、不断地等待和被强行叫醒等。瘙痒和抓挠时的动觉释放可以令抑制的情绪得到释放。

使用皮肤来缓解紧张有多种形式，在西方文化中最常见的就是男性的抓耳挠腮，而女人通常不会这样做。事实上，关于皮肤的使用有明显的性别差异。男人在困惑时，会用手摩擦下巴，或拉耳垂，或摩擦前额、脸颊和脖子后部。在同样的状态下，女性有着截然不同的姿态。她们要么嘴巴微微张开，用一根手指点在下门牙上，要么把一根手指置于下巴下方。男性在困惑状态时，其手部动作还有揉鼻子、将弯曲的手指放在嘴上、揉脖子侧面、揉脸的眼眶之下的区域、揉闭着的眼睛和挖鼻孔。这些都是男性化的身体表达，除此之外，还有摩擦手背或大腿前部，噘起嘴唇。

这些似乎都是自我安抚的身体姿态，有助于缓解紧张情绪。同样地，在惊恐或悲伤时，紧紧地绞拧手，用手包裹和抓紧自己的手也有利于舒缓情绪。在古希腊，人们习惯于携带表面光滑的石头、琥珀或玉石。时至今日，在亚洲大部分地区仍有此习惯，这样的物件有时被称为"手把件"（fingering-piece）。正如"解忧珠"（worrybeads）这样的名字暗示的，这些物件可以令人愉悦，能起到镇静的效用。在天主教徒对"解忧珠"的描述中也能看到相似的效用。近年来，美国的"解忧珠"的销量一直在增长。最近一段时间，手把件的形式变成了名为"Feelies"（多感官艺术品）的小块抛光木块。值得注意的是，在第二次世界大战期间，为精神分裂症孤儿提供避难所的詹尼·鲁丁尼斯科（Jenny Rudinesco）博士观察到，许多孩子会用纸做一个小球，放在大拇指和食指之间来回碾动。J.C.莫罗尼（J. C. Moloney）将这些小纸球解读为母亲的"替身"，他指出："这些是可以被情绪不安的孩子控制的'母亲'，因为它们是孩子创造的'母亲'。"

我们经常可以在紧张的人群中观察到摩擦拇指和食指的行为，这种行为可能会发展为用一只手摩擦另一只手的所有手指。

在皮肤疾病方面，费城坦普尔大学医学院精神病学系的S.哈默曼（S. Hammerman）博士向我报告了一个女孩的病例：她患了非常严重的痤疮，其他传统的医学方法均没有效果；一位敏锐的理疗师把她送到美容院，接受触觉刺激治疗，最终被治愈。正如J. A. M.米尔洛（J. A. M. Meerloo）博士所说，许多皮肤疾病无意识地表达了对持续皮肤接触和皮肤保护的需求，以及对被关注和被关爱的需求。痤疮有时可能象征了被压抑的性欲表达。其他皮肤病有时是在表达对性交皮肤接触的防御。在第一次世界大战期间，许多士兵在经历了多次轰炸后，有皮肤变黑的反应，或出现了恐惧性黑变病。在第二次世界大战期间，鹿特丹遭到轰炸，许多人的反应是皮肤苍白和各种各样的皮疹，仿佛是给自己罩上了一层伪装。

如果一个人在婴儿时期没有得到关爱和安全拥抱，后来也很可能出现对坠落的恐惧。洛温指出，对坠落的恐惧——无论是从高处坠落还是睡梦中坠落，都与坠入爱河的恐惧相关。事实上，若患者出现其中任何一种焦虑，通常都容易受到其他人焦虑的影响。这三种焦虑的共同点是让人失去对身体及其感觉的完全控制。这类患者将这些恐惧体验为一种"下沉"的感觉，他们会感到害怕，以至于完全无法动弹。这些感觉"是小孩子的乐趣所在，他们在荡秋千、滑滑梯和类似的游戏活动中寻求这些感觉。健康的孩子喜欢被父母抛到空中，再被父母用手臂接住"。

在距离问题上有一点很有趣，某些戏剧导演告诉演员在表演喜剧时不要互相触碰，但在表演悲剧时要反其道而行之。这就像外向和内向的区别。在喜剧中，演员需要保持距离，不介入，因此要避免接触。而悲剧中则恰恰相反，必须有彼此间的介入，因此鼓励肢体接触。在喜剧中，以垂直的手势为主，但在悲剧中则以水平手势为主。在喜剧中，垂直的手势倾向于表达狂热；在悲剧中，水平手势倾向于表达情感上的共情和拥抱。因此，海伦·海耶斯（Helen Hayes）说："在喜剧中，我发现我必须保持站立，手臂必须举得更高，手势必须是向上的。在悲剧中恰恰相反。"

触觉行为在所有文化中的性别差异可能都非常显著。女性比男性更容易沉迷于各种微妙的触觉行为。女性似乎对物体的触觉特性更敏感，例如，她们会把手放在织物上欣赏织物的质地或品质，男性则很少这么做。抚摸和爱抚在很大程度上是女性化的活动，女性的方式在各个层面上都是温柔的。拍背和用力握手是男性特有的行为方式。这些方面的文化差异也很明显。霍尔（Hall）指出，日本人非常注重质感。"一个光滑、摸起来令人愉悦的碗不仅传达了工匠对碗和使用者的关心，也传达了工匠对自己的态度。"霍尔接着补充道，打磨好的木制作品反映了中世纪工匠对触觉重要性的感受。"触摸，"他写道，"是所有感官中最个人化的体验。对很多人来说，生活中最亲密的时刻与皮肤触感的变化有关。我们会以强硬的、盔甲般的态度抵抗不想要的触摸，或者在性爱过程中体验激动人心、不断变化的皮肤触感，以及事后天鹅绒般的满足感，这些都在传递着从一个身体到另外一个身体的具有普遍意义的信息。"

鲍尔比推测，婴儿的某些反应起到了联结母婴关系的作用。这些反应包括吮吸、紧贴、跟随、哭泣和微笑。婴儿会发起前三个反应，而后两个则是给母亲的信号，让母亲对他做出反应。鲍尔比发现，根据他的经验，即使没有母乳喂养，如果母亲能接受婴儿的紧贴和跟随，也能使孩子顺利发展，而即使在母乳喂养的条件下，母亲若拒绝紧贴和跟随也容易导致母子情感疏离。此外，在鲍尔比的印象中，许多心理障碍（包括最严重的障碍）都会在出生后第二年初显端倪，那时正是儿童紧贴和跟随需求的高峰。

精神分析学家迈克尔·巴林特（Michael Balint）发现，在他的患者身上，依恋的需求代表了对创伤的反应，"对被抛弃之恐惧的表达和防御……它的目的是恢复原始主客同一性的关系"。这个同一性表达为主客体之间的愿望和兴趣的同一性，巴林特称之为原始客体关系或原始的爱。

巴林特把这些患者分为两类：一类是疏客体倾向，表现为迷恋摆荡、亢奋感、高空秋千等；一类是亲客体倾向，表现为无法忍受摆荡或待在高处这类有"风险"的事。疏客体倾向者常常是独处的，依赖自身的资源；亲客体倾向者则不断地与物体可能坠落的恐惧做斗争。

如果一个孩子体验过令人满足的主客体关系（受到过令人满意的触觉刺激），那么他将不需要依赖外物，而会享受高处体验、刺激和摇摆。相比之下，那些依恋需求没有得到满足的孩子，尤其是处于前语言反射期的孩子，会对这种创伤性经历做出过度的反应，需要抓住和依赖外物，害怕不稳定和失去支持而坠落的体验。

这里涉及两个不同的感知世界：一个是视觉导向的，另一个是触觉导向的。触觉导向的世界比视觉导向的世界更直接、更友好。在视觉导向的世界里，空间可能是友好的，但也经常是可怕的、空荡荡的，或者充满了危险、不可预测、不稳定的。法国画家乔治·布拉克（Georges Braque）曾说过，触觉空间区分了观看者和观看对象，而视觉空间将一个个观看对象彼此分隔开。

正如亚瑟·伯顿（Arthur Burton）和罗伯特·E.坎特（Robert E. Kantor）指出的，人类是地球的生物，通过持续的触觉接触与大地联结。当我们在飞行或潜水时，我们会因失去这种联系而产生焦虑，因为我们失去了与所依赖的大地的"碰触"。

多年来，有众多用其他方法无法治愈的精神分裂症患者通过身体接触取得了突破性进展，这种情况出现之频繁令人震惊。1955年5月，有报纸报道了俄亥俄州奇利科思退伍军人管理局的精神病院的物理治疗师保罗·罗兰（Paul Roland）在治疗紧张性精神分裂症方面取得的成功。一开始，罗兰和患者一起坐着，一段时间后开始触摸患者的手臂。不久后，罗兰开始给患者用摩擦的手法按摩。一旦到了这一步，康复的进程就会大大加快。格特鲁德·斯兹维（Gertrude Schiwing）曾报告她是如何通过拥抱精神分裂症儿童突破治疗障碍的。瓦尔（Waal）细致地描述了对一个明显患有孤独症的男孩的按摩治疗，"治疗师给患者做了一个柔和的、富有母爱的按摩，辅以有节奏的爱抚和非常温柔的挠痒和触摸"。治疗师按摩了太阳神经丛、颈部和整个脊柱，同时非常敏感和谨慎地轻挠胸部、下巴、手和手掌。接着，治疗师开始按摩眼睛，随后进入第二阶段，对下巴、胸口、肩膀进行刺激性的按摩，最后再回到眼睛。在第二阶段的按摩中，治疗师不再使用轻柔的手法，而是会加大力度，患者会有尖叫、哭泣和踢打的反应。治疗师告诉他们，这些都是失望的婴儿的反应，是没问题的。在这些释放结束后，治疗师会以非介入的、客观的方式令患者接收到抚慰的、母爱般的关怀。根据瓦尔的说法，这种疗法似乎起到了促进身体的成熟以及中断孤独症患者退缩状态的作用，而且它似乎比迄今为止尝试的任何其他技术都起效更快。

心理治疗中的触摸

长期以来，在心理治疗中，触摸来访者或患者一直是一个禁忌。美国精神分析学家卡尔·曼宁格（Karl Menninger）博士明确指出："违反禁止身体接触的规定将构成……咨询师不称职或违法的证据。"

精神分析对触摸的禁忌起源于弗洛伊德（Freud）。他的观点是，治疗师不应该干预自己和患者之间的关系，而应该完全保持客观，既不刺激患者，也不给患者增加任何来自治疗师自己的东西。治疗师要对患者保持隐形状态，因此要求治疗师坐在患者的后面。许多精神分析学家现在仍然遵循这些做法。然而就像伯特伦·R. 福勒（Bertram R. Forer）博士说的，"单用言语的接触会使人在身体上与他人处于一种分离的状态"。作为一名心理治疗师，福勒认为人与人之间的皮肤接触是不能回避的心理需求，这甚至比对食物的需求还要关键，因此福勒强烈建议，在心理治疗过程中以事前告知、专业的方式给予触摸。福勒指出，个人的完整性意味着通过亲密的关系持续寻找和摄入社会交往的养分，这也包含了触觉的体验和触觉带给整个身体的反射。"大多数来访者和治疗师，"他写道，"用压抑内疚的方式和内在的父母作斗争，而内在父母本该起到为他们建立心理结构的作用。治疗师的一个潜在功能是，对待来访者时，比他的内在父母更爱他，更珍视他。"

与只用语言交流相比，治疗师能通过恰当的接触，让来访者更好地了解彼此之间的情感关系，以及他们可以期待什么。治疗师的触摸是令人安心的，同时也有助于消解来访者的恐惧和不愉快，从而减少来访者自身对人际关系的抗拒。

>他的情绪反应可能会让自己大吃一惊，他意识到自己有着深深的渴望。然后，他会认识到，他压抑的内疚以及他在与内疚相处中所扮演的角色限制了他与其他人之间给予和接受的自由。因此，把治疗师带入内在可以解除生命早期关系中破坏性的残余影响，并打开来访者的封闭的系统，让他获得新的人际体验。
>
>在关键发展期被温柔触摸的最原始反应是身体有了放松感——感到放心，感到自己并不孤单，认识到过去的自我无价值感是不合理的。如果他仍然陷入与破坏性父母的未解决的融合中，可能会在一开始就拒绝接触，因为这是来自自我毁灭的威胁。这些人的生活里可能确实没有身体的接触，但同时却对身体接触有着巨大的需求。

福勒博士总结道："触摸创造了相互的关系，它是测试一个人是否敢于成为或被允许成为一个平等的人这个过程的一部分。"这里所涉及的触摸是指患者或来访者触摸治疗师，以及治疗师触摸患者或来访者。然而，时至今日，英语世界的精神分析师已经不再在咨询开始和结束时与患者握手了。设立这一禁令的理由是，这样的身体接触将在分析情境中引入一种不必要的，因此也不受欢迎的心理刺激，这种刺激可能会对分析过程产生不利影响。精神分析师必须关注那些决定患者思想和行为的因素。分析师的一言一行都应该服从于这种态度。

很难理解为什么患者和治疗师之间的触碰会成为理解患者想法和行为的障碍。弗洛伊德认为，这种行为很容易产生某种色情成分，从而令心理分析疗法土崩瓦解。确实出现过这种滥用身体接触的情况，但那些负责的治疗师无论如何都是负责的。来访者和治疗师在治疗过程里总是会遇到问题，其中最重要的一个问题是一种整合性的慰藉体验进入了一种兴奋的情色或有性意味的体验，而后一种体验最初可能看起来会让治疗崩溃。羞耻感和内疚感通过自我异化和拒绝接受身体来缓解，这可能是在从慰藉到情色感受的转变过程中发展起来的。福勒很好地说明了它对治疗师和来访者的意义：

> 这种情爱的心身唤起和与之相关的幻想是至关重要的治疗原材料，但它们也成为触摸被污名化的主要原因。这些感受会使治疗师形成道德控制，以免偏离职责。有些治疗师自己可能体验到情色的感受，并因自己尚未解决的羞耻感和内疚而受到困扰。如果他们需要保护自己免受这种意识的伤害，很可能会拒绝并认同患者自己的信念，即语言是好的，触摸总是色情的，或者是破坏性的和坏的。治疗师和来访者都需要去学会包容自己的性兴奋，并且意识到性幻想并不一定会引发行动。因此，治疗师的不带情色意味的触摸可能会令客户卸下防备，协助他区分和包容这两种体验。

亚瑟·伯顿（Arthur Burton）博士和A. G. 海勒（A. G. Heller）博士大体认同精神分析观点，但并不同意其中一小部分做法（例如认为患者不需要被触摸）。他们也总结出一个可能有效的结论，即大多数心理治疗师在潜意识层面并不喜欢自己的身体。他们认为，这一点，再加上触摸行为在法律上的定义，使治疗师难以在这一治疗领域自由和自发地使用触摸来疗愈。

或许，这样的心理治疗师并非治疗心理障碍者的合适人选，不会游泳的人不该做救生员。

巴提尼夫（Bartenieff）和路易斯（Lewis）注意到，治疗师的触摸的品质对于患者和治疗师的关系至关重要。他们指出，触摸可以在形状和力度上有所不同，例如从短暂的轻戳或突然的戳，到有挤压感的二维握持，再到有支持性的、令人安心的、持续的、轻微包裹的握持，或间接包裹的握持。他们建议，触摸应该是三维立体的——这可以提供一种支持感——而不应使用一种相对线性的强迫形式，比如戳。一些孩子（和成人）可能从来没有以一种三维的方式被抱持，这种方式是从身体中心开始的，也可能通过身体之外的话语来传递。他们认为，治疗师如果没有发展出这种意识，就不应该进行任何触摸。

我们在讨论这个问题时，应该补充一点，那就是在医学实践的每一个分支中，触摸都应被视为医治的艺术不可或缺的一部分。医生应该知道，在家庭中，人与人之间的接触可以安抚不安的情绪、纾解疼痛、减轻痛苦、给予安慰等。简而言之，触摸可以改变一切体验。人性化的世界是家庭的放大，在较小的范围里，即在家庭中看到的关系也适用于患者和医生之间。

患者期待从医生那里获得人性化的触摸和治疗效果。触摸总是能增强医生的治疗能力和患者的康复能力。几个世纪以来，人们已经在宗教团体中很好地理解了"按手礼"及其效力。如果在治疗社群中，触摸也能得到同样的理解，那就再好不过了。

有趣的是，在医疗界，护理专业这个分支充分认识到了触摸的重要性。护理学期刊上刊登了许多有价值的讲述触摸对于治疗的益处的文章。首先，护士主要是女性，其次，护士比医生更多地接触了患者，因此护士所处的位置更有利于她们认可触摸在照顾患者中的重要性，并理解照顾患者始于对患者的关心。关心不是可有可无的，而是自然的和必需的，关怀（"爱"是它的同义词）是令彼此有关联感的，也是亲密的。

触摸与哮喘

1953年，我报告了C女士的案例，她是一位30岁的英国上流社会女性，离异，没有孩子，身高5英尺4英寸，体重90磅。我们于1948年7月在伦敦首次见面。C女士是同卵双胞胎中的一个。自从这对双胞胎记事以来，两人大约每两周发作一次哮喘。在1948年之前的6年里，C女士一直在疗养院接受治疗。她的医生告诉她，如果她再一次哮喘发作，可能就会丧命。正是这个令人震惊的病情预断使我陷入了困境。C女士是一位漂亮的年轻女子。在我到她伦敦的家中拜访时，她显得有些紧张，但除此之外她看起来很健康。她用一只冰冷无力的手迎接访客，然后双臂交叉放在胸前。随后，她在一张坐卧两用的长沙发上坐了下来。过了不一会儿，她就用一种安静且不引人注目的方式，开始在靠背上揉搓背部。我问她母亲是否早逝，她回答说她的母亲在她出生时就去世了。她惊讶地问我为什么要问这个问题。我解释说，这种可能性是基于以下观察：（1）她握手时的乏力；（2）她将双臂交叉放在胸前；（3）她在长沙发的靠背上揉搓自己的身体。所有这些都显示她在婴儿时期可能没能接受到足够的触觉刺激，这通常是母亲早逝所引起的后果，于是我想到了这种可能。

我解释了关于触觉刺激和呼吸系统发育之间的关系的理论，也特别向她强调，这仅仅是一种理论，还没有得到证实，但是有一定的证据证明存在这种关系，如果她愿意的话，可试着测试一下。同时，我建议她去伦敦的一家理疗诊所，在那里，她将得到专业的按摩。她欣然同意了。几天后，在第一次按摩之后，她的热情溢于言表。然后，她被告知，只要她没有经历严重的情绪障碍，那么继续接受按摩一段时间后，她就很有可能不会再发作哮喘了。她继续接受了几个月的治疗，在之后的许多年里，她再没有发作过严重的哮喘。

C女士的姐姐在嫁给一位著名作家之前，也经历过同样的哮喘发作，虽然并未完全痊愈，但婚后她的哮喘发作频率有所下降。后来她离婚了，离婚后不久便死于哮喘发作。C女士的病情大大减轻了。她后来再婚，从此过着幸福的生活。

当然，哮喘的改善和C女士接受的皮肤刺激之间可能完全没有关系。但是这种关系也可能非常直接。在我最初的论文中，我写道：

> 在这里引用这个案例，是因为其具有启发性的价值。如果其他研究者有机会，希望可以进行必要的观察，以验证患有哮喘和其他疾病是否与婴儿时期皮肤刺激不足有关，是否可以基于本文概述的理论，给予患者皮肤刺激来缓解。

虽然那篇论文引起了广泛的兴趣，但似乎并没有带来太多关于触觉刺激与哮喘关系的研究。

关于哮喘，前文中提到，在哮喘发作时，用手臂搂住患者的肩膀可能会缓解症状或使其停止。

威廉·奥斯勒（William Osler）先生曾说："握住一位女士的手会让她对

治疗师充满信心。"事实上，牵手可能对任何一个有较大压力的人都能产生舒缓效果。通过减少焦虑，接受者和给予者都会产生更强的安全感。

我们可能会问，以爱抚、抚摸、轻搂、拥抱、抚推等形式呈现的触觉刺激，是如何对情绪紊乱的人产生如此显著的影响的？

答案很简单：触觉刺激似乎是个体健康行为发展的基本必要体验。一个人如果在婴儿期未能接受足够的触觉刺激，可能会导致他无法与他人建立接触关系。成年人触觉刺激需求的满足，也能帮助他们获得自身所需的安全感，让他们相信自己是被需要和被重视的，从而参与并融入与他人构成的价值观网络。如果一个人在与他人的接触中表现笨拙，在握手、拥抱、亲吻等与他人的身体接触中，通常是在所有表达感情的触觉上——表现笨拙，那主要是因为他没有经历过足够的与母亲的身体接触互动。他的母亲未能发挥自己的母性。加纳（Garner）和维纳（Wenar）将母性定义为：母亲满足婴儿对身体照顾和愉悦刺激的需求，同时这也为母亲自己提供了满足。母亲不仅为她的孩子提供了满足感，而且她自己也从中获得了满足感，因为她为孩子提供了成长和发育所必需的亲密的身体接触和保护。有研究表明，身心障碍倾向于出现在缺乏母爱体验的个体身上——这个假设已经多次得到证实。母爱的一个基本要素是亲密的身体接触，包括拥抱、搂抱、爱抚、环抱、轻摇、亲吻，以及母亲给予孩子的其他触觉刺激。

若婴儿在生命早期被限制或剥夺触觉和亲身体验，其后续的触觉和情感行为可能会被扰乱。耶鲁大学的亨利·W. 尼桑（Henry W. Nissen）教授和他的同事进行了一个可怕的实验，他们把一只4个月大的雄性黑猩猩的四肢包裹在纸板圆筒里，一直持续到31月龄。当这只黑猩猩的四肢被放开时，它的四肢在大小、形状和长度等方面没有缺陷，但研究人员却发现，这只年轻的黑猩猩与同龄的其他黑猩猩不同，它不与同伴接近，也不梳理毛发。此外，它"完全没有嘴唇的动作和声音，而这可能是本能模式的一部分"。人类婴儿从未受到过如此极端的对待。然而，对这只被剥夺触觉的黑猩猩的研究结果与人类总体的发现一致，即在婴儿时期，任何长时间的触觉体验剥夺都可能导致孩子日后的触觉和情感行为不足。

身体接触是哺乳动物的一种基本需求，如果个体要发展出那些动作、姿态和身体关系，就必须满足这种需求，而这些动作、姿势和身体关系通常是

触摸的力量

在成长过程中，在与母亲的身体接触中发展起来的。实验表明，剥夺这种体验会让人产生非典型的动作和姿势。在前面的论述中，我们看到了这是如何影响性行为的，在此作用下，经历过社交剥夺的男性在性交行为中会表现笨拙。正如梅森（Mason）和其他人所表明的那样，对这些经历过社交剥夺的人来说，缺乏社交沟通是常态。当存在这种需求时，一个人会因为体验过母亲的这种行为而学会用鼻子蹭、性交、搂抱、拥抱、亲吻，并温柔而慈爱地照顾他人。如果一个人幼年缺乏这种母爱行为，需求并不会就此消失，但他相关的行为表现就会或多或少地显得大条和不完整。事实上，在很大程度上，可以衡量一个人是否健康发展的一个指标是他能够在多大程度上自由地拥抱他人并享受他人的拥抱……去获得与他人之间真实的关系。

一个在触觉上没有得到足够满足的孩子会成长为一个笨拙的人，这种笨拙不仅体现在与他人身体层面的互动上，而且体现在心理层面上、行为层面上和与他人的相处上。这样的人很可能缺乏《牛津英语词典》所定义的那种得体（tact）："在与他人打交道时，能够敏锐感觉什么是合适的、适当的，以避免冒犯他人或赢得好感；与人打交道、沟通困难或微妙情况时的技巧或判断力；在正确的时间说或做正确事情的能力。"

1793年，苏格兰哲学家杜加尔德·斯图尔特（Dugald Stewart）在他的《道德哲学概论》（*Outlines of Moral Philosophy*）中写道："法语中的得体（tact）一词，用来表示一种微妙的分寸感，这种分寸感使一个人能够在上流社会的艰难交往中摸索着前进（to feel his way）。"此处，用到了feel（感受）这个词，feeling one's way（通过感受摸索着前行），很好地反映了最初的触觉探索是我们与另一个人进行初次交流的开始。在这个基础上，我们要么发展成为一个有分寸感的人，要么——如果我们在现实的触觉经历中失败了——我们会变得笨拙，对他人的需求不敏感。毫无意外地，笨拙和麻木的人通常未能成功满足爱的需求，而爱最初的也是最基本的组成部分就是触摸。

从婴儿时期的触觉体验到后来的有分寸感的、得体的行为之间，似乎有一种非常明显的关联。有趣的是，"tact"（有分寸、得体的）这个词，来自拉丁语"tactus"，意思是"触摸"，直到19世纪中叶，"tactus"在英国还经常用来代替"touch"（触摸）这个词。在现代意义上，"tact"一词是在19

世纪早期从法语中引入的。这个词的真正意思是"细腻地触摸"另一个人。"tact"的词源和心理的关系，在它的当代意义"触摸"中，并没有完全被人忽视，因为我们会说一个没分寸的、笨拙的（tactless）人有一种"笨重的感觉"（heavy touch）。在现代意义上，"tact"（有分寸、得体的）一词的有趣之处在于，这个词非常清晰地契合了早期触觉体验对一个人发展出恰当和合适的行为之精微感受力的重要性。"tact"的原始意义留存在了同义词"touch"（触摸）及"contact"（接触）中。"contact"（接触）描述的是触摸或人与人的相遇。（拉丁语中，com-意为一起；tangere意为去触摸。）

感觉与触摸

真理和沟通都始于一个简单的动作：触摸——它是情感真实的声音。爱的触摸，就像音乐一样，经常"低语"着无法言说的东西——没有什么需要讲述，因为一切都已经被理解透彻。感情通常有一种有形的品质，我们经常用语言将其表达出来，比如我们说，"我觉得这些话就像一种爱抚"，"这种材料感觉很好"，"这对他的自尊是一个严重的打击"，等等。事实上，英文中"触摸"（touch）的常见同义词是"feel"（感觉）和"contact"（接触）。情绪（emotion）、感觉（feeling）、情感（affect）和触摸（touch）几乎是不可分割。情绪，即使不是由触摸引起的，也经常具有触觉性质。正如人们普遍理解的那样，感觉是指在作为整体的生物体内自发产生的感官感觉。一个人是否感觉良好。这种状态是一种情感状态。我们所说的"感觉"的大部分似乎是由主要来自触觉成分的、复杂的、混合的感知组成的，这些触觉成分主要来自皮肤、关节、肌肉和内脏。

人类感觉的发展显然需要感官需求的满足、本体感觉—前庭功能和视觉感官。

网状结构位于脑干脊髓正上方并向上延伸，在很大程度上参与意识水平的变化，因此通常被称为网状活化系统或醒觉系统。它极其复杂，鲜为人知，但已知的是，它对触觉刺激特别敏感。例如，当我们意外地被触摸时，我们的警觉性水平会有明显地提高，我们会被激活和唤醒。触觉刺激对情绪基调和注意力范围有着重要的影响。

活动水平,即大脑构思、组织和执行不熟悉的动作和动作序列的能力,很大程度上依赖于触觉输入。通过触摸,我们能够辨别我们身体各部位的内在图像。一个简单的例子可以说明这一点。请你双手合十,手指交叉,然后弯曲前臂,双手放在下巴下方。让另一个人用语言指出(不碰触到)中间6根手指中的一根。你来试着主动移动那根特定的手指。此时请注意,为了移动正确的那根手指,你必须十分努力地思考。现在让对方触摸其中一根手指,看看你是多么容易地移动正确的手指。触觉信息会立即给你答案。若没有触摸,双手的奇特角度会使你难以决定要计划和执行哪一个动作。[*]

手指和手的触觉感受

直到最近,人们还认为神经系统中的大多数感觉通路都是"固定的"或"硬连线的",认为它们在出生前或出生后不久就已经成熟了。迈克尔·梅泽尼奇(Michael Merzenich)博士和他在旧金山加利福尼亚大学与范德比尔特大学的合作者已经证实,在松鼠和猫头鹰的大脑中,传递触觉的通路不是硬连线的,在成年后仍然保持流动。

研究发现,每只动物的触觉信息都被组织到大脑皮层中一个形态独特的区域,每种动物的触觉信息都有所不同。当一根手指被移除时,来自其余相邻手指的感觉输入在几周内逐渐移动到缺失手指的专属大脑区域,从而使相邻手指的表现比以前更精细。在大脑的体感区域受伤后,也会发生类似的转变,但敏锐度会有所下降。大脑中的感觉地图似乎是自组织的。看起来各种神经输入之间的时间相关性是推动这种自组织特质的潜在力量。单个神经元的活动是微不足道的,关键是神经在"网络"中的作用,在这个网络中,它成为从经验中获得的大量输入的一部分。单个神经元的行为是暂时的,它在网络中的作用取决于它在网络中的历史。在这样的网络中,可能会测量到大量的信号并可对其进行评估。研究神经网络的动态特性——而不是研究静态

---

[*] 我把这个例子归功于苏珊·梅里尔(Susan Merrill)女士。

神经结构——才是最大的希望所在。

这些最新研究的重要性在于它们揭示了认知功能，并且揭示了不同形式的触摸（或缺乏触摸）可能会影响人的发展。

皮肤的适应性和反应性

在皮肤的诸多非凡能力之中，有一种发展出更强的敏锐度并弥补其他感觉系统缺陷的能力。祖倍克（Zubek）、弗莱（Flye）和阿芙特纳斯（Aftenas）发现，将16名蒙眼学生关在一个完全黑暗的房间里一周后，他们的皮肤敏感性和对疼痛的敏感性都明显增强。盲人皮肤敏感性的发展有相当大的差异，有些人表现出增强，有些人表现出减弱。这个问题值得进一步研究。

皮肤不仅会对每一种刺激做出最适当的物理变化，并且会在行为上做出反应——皮肤能够以肉眼可见的方式发起行为。这里所提到的刺激指的是源自皮肤表面的刺激。皮肤不仅仅是一个复杂的细胞结构，也是一个复杂的化学结构；此外，皮肤表面的物质在身体的防御系统中起着重要作用。例如，人的血浆或全血与皮肤的接触加速了凝血过程。如果用酒精清洗皮肤，凝血时间则会延长。

皮肤对来自皮肤表面的刺激的反应性，只有在原始感觉刺激通过神经系统传导后才能发生。我们发现，任何能够通过源自对大脑的刺激而在皮肤上产生的变化，也能够通过改变刺激源自皮肤表面来令皮肤产生这样的变化。以由于触觉刺激不足而引起的皮肤疾病为例，显然，必须从表皮层面诠释皮肤层面的感觉刺激，然后才会启动恰当的运动反应。皮肤本身是不会思考的，但它的灵敏度是如此之高，再加上它能够接收和传输如此广泛的各种信号，并做出如此广泛的反应，这使它超越了其他所有感觉器官。皮肤的功能多样肯定仅次于大脑。这并不令人意外，因为正如我们所知的，皮肤实际上代表了有机体的外部神经系统。然而，如果未能受到正常发育所需的触觉刺激，皮肤的敏感性就可能会受到相当大的损害。在这一点上，家庭、阶级、文化等因素的影响起着基础性的作用。

第 8 章

文化与接触

> 每一种文化都会培养或训练其儿童和青少年发展出不同类型的触觉接触和刺激的阈值,从而加强或减弱他们有机的、本然的、气质性的特征。
>
> ——劳伦斯·K. 弗兰克,《触觉交流》
> (Tactile Communication),选自《遗传心理学专刊》(Genetic Psychology Monography),1957(56),第 241 页

在对触觉的态度以及具体的触觉行为方面,存在着广泛的阶级和文化差异,这为我们研究触觉体验的社会差异提供了肥沃的土壤,这些差异涉及个体人格发展,在某种程度上也与文化和民族特征相关。一般来说,虽然文化中都有一些约定俗成的规范,大家都清楚婴儿和儿童应该接触哪些社交经验,但在特定家庭内部的特殊差异可能会大大偏离行为模式规范,这或多或少地会影响到所涉及的个体。

在一些家庭中,不仅在母亲和孩子之间,而且在家庭的所有成员之间,都会发生大量的触觉接触;在同一文化中,也存在着只保留最低限度触觉接触的家庭。有些文化整体以"不要摸我""不要碰我"的生活方式为特征;在另一些文化中,触觉则在很大程度上是一种生活方式,其中有大量的拥

抱、抚摸和亲吻，若是来自非触觉文化背景的人看到这一切，会感到奇怪和尴尬。在触觉体验上，不同的文化会产生各种各样的差异。在本章中，我们将尝试探究文化和个人（家庭）对触觉接触的态度有何差异，这些态度在个人和文化层面会引发哪些具体行为和自我表达的不同。

产后妊娠期与触摸

产后妊娠期构成了宫内妊娠在子宫环境之外的延续。产后妊娠过程旨在延续婴儿和母亲间的反馈关系，令母亲与婴儿双方在产后都能继续发展和发育，这对于婴儿出生后越来越复杂的发育尤其重要——婴儿在这个大气环境构成的世界中，以各种有边界和无边界的方式体验着这个空间。特别是无边界的空间体验是有机体经验的一个重要方面，这在当前尚未得到足够的认识。

在子宫中，子宫壁包裹、环绕着胎儿，提供亲密而有边界的支撑，这对胎儿来说是舒适且安心的体验。但是，随着分娩，婴儿或多或少地开始体验一种开放式环境；他进入了一个充满挑战的新环境，必须学会去适应其中最细微的变化。在人的一生中，最可怕、最令人不安的经历就是突然撤去原有的支撑。人类身体中近似本能的反应为数不多，除了突然发出的大声噪声引起的反应外，突然撤掉支撑引起的反应也是其中一种。子宫内孕育的胎儿在羊水环境中被拥抱、支撑和摇晃；他在产后妊娠期仍需要母亲的持续支持；他吸入初乳和牛奶，排出羊水；他需要被抱在母亲的怀里，被轻轻地摇晃，需要与母亲的身体亲密接触；他需要母亲双臂的包裹和拥抱，接触母亲温暖的皮肤。新生儿对温度变化非常敏感，但在医院里却经常将新生儿暴露在寒冷的室温环境中，尤其是在有空调的产房里。处理这个问题的专业方法通常是把婴儿放在一个加热的摇篮里——但这并不足以替代母亲拥抱，提供支撑身体的温暖包裹感——或者在婴儿身体下方放一个加热器，但这个方法可能会损伤婴儿的眼睛和皮肤。

子宫内世界的边界是子宫壁。我们有必要理解，在产后妊娠期再造一个尽可能接近子宫的环境对于新生儿来说是最舒适的。母亲用双臂将新生儿抱在胸口就提供了一个这样的环境。婴儿需要以亲密感作为坚实的基础，学习什么是亲密、接近、距离和开放。简言之，他必须学会如何适应各种复杂的空间关系。所有这些都与他的触觉体验密切相关，其中最主要的体验来自母亲的身体。

有的医护工作者会把刚出生的婴儿从母亲身边抱走，放在通常没有很好地遮盖的、平坦的表面上。采取这种做法的操作者并不理解新生儿对拥抱、支撑、摇晃和被包裹覆盖的巨大需求，婴儿只能被循序渐进地带入有更多开放空间的世界。在母亲支持性的、持续的、有形地存在的陪伴里，婴儿将逐渐走向外部世界。在年长一些的哺乳类动物幼崽身上，特别是幼年猴子和类人猿身上，这一点尤其明显。它们从与母亲短暂的近距离分离开始，逐渐增加距离，直到它们能够在身体上或多或少地完全独立，并在一定程度上获得情感的独立。

皮肤层面的创伤

在这里，我们必须要问自己，如果按照医院的惯例，把新生儿从母亲身边带走，把他放在摇篮或婴儿床的开放空间里，是否能看到婴儿身体上呈现的严重的创伤？也许他永远也无法从这种创伤中完全恢复。在西方文明世界，以及那些受西方分娩方式影响的文化中，婴儿在生命的早期就已反复受到这种创伤的影响。对开阔空间的恐惧（广场恐惧症）、对高度或突然下降的恐惧（恐高症），可能与这些早期经历都有某种联系。若一个人睡觉时更喜欢用被子包裹着自己，而不是把被子压在床沿边，也可能是因为他在婴儿期缺乏身体支持，希望重造一个令自己享受的子宫环境。有些人喜欢睡觉时把卧室的门关上；有些人则无法忍受睡觉时紧闭卧室的门。我们不难推断，那些睡觉时喜欢裹着被子的人也喜欢关上卧室的门，那些把被褥松散压在床沿的人会更喜欢开着卧室门睡觉。我尚不清楚这些问题的可变范围有多大。在此我建议进行一些有趣的调查以考察其他变量，如母乳喂养、母爱、各种剥夺、医院分娩或在家分娩等。

在产后妊娠期，婴儿开始持续地受到社会文化的影响。每个社会从诞生伊始，就不断发展出独特的照料孩子的方式。文化决定了孩子会接受怎样的外部刺激，从而产生哪些重复的感官体验，在此基础上，儿童学会了如何根据文化的要求行事。正是由于个人在家庭中的触觉体验的种类和形式存在差异，特别是与母亲的关系存在差异（这在很大程度上是由特定的文化或文化片段决定的），导致了个人和民族在许多基本方面的行为上会有所不同。

婴儿在产后妊娠期所经历的触觉体验将对他的发展产生深远的影响，其原因显而易见：因为他最基本的学习是在这一时期通过皮肤层面的体验完成的。产后妊娠期是一个发育的过程，在此期间，通过皮肤进行的交流的质量至关重要，因为这将对婴儿日后对他人做出的精神活动和情感反应的类型起决定性作用。这种情感反应会成为他个性中恒常固定的部分，他随后会在此基础上建立许多习得的次生情感反应。我们还未充分认识到，产后妊娠期的触觉学习期是每个有机体特别是人类这个物种发展中的一个关键时期。我们必须重视这个问题，需要给予儿童比现有更多的触觉方面的关注。

文化与触觉

新生儿、婴儿、儿童、青少年和成年人在不同文化中所经历的触觉体验在质量、频率和时间上的差异极大。我们已经在第 4 章中谈到了几种文化的相关差异。在这里，我们将讨论早期触觉体验中的文化差异及其与个性和行为的关系。我们先从没有文字的社会收集的证据开始讨论，然后再延伸至科技更先进的社会。

内茨利克爱斯基摩人

内茨利克爱斯基摩人生活在加拿大北极圈西北地区的布西亚半岛。1966—1967 年，理查德·詹姆斯·德布尔（Richard James de Boer）居住在当地爱斯基摩人的雪屋里，他对当地人的研究极具洞察力。德布尔的主要兴趣点是母婴照顾关系。即使生活在最困难的条件下，内茨利克地区的母亲也总是很平

触摸的力量

静,并给足孩子们温暖和关爱。母亲给予婴儿回应,从不责备婴儿,也从不以任何方式干涉婴儿。德布尔写道:

> 产后妊娠期开始时,内茨利克的婴儿会被置于母亲的毛皮大衣的背后,在这样的姿势下,婴儿的腹侧躯干紧贴着母亲后背肩胛骨下方。婴儿采取坐姿,双腿绕着母亲的腰或略高于母亲的腰,头部朝向左或右,这通常会引起颈部强直反射。随着四肢伸肌张力的减弱,这种反射有助于双腿跨坐。当婴儿处于合适的位置后,母亲会在衣服的外部系上一条腰带,绕过胸部上方和腋窝下方,并在腰带绕过背部的地方形成一个吊带,使婴儿的臀部下方受到支撑以免滑落。婴儿只穿着用驯鹿皮制成的小尿布,赤身裸体地依偎在妈妈的皮肤上。婴儿腹侧的大部分身体结构与母亲有着密切的触觉和皮肤接触,背侧身体完全被毛皮包裹,以免受到北极严寒的侵袭。从外表上看,以这种传统方式带着婴儿的内茨利克母亲呈现出先天性驼背的外观,但她笨拙的外观只是表象,因为婴儿的身体事实上非常靠近母亲身体的内在重心。内茨利克的婴儿就是这样被贴身带着,直到他获得运动能力;此后偶而会被贴身带着,直到孩子获得内茨利克爱斯基摩人所说的"认知能力"(当地语言称之为 ihuma)。

内茨利克的母亲和孩子通过皮肤彼此交流。如果婴儿饿了,会吮吸母亲后背的皮肤,这是在提醒母亲注意到自己的需求。然后他会被抱到胸口吃奶。母亲在完成各种日常任务时,会产生各种姿势、运动、动作,这也使婴儿的活动需求得到了满足。晃动和与母亲皮肤的接触令婴儿安睡。他们的排便和排尿也在母亲的后背上进行,母亲会清理掉这些排泄物以防止婴儿不适。由于母亲能预判婴儿的大部分需求,并持续地做出回应,以满足婴儿的需求,因此内茨利克的婴儿很少哭闹。母亲实际上是经由触觉接触感受到婴儿的需求的。

内茨利克的母亲们对婴儿的照护完美地契合了婴儿的系统发育流程的需求;婴儿的回应总是愉悦的。德布尔提出,这个一贯的愉悦回应,是内茨利克爱斯基摩人发展出压力应对能力的关键。

内茨利克爱斯基摩人很少受到令人厌恶、有压力的人际刺激攻击,但他们经常遭到生态系统不确定性的威胁。生态环境带来的压力从来不会影响他们的情绪稳定性，他面对一只愤怒的北极熊时表现出的冷静和淡定，与面对食物匮乏的威胁时大同小异。情绪反应的稳态并不意味着这些反应是刻板的；相反地，稳态意味着有一种动态的生命力，这是一种在有序阈值内作用的生命力。从进化的角度看，这种稳态为个人及其群体在生存斗争中提供了最大限度的选择性优势。

内茨利克的孩子到 3 岁时，已经获得了"作为一个有自我调节能力的人仅需拥有的两个动机性特征"，即对人际关系愉悦的或利他的反应，以及象征性的操控能力的力量。由于亲子关系中（尤其是母婴关系中）不存在支配与从属关系，因此在内茨利克，个人和社会之间实现了和谐的平衡，个人以这种方式满足了他对互惠的人际关系的需求。

当然，不能绝对地说，内茨利克人的利他行为就是婴儿时期经历（尤其是与母亲身体相关的经历）的产物，因为这些经历在之后会被他们的个人世界中的他人（几乎是每个人）的行为进一步强化。然而，有证据表明早期的经历是最具影响力的。

内茨利克的婴儿可以在他母亲的背上排便和撒尿，除了母亲需要清洁婴儿和她自己以外，不会引起任何其他麻烦。这种轻松感无疑会使儿童对自己的排泄活动感到放松。这样的孩子不会成为肛门色情癖者，也不会成为吝啬的成年人。毫无疑问，爱斯基摩人开放和慷慨的性格至少在一定程度上源自他们早期放松的排泄经历。

事实上，很少有爱斯基摩婴儿真的在母亲毛皮大衣中排便。奥托·谢弗博士（Otto Schaeffer）曾询问一位爱斯基摩母亲，她是如何知晓孩子要排泄的，并且如何总是及时地接收到这个信号的。她对这个问题感到惊讶，因为没有任何母亲会如此"愚蠢"以至于接收不到这些信号。她很确定，任何母亲都会通过婴儿腿部的特定动作来知晓孩子需要排泄了，并且立刻去回应婴儿的需要。

对于这位母亲的回答，谢弗博士写道："通常婴儿在毛皮大衣里休息，双腿外展，被安放在母亲的后背上。当他的膀胱充满而括约肌尚未打开时，外展的大腿会有痉挛性、阵发性的动作。母亲就是据此来判断婴儿将要排泄了。婴儿和母亲之间的互动和理解强烈而完整，使婴儿的每一个冲动都立

触摸的力量

即得到关注和照料，确保婴儿在身体和情感上都得到满足，并防止挫折感的累积。"

母亲在日常活动中的动作给了爱斯基摩儿童看待世界的丰富视角，从而发展了孩子的空间技能，并在随后的经历中加强了这方面的能力。爱斯基摩人非凡的空间能力和引人注目的机械能力，可能都与其在母亲后背上的早期经历密切相关。埃德蒙德·卡彭特（Edmund Carpenter）生动地描述了哈德逊湾西北边界南安普敦岛的艾维利克爱斯基摩人的这两项能力。

"艾维利克人是一流的机械师，"卡彭特写道，"他们喜欢拆卸和重新组装发动机、手表和所有机械。我目睹过有一些美国机械师专程飞来北极维修某些机械，在美国时他们终究无法解决而绝望地放弃，而北极当地的机械师却修理好了这些机械。他们用最简单的工具，通常手工操作，用金属和象牙做替换件。透托吉（我的一个爱斯基摩人朋友）给我做了一个精妙的铰链，我必须把它举到眼前仔细看才能看明白它是如何运作的。"

希拉·伯福德在《一个女人的北极》（One Woman's Arctic）这本书中，将她所认识和钦佩的北极爱斯基摩人描述为"超自然的机械师和即兴演奏者"，并对他们"令人难以置信的准确性和协调性"肃然起敬。在巴芬岛西北部的爱斯基摩人中，"三四岁的小男孩会玩一根小型的狗鞭，鞭子大约有十五英尺长，他们会卷起鞭子，快速甩出，击中一块石头或一根棍子"。

卡彭特认为，艾维利克人非凡的能力来源于他们对时空定位的整体图景。艾维利克人在观念上没有割裂时间和空间，而是把某种状况视作一个动态的过程。此外，他们对细节有着敏锐的洞察力。在他们眼里，空间不是一个静态的封闭空间，而是不断变化的。例如，他们拿到一本带插图的杂志时，不会从正面看，事实上，他们看到白人这样做时会觉得很有趣。他们会从不同角度看图片，反着看，从一侧看，等等，似乎这些方向都是正确的图片摆放方向。

当然，这些能力是否与其在母亲背部的触觉和空间视觉体验有关，仍然需要日后专门进行深入的研究来证实。不过，婴儿的视角随着母亲的身体在各种维度上的动态移动而移动，确实可能会促成一种特殊空间能力的发展。正如卡彭特所言："空间在持续的活动中波动。……视觉体验变成了动态体验。因此艾维利克艺术家不会满足于仅仅去复制某个单一视角和某个片刻之所见，而是会扭转（twist）和翻转（tilt）不同的视觉可能性，直到能够充分地诠释要表现的对象。"扭转和翻转可能很好地反映了爱斯基摩人婴儿时期在母亲背上的体验。

"在大多数神话中，"卡彭特写道，"在人与其精神的相互关系中，存在着一种收缩与扩张的交替。任何事物都没有固定不变的形状或大小。人、精神、动物都有不稳定、不断变化的维度。"同样，这种世界观让人想起婴儿被母亲背在身上所经历的视觉体验：他会和成年人面对面，他在母亲的皮大衣里去看地上的孩子、动物和其他东西时会感觉后者相对较小，不容易看到，但如果母亲突然弯腰、蹲下或做出某种姿势时，地上的事物就会被突然放大。

从孩子几乎完全依赖于触觉这一最原始的感官，建立早期的定位认知直至世界的空间维度，他通过向触性（其英文为 thigmotropism，来自希腊语 thigma，"触摸"，trope，"转向"，意思是，通过回应接触或触摸），学会在母亲提供的环境中找到自己的路径。孩子的第一个空间是触觉的空间，触觉最初是被动的，逐渐转化为感知，也就是被赋予意义的感觉。有了这些意义，孩子就会开始主动审视这个世界。詹姆斯·吉布森（James Gibson）对比了被动的触摸和主动的触摸。他进行了一项实验，目的是判断每种形式的触摸所接收的信息的准确性，结果发现主动触摸能够使受试者以95%的准确率再现被遮挡的抽象物体，而被动触摸的再现准确率仅为49%。

主动触摸是立体的认知，使人们能够理解物体的形式和性质。这种能力是随着与母亲身体的接触而逐渐发展起来的：母亲的乳房进入婴儿的口腔，婴儿的嘴唇和下巴与母亲的乳晕之间形成压力，婴儿将手放在母亲的乳房上，以及婴儿自己的嘴唇、鼻子、眼睛、生殖器、手、脚和身体其他部位。每一种接触对象都有其特点，婴儿通过主动触摸逐渐识别这些对象。爱斯基摩儿童在母亲的毛皮大衣中，除了从她的身体和身体运动中接收沟通信息外，在早期还会接收到许多听觉信号，并将这些信号相互联系起来。于是，人声也产生了一种舒缓的触觉特质，一种重复的催眠曲的特征。这一点清楚地反映在爱斯基摩人的许多诗歌中。我们来看看这样一首诗，它是一首

触摸的力量

典型的爱斯基摩人舞曲,是一个铜色爱斯基摩人在北极以南的维多利亚岛创作的。

舞蹈之歌

我很不会

像他们一样捕捉海豹,我很不会。

捕捉带着脂肪的动物,我不知道如何去捕捉,

我很不会像他们一样捕捉海豹。

我很不会

像他们那样去射击,我很不会。

我很不会,

我很不会获得他们这样优质的皮划艇。

无法抓到有幼崽的动物,

我很不会获得他们这样优质的皮划艇。

我很不会,

像他们一样抓鱼,我不会。

我很不会

像他们一样跳舞,我很不会。

我不会舞曲,根本不会,

像他们一样跳舞,我很不会。

我不会像他们一样变换脚步,

我很不会……

这首歌的节奏、韵律及措辞,重复了类似于孩子被母亲背在背带里时的体验。在世界上许多地方,孩子们可能从未以这种方式被抱过,但他们也以相似的韵律、节奏和短语创作唱诵或歌曲。这个事实令人着迷且无法解释。然而,我们已看到了与音乐相关的联系,因此也值得进一步研究爱斯基摩人的歌曲和诗歌的节奏与韵律,是否与他们在母亲背上的运动体验相关。

第8章 文化与接触

爱斯基摩人非常重视歌曲创作，几乎在任何场合都有即兴创作歌曲的习惯。还有什么能比这首由塔科马克——一位居住在耐特斯利克爱斯基摩东部梅尔维勒半岛的老年妇女——即兴创作的歌曲更富有人性之美呢？当时老太太正给拉斯穆森和他的同伴准备餐食，这时拉斯穆森递给她一些茶。这深深地打动了她，于是她立刻愉悦地即兴创作了下面这首歌：

> Ajaja——aja——jaja。
>
> 我住所周围的土地
>
> 更漂亮了
>
> 从那天起
>
> 当它让我看到我从未见过的面孔
>
> 一切都更加美丽
>
> 一切都更加美丽
>
> 生活就是感恩
>
> 我的这些客人
>
> 让我的房子富丽堂皇，
>
> Ajaja——aja——jaja。

这些可爱的人用触摸和轻抚向素未谋面的来访者（而非陌生人）表达自己的友善。爱斯基摩人似乎从第一次接触白人开始，就认为不存在什么陌生人，只有未曾谋面的朋友。斯特凡松（Stefansson）讲述了在1913年铜色爱斯基摩人如何欢迎他和他的同伴："欢迎我们的仪式特别温暖和友好，极为热情，甚至有些嘈杂。小朋友们跳起来触摸我们的肩膀，男人和女人以非常友好的方式轻抚和碰触我们。"

在爱斯基摩雪屋中，温度大致在37.7℃，晚上温度只会稍低一些。爱斯基摩人常裸身紧靠着睡觉。出于风俗习惯，男人通常会把妻子借给男客人过夜。身体气味、燃烧的鲸油和其他气味的混合，有时会让白人觉得难以忍受。爱斯基摩人有着公认的敏锐嗅觉，但这种气味不会令他们不适。这一点也许与婴儿期被包裹在母亲的毛皮大衣里的经历有关。

继触觉之后，接下来我们要详细说的感觉不是视觉，而是听觉。母亲对

触摸的力量

孩子哼歌、轻拍、拥抱着孩子，穿着毛皮大衣把他紧紧地背在身上。随着时间的推移，孩子学会了识别母亲的声音并做出反应，并以此来代替触摸。这是条件反射的一种形式，声音作为一种原始刺激的标志，取代了触摸。声音始终保留着母亲抚慰、爱抚、安慰的触觉质感，这种质感代表慈爱的母亲的存在。婴儿最初主要通过皮肤的温暖、支持、丝滑、柔软感受到母亲的爱，母亲通过抱起移动、整理、清洁婴儿来给予婴儿主动或被动的皮肤刺激，以满足婴儿的需求。

爱斯基摩人并不太喜欢清洗，因为水非常稀缺，将冰融化成水需要燃烧难以获得的鲸油。尿液有时会被用作水的替代品。住在遥远北方的因加利克人（讲因加利克语和爱斯基摩语）的婴儿在出生后会洗第一次澡，随后母亲会每天清晨用舌头舔婴儿的脸和手来为婴儿清洁，直到婴儿大到可以坐在长椅上为止。尽管我在爱斯基摩人中没有发现这种做法，但它有可能也存在。

几乎可以肯定地说，爱斯基摩人的视觉感知是伴随听觉感知发展的。卡彭特通过观察艾维利克爱斯基摩人证实了这一点。他的观察如下：

> 他们更多地通过声音而不是视觉来定义空间。我们可能会说"让我们看看我们能听到什么"，他们会说"让我们听听我们能看到什么"。……对他们来说，肉眼可见的幻影不如纯粹听觉所感受到的重要。声音的本质特征不在于它的位置，而在于它的存在，它充满了空间。我们说"这个夜晚将充满音乐"，就像空气里充满了香气；位置无关紧要。常去听音乐会的观众会闭上双眼欣赏音乐。

> 据我观察，没有发现任何一个艾维利克人以视觉术语为主描述空间的例子。他们不认为空间是静态可测量的，因此，它们没有正式的空间测量单位，就像它们没有统一的时间划分一样。雕刻师对光学的要求漠不关心，他让每一件作品都充满自己的空间，创造自己的世界，而不需要参照背景或任何外部的东西。每一件雕刻都在空间上独立存在着。物品为自身设定大小和形状、比例和选择，无须被外部因素强制。每件雕刻就像声音一样，创造自己的空间、自己的属性，行使属于自己的存在的权利。

艾维利克儿童的声音条件反射比视觉条件反射发展得更早且更持久，这也许与上述对听觉的看法有关。当然，这种条件反射是通过传统的口头训练来延续的。

巴西的凯昂岗

巴西高地的凯昂岗部落是一个非常依赖触觉发展的民族。朱尔斯·亨利（Jules Henry）写过一部关于他们的经典著作，在书中他谈到孩子们"像猫一样躺着，汲取大人给予的美好的抚摸"。孩子们从成年人那里得到了大量的关注，也知道总会有人来爱抚和拥抱他们。孩子们长大后，男性青年喜欢睡在一起，他们并不是同性恋，这样做仅仅是为了纯粹的触觉接触的乐趣。"已婚和未婚的年轻男人肩并肩躺着，双臂环抱，双腿绕在身上，就像我们社会中的恋人一样。有时候他们会三四个人绕在一起互相搂抱。女人们从来没有这样做。"男人从来不会对彼此做出有明显性含义的动作。亨利写道："人与人之间忠诚的基础是彼此间许多温暖的身体接触……关系建立在相互偎依的基础上，这缓和了人际冲突，是凯昂岗人的性格特质。"暴力冲突只发生在从来没有相拥过的男人之间。

在部落里，小男孩和小女孩在一起打闹；兄弟姐妹、兄弟姐妹的配偶、表兄弟姐妹们都并排睡觉，把腿搭在彼此身上，互相拥抱。由此推论，除了父母和亲兄弟姐妹之外，婚姻和爱情可以发生在所有阶层的亲属之间。此外，由于没有强调性别的气质差异，女性并没有受到性别角色的压抑。

棉兰老岛的塔萨达

1971年7月，一则令世界轰动的消息发布了：探险者发现了一个非常原始的部落，在他们遇到另一个部落的成员教他们学会狩猎之前，部落成员完全以采集食物为生。这个部落位于菲律宾棉兰老岛南部，属于塔萨代人，由14名儿童和13名成年人组成。每一个遇到他们的人都会立刻被他们敏感、温柔和有爱的天性所打动。佩吉·杜尔丁（Peggy durdin）和他们一起度

过了几天后，写道："婴儿与父母保持着持续的身体接触。"她又补充道，

> 塔萨代人最显著和吸引人的特征之一是他们的情感能力和幽默感。成年人和儿童似乎并不害怕公开地表达爱。巴拉耶姆在十几个旁观者面前把妻子新迪拥抱在身边。拉卜是一个十岁或十二岁的漂亮聪慧的男孩。巴拉耶姆外向的举止与他灵活、敏感的面孔形成了鲜明对比，他毫不掩饰自己的情感，搂着曼达［人类学家马纽尔·伊里扎德（Manuel Elizalde）］，用鼻子蹭他，用脸颊摩挲他，长时间安静地坐在他旁边，手臂搂着他的肩膀……塔萨代人遵循着祖先的教导，年复一年地过着这种和谐的群居生活。我发现，他们从不曾严厉苛责年轻人。面对令人不快的事情，他们似乎采用了逃避的策略：只是走开。

约翰·南希（John Nance）在他关于塔萨代的书中充分证实了这些观察。

在一些社会中，就像巴西的蒙杜鲁库印第安人一样，男人和女人除了试探性的性邀请外，不会相互触碰。

我们常常在看似无关的特质和形式中发现触碰的品质。例如，某些种类的声音被描述为具有"丝滑""光滑""柔软""磨人""粗粝"等触觉品质。一些作家以自己的文章有着手工般的精湛技艺而自豪，似乎他们比其他作家更有匠心——福楼拜（Flaubert）和吉卜林（Kipling）就在此列。绘画是一种媒介，在这种媒介中，触感几乎构成了艺术家交流的核心部分。这会让人想起梵高（Van Gogh）、塞贡扎克（Segonzac）等艺术家，印象派艺术家都是如此，当然也包括许多其他画派的艺术家。

触摸与声音

人们有时会说，声音具有某种触觉上的品质，在多数时候这是一种隐喻。然而，在触觉和声音之间存在某种关系，比我们大多数人所意识到的更深的关系。皮肤具有多种功能，它既能对压力作出反应，也能对声波作出反应。圣彼得堡巴甫洛夫生理学研究所的 A. S. 米尔金（A. S. Mirkin）已经说明，存在于肌肉、关节、韧带和肌腱周围的压力（深层触摸）感觉受体帕西

尼氏小体具有非常明确的共振性。米尔金在均匀声场中对肠道附近肠系膜组织中的帕西尼氏小体进行声学刺激，发现这些受体具有共振特性，并且在最佳刺激频率和生物电活动周期之间可以获得条件联结。这个实验表明帕西尼氏小体存在生物力学共振。这是非常有趣的，因为这表明皮肤上的触觉和压力感受器会告诉大脑它们对身体位置的感知。

马德森（Madsen）和米尔斯（Mears）以聋人为实验对象，发现声音的振动对触觉阈值有显著的影响。在高压和低压下，每秒50周期的音调都会使皮肤敏感度降低、阈值提升，而每秒5 000周期的音调都会提升皮肤的敏感度。

格世崔德（Gescheider）已经证明，皮肤能够非常精确地定位不同强度的声波。

以上信息提出了各种可能性。

触摸与绘画

19世纪90年代，伯纳德·贝伦森（Bernard Berenson）发展了歌德（Goethe）的观点，认为艺术作品必须是"拓展生命"的。他提出，实现这一目标的途径之一是，艺术家令人们在观看绘画或雕塑时，想象自己正在享受真实的身体感受。贝伦森把这样的感受叫作"想象中的感受"。想象中的感受只存在于想象中，通过艺术作品，我们意识到其存在和生命，从而产生了这种感受。在想象中的感受里，最重要的是贝伦森所说的触觉价值。真正的艺术作品会激发我们想象中的触觉感受，这会拓展我们的生命。形式与外形不同，当形式完全实现时，能够代表来自内在的光芒。形式是有形事物拓展生命的一个方面，是触觉价值的另一种说法。"古往今来，"贝伦森写道，"在任何一个地方，只要某一视觉呈现被看作一件艺术品，而不仅仅是一件人工制品，那么无论它多精致、多光鲜，或多不寻常，都具有触觉价值。它可能或多或少有些许其他吸引人的东西，但要被人们接受，将其视为一件艺术品，那么其他的吸引力必须建立在触觉价值的基础上，抑或与触觉价值密切相关。"

触摸的力量

艺术家在创作一件艺术作品的大多数时间里是无意识的，有时是有意识的；他们试图组织和协调一切所感所思，将之想象成事物的本质及其对观者的意义。对于贝伦森的观点，我想不出比梵高画的一把厨房用的凳子更好的范例和佐证了。这幅画的触觉价值使那把椅子如此真实，相比之下，椅子本身看起来几乎是不真实的。正如贝伦森所指出的那样，作家会用文字做同样的事情，就像艺术家通过各种媒介所做的创作。"画家，"他写道，"只有通过赋予视觉以触觉价值才能完成他的工作。"

在一些画家的作品中，触感是如此突出，以至于那些作品看起来像是可以伸出手去摸到一般。约翰·康斯特布尔（John Constable）就是其中的杰出代表。正如罗伯特·休斯（Robert Hughes）对他的评价："他的童年是物质的而非幻想的：对霉菌、泥土、木纹和砖块的触觉记忆令他的画作成为艺术史上最具绘画性的作品。《跃马》的前景充满了物质，这里包含的事物——泥泞的泥土，缠结的杂草和野花，跃动着阳光的深色水流流经一个隐蔽的架子——由艺术家带着狂喜的热情描绘在画面上。这是触觉的风景。"当然，许多印象派和现代画家也是如此。在鲁本斯（Rubens）的许多绘画作品中也可以看到这种想象的感受的质感。

马歇尔·麦克卢汉（Marshall McLuhan）认为电视本质上是触觉的。他和帕克（Parker）非常中肯地评论道："触觉的社会、政治及艺术含义在一个视觉化和文明化的文化中只能被忽视，并在电子科技发展的影响下被瓦解。"这些概念有一个非常真实的基础，著名的人类学家阿尔弗雷德·克鲁伯（Alfred Kroeber）对此有很好的理解。在给艺术评论家迈耶·夏皮罗（Meyer Shapiro）的一封信中，克鲁伯提到了贝伦森所说的绘画中的"触觉价值"：

这些只能通过眼睛来吸引人，实际上从来没有通过触觉来吸引人。尽管如此，触觉作为视觉（这个视觉艺术的中心）的基础在每个人类婴儿的种系发生的和个体发生的过程中总是先于视觉。我们都是先摸，再看，在触觉的基础上建立一个周边的视觉世界，赋予物体感知双重的品质：首先是即刻可及的部分，然后是最终或潜在可及的部分。所有的孩子和许多成年人都期待探索新的景象，这两种感觉当然是不同的：它们通过不同的感受器运作。但是，既被看到又被触摸到的东西总是比只被看到的东西更强烈、更有意义地成为我们自己的一部分。因此，在艺术表现中，我们只能看到而不能通过想象去触摸的再现性图像，并不像既可观看又可在想象中触摸的作品那样具有吸引力并引发观者的兴趣。

克鲁伯口头对此观点加以补充："也许无论哪个时代的抽象主义都更思维化，感染力更小，潜意识的触觉方面已经被撤回和抛弃了。"

杰出的美籍英裔雕塑家雅各布·爱泼斯坦（Jacob Epstein）是最具触觉感受力的艺术家。他是20世纪主要的伟人青铜雕像肖像艺术家。他的雕像作品以绘画性的方式关注光线、阴影和纹理。

另一位英国雕塑家亨利·摩尔（Henry Moore）的作品也富有触感。"对我而言，"他曾说，"形式世界中的一切都是通过我们自己的身体来理解的。从我们母亲的乳房，从我们的骨骼，从我们碰到的东西，我们学会了什么是粗糙、什么是光滑。"

评论已关注到一些人类声音的触觉特性。我们已经注意到，有些音乐也具有触觉的品质，例如，摇篮曲具有舒缓、爱抚的效果。有些音乐几乎是对身体的攻击，而另一些音乐则是优雅而深情的。

如果我们去思考就会发觉，显然，触摸在某种意义上是一个新的维度，一个新的发现，一个未被探索的领域，蕴藏着许多有待揭示的秘密。

当我们觉得视觉体验不够充分时，触觉补充了体验维度并令体验变得完整。对一些个体而言，触摸与来自其他感官模式的特定图像有规律地联系在一起，这被称为跨模块转移。例如，人们会谈论某人声音的"感觉"，它的"天鹅绒般"或"爱抚"的品质，并将其作为触觉来体验。或者我们被一种感人的经历"触动"或"感动"，这不仅仅是隐喻意义上的，更是一种动人的体验。玛格丽特·米德（Margaret Mead）具有这种通感或跨模块感知的能力。她可以透过不同感官去感受，她可以"触摸"香气，"听到"颜色，"看到"声音。她曾将一位女性朋友的声音描述为"刷子"——介于猪鬃和丝绸刷之间，但绝对不是锦纶的。

欧内斯特·沙赫特尔（Ernest Schachtel）指出，从物种演化和个体生成的角度来看，近距感官——触觉、味觉和嗅觉，相较远距感官——视觉和听觉，更早获得充分发育。而且，正如他阐述的，西方文明忽视了近距感官，

触摸的力量

甚至在相当大的程度上禁止近距感官。他补充道:"快乐和厌恶与近距感官的联系比与远距感官的联系更紧密。一种香水、一种味道或一种质地所能带来的快乐更像是一种身体上的、物质上的快乐,因此更类似于性的快乐;而声音所唤起的是更崇高的、与身体最无关的美。"

在动物的日常生活中,近距感官起着重要的作用。而对人来说,就算他们的近距感官在性关系中没有被压抑,也会在人际关系中被禁止。"某种文化或某个群体越来越倾向于孤立人们,使他们之间保持距离,并阻止自发的关系和这种关系中自然的动物式表达。"

马尔库塞(Marcuse)指出,文明要求压制来自临近感的快乐,以确保"作为劳动工具的为社会所用的有机体"的无性化。尽管如此,我们还是想亲近那些我们珍视的人,远离那些我们不喜欢的人,"我跟他很亲近。""他保持一个合适的位置。"

也许更准确的说法是,人际接触的禁忌源于一种恐惧,这种恐惧与基督教各种教派的传统密切相关,即对身体愉悦的恐惧。

视觉的触觉特性在与另一个人发生眼神接触时变得非常显著。因此,除非是在某些传统上被接受的情况下,否则人们会避免盯着陌生人看。值得注意的是,在自然条件下,尤其是在双方建立(尚有怀疑的)友好关系之前的阶段,大猩猩和黑猩猩也会避免直视陌生者,狒狒和许多其他猴子也是如此。

当我们谈到人与人之间的"目光接触"时,我们认识到某种看或凝视的触觉特性。与陌生人避免眼神接触,就像与他们避免触觉接触一样,原因大致相同:在建立某种亲密关系之前,人们不会与任何人进行身体接触。

有趣的是,在某些文化中,目光接触被认为是一种触碰。这种信念可能相当古老。在印度,公元前1500年到公元前500年之间的吠陀时代,人们相信,一个人的部分本质可以从他的眼睛里传递出去,从而触摸或影响他人。

·226·

感受、写作与触摸

在每一种文化中,无论是否有文字传统,作家或口述者,寓言家或作词人,都会努力寻找最能表达他想说的话的词语。早期的思想不仅需要被赋予形式和意义,还需要被赋予持久的生命力。里昂·保罗·拉法基(Léon-Paul La-fargue)说得很好:

> 思想是存在的,但没有形式,
> 它是尚未实现的艺术。
> 这个想法是一个起点,
> 是面纱边缘的揭开,
> 是一种微弱的悸动,
> 或者像绝望的忧郁时刻里
> 小提琴的跳跃。

对于作家来说,找到合适的词往往是与语言的顽固的一场身体斗争,这大概就是许多作家喜欢喝酒的原因之一。那是一种去攫取的冲动,要从词汇中拧出正确的单词,用手和手指令语言像小提琴的旋律一样跳跃。正如伟大的俄罗斯诗人奥斯普·曼德尔斯塔姆(Osip Mandelstam)所说,在艺术中,我们想要描述不可描述的东西:关于大自然在某个瞬间的文本。然而,我们永远不会完全成功,尽管天才有时会在光辉的时刻让我们接近真相。在艺术中,我们实现了如此清晰的交流,即使是通过一个想法,它向我们的指尖、向我们的记忆诉说,诉说我们或我们指尖的感受。

这种感觉拉近了我们与他人之间的空间距离,使彼此有了联系。这就是语言的功能,无论是通过说话、写作还是其他交流方式。感受往往具有触觉性质。作家通过作品与我们"对话","搅动"我们的心。因此,人与人在倾听彼此时,不仅仅能听到对方的语言,重要的是也能倾听到对方的情感。触摸是一门独立的语言,有着非常丰富的词汇。通过触摸,我们可以交流无法言说的东西,因为触摸是情感的真实声音,即使是最好的语言也难以表达触摸的所有意义。这并不是说我们通过语言传达的感受与我们通过触摸传达的感受大相径庭。值得注意的是，我们经常交替使用"感觉"和"触摸"这两个词。我们主要是通过思考和想象，通过我们选择的许多方式来表达自己，试图让自己"被感觉到"。通过触觉体验和视觉体验与语言的交织，我们的思维和想象力实现了它的高度和广度。思考和想象的功能是通过触觉和视觉来发展我们所获得的经验和智慧的。然而，有些时候，当我们忙于思考我们应该说什么时，我们已然忘记了那指引我们行动的感受。

语言的可理解性恰是自然的不可理解性被人为地阐明之后的产物。但触摸的语言是自然的，不需要任何人工技艺。最好的作品的特点是其具有一种即时性、一种触感，作者所描绘的场景和创造的人物即刻栩栩如生地展现在我们面前。这些作者想象中的作品始终与我们同在，作为活生生的存在，以其具有的人性、慷慨或智慧影响着我们并成为我们的一部分。正如克里斯托弗·里克斯（Christopher Ricks）所说："我们活着的人能够通过语言相互接触，只是因为我们曾被那些已经不在人世的人所感动。"

感官发展的顺序

人的感官是按一定的顺序发展的，如先触觉，后听觉，再然后是视觉。当孩子接近青春期时，优先顺序就颠倒过来了，即先视觉，后听觉，再然后是触觉。在发育早期，体验触觉和听觉刺激比体验视觉刺激重要得多。然而，一旦一个人通过触觉和听觉知晓了如何成为一个人类，视觉就具有了特殊的重要性。视觉只有在感受到和听到的基础上才变得有意义。

长期以来，人们一直认为触觉能培养视觉，就像 18 世纪贝克莱（Berkeley）主教所说的那样，婴儿通过触摸发现物体的大小、形状、位置和独特性。近年来进行的一些实验对这一观点进行了修正。例如，研究发现，孩子们在辨别他们触摸过但没有看到的物体时，比辨别他们看到但没有触摸过的物体要困难得多。现在很清楚的是，视觉在人类出生时就已经发育得很好了，婴儿出生时已经天然地有了发育得很好的深度感官知觉。

鲍尔通过一系列巧妙的实验表明，在生命的第二周结束时，婴儿期望看到的物体具有触觉特性。他从实验中得出结论：人类的感官有一种原始的统一性，视觉体验对应触觉品质，这种原始的统一性构建于人类的神经系统结构中。

正如人们所能预测的那样，年龄较小的婴儿比年龄较大的婴儿更抵触与母亲的触觉分离。年龄较大的婴儿往往比年龄较小的婴儿更频繁、更多地接触和玩耍物体。正是年龄较大的婴儿在认知探索中的触觉操作特性，让他明显区别于年龄较小者。

年龄较大的孩子比年龄较小的孩子更全面地动手观察物体。与年龄较大的孩子对物体及其轮廓的积极探索形成鲜明对比的是，三四岁的孩子以固定的静态动作探索物体。通过触摸，成年人在初次看见一个物体之后就能认出它，而黑猩猩则需要五百次才能做到这一点。当人类的孩子长大成人时，他在通过触摸识别物体方面变得非常高效。

扎波罗热茨（Zaporozhets）在一项针对学龄前儿童的研究中，让第一组儿童将几个不规则的几何图形插入形状板中，第二组孩子只运用视觉，但不去触摸形状板，第三组孩子只通过触觉去操作。当孩子们被要求从一组不熟悉的图形中区分几何图形时，研究人员发现那些通过触觉和视觉来操作的孩子的错误率不到另外两组的一半。随着年龄的增长，第一组的孩子不再需要用手去摸形状板就能完成任务，而那些只通过触摸来操作的孩子仍然表现不佳；但那些只是动用视觉的孩子随着年龄的增长在精准度上进步显著。对于年龄较大的孩子来说，似乎没有必要再通过用身体触摸物体来进行感知辨别，看到就足够了。

欧文·洛克（Irvin Rock）和查尔斯·S.哈里斯（Charles S. Harris）发现，在成人实验对象中，当触觉传达的信息与他们所看到的不一致时，视觉占主导地位，并决定了他们给自己的感觉赋予的意义。

年轻的英国女子希拉·霍肯（Sheila Hocken）的案例戏剧性地说明了我们对外部世界的了解是如何依赖触觉的。希拉从出生起就双目失明，并已如此生活了将近30年。在她恢复视力后，她必须重新认识所有事物。正如她所解释的那样："眼睛接收到视觉图像后会将其翻译并向大脑传送。我担心我的脑子不知道该怎么处理它们。所以我需要去触摸我看到的每样东西。"对于无法通过触摸获得的物体的信息,她会去嗅闻或品尝。如大家所知道的,先天视力健全而后来失明的人,也会依赖触摸来识别外部世界中的物体。

东非的甘达人

玛丽·安斯沃思(Mary Ainsworth)博士仔细研究了东非甘达人对于婴儿的养育方式。她的田野调查地点是距离坎帕拉(Kampala)大约15英里的一个村庄。长期以来,与白人的接触一直影响着甘达人,尽管如此,大多数母亲仍然把婴儿背在背上,母亲也乐于给孩子1年以上或更长时间的母乳喂养。在甘达,婴儿在醒着的大部分时间里都被人抱着。母亲抱着婴儿时,会轻轻地拍着或抚摸着他。母亲给予孩子很多的关怀。基于比较观察,安斯沃思总结道:"对婴儿更好的做法不是长时间把他们关在婴儿床上,与其他人分开,而是经常抱着他们,在他们哭的时候就抱起来,在有需要的时候就满足他们,让他们有更多的机会和自由去与母亲互动。在婴儿床上时,婴儿发出的信号无法被接收,因此他无法体验到可预期的后果和控制感。"大多数甘达婴儿的感觉运动发育速度是超前的,他们会坐、站、爬、走的时间比西方社会的普通婴儿早得多。安斯沃思将其归因于甘达人对婴儿的照顾方式:"婴儿和母亲之间有很多身体接触,有很多互动,婴儿会接收到很多的社交刺激,这些令孩子的生理舒适需求得到充分满足,无拘无束,可以让他们自由地探索世界。"

可惜的是,安斯沃思的研究只涉及甘达婴儿成长的前15个月,并没有更多关于甘达成年人的性格特征的信息。关于甘达的人类学文献在这方面并没有多大帮助,在这方面所能得到的其他资料大多是传闻。奥黛丽·理查兹(Audrey Richards)强调了这样一个事实,即早期欧洲游客对甘达人的描述非常一致,强调他们行为端正、礼貌、有魅力、干净、整洁、谦逊、有序、自尊和智慧。但人们也观察到,他们敏感、好胜、墨守成规、可能做出残忍的行为、沉默寡言。这里似乎有很多矛盾,但事实可能并非如此。很有可能,甘达成年人的和蔼可亲的品质在很大程度上要归功于他们在生命头一年里得到的母爱,而他们不那么令人满意的品质或许是后来的条件造成的。

玛塞尔·格柏（Marcelle Géber）博士研究了坎帕拉的 308 名儿童,从他的结论中可以看到对上述假设的验证。此外,在坎帕拉,新生儿和 2 岁以下的婴儿在身体和智力发展以及个人社会关系方面都比同龄的欧洲儿童超前许多,而更明显的是,比甘达当地以欧洲育儿方式养育的儿童也更加超前。分别对断奶前后的儿童进行测试,其结果表现出明显的行为差异。母亲们对孩子的态度似乎是造成这种差异的主要原因。在断奶之前,孩子是母亲的注意力焦点。她从不离开孩子,把孩子背在背上随身带着,时常有肌肤的接触,陪着孩子睡觉。在任何时候,只要孩子有需要,母亲就会按需哺乳,不去限制孩子,也从不责备他。在母亲的保护下,孩子处于完全的满足与安全感之中。更重要的是,孩子看到母亲从事各种各样的工作,听到她滔滔不绝地谈话,由此不断地受到外界的刺激,因为他总是和她在一起,他的世界也相对广阔。当邻居或访客到来时,婴儿也自然成为大家兴趣点的中心,不断地相互交流。如果他有一点点不高兴的迹象,就会立刻被他的母亲抱回。当对孩子们进行格赛尔测试时,母亲们充满爱和热情的行为非常清楚地表明了孩子们是如何被爱包围的,她们总是随时准备在孩子需要的时候提供帮助。母亲们对测试的兴趣以及她们对问题的详细回答进一步证明了这种关怀。

格柏博士的后续研究展示了在这个社会中,养育孩子的其他一些方面并没有起到鼓励和加速孩子成长的作用。在孩子 18 个月至 2 岁时,他就会被从母亲身边带走,交给另一个村庄的另一个女人去管教使其"社会化"。生母被要求爱她的孩子,抚摸和喂养他,这通常会刺激孩子的发育,而"训练"孩子是养母的任务。格柏博士发现,离开母亲之后,这些孩子的发育进程明显放缓,有些孩子表现出的能力甚至不及离开母亲之前,大概是因为他们失去了早些时候获得的技能。

喀拉哈里的布须曼人

帕翠西亚·德雷珀（Patricia Draper）博士曾住在非洲西南部博茨瓦纳喀拉哈里沙漠边缘的昆族（!Kung）布须曼人的群落中。她发现他们以30人为一个团体，非常喜欢亲密接触和触摸。在露营、休息、谈话、做家务时，他们喜欢聚成一团，互相靠在一起，手臂相互摩擦，双腿交叉重叠。身体接触在儿童交往中表现得最多，其中女孩比男孩表现出更多的身体接触。

洛娜·马歇尔（Lorna Marshall）在1950—1961年居住在昆族群落，观察到他们在情感上极度依赖归属感和陪伴感，这种感觉通过他们频繁地触摸而不断得到加强。她写道：

> 昆族的宝宝大多数时候被妈妈抱着，用柔软的皮革背带绑在母亲的身边，这样他们可以很容易地接触到母亲的乳房。昆族母亲都有很好的泌乳能力，她们按照孩子的意愿来喂奶，婴儿们都被喂得很胖。婴儿不穿衣服，于是与母亲会有很多皮肤接触。他们晚上睡在母亲的怀里。当他们不在母亲的怀里或没有被母亲绑在身边时，他们就会被其他人抱着。如果他们被安排玩耍，他们会在长辈躺着聊天和休息时在长辈身上爬，或者是在长辈触手可及的地方玩耍。

> 昆族人似乎从不厌烦他们的孩子，会抚摸他们、亲吻他们，和他们跳舞，给他们唱歌。大孩子陪着婴儿玩，女孩们带着小孩子到处走，而这并不是父母给她们设定的任务（尽管她们也可能因为这个原因带着小孩子四处走），而是因为她们扮演"妈妈"的角色。男孩们也会抱着婴儿到处走，载着他们，把他们拖去狂欢（一种他们最喜欢的游戏）。如果婴儿发出呜咽声，就会被带回母亲那里喂奶。总之，婴儿们看起来就像喂养良好的幼犬一样平静和满足。

> 当人们悠闲地坐着时，人们会花时间教孩子，协助孩子站起来，让孩子在大人们伸出的手臂之间迈出第一步，然后和他们一起玩一些小游戏。

M. J. 康纳（M. J. Konner）对昆族儿童从母亲那里得到的触觉刺激的数量和质量印象深刻。和布须曼人相比，美国儿童可谓是"被剥夺"了身体刺激。他指出，儿童在每种文化中的经历当然都与文化的本质有关。布须曼人的婴儿在一个生存源于相互间的经济依赖和合作的世界中长大，而美国婴儿的世界则倾向于竞争和变动。

从最初的几周开始，布须曼婴儿就被用背带裹在母亲的髋部或身侧，背带支撑着婴儿的背部、臀部和大腿。关于这个姿势，康纳引用了格塞尔和阿马特鲁达关于6个月大的婴儿坐起来的评论："他的眼睛睁大了，脉搏加强了，呼吸加快了。当他从水平卧姿变成垂直坐姿时，他笑了。这不仅仅是姿态上的胜利，而是一种视野的扩大，一种新的社会取向。"

> 婴儿从他们靠近母亲臀部的位置，可以参与她的整个社交世界和物质世界（特别是母亲手中的工作），同时也靠近母亲的乳房，而母亲也可以轻松及时地照顾到婴儿。母亲在站立时，婴儿的脸的高度正好处于10~12岁的女孩的视平线位置。这些女孩有着强烈的母性气质，她们经常接近婴儿，并与婴儿进行简短、热情、面对面的互动，包括相互微笑和发声。婴儿不在背带里时，会被围火炉而坐的成年人轮流抱在怀里互动。人们亲吻婴儿的脸、肚子、生殖器；给他唱歌，带他玩弹跳游戏，逗他玩，用语言鼓励他。在婴儿能理解具体的词语之前，人们就已经常常对他说话。在婴儿生命的第一年里，生活中充满了关注和爱。

孩子们是按需喂养的，母乳喂养可能持续6~8年。这种与母亲身体互动的早期经历以及母亲的养育支持无疑对布须曼人的性格养成产生了很深的影响，这种性格吸引了许多作家的关注。康纳博士说，那里的成年人会不断地互相给予和接受食物，几乎可以肯定，这个显著的特征与他们的养育方式有关。

在整个非洲的大部分地区，情况也大都如此。

新几内亚

有关新几内亚，我们看到了一些完善的记录，讲述了儿童的早期经历与成人人格发展之间的关系，其中触觉体验显然发挥了重要作用。玛格丽特·米德撰写的与此有关的描述主要与阿拉帕什（Arapesh）和蒙杜古莫

触摸的力量

（Mundugumor）这两个族群有关。

在阿拉帕什，孩子总是被人抱着。母亲把婴儿装在一个小网袋里，网袋的带子挂在她的额头上。如果孩子哭闹了，母亲会及时地喂奶来安抚。母乳喂养会持续3~4年。孩子睡觉时通常与母亲的身体密切接触。当母亲坐着做饭或编辫子时，孩子要么挂在厚厚的网袋里靠在母亲的背上，要么蜷曲在母亲的手臂或腿上，这样孩子就能享受到持续、温暖的安全感。有时母亲需要离开家，去花园工作一整天，随后她会再用一整天陪伴照顾孩子，来弥补她之前缺席带来的影响。婴儿被母亲抱着，坐在她的腿上，可以随意吮吸母亲的乳房，玩耍，再次吮吸和玩母亲的乳房，由此逐渐恢复他可能失去的安全感。母亲和孩子都喜欢这样的体验。母亲也活跃地参与到哺乳过程中。她把乳房握在手里，轻轻地摇动孩子嘴唇里的乳头。她对着婴儿的耳朵吹气，或挠他的耳朵，或顽皮地拍打他的生殖器，或挠他的脚趾。孩子也是，会玩母亲或自己身上的小文身，一边吮吸乳房一边用手玩另一只乳房，用手拨弄乳房，玩自己的生殖器，笑着，咕咕轻哼，进行一场漫长而愉悦的吮吸游戏。米德说："因此，摄入营养这件事变成了一种高度情感化的场合，孩子也通过这个方式，发展并保持了对身体各个部位接受爱抚的敏感性。"有趣的是，阿拉帕什的孩子一般不会吮吸拇指或手指，但是如果母亲离开自己较长时间，很多孩子就会玩自己的嘴唇。孩子在断奶后较长的一段时间里，还会继续玩嘴唇。直到一定年龄后，男孩会被提醒别再玩嘴唇，他们被允许咀嚼槟榔，而女孩则可以继续这一行为，直到生完孩子。

孩子被拥抱半小时后，就会跟着任何人去任何地方。孩子们对爱的表达的反应是即刻的。由于每个人在任何可能的场合都会表现出这种爱，阿拉帕什的孩子在很多人的照顾下长大，发展出一种完全的情感安全感。最终，阿拉帕什的孩子在成年后会形成一种随和、温柔、乐于接受、不咄咄逼人的性格，这个社会也不存在竞争性或攻击性游戏，不存在有组织的掠夺、征服、杀戮或为荣誉而进行的战争。

蒙杜古莫是一个生活在阿拉帕什以南的河流民族，这个民族好斗而充满敌意，生活在一种相互不信任和不舒服的状态中。甚至在孩子出生之前，人们就会讨论是否要留下孩子，这取决于孩子的性别，母亲更喜欢男孩，父亲更喜欢女孩。在蒙杜古莫的社会中，孩子过着不被爱的生活。婴儿从出生起就被放在一个粗糙的篮子里，篮子的侧面是半圆形的，在母亲的额头处悬挂下来。篮子是粗糙、坚硬、不透明的。母亲身体的温暖无法穿透它，婴儿被挤在里面，只能看到两侧狭窄边缘透过的光线。在家里，婴儿被放在篮子里挂起来。婴儿哭泣时，母亲或其他女性不会去碰触孩子的身体，而会用指甲抓篮子外面，发出刺耳的声音。孩子们通常会对这种声音有反应。如果哭声没有停止，母亲会给婴儿哺乳——母亲是站着哺乳的，在这期间没有母亲和孩子之间的嬉闹和爱抚。哺乳一结束，孩子又会被送回他的牢笼。这令孩子产生一种强烈好斗的态度，他尽可能紧紧地含住乳头，却经常因为吞咽太快而憋气。这又会让母亲生气，使孩子焦躁不安。于是，哺乳的体验进一步变成愤怒、沮丧、挣扎和敌意的体验，而不是情感、安慰和满足。

一到两岁的孩子由母亲背在背上。若孩子哭闹、在地上爬行，会被紧紧地抱起来放在母亲的脖子上，让他们抓住母亲的头发。只有当母亲认为孩子需要进食时，母亲才会给他喂奶，而不会把喂奶作为恐惧或疼痛时的安慰。从孩子开始走路时起，就会明显地感受到母亲对哺乳的抗拒，孩子会被母亲推开，而且常常被扇耳光。因此，断奶是在敌意中完成的。一些蒙杜古莫的孩子吮吸手背或一对手指，脸上会明显流露出愤怒、烦躁和焦虑的表情。

蒙杜古莫的孩子在童年时经历的这种社交互动，毫不意外地令他们长大后变成了没有吸引力、好斗、自相残杀的人。*

新西兰怀卡托大学的詹姆斯·里奇博士讲述了一段愉快的经历：他在新几内亚实地考察时遇到了一位精神科护士，这位护士收到了一份敏感性训练手册。由于阅读了这份手册，她开始让与她没有语言互动的美拉尼西亚患者互相触摸，她也触摸这些患者。里奇博士写道："这样做需要勇气，让她能面对她自己的反应以及病人的反应。他们也用触摸来回馈这位护士；他们抚摸她的头发，用最温和的手指迎接她，一次握着她的手持续好几个小时。现在，当她走进病房，在她曾经满是烦躁和沉默的心中已经充满了新的使命感——去疗愈。"

---

* 这是 1930 年蒙杜古莫族群的状况，此后他们经历了相当大的变化。

阿提美朗

阿提美朗在荷属东印度群岛的阿洛岛上,那儿有一种习俗,那就是在一个人将死时,他的一个成年子女或亲属会把他抱在腿上,就像父母抱着孩子一样。观察到这一点的科拉·杜波依斯(Cora DuBois)博士认为,这是一种重回婴儿养育状态的行为。她怀疑有许多人一生都在寻找这种状态。

婆罗洲北部杜顺人

我只知道一位在无文字文化中进行触觉方面人类学研究的学者,他就是威廉姆斯(Williams)。他研究了婆罗洲北部山区高地的杜顺人,这是一个以农业和狩猎为生的族群,他们的主要作物是水稻。威廉姆斯强调了研究的必要性:在不同的文化中,个体会因外部的要求或期待而放弃特定的触觉体验或实践,并在生命的不同时期发展具有代偿作用的替代性符号。他写道:"从触觉体验到抽象概念化的转变,似乎对理解个人在文化学习和传播过程中获得某些文化概念的方式至关重要。"

纵观杜顺人的生活,虽然他们对于触觉体验的关注和认知是复杂的,但是,仍然可以从他们公开的行为中以及他们在许多社交场合中使用的各种语言、手势和身体姿势等触觉替代物中观察到。诸如"有生命的触摸"与"无生命的触摸"是不同的,而"敏感的"、"可触摸的"和"触动的"等接触都与"触摸行为"、"挠痒"和"接触到一起"不同。对特定触觉接触的语言使用,包括表示这种体验的局限性和可接受性的术语,构成了一个特殊的词汇。在杜顺人生活中常用的触觉体验的其他替代表达是具有文化结构的手势,用于表达特定的触摸动作;大约有40个手势被用来表达情感,而至少有12个手势具有公开的性含义,表示性行为。*表达触觉体验的身体姿势通常涉及一系列复杂的动作,包

---

* "拇指插在另一只手的大拇指和食指之间是性行为的象征,而手放在耳朵旁边,手指向上,手掌向前摆动手,则表示恐惧和嘲笑。"

括头部的倾斜、面部表情，以及手、手臂和躯干的动作。在表演艺术中，卖弄风情的杜顺女人的剧目包括各种复杂的身体姿势，她们以此来代替触觉体验。这些身体动作通常用来表示赞成或不喜欢，或展示身体艺术、装束和装饰，以作为直接触摸体验的邀请。

在杜顺社会中，人们彼此打招呼时不会有触觉接触；在各种社交行为场合中，被许可的触觉接触也有严格的边界。有趣的是，杜顺的新生儿出生后的8~10天内仅会接受到母亲的触摸，而会在触觉上与其他人有所隔离。在孩子出生第一年所接触的几种仪式中，有一句话是这样说的："任何陌生人都不允许触摸你，因为这会给你带来伤害。"

某种文化的成员学习处理触觉的方式是由文化定义的，威廉姆斯出色的研究明确阐述了这一点。他呼吁进一步研究人类行为中这一重要但最易被忽视的方面。

其他无文字文化

马里兰州贝塞斯达国家儿童健康与发展研究所的詹姆斯·普雷斯科特（James Prescott）和旧金山加州大学医学院的道格拉斯·华莱士（Douglas Wallace）在一项有趣的跨文化研究中，对触觉体验与攻击行为起源之间的关系进行了研究，研究涵盖了49种无文字文化，在几乎所有文化中，触觉体验与攻击行为起源都存在着高度的相关性，只有巴西的吉瓦罗是唯一的例外。总体来说，研究发现，在那些触觉体验较多的文化中，成年人的攻击性低，而在那些触觉体验较少的文化中，成年人的攻击性高。其中有13种文化看起来似乎与此规律不符。研究发现，在6种具有婴儿高情感水平和成人高暴力水平特征的文化中，其中5种对婚前性行为存在着压制，而在7种婴儿低身体情感水平和成人低暴力水平的文化中，有6种以放任性行为为特征。因此，在青春期前后的发育阶段的愉悦体感这一假设得到了证实。

美国儿童的触觉体验

从杜顺人、甘达人、爱斯基摩人或布须曼人等无文字文化到高度复杂的美国文化，我们发现不同文化中婴幼儿的触觉体验差异非常具有启发性。在美国，有一项关于工人阶层、中产阶层和上层阶层家庭中的儿童从婴儿期到四岁半的触觉体验的出色研究，即维达尔·斯塔尔·克莱（Vidal Starr Clay）的一篇未发表的博士论文，名为《文化对母子触觉交流的影响》。这项研究的对象是 45 对母子，其中包含 20 个男孩和 25 个女孩。这些研究观察是在公共场所、乡村俱乐部和私人海滩进行的。在表 8-1 中，根据儿童的年龄，将儿童分为 A、B、C 和 D 组，按年龄和社会阶层进行 1 小时的平均水平的触觉接触。从表 8-1 中可以看出，随着孩子年龄的增长，触觉接触在母子或母女情感系统中的作用逐渐降低。通常人们会认为年龄最小的组别或婴儿组的触觉接触度会最高，然而，当触觉接触频率和持续时间得分按年龄和社会阶层进行比较时，一个令人惊讶的例外出现了。

在所有三个阶层中，最小的孩子、新生儿和不会走路的孩子的触觉接触频率得分比会走路的孩子要低。工人阶层和上层阶层中，婴儿被触摸的持续时间得分也低于年龄稍大的儿童。只有中产阶层的婴儿的接触持续时间得分显示了我们期望发现的模式：最年幼的年龄组得分最高。中产阶层母亲的持续时间得分远高于其他阶层母亲的持续时间得分：与每个孩子的接触时间接近 40 分钟。在所观察到的时间跨度中，正是这个数据影响了持续时间得分的平均值，使实地研究样本中年龄最小的孩子似乎获得了最多的触觉接触时间。因此，必须重新表述关于触觉接触和年龄的结论，即整体触觉接触确实随着年龄的增长而下降，但在这种文化中，正如在实地研究中观察到的那样，实际上是刚会走路的孩子，而非婴儿和不会走路的孩子，得到了最频繁和持续时间最长的触觉接触。在从刚会走路到 2 岁这段时间里，触觉接触的数量会随着孩子年龄的增长而有规律地下降。

表 8-1 不同年龄和社会阶层玩耍的接触性和模式

在海边 1 小时的观察
儿童数量：45 个

分组	平均接触次数				平均接触时间			
	工人阶层	中产阶层	上层阶层	组平均	工人阶层	中产阶层	上层阶层	组平均
A	4.5	4.2	4.0	4.2	0.0	8.0	9.7	7.5
B	3.1	5.5	15.3	6.3	3.0	8.0	22.3	8.2
C	2.6	3.3	6.0	3.7	1.4	1.3	3.4	1.8
D	—	5.3	4.8	5.0	—	8.3	2.8	4.9
总平均	3.1	4.4	7.0	4.9	2.2	5.8	8.2	4.9

分组	平均接近次数				平均远离时间			
	工人阶层	中产阶层	上层阶层	组平均	工人阶层	中产阶层	上层阶层	组平均
A	4.0	3.0	31.0	27.2	13.0	20.0	20.0	17.7
B	30.5	13.5	19.0	22.9	19.6	30.0	15.7	20.5
C	22.4	22.0	28.7	23.8	23.0	24.0	20.0	22.6
D	—	15.0	25.2	21.1	—	31.3	29.2	30.0
组平均	27.4	16.2	25.8	23.3	20.5	27.4	23.2	23.7

数据来源：维达尔·斯塔尔·克莱，《文化对母子触觉交流的影响》（博士学位论文，哥伦比亚大学教育学院，1966 年），表 4，第 284 页，经许可引用。

总体而言，人们会认为，新生儿和婴儿接受的触觉刺激最多，但事实似乎是，医院分娩、奶瓶喂养、衣服这些因素在看护人和婴儿的皮肤之间形成了屏障。A 组（从 2 个月到 14 个月大的不会走路的孩子）比起 B 组（14 个月到 2 岁刚刚走路的孩子）得到的触觉体验更少。C 组包含 12 名 2~3 岁的孩子。D 组包含 10 名 3~4 岁的孩子。这是从婴儿实际需求的视角来观察到的惊人而重要的发现。

有多年产科护理经验的瑞瓦·鲁宾（Reva Rubin）说，让她感到震惊的

触摸的力量

是，只有极少数的美国母亲，即使在婴儿出生1年后仍然能很舒服地把婴儿抱在胸前，纯粹地享受接触的乐趣。她发现，最有可能这样做的是那些真正喜欢母乳喂养的母亲。"当然，"她补充说，"还有祖母和阿姨。"

哈洛等发现，在恒河猴的母婴情感系统中，存在明显的3个阶段：（1）依恋和保护阶段；（2）矛盾阶段；（3）分离阶段。依恋和保护阶段的特点是有几乎完全积极的行为，如拥抱、抱晃、护理、梳理、约束、带回。矛盾阶段包含积极和消极的反应，如攻击和撕咬、拍打和掌掴、拉扯皮毛和拒绝保持身体接触的尝试。分离阶段，母婴之间的接触终止。毫无疑问，在人类母婴的情感发展中也会有类似的阶段，母亲与此相关的行为对婴儿的发展有着重要的影响，这在依恋和保护阶段尤为重要。而恰恰是在这些重要的阶段，美国的母亲看起来犯了很多错误。恒河猴母亲通常在头30天对婴儿表现出高度的兴趣，然后开始表现出矛盾的反应。人类母亲的依恋期通常要长得多。但正如克莱所说：

> 与灵长类动物的母亲和许多其他社会的母亲不同，美国母亲在很大程度上省略了亲密身体依恋的阶段。在此文化中，母亲和孩子出生时身体的分离代表大多数母子身体共生关系的终结。共生关系并不是母亲从孩子那里去满足自己对亲密身体接触的需求，而是去建立一种母亲能够给予孩子的声音和动觉需求回应的母性依恋关系。在婴儿出生的最初4个月里，美国母亲呈现出的这种母性模式的差异自然与其社会文化有关，这种亲密并非这一文化的常态。事实上，美国的母亲自身并没有经历过与其母亲亲密的身体接触，这无疑又强化了这种行为。母亲和婴儿之间缺乏身体上的接触，由此母亲为婴儿输入疏离感的刺激，反过来又接收并回应婴儿给她的疏离感的暗示，这样一来，更加加强了文化中的疏离模式。

在美国，即使在母乳喂养期间，母亲和婴儿也都穿着衣服，因此，当婴儿被哺乳时，他的皮肤通常只会接触母亲的乳房周边，也许偶尔会被母亲抚摸手。在奶瓶喂养的情况下，婴儿体验到的相互触觉刺激非常少（幸运的是，奶瓶喂养在美国正在减少）。婴儿和母亲都以这种方式经历了触觉刺激的剥夺，这解释了美国文化中不通过亲密的身体接触表达情感（尤其是母亲和婴儿之间的情感）的固化模式。美国母亲和孩子之间的触觉接触表达的是照顾和养育，而不是爱和感情。这个事实可以明显地证明这一点：在美国文化中，相比不会走路的孩子，母亲会更频繁地触碰会走路的孩子。

克莱与其他研究人员发现：养育者给予女婴的表达爱意的行为比给予男婴的更多。比起生男孩，母亲们更喜欢生女孩，而且女孩的断奶时间往往比男孩晚。莫斯（Moss）、罗伯森（Robson）和彼得森（Pedersen）在于华盛顿进行的一项关于母亲对婴儿输入感官刺激的详细研究中发现，相比于1月龄女婴，同月龄男婴的母亲对婴儿的交谈、亲吻以及在摇椅上的晃动更多。这些研究人员认为，这种差异可能反映了对男性的社会情感取向：倾向于安抚和调节而不是刺激或激活婴儿的行为。母亲在对待1个月大的女婴时更多地使用视觉和听觉等远距离感官。莫斯和他的同事认为，由于女婴比男婴发育得更早，更善于表达的母亲可能已经根据孩子的发育要求或状态调整了她们为婴儿提供的刺激的类型。因此，男婴会得到更多的交谈、更多的亲吻和更多的摇晃，而发育状态更高级的女婴则倾向于通过积极的注意力和处理刺激（听觉和视觉）来受到刺激，这些刺激通常与高级的皮层（认知）功能有关。

有趣的是，人们发现根据母亲的声音的活力，可以可靠地预测她在婴儿1个月和3个月大时提供的刺激数量和类型。研究发现，活泼的母亲比说话轻声细语的母亲能给孩子更多的刺激。受教育程度较低的母亲往往比受教育程度较高的母亲为孩子提供更多的身体刺激。受过良好教育的母亲往往会花更多时间与男婴交谈。研究发现，八到九个半月大时的婴儿对陌生人的恐惧和目光转移的行为与婴儿在早期从母亲那里接受的刺激类型有关。婴儿受到的刺激（尤其是远距离感受器的刺激）越多，在八到九个半月大时与陌生人的相处就越舒服。这些研究人员认为，习惯于体验新奇的视觉和听觉刺激的孩子可能有更好的心理组织来应对和同化"陌生事物"。由于奇怪的刺激对于这些孩子来说不那么新鲜，于是往往不会引起他们主观的不确定感。也就是说，通过远距离感受器接受更多刺激的孩子，认知能力会变得更加复杂，因此有更多的资源来处理不熟悉的听觉或视觉刺激。

值得注意的是，凯瑟琳·奥尔巴赫（Kathleen Auerbach）表示，在欧洲和亚洲的一些男性备受重视的国家，男婴的母乳喂养时间比女婴长。然而，在美国，情况正好相反。母乳喂养的性暗示令男婴不太可能像他们的姐妹一样长时间接受母乳喂养。克莱的研究证实了这一点。

母女之间通过触觉表达爱意并不像母子之间那样受到抑制。一想到父子之间表达出这样的感情，许多美国父亲会感到不安。一个男孩用手臂搂住另一个男孩的肩膀确实会引起其父亲的恐慌。即使是女性也不愿意如此公开地向同性表达爱意。人们主要是在性的语境下才触摸他人。在这种情况下，触摸他人可能会被严重地误解，因为触摸在很大程度上仅限于性并与性相关。当性爱结束后，男性就不再接触他的伴侣，通常会回到他的床上享受独处。

夫妻同睡的双人床被夫妻分开睡的双床所取代，这很可能与早期盛行的母乳喂养的减少和母婴触觉刺激的减少密切相关。我早些时候曾提出，与习惯分床睡的父母相比，睡在同一张床上的父母之间以及父母与孩子之间可能会形成一种截然不同的关系，而且夫妻"同床"的家庭往往更有凝聚力。睡在同一张床上保持接触感与分床而睡的非接触式分离是截然不同的体验。莉莲·史密斯（Lillian Smith）在她的小说《奇怪的水果》中，塑造了一个博士，他名叫特雷西（Tracy），又被称作图特（Tut），他的妻子阿尔玛（Alma）有如下叙述：

> 有时当她回想和图特共度的夜晚时，她只记得他把自己的腿从她身上抬起。你可能会说，图特的睡眠方式有一种闲散的感觉，放任自己，如此不受控制。阿尔玛曾想过摆放两张单人床，但从未付诸行动，因为她从内心怀疑丈夫和妻子是否应该分开睡。这一切对她来说有点模糊，但睡在一起，无论天气是冷还是热，似乎都是婚姻结构中必需的，一旦不这么做，可能会导致整个婚姻关系的瓦解。
>
> 她对此不太确定。然而，她确信，母亲与父亲不睡在同一个房间的习惯，导致了他们的家庭生活的不顺。

阿尔玛说得很对。这样的丈夫和妻子往往会彼此"脱节"。两位在日本工作的美国人类学家威廉·考迪尔（William Caudill）和大卫·W. 普拉斯（David W. Plath）研究了东京和京都的日本家庭中父母和孩子的同睡模式。他们发现，在日本的城市里，一个人大约有一半的人生可能会在两代人的群体中同睡，首先是作为孩子，然后是作为父母。从出生时开始，这种情况一直持续到青春期，然后在第一个孩子出生时再次开始，一直持续到母亲绝经期左右，并在老年时重复出现几年。在中间的几年里，个体通常在青春期后与兄弟姐妹同睡，在结婚后与配偶同睡几年，在中年后期再次与配偶同睡。独自睡觉是一种不情愿的选择，最常发生在青春期和结婚之间的那几年。考迪尔和普拉斯提出了一个宽泛的总结："日本家庭的睡眠安排往往模糊了代际和性别之间的区别，强调相互依赖而不是个体分离，低估或在很大程度上忽视夫妻之间在性和其他问题上的亲密关系增长的潜力，以支持更普遍的家庭凝聚力。"

他们推测：

> 在日本，独自睡觉发生率最高的年龄段与自杀率最高的年龄段是重合的。这两种行为的发生率在青春期和青年期最高，在老年期也很高。对于一个人来说，在这两个年龄段独自睡觉或许会产生一种孤立感和疏离感。在整个生命周期中，似乎有很大一部分生而为人的意义感是从与其他家庭成员的共同睡眠中获得的。

在考迪尔和普拉斯所描述的日本家庭的共同睡眠条件下，很可能存在他们所假设的这种关系。但在其他条件下，可能会产生相反的效果。例如，在欧洲和其他地方的工人阶层中，孩子们经常被迫与父母收留的陌生人共同睡眠。这种经历引起的不良反应可能会产生持久的影响，导致孩子日后害怕与陌生人进行任何形式的身体接触，以及出现其他形式的拒绝和退缩。

日本精神病学家土居健郎（Takeo Doi）认为，日本儿童对永远在场的母亲的被动依赖是日本成年人生活中一个关键的激励因素。对依赖的渴望感，与母亲的一体感，是长期溺爱和密切接触培养出来的。土居健郎说，最终，这种渴望发展成了对与母亲分离的否认，并导致成年人试图与其上级重建这种亲密关系。其结果是形成了今天日本那种垂直结构的、以群体为导向的社会。

约翰·道格拉斯（John Douglas）指出，当美国母亲刺激孩子时，孩子会变得更活跃、更有发言权，而日本母亲则倾向于安抚孩子，让孩子变得更被动和更安静。因此，儿童在很小的时候就接受了良好的训练，以适应各自的社会。道格拉斯补充道：

日本儿童与父母的身体接触是如此的频繁，以至于他们之间的关系有时被称为"肌肤之亲"。儿童对母亲的持续依赖是如此的彻底，以至于他们在身份定义上需要终身寻找成为群体中一员的归属感，而不是成为一个独立的人。

霍尔指出，日本人正在被拉向两个方向。一端是从童年的家中开始并延伸到更远的地方的一种深深的亲密感。"亲密是一种深深的需要，只有当他们彼此靠近时，他们才会感到舒适。"而另一端是保持距离。在公共场合和日常生活的礼仪场合，强调距离、自制力和隐藏感情。直到最近，日本人还不习惯公开地展示亲密或触摸。然而，从霍尔对证据的解释来看，他相信，日本人内心深处对生活中仪式性的、制度化的一面感到非常不舒服。他们的主要动力是从仪式化的表象走向温馨、舒适、亲密、友好的关系。"他们亲近他人、了解他人的渴望非常强烈。"

清教徒、阶层差异与触摸

在新英格兰地区，受到清教主义的影响，母亲和孩子之间相互的触觉刺激降到了最低限度。事实确实如此。费希尔夫妇（Fischers）在他们对果园镇（Orchard Town）育儿实践的研究中发现，大多数婴儿每天大部分时间独自待在婴儿床、围栏或院子里。"婴儿与他人的接触并不像许多社会那样以亲密的身体接触为特征。"

新英格兰人所保留的清教主义与他们的英国祖先十分相似，而且和英国人一样，他们也受到残留的拘谨作派的影响。上流社会的英国人，尤其是上流社会的英国妇女以不善于表达感情和缺乏热情著称。[*]当然并非只有上流社会的成员才具有这些特征，许多中产阶级和工人阶级的成员也表现出这些特征。但这些特征通常是由于他们缺乏父母的爱，在婴儿早期和整个童年时

---

[*] 德里克·蒙西（Derek Monsey）在他的小说《丑陋的头》（*Its Ugly Head*）（纽约：西蒙·舒斯特出版社，1960年）第38页中谈到了"一个不满足的英国贵妇的冷漠"。

期经历的缺失,才导致他们无法与他人建立起温暖和亲热的关系。

英国社会中上阶层习惯于在孩子很小的时候就把他们送到寄宿学校,把他们隔离在温暖的家庭环境之外,这种习惯剥夺了这些孩子获得健康人格发展所必需的爱和亲情的权利。在孩子学习了礼貌的界限(其中包括尊重他人的个人空间)之后,这种距离感在学校里被进一步加强了。在婴儿时期缺乏父母的爱,特别是缺乏以触觉刺激的形式给予的爱,可能是造成英国上流社会,往往是中产阶级的人神情冷漠、缺乏感情的主要原因之一。关于英国人性格的这一方面,E. M. 福斯特(E. M. Foster)有一些启发性的评论:

> 人们时常谈论神秘的东方,但西方也是非常神秘的,其深度隐藏在表面之下。我们知道,大海从远处看起来只有一种颜色和层次,显然不可能有鱼这类生物。但是,如果我们从船的边缘向海里望去,会看到十几种颜色,看到丰富的深度,看见鱼在其中游泳。英国人的性格和大海一样,表面上冷静而平缓,而深度和色彩是英国式的浪漫主义和英国式的敏感。我们并不指望能找到这样的东西,但它确实存在。继续这个比喻的话,可以把鱼看作英国人的情感,它们总是想要浮出水面,但又不知道如何才能浮出水面。在大多数情况下,我们看到它们在海洋深处游动,扭曲而模糊。有时它们成功了,我们就会惊呼:"哎,英国人是有感情的!他们真的有感觉!"我们偶尔会看到那种美丽的生物——飞鱼,它从水里完全飞到空中和阳光里。英国文学就是一条飞鱼。它是表面之下日复一日的生活的一个样本;它证明,在咸而荒凉的海洋中存在着美丽和情感。

道格拉斯·萨瑟兰(Douglas Sutherland)在他的《英国绅士》(The English Gentleman)一书中更清楚地阐述了这种情况。他写道:"一个绅士,会仁慈地呵护他的妻子,有限度地关爱他的孩子。然而,一个绅士最深切的感情是留给他的狗的。"正如他所描述的那样,这是一种贯穿所有阶层的感情。

英国作家弗朗西丝·帕特里奇(Frances Partridge)认为她的"父母之间爱的迹象被粗暴地压制了",并提到了她母亲严厉而不表露感情的行为。尽

触摸的力量

管她相信她的母亲是一个温暖而情感丰富的人,在她还是个孩子的时候,母亲会给她愉悦的拥抱和依偎,但随着她的长大,母亲突然停止了这些行为,甚至在她从寄宿学校回到家中时,母亲都没有在她的脸颊上轻吻一下作为问候。

简·奥斯汀(Jane Austen)在她1816年的小说《爱玛》(*Emma*)中,评论了英国中产阶级对那些自己真正关心的人的一种看似冷漠的表达。当她讲述奈特利兄弟阔别一年后再次相见时的问候"你好吗,乔治?""约翰,你好吗?"时,她评论道,他们"成功运用了真正的英国风格,即在一种似乎几乎漠不关心的平静中埋葬了真正的依恋,如果有必要的话,这种依恋会导致他们为了对方的利益而倾尽全力"。

英国小说家萨默塞特·毛姆(Somerset Maugham)有一段非常典型的缺乏触摸的童年经历:8岁时,他的母亲去世了,2年后,他的父亲也去世了,然后他被送到年迈的牧师叔叔和婶婶那里生活。他长大后成了一个唯我独尊的同性恋者,他讨厌被人触摸。他问候客人时"伸出双臂表示欢迎,随后会立即收回双臂以避免肢体接触"。我们可以肯定,伸出的双臂是他渴望爱的佐证,而将双臂收回则证明了他无力达成的悲哀。

其他关于英国上流社会和中产阶级的冷漠的例子有温斯顿·丘吉尔(Winston Churchill)、安东尼·伊登(Anthony Eden)的父亲威廉·伊登爵士(Sir William Eden)、英国小说家休·沃波尔(Hugh Walpole),以及其他许多人,如"什罗普郡小伙子"(Shropshire Lad)、A. E. 豪斯曼(A. E. Housman)和"阿拉伯人"T. E. 劳伦斯(T. E. Lawrence)。美国人威廉·伦道夫·赫斯特(William Randolph Hearst)也是这种冷酷无情的典型人物,奥逊·威尔斯(Orson Welles)的电影《公民凯恩》(*Citizen Kane*)生动地描绘了他的一生。还有一个关于缺爱的孩子的历史案例是由受害者英国记者塞西尔·金(Cecil King)自己提供的。这些人代表了成千上万同样因童年缺爱而导致在情感行为上有障碍的人。有趣的是,克莱在对一组美国母亲的研究中发现,与工人阶级和中产阶级的母亲相比,上层阶级的母亲会给婴儿更多的触觉关爱,即通过触摸来表达爱的行为。

英国上层阶级对欧洲大陆触觉交流的态度反映在英国工人阶级的态度

上。例如，在伦敦各男性社区中，英国工人发现以男性为主的巴基斯坦移民表达情感的方式令人反感。一位码头工人评论道："他们很不自然，如果你问我对此有什么看法，我会说当我看到他们握手的方式时，会觉得他们很像同性恋。"

在美国，人们通常认为在给婴儿洗澡时婴儿的触觉刺激会增加，但事实并非如此。玛格丽特·米德指出，美国婴儿的注意力被转移至放在浴缸里的玩具上，从而忽视了与母亲的接触关系。因此，他的注意力集中于物而不是人。正如米德所说："普通的美国妇女在自己哺乳之前可能都未曾抱过婴儿，即使在自己哺乳时，也经常表现得好像害怕婴儿会在自己手中折断一样。相反，在新几内亚和巴厘岛，人们对婴儿了如指掌。有些婴儿会被交给仅有4岁的儿童看护，这种对婴儿的熟悉感表现在她们所有的动作中。"

在大家庭中，祖父母、叔叔阿姨、堂兄弟姐妹和其他亲戚经常给孩子大量的各种各样的触觉刺激，然而随着大家庭的分散，现在孩子的身边可能只有一个情感表达非常含蓄的母亲。克莱说，她看到一位祖母坐在树下，旁边的孙子被束缚在一台塑料推车上。"那位祖母悲伤地说她想要抱起孩子，但是孩子的母亲说，孩子需要学会独立。"

触摸方面的阶级差异是显而易见的。一般的规律似乎是，阶级越高，触摸的频率越低；阶级越低，触摸的频率越高。阶级之间的规则是，上等阶级的人可以碰触下等阶级的人，而下等阶级的人不能碰触上等阶级的人。同样的规则也适用于种姓和地位差异，这让人想起印度的贱民。在地位问题上，尽管一个人可能与另一个地位更高的人属于同一阶级，比如在职业等级或分配的角色上，但地位的差异通常足以阻止地位较低的人接触地位较高的人。正如南希·亨利（Nancy Henley）所说，触摸可以被看作直呼其名的非语言行为。正如高阶层或地位的人可能会直呼低阶层或地位的人的名字一样，前者也可能会触摸后者，同时自信地认为后者不会有同样的举动。事实上，若有人偶尔大胆地打破其中的规则，旁人就会认为他做出了最严重的违反礼仪的行为。

触摸，就像直呼其名一样，被认为是一种亲密的行为，这种特权通常只授予那些与自己阶级或地位相同的人，人们允许他们跨越那些用来排除无特权者的社会障碍。在相同阶级或地位的成员中,直呼名字或触摸可以用来快速地建立友好关系。人们可以通过对方的回应来辨识对方是接受还是拒绝这样的方式。

然而,与直呼其名相比,肢体接触更能缩短社交距离,并经常构成亲密关系的证明。正因为如此,肢体接触通常被那些讨厌这种接触的人视为侵犯了其个人隐私。推而广之,任何意外的或不必要的触摸,即使是来自亲密的人,都可能被认为是令人讨厌或不可接受的。

于是,很明显,在社会交往中,触摸被视为一种权力的象征,由上级行使,或在平等者之间行使。由于在西方社会的权力结构中,女性被视为地位低于男性,并被视为属于下层阶级或种姓,因此女性从早期起接收到的触碰就比男性多。根据乔纳德(Jourard)的一项家庭研究,在婴儿时期,女婴比男婴得到更多来自父母的触摸,女婴也比男婴更多地触摸父母。乔纳德和鲁宾的另一项研究发现,母亲喜爱触摸儿子胜过触摸女婴,父亲喜爱触摸女婴胜过触摸男婴;女婴比男婴触摸父亲的次数更多,男婴触摸母亲的次数比触摸父亲的次数多。因此,男性之间的接触不如家庭中女性和男性之间的接触频繁。研究还发现,母亲和父亲触摸女婴的身体部位比触摸男婴的身体部位多,而且女婴比男婴给了父母双方更多这类触摸。这些观察者还发现,男性触摸最好的女性朋友的身体部位比女性触摸最好的男性朋友的身体部位多。

乔纳德和鲁宾认为,无论是有意识的还是无意识的,触摸都等同于性意图。若是作为一般规则(而非放之四海皆准的规则),这或许是一个合理的推断。南希·亨利报告了她的一位男性助理的一项研究,该研究发现,在一般情况下,男性触摸女性的频率高于女性触摸男性的频率,但当女性拥有比男性更大的地位优势时,她们更有可能主动触摸男性。亨利的结论是,在两性之间决定触摸频率的是地位而不是性别,男性的触摸是维持女性较低地位的一种手段,"(男性的触摸)也成为一种提醒:女性的身体是每个人都可以自由使用的财产"。亨利认为,女性应该拒绝接受这种男性的触摸主张,"把手从握得太久的男性手中拿走",拒绝不请自来和不想要的触摸,仅在适宜的情况下触摸男性。

在性和肢体接触的政治中，若需要更深入地观察，找到事物的根源，并变得更与时俱进，男性在很大程度上仍然是保守党人。

触觉刺激与睡眠

安娜·弗洛伊德指出："孩子在入睡时有一种原始的需求，就是与另一个人的身体有亲密而温暖的接触，但这与现行的要求孩子独立睡眠的卫生保健规则背道而驰。"她接着说："在我们西方文化中，错误地认为年幼的孩子独自睡觉、休息和玩耍是健康的，导致人们忽视了婴儿对成年人持续陪伴和照料的生理需求，从而令孩子们长时间暴露在孤独中。"这是对自然需求的忽视，造成了需求和驱动实现过程运作的第一次中断。于是，母亲会发现婴儿虽然很疲惫却依然入睡困难或整夜不睡，这时她们往往还需要寻求建议。

在西方文化中，人们经常会遇到这样的现象：孩子们恳求母亲躺在他们身边，或者至少陪他们入睡。这种恳求往往不会被母亲允许。从孩子的床上传来无休止的呼唤，孩子要求母亲在场，要求打开一扇门、喝一杯水、开一盏灯、讲一个故事，等等，这些都表达了孩子对母亲的需求，而母亲是他们建立安全联结的主要对象。一个可爱的玩具、一只可以带上床的宠物、柔软的材料、一条安全毯、一些孩子特别依恋的物体，以及吮吸拇指、摇晃、自慰等自体性行为，都是孩子从清醒过渡到睡眠的手段。当孩子要放弃这些过渡物品或行为时，他们可能会出现新一轮的入睡困难。

朱迪思·乔宾（Judith Jobin）有力地阐述了这一点：

> 对于成千上万的美国孩子来说，一到非周末的晚上9点，最孤独的夜就开始了。9点前，他们还在和家人快乐有爱地聚在一起，可一到睡觉时间，他们就不能再接触家人，只能独自一人入眠。孩子被送到自己的床上，床上刚铺好了唐老鸭床单，孩子却仍然无比孤独。父母给孩子一个短暂的亲吻，以及一个"别为难我"的警告眼神，之后便离开了。一个孩子要独自面对夜晚，这么一个小小的瘦弱背影再令人悲伤不过

了。他小小的身板因感受到背叛而颤抖，他又想起在楼梯下时糟糕的瞬间：他转过身，最后一次恳求地看了父母一眼。

唐老鸭床单不能代替父母温暖舒适的身体。只要经历过这种情况，就会知道，对孩子来说，每晚遭受的这种剥夺都意味着遗弃和他们无法理解的背叛，而同样令人无法理解的是，这似乎是秩序的一部分。

在世界上许多民族中，孩子和父母一起睡觉是习以为常的安排，每个家庭会根据实际情况来处理，孩子们与父母或与兄弟姐妹睡在同一张床上，与家人共同睡觉的方式对每个人都有多方面的好处。蒂娜·特维宁（Tina Thevenin）写了一本关于这个主题的书《家庭床》（The Family Bed），她在书中有力地论证了家人共同睡觉的必要性。

出生后第一年与父母同睡的孩子会获得与家庭更加亲密的联结，他们醒来时更快乐，个性更可爱，睡眠质量更高，也更善于回应。当兄弟姐妹睡在一起时，竞争和争吵就会减少。托宾写道："如果你与和家人同睡的人交谈，就会发现，他们的肢体语言比任何书面描绘的情感都更具表现力：他们表情丰富，音调高昂，友好地彼此拥抱。"这告诉我们，身体接触对于和家人同睡的人来说有多么重要。

在出生后第二年，若孩子的亲密接触需求得到了满足，他将可以很好地入睡，这是他应得的。即使在现代世界，关心孩子幸福感的父母应该也不会将睡前躺在孩子身边视为难事。这通常只在第二年才需要，且父母只需陪到孩子睡着就行了。随着这一领域的进一步发现，父母需要花在这方面陪伴孩子的时间很有可能将大大减少。新西兰基督城家长中心的成员开创了一种新的可能。一些女性成员开始对这个想法感兴趣：婴儿会受益于躺在柔软、有弹性的羊羔皮上，这种经过特殊鞣制的羊羔皮会带给婴儿一种与父母身体接触时相似的舒适感。

羊羔皮包裹的婴儿在接受母乳喂养后，可以更容易地被成人放回床上，羊羔皮的环境可以令他们的身体保持干燥，即便有时身体弄湿了，也仍然能保持温暖。这些婴儿需求较少，醒来后会心满意足地自己躺上一小时，而不需要引起别人的注意。趴睡的婴儿可以用鼻子蹭这种羊羔皮毯，用脸和手探索。因为羊羔皮的空气循环性能良好，所以几乎不存在窒息的风险。

多项研究表明，羊羔皮包裹不仅对普通婴儿有好处，还可以改善早产儿的状况。被羊羔皮包裹后，早产儿的体重显著增加，身体热量损耗减少，氧气消耗减少，烦躁感也降低了。人们还注意到，羊羔皮可以保护早产儿娇嫩的皮肤免于受到亚麻布带来的磨擦，而且对头部的压力更小。* 其他残疾儿童尤其是脑瘫儿童的母亲报告说，羊羔皮毯似乎令她们的婴儿体验到了额外的舒适感。使用这种羊羔皮毯后，婴儿入睡的难度也很可能减小。这值得尝试。

　　另一份关于羊皮的报告表明，并非所有的羊皮都适合婴儿。最好的皮必须来自羊的躯体大部位；同时要有致密的毛发，比如科瑞达（Corriedale）、美瑞诺（Merino）或南丘戎内（Southdown Romney）杂交羔羊这几个品种。初步的测试表明，与传统床单和床垫相比，婴儿在羊羔皮上显得更满足，睡眠的时间也更长。若剥夺了婴儿的这种皮肤接触，他们会变得烦躁不安。

　　1976年1月，我在渥太华大学发表演讲后，一位精神病学家告诉我，她让一些烦躁不安的患者睡在羊皮地毯上，这一治疗方式非常有效。

　　安全毯这个话题再次令人们认识到，能安抚肌肤的材质也具备一种令人依恋的特质。通过实验和观察，人们已普遍相信，毯子能给孩子带来安全感，并能成为母亲的替代品。理查德·帕斯曼（Richard Passman）和保罗·威斯伯格（Paul Weisberg）博士发现，给有依恋需求的孩子提供安全毯，而非他们喜欢的硬质玩具或不熟悉的物品，能够更好地减缓这些孩子的痛苦，并能促进他们的玩耍和探索行为。当母亲和孩子待在一个房间里时，母亲的存在和毯子有着相似的作用。若孩子对毯子没有建立起依恋感，那么这一物品和他们熟悉的其他物品之间并无差别。在学习方面的研究也发现了类似的结果。

　　在第三项研究中，帕斯曼博士发现毯子的功能是有限的。当孩子精神过于亢奋时，母亲陪伴孩子的效果要明显优于毯子，可以促进孩子的玩耍和探索行为，并减缓压力。孩子对母亲的依恋远高于孩子对于毯子的依恋。威廉·马森（William Mason）的理论"与依恋需求相符的刺激能够更好地起到

---

* 要注意不要让婴儿，特别是早产儿使用人造羊皮。这种羊皮的纤维容易松散，可能被婴儿吸入导致呼吸困难。

触摸的力量

安抚作用"在此得到了支持。也就是说,毯子比硬质玩具更能满足孩子的依恋需求,同时,母亲的作用远大于毯子。

几乎有一半的中产阶层家庭的儿童都会依恋无生命的物体,主要是安全毯,有时是可以带到床上陪伴的宠物。儿童的健康发展需要成人能认识到这种需求。安全毯的功能之一是抵御焦虑,并有助于孩子从内心世界过渡到外部现实世界。在所有关于这个主题的故事中,最著名的一个故事是这么讲的:

> ……无论我在哪里,小熊都在我身边,
>
> 小熊和我总在一起。
>
> 我问小熊"我该怎么办?"
>
> "如果不是因为你,"小熊说:"真的,
>
> 一个人没有太多乐趣,但两个人
>
> 可以总是在一起。"小熊说,他说,
>
> "就是这样的,"小熊说……
>
> ——A. A. 米恩《当我们六岁时》

如大家所知,许多人直到成年后都会依恋某些自己所爱的物品。如今,有越来越多的证据证实这确实是有益的行为。

安全毯无论以何种形式呈现,显然都是一种慰藉的手段或载体,是一种母亲暂时离开时用于代替母亲抚慰的过渡性客体。保罗·霍顿(Paul Horton)博士提出了一个令人信服的理由,证明这种慰藉工具的必要性。事实上,它们在健康生活中的重要性与日俱增;它们的形式可能会随着人的日渐成熟而产生变化;音乐、宗教思想、帆船,甚至精神科医生都会取代柔软的玩具。霍顿认为,成年人如果不能与某些这样的过渡性客体建立联系,那么就会失去疏导负面情绪的渠道。

这将我们带入宠物这个话题的讨论。值得注意的是,由于各种原因,很多人会在触摸他人时遇到困难,他们往往能够通过宠物满足自己的触摸需求,并将这些需求与宠物联系到一起。就单词本身而言,"宠物"(pet)和动词"轻拍"(to pet)是同一个词,后者的一个释义是"轻轻地抚摸或拍打;

抚摩；爱抚"，日常也指"在性爱中的亲吻、拥抱、亲密抚摸等"。

伯瑞斯·M. 利维森（Boris M. Levinson）博士认识到，与动物建立关系对人十分重要，由此，他开发了一种宠物取向的儿童心理治疗方法，在该方法中，他使用动物（主要是狗）来诊断和治疗有心理障碍的儿童。他的相关著作的主题是："案主通过宠物，得以接触无生命的和有生命的世界，这对于情感的健康发展十分重要。其中，接触有生命的世界更为重要。"

毫无疑问，在情感冻结的家庭中，宠物可以代替人与孩子交流，以挽救孩子的心理健康。在这方面，俄亥俄州立大学精神病学系的萨穆尔（Samuel）和伊莉莎白·科森（Elizabeth Corson）博士及其同事在监管机构进行了一些有趣的实验，被试者包括从青少年到年老体弱的患者等各种人。实验人员选择了传统治疗方式没有见效的患者，并将各种品种的狗作为宠物提供给患者。人们对此举反应积极，在50名患者中，只有3位拒绝接受宠物狗，其他47位患者欣然接受，他们从一开始就表现出显著的改善，甚至有一位26年没说话的患者开始说话了。

正如S. A. 科森和他的同事所说，人类之所以会发展出对宠物的依恋，可能是因为宠物可以无条件地给予爱和触觉安全感，"并且能保持一种永久的幼稚天真的依赖，这可能会激发我们支持和保护另一个生命的天性"。研究人员认为，宠物辅助心理治疗的成功是基于这样一种假设，即许多患者在能够接受人类的爱或给予人类爱之前，会先练习接受来自宠物的爱。

狗和人之间的触觉交流是重要的破冰之举，但它并不是孤僻的患者重新融入社会时唯一重要的交流因素。患者在养宠物狗的过程中，培养了责任感、对狗的关爱，经历了相互承诺的感受，所有这些都是为了展开一种世界观，在这个世界观下，他可以找到其他人来建立与自己的关系，以及互相之间的关系。

有趣的是，那些小时候受到过虐待和暴力，成为父母后又开始虐待孩子或打孩子的人，很少报告说自己有过童年时相伴的宠物。

宠物在很多方面对人类有益，其中之一是提供了一个可被社会接受的满足触摸需求的出口。在拍打、抚摸、摩挲和抓挠宠物时，这些手部接触为人们（尤其是不情愿进行肢体接触的美国男性）提供了触觉接触的机会。一些机构组织了儿童自愿定期探访老年人的活动，这些活动非常成功。孩子们欣然接受了老人的爱抚，并表现出兴趣以回报老人。孤僻和不快乐的人也经历了一次转变，变得外向，并在各个方面改善了他们对自我的感受。

印度儿童的触觉体验

在印度大部分地区，孩子们从小就受到触觉方面的关注。成年人用姜黄酱和蓖麻油的混合物定期给大约 1~6 月龄的婴儿洗澡和按摩。六七岁前，孩子们光着身子到处跑；从降生伊始，他们就被每个人拥抱和亲吻。

费德里克·拉伯叶（Frederick Leboyer）出版了一本关于印度传统婴儿按摩艺术的摄影集。这对我们有很大的启发：婴儿身体的每一个角落都需要被母亲充满爱的手按摩到。

日本儿童的触觉体验

威廉·考迪尔（William Caudill）博士和海伦·温斯坦（Helen Weinstein）女士进行了一项富有价值的关于日本与美国儿童养育方式的比较研究。他们研究了 30 名日本婴儿和 30 名美国婴儿的配对样本，这些婴儿为 3~4 月龄，男女各半，都是家里的第一个孩子，且都来自城市环境中的中产阶级家庭。在先前研究的基础上，研究人员预测，日本母亲会花更多的时间陪伴婴儿，她们会更强调身体接触而非言语互动，并以培养被动的和满足的婴儿为目标。他们还预测，美国母亲花相对较少的时间与婴儿相处，会更强调言语互动而非身体接触，并以培养一个主动的和独立的婴儿为目标。这些假设得到了研究者的普遍证实，也与其他有关日本及美国文化的学生的假设完全一致。考迪尔和温斯坦发现："很大程度上，因为这两个国家的婴儿与母亲的互动模式不同，婴儿在 3~4 个月大的时候就学会了以不同的、文化上恰当的方式行事。此外，随着日本和美国孩子长大成人，也能看出，他们擅长的社会互动的模式与婴儿时期的行为差异一致。"

第8章 文化与接触

人们普遍认为，在与他人的关系中，日本人更倾向于群体导向和相互依存，而美国人则更倾向于个人导向和独立。与此相关的是，日本人倾向于更加谦逊和被动，而美国人则倾向于更加自信和进取。

在需要做出决策时，日本人更倾向于依靠情感和直觉，而美国人则会煞费苦心地强调自身行为的理性原因……与美国人相比，日本人对于人际关系中的非语言交流（包括手势和身体的靠近）更敏感，并且会有意识地使用多种形式的非言语交流，而美国人主要是在身体不接触的状态下进行言语主导的交流。

此前我们已经谈到了日本人与美国人自小不同的睡眠习惯，以及由此产生的两种文化在触觉体验上的差异。两者洗澡的习惯与睡眠习惯也是一致的。在日本，婴儿大约从第2个月开始就会和全家人一起洗澡。母亲或其他成年人将婴儿抱在怀里，在家里的深浴缸或附近的公共浴室一起洗澡。这种共同沐浴的模式会一直延续到日本孩子10岁左右，甚至更久。与之相反，美国母亲很少和婴儿一起洗澡，更多是在浴缸外给他洗澡，于是孩子的身体位置局限在浴缸里，母亲通过语言和他进行交流。在日本，母乳喂养比奶瓶喂养更为普遍。在美国，婴儿在第1个月末就开始吃半固体食物，而在日本，直到第4个月末婴儿才开始吃半固体食物。很明显，日本婴儿比美国婴儿接收到了更多令人安心的触觉刺激，在婴儿三四个月大时，这种刺激就已经带来了肉眼可见的行为差异。考迪尔和温斯坦将他们的发现总结如下：

与日本婴儿相比，美国婴儿更乐于发声，更活跃，更善于探索自己的身体和物理环境。与这些发现直接相关的是，美国母亲与婴儿有更多的声音互动，并会激发婴儿进行更多的身体活动和探索。相比之下，日本母亲与婴儿有更多的身体接触，时常安抚他的身体使其平静下来，在环境中以较为被动的方式存在。此外，两种文化对成年人的行为有着不同的期待，其差异也与前述的婴儿期的行为模式一致。

考迪尔和温斯坦预测，若他们继续研究并报告两种文化中2岁和6岁孩子的行为，可能会发现早期的行为模式会进一步定型并延续。正如道格拉斯·哈林（Douglas Haring）所说：

有一个明显的事实,在文献中没有强调但已得到充分证实:日本婴儿与母亲或保姆的身体接触几乎不存在间断。婴儿几乎永远都不会被放下独自安静躺着。他总是被照料者背在背上,或者睡在照料者的身边。当他感觉不安时,照料者会抱着他,随着重心在双脚之间转移而轻轻摇晃他的身体。有些研究者认为这种摇晃对婴儿来说是一种可怕的经历。我自己的非系统观察表明,大多数日本人认为这种方式能安抚孩子。无论如何,在这样的晃动中,婴儿持续地感受着人类皮肤的安慰。当婴儿哭了,母亲会给他哺乳,而在一些底层家庭中,照料者会通过触碰婴儿的生殖器给予安抚。许多受过良好教育的日本人会拒绝第二种做法,但他们雇用的精通民间习俗的保姆或许并不觉得这样做有何不妥。

然后,当孩子到了能走路的年龄时,他大部分时间都是完全独立的,必须学会遵守不触犯他人的禁忌。

正如哈林指出的,如果突然中断婴儿对他人接触的习惯性基本依赖,会给婴儿带来一种挫败感,而这种挫败感将导致婴儿做出一些情绪性行为,以唤起成人注意到他们被挫败的需求。日本男孩会采取的方式是发脾气,有可能以言语或身体的方式表达。对母亲发脾气是被默许的,但不可以对父亲发脾气。女孩子发脾气是被严格禁止的。在有着严格规范的日本生活环境中,除了童年虐待动物和男孩对母亲发脾气,或许还有酒精之外,就没有其他足够的为挫败感提供释放的出口了。而女孩们则必须压抑自己对于挫败感的情绪表达。

若童年的挫败感长期无法表达,个体可能会出于个人无意识的动机,以报复性的方式呈现,也许会发生自杀,或者在战争爆发时对弱者的虐待和折磨。对于男性来说,后一种情绪发泄的方式被社会认可。女性显然生活在压抑中,可能最后会罹患癔症(这是一种常见的神经性疾病,源于英文的歇斯底里症——通常是性欲狂)。

毫无疑问,童年时期突然中断的触觉体验,尤其是照料者对幼儿外生殖器的舒缓触碰的突然中断,与青少年和成年男性对自己和他人身体的反应行为有关。身体内脏功能在婴儿时期极受关注,在年长的日本男性身上却成了挫折的象征。尽管男性有机会吹嘘自己的性功能，结果也厌恶地拒绝了这种方式："成长中的男孩，发现他们的无意识冲突可以用性的方式来表达，这象征着攻击性的受挫和对权力的渴望。与性有关的行为染上了虐待和暴力的色彩；日本男生的色情淫秽、同性恋、对妻子的蔑视以及对无助的敌人的性残害，可能都源于这些未解决的冲突。"

虽然这些社会化过程及行为反应主要是第二次世界大战前日本的特征，但时至今日，仍在不同程度上出现在日本社会的大部分群体。*

很明显，日本和美国的婴儿在触觉刺激方面的差异在他们的行为差异的发展中起着相当大的作用。这些行为差异已经在我们引用的研究中提出了。

触觉的国家、文化和阶级差异

不同的国家和文化在触觉上有巨大的差异，一端是绝对不可触摸的英国上层和中产阶级，另一端则包括拉丁语系民族、俄罗斯民族和许多不识字的人，他们用所有可能的方式来进行充分的触觉表达。在触觉连续性的长轴上，盎格鲁－撒克逊民族与拉丁民族处于相反的两极，斯堪的纳维亚人似乎占据了中间位置。我并不是要建议对世界各国人民的触觉变量进行计算，现在也没有进行这种讨论所需的必要信息。这类研究仅限于克莱对北美一个地区人口的小样本研究。然而，根据对不同国家触觉方面显著差异的大致观察，有可能得出某些明显的结论。

---

* 关于第二次世界大战前的日本，请参阅爱丽丝·巴肯（Alice Bacon），《日本女孩和妇女》（波士顿：霍夫顿米弗林出版社，1902 年）；拉夫卡迪奥·赫恩（Lafcadio Hearn），《日本：解释的尝试》（纽约：麦克米伦出版社，1904 年）；R. F. 本尼迪克特（R. F. Benedict），《菊与剑》（波士顿：霍顿·米夫林出版社，1946 年）；B. S. 西尔伯曼（B. S. Silberman）（主编），《日本性格与文化》（图森：亚利桑那大学出版社，1962 年）；G. 德沃斯（G. DeVos），《日本的无形种族：人格中的种姓与文化》（伯克利：加州大学出版社，1966 年）；R. J. 斯密丝（R. J. Smith）和 R. K. 比尔德斯利（R. K. Beardsley），《日本文化：发展与特征》（纽约：维金基金人类学出版社，第 34 卷，1962 年）；E. O. 赖肖尔（E. O. Reischauer），《日本人》（剑桥，马萨诸塞州：哈佛大学出版社，1977 年）。

触摸的力量

触觉行为不仅存在文化和国家差异，还存在阶级差异。早些时候我已说过，总体而言，似乎可以说阶级越高，触觉接触越少，阶级越低，触觉接触越多。不过，在克莱研究的美国样本中发现的情况有所不同，在美国样本中，上层社会的母亲似乎比下层社会的母亲更多地触摸孩子。总体来看，这一发现可能适用于美国除黑人和其他少数族裔群体外的群体。在欧洲，尤其是在英国，上层阶级很可能是世袭的，并且长期固守着自己的方式，而在美国，社会流动性是如此之大，一个人可以在一代人的时间内从下层阶级转变为上层阶级。上层阶级的第二代父母比他们自己的父母自由得多，这不仅体现在前几代人为他们奠定的社会地位上，而且体现在他们对养育子女等重要问题的看法上。因此，在美国，上层阶级的新成员往往会比其他阶级的成员更合理地关注他们的孩子。无论对克莱的样本如何解释，阶层和触觉之间似乎确实存在高度显著的相关性，这又与个体早期发展的环境相关。

在英国上层阶级中，父母与子女之间的关系从出生到死亡一直都很疏远。孩子出生后通常被交给护士，护士或是奶妈喂一段时间，或是使用奶瓶喂奶。孩子们通常由家庭教师抚养长大，很小的时候他们就被送到学校，他们获得的触觉体验非常之少。因此，不难理解，在这种情况下，人与人之间的不可碰触顺理成章地成了生活方式的一部分并被体制化了。一个有教养的人绝不会未经别人的同意而触碰对方，即使对方是父母或兄弟姐妹。哪怕发生最轻微的意外触碰都需要道歉。童年时期缺乏爱，缺乏触觉刺激，再加上在公立学校的经历，往往造就了一个情感干涸的人，他完全没有能力建立温暖的人际关系，因为他很少能够理解人类真正的需求。这些人成年后成了可怜的丈夫、糟糕的父亲和大英帝国统治者。

据我所知，从未有上层阶级的成员写过与以上状况的本质有关的著作；这个主题的著作为数不多，作者大都来自中产阶级。* 这并不是说中产阶级的成员一定比上层阶级的成员需要更多的触觉关怀，而是在某些情况下，他们能更加清楚地表达自己的失落和羞耻。

---

* 其中最好的作品之一是乔治·奥威尔（George Orwell）的《如此，如此快乐》（纽约：哈考特，布雷斯，1953 年）。更贴近上流社会成员的一部作品是蒂莫西·丹（Timothy Eden）的《男爵与蝴蝶》（伦敦：麦克米伦，1933 年）。

第8章 文化与接触

众所周知，英国的公立学校是同性恋的滋生地，因为这些学校都是男校，所有的老师也都是男性，通常一个男孩只能从另一个男孩或男老师那里得到仅有的爱。* 由于没有得到充分的来自父母的爱，这些男孩的同性恋比例很高。在作家中，如阿尔加侬·斯温伯恩（Algernon Swinburne）、J. A. 西蒙兹（J. A. Symonds）、奥斯卡·王尔德（Oscar Wilde）、阿尔弗莱德·道格拉斯勋爵（Lord Alfred Douglas）、A. E. 霍斯曼（A. E. Housman）、E. M. 福斯特（E. M. Forster）、T. E. 劳伦斯（T. E. Lawrence）、W. H. 奥登（W. H. Auden）和许多其他著名人物，都是这样的父母与学校的产物。被父母抛弃的孩子试图在性友谊（sexual friendship）中和与自己境遇相同的人建立某种人际关系，这并不奇怪。

众多英国上流社会人士都被禁止触碰的习俗所制约，似乎"不可触碰"成了英国文化的一部分。在这种情况下，触觉和触摸行为在文化上都被定义为粗俗的事。公开地表达情感是粗俗的，触摸是粗俗的，只有那些在道德规范之外的拉丁人、意大利人等，才胆敢用胳膊搂着他人，更不用说直接亲吻脸颊袒露情感了！

人们将那些呈现自己本真的人斥责为"娘娘腔"。

值得注意的是，英国国家婚姻指导委员会在一份出版物中指出，离婚率的上升很大程度上是由于英国家庭中缺乏身体接触，甚至有的父母会告诫小男孩在一些小危机中不要拥抱母亲，而是要像一个男子汉一样，坚定地抿着"僵硬的上唇"。该委员会建议英国人"需要更频繁地触摸、抚摸和安慰彼此"。

在"无触摸"方面，德国人甚至比英国人走得更远。德国家庭强调战士的美德，父亲冷漠无情，掌管一切，而母亲则完全居于从属地位，这些都造就了德国人僵化、刚直的性格，一般的德国人也都成了不太善于触碰他人的人。

奥地利人与德国人不同，他们更容易表露感情，会拥抱亲密的朋友。在德国，这种情况很少发生，除了犹太人之外。但这完全是另一回事，因为犹

---

* 有关这些"罪恶的温床"的精彩描述，请参阅约翰·钱多斯（John Chandos）的《男孩在一起》（康涅狄格州纽黑文：耶鲁大学出版社，1984年）。

触摸的力量

太民族有高度发达的触觉文化。

作为一个部落、文化或民族，犹太人的文化有明显的触觉特征。由于犹太母亲对孩子的深切关心，"犹太母亲"已经成为一个俗语。这意味着，直到现在，犹太孩子都是按需喂养母乳的，并且父母常常爱抚孩子，兄弟姐妹之间也是如此。因此，犹太人的触觉表达往往发展得很好，成年男性在问候父亲以及告别时，还在继续使用亲吻和拥抱的方式，这被犹太人认为是完全正常的。在过往 50 年的密切观察中，我只见过一位成年美国男性（大约 20 岁）公开亲吻他的父亲。我不知道这个美国男性来自什么文化。

盎格鲁-撒克逊血统的美国人对碰触的态度不像英国人或德国人那么排斥，但也有相似之处。美国男孩长大后既不亲吻也不拥抱他们的父亲，在这个意义上的"长大"通常被认为是在 10 岁左右。美国男性也不像拉丁美洲人那样拥抱朋友。

然而，在某些情况下，美国男性会自然而然地放下矜持，愉快地拥抱对方，甚至肆无忌惮地亲吻。当他们赢得一场重要的比赛或系列赛时，最有可能发生这种情况。在这些场合，拥抱往往十分感人，值得一看，因为这完全是自发的，所以让人印象深刻。

世界上确实存在着人和人之间有大量身体接触的民族和彼此不接触的民族，盎格鲁-撒克逊人属于后者。在非接触文化的各种情况下，可以看到这种非接触性是如何以奇特的方式表现出来的。例如，人们观察到，盎格鲁-撒克逊人握手的方式构成了一个信号，暗示对方要保持适当的距离。在人群中也可以观察到类似的情况。例如，在拥挤的地铁环境里，盎格鲁-撒克逊人会保持僵硬，面无表情，似乎对周遭的人视而不见。正如杰曼·格里尔（Germaine Greer）所说："就算在地铁里被他的亲兄弟压到了，普通的英国人也会拼命地假装若无其事。"法国地铁上的景象与之形成强烈对比：乘客们靠在别人身上，谁也不觉得需要向他们靠到或压到的人道歉；车厢的倾斜和摇晃往往会引起善意的笑声和玩笑，人们也会有自然的眼神交流。如果一个英国人在这种场合努力抗拒这些接触，会被认为是个相当可怜和搞笑的人物。

在等公共汽车时，美国人像电话线上的麻雀一样站成一排，而地中海人则挤在一起。伟大的英国智者西德尼·史密斯（Sydney Smith），被称作"史

密斯中的史密斯"。他在 1820 年写下了对各种握手方式的有趣描述。"你注意到了吗?"他写道:

> 人们是怎样和你握手的?像高级官员一样握手——身体直立,在下巴下方迅速、短暂地握手。死亡之手——手平伸到你的掌心,你几乎没有意识到它的临近。手指手——伸出一根手指,高级神职人员通常会这么做。天牛手,你的手被紧紧抓住,这代表对方十分健康、热心肠且生活在远离都市的地方,当你发现松手后手指尚未骨折时,会瞬间产生一种强烈的解脱感。下一种要介绍的是持久性握手,这种握手开始时充满活力;对方会停顿下来呼吸,但并不会放开手;在你意识到这之前,手又被重新握紧,直到你感到焦虑,不知何时才能结束。更糟糕的是"鱼一般的手"——潮湿的手掌像死鱼,同样沉默,同样湿漉漉,把气味留在了你的手上。

西德尼·史密斯的描述尚未涵盖所有的握手方式。在现在这个时代,可以观察到两种握手形式:握手的同时抓住对方的肘部或前臂,或者用双手握住对方的手。我认识一个年轻女人就用这样的方式握手。我告诉她我观察到的情景后,她说她完全没有意识到自己是这么握手的。她的回答让我很惊讶。

值得注意的是,自然界中的黑猩猩会伸出手来,让另一只黑猩猩触摸它,以示友好。大猩猩也是如此。这样的做法也可以用来预估对方的意图。这种接触式的问候在黑猩猩中呈现出各种各样的形式。例如,它们会把手放在大腿上或者把手放在对方的身体上,以示温柔的安慰。

关于握手的讨论涉及以接触方式进行的问候,这种触觉行为方式很少为人所关注。握手显然是在表达友好。奥特加·伊·加塞特阐述了一种人类学上并不可靠的理论,对握手的起源进行了推断,他在握手中看到了被征服者或奴隶对主人的顺从。这一理论并不新颖,但正如韦斯特马克(Westermarck)所指出的那样,在多数情况下,握手似乎与其他包含身体接触的仪式有着相同的起源。问候式的握手不仅可以表达没有恶意,还可以展示积极的友好态度。不管握手的起源是什么,它显然是一种触觉交流。手掌合拢、把手放在心口、摩擦鼻子、拥抱、亲吻,甚至有一部分人喜欢的

触摸的力量

拍背、捏脸颊和揉头发也都是触觉的交流。韦斯特马克很久以前就认识到，这些通过接触产生的不同形式的问候"显然是感情的直接表达"。他接着补充道：

> 毫无疑问，当双手合掌的动作与其他善意的象征结合时会产生类似的作用。一些澳大利亚原住民在与朋友重逢时"会亲吻、握手，有时还会为对方哭泣"。* 在摩洛哥，人们见面时会平等地相互敬礼，双手快速合十后立即分开，并亲吻对方的手。苏利马人会将右手的手掌放在一起，抬到前额，再从那里放到胸部的左侧。

在孟加拉湾东部的安达曼岛居民中，拉德克利夫－布朗（Radcliffe-Brown）发现：

> 当两个朋友或亲戚分开几星期或更长时间后再见面时，他们会坐在对方的腿上，双手搂住对方的脖子，哭上两三分钟，直到哭累了为止。兄弟之间、父子之间、母子之间、母女之间、夫妻之间也都这样问候彼此。当夫妻见面时，男人坐在女人的腿上。当两个朋友分开时，其中一个人会把对方的手举到嘴边，轻轻地吹气。

桑德尔·S. 费尔德曼（Sandor S. Feldman）博士指出，我们会在握手时紧紧抓住对方。在他看来，这个手势意味着我们应该相互信任，就像婴儿对母亲有完美和完全的信任一样。握手有正确的方式和错误的方式。以正确的方式握手时，两个人的手合在一起，双方都会感到一定的压力。握手的双方都期望对方施加同样的压力。当一个人感到压力的交换不平衡时，他就会感到失望。爱炫耀的人几乎能把对方的手捏碎。与逆来顺受之人握手是乏味的。费尔德曼认为，那些握手时仅仅伸出手指的人通常是出于对接触的恐惧才这么做的，体现的是一种社交焦虑。

敏感的观察者会从握手的体验中发现对方真实的内在。小哈罗德·里昂（Harold Lyon, Jr.）透露道："1969 年，在以格式塔疗法而著称的弗雷德

---

* 有关以哭泣作为一种致敬形式的说明，请参见 W. G. 萨姆纳（W. G. Sumner）、A. G. 凯勒（A. G. Keller）和 M. R. 戴维（M. R. Davie），《社会科学》（康涅狄格州纽黑文：耶鲁大学出版社，1927 年），第 4 卷，第 568~570 页。

第8章　文化与接触

里克·皮尔斯（Frederick Perls）去世前几年，我在伊莎兰研究所（Esalen Institute）遇到了他。我们有简短的交流，也做了自我介绍。我以习惯的'军事化'的方式和皮尔斯握了握手。皮尔斯立即把手缩了回去，喊道：'别这么重！'我有些惊诧，辩解道：'好吧，一个有力的握手，你知道，是——''是软弱的表现，'皮尔斯插嘴说，'这是对自身缺乏温暖和敏感的掩饰，温暖和敏感完全可以用温柔的握手来表达。'他接着用一种非常感人的方式和我分享。之后在伊莎兰的那些富有启发性的日子里，我对自己的掩饰、面具和男子气概有了更多的了解，我曾错误地把强硬当作力量。"

奥古斯特·科波拉（August Coppola）博士非常正确地提醒我们注意这样一个事实，即我们从握手中可以直接了解对方，无论人们多么想要通过握手"假装"，触觉意象都会揭示出那些额外做出的努力，这是一个人试图了解另一个人的方式。正如科波拉所说："没有装模作样，没有谎言，没有静止不动的东西，因为即使一只手是静止的、柔软的、毫不费力的，也可能会被解读为关系中的退缩，激起回应……既然我们了解彼此的唯一方式是感知这种最细微的动作，也就不可能掩饰住自己的反应，因为这种掩饰会被感知为犹豫或克制。在触摸的世界里，人的性格构成了接触的过程。"

当我们被介绍给另一个人时，我们会说诸如"很高兴见到你""你好吗？""我很高兴认识你"之类的话，这绝非偶然，因为正如科波拉所说，在握手中，触觉意识强调了"两个人了解对方的意愿，由此进入非常敏感的互惠关系，从而开启一系列超越触摸的回应"。科波拉非常恰当地引用了里尔克（Rilke）的诗《手掌》，这首诗表达了里尔克对这一想法的理解："它进入了另一个人手中，把自己的同类变成了风景：旅程渐次开启，又渐次结束，双手间充满了抵达的感受。"

所以请记住，在你下次握手时，不管你是否意识到，或许就此开始了一段发现之旅。

在西方世界，轻拍脸颊、轻拍头部、轻碰下巴都是表达爱意的行为形式，也都是触觉语言。这种触碰式的问候是友好或情感的证据，可能建立在儿童时期从母亲（和其他人）那里获得的最早的触摸体验之上。

若要在社交关系中表达对他人的排斥，可以拒绝伸出手或拒绝拥抱，这也是非常有效的沟通。

触摸的力量

1982—1983 年，在纽约出现了一种打招呼的方式，流行于成功的高管阶层中：在聚会、晚会等场合，若出席者发现自己一只手拿着饮料，另一只手拿着点心或别的什么东西时，就会用肩蹭刚到的宾客的肩；对方要么微笑着接受，要么热情地回蹭。我们相信，在这样的庆祝活动中不会有"冷肩膀"。长期以来，与最优秀的人"擦肩"一直是上流社会人士的愿望。

肢体问候的性别差异很有意思。例如，在西方世界，男性习惯握手，而女性则不同。女性在成为朋友后，见面时会亲吻或拥抱，只有在第一次见面或对于很少见面的人才会握手。在男人和女人之间，如果女人没有主动伸手，双方便不会握手，只是点头致意。在英语国家双方会相互握手，而在拉丁国家双方会相互亲吻。从前男人和女人见面时只会鞠躬或握手，近年来，男女相互熟识之后，开始以亲吻来问候。不同的时代有不同的风俗。在伊丽莎白时代的英国，亲吻成为一种问候方式，传播至同一阶层的所有成员，朋友或陌生人见面时皆可亲吻彼此。1499 年夏天，伊拉斯谟（1466？—1536）给他的朋友浮士德·安德烈努斯（Faustus Andrelinus）写了一封信，其中就英国人这一令人愉悦的习俗发表了看法：

> 有一种时尚值得高度赞扬，那就是无论你走到哪里，都会接收到所有人的亲吻；当你离开时，人们会亲吻你作为告别；当你再度回来时，人们也会以亲吻来向你致意。当你拜访朋友时，你会再次体验这甜蜜的滋味；当客人告辞时，你们会再度亲吻；无论何时，当人们相见时，大家都会慷慨地亲吻彼此；事实上，这样的亲吻无处不在。噢，浮士德，如果你曾体验过如此柔软且芬芳的吻，你一定希望旅行到这里，不是像梭伦那样只旅行十年，而是在英国度过你的一生。

由此，我们可以做一个保守的推断：或许从英国儿童的角度来看，在伊丽莎白时代受到的关爱远多于维多利亚和她的儿子爱德华在位的时代，正如鲁珀特·布鲁克（Rupert Brooke）所说，维多利亚时代的星期日充满了难以捉摸的束缚。

20 世纪 60 年代中期，会心团体、马拉松和敏感性训练小组重新认识到了皮肤的重要性，这种现象非常有趣。这些群体通常由成年人或年龄较大的青少年组成。团体的关注点之一就是触摸。所有的羞怯都烟消云散，人们被鼓励去拥抱他人，抚摸他人，与他人牵手，裸体共浴，甚至相互按摩。

克特·W. 巴克（Kurt W. Back）博士在对会心团体和敏感性训练小组进行了详尽的调查后得出结论：

> 会心团体没有太多成型的理论基础，它基于灵活的技术，甚至实践者也不确定自己在做什么。……事实上，大多数会心团体的带领者不会对患者或参与者承诺活动的持续效用，因此需要重视其中的风险。在会心团体中的精神崩溃是一个有争议的问题，我们必须认识到这个确切的事实：在会心团体中，团体成员有时会出现精神崩溃、自杀或精神病发作。

对于敏感性训练，巴克博士的结论是，它更可能是困扰社会的问题所表现出的症状，而非解决问题的良方。

J. R. 吉布（J. R. Gibb）博士在对 106 个人际关系团体做过测评后，对此类团体做了更为积极的评价。在他看来，这些团体具有独特的治疗价值。卡尔·罗杰斯（Carl Rogers）在广泛调查相关证据后得出结论，那就是会心团体确实会给人带来很多建设性的改变。

人人都喜欢挠背，而接受挠背则可以算得上是人类最大的乐趣之一。但这些还是生理层面的满足，这些团体关心的远不止身体上的快乐，其成员寻求的是令自己和他人的存在更有活力，与环境更紧密地联结；其成员试图让那些已经脱离社会的人重新与他们的人类同胞以及他们生活的世界建立联系。

对于许多参与者来说，这个想法很好，尽管出现得很晚。这一观点与弗洛伊德的理念背道而驰——弗洛伊德认为触摸不应成为治疗的一部分。弗洛伊德本人有点冷漠，人们不可避免会怀疑他在婴儿时期没有得到足够的关爱。不管怎样，人们早就应该重新认识到皮肤是一个器官，它以自己的方式存在，像心灵一样需要被关注。据报告，触觉在这些不同团体中都发挥着重要作用，尽管也有效果不佳的情况，但整体而言效果良好。

盎格鲁-撒克逊血统的加拿大人在触觉方面甚至比英国人还要谨慎。另外，法裔加拿大人则延续了法国人对触觉表达的喜爱。

法国男人会拥抱和亲吻他们的男性朋友，人们在仪式场合也拥抱和亲

触摸的力量

吻，比如当将军为下属授勋时，会拥抱对方，并亲吻他的双颊。这样的场景会令在场的盎格鲁－撒克逊人坐立不安，发出咯咯的笑声来掩饰尴尬，而很多触觉型的人会觉得盎格鲁－撒克逊人很少触摸的社交方式是非常冷漠无情的。

受风俗、阶级和教育等因素的约束和威胁，在前共产主义时期的俄国的地主阶级和中产阶级在触觉经验上形成了强烈反差：儿童和青少年有丰富的触觉体验，成年人之间则保持着距离感，他们就像契诃夫戏剧中的人物一样聚在一起相互触碰，在半抽象的爱抚中拥抱，然后再次转身分开，以他们细腻的触觉和铿锵的语言，哀叹悲剧的命运。

大多数俄国人在婴儿时期被裹在襁褓中抚养，这给了他们大量的触觉刺激。通常只有在母亲为婴儿喂奶、喂食、沐浴、清洁时，才会把襁褓松开。"襁褓假说"的支持者声称，大俄罗斯人（俄罗斯中部和东北部人）的许多民族特征可以用婴儿期在襁褓中受到约束的体验来解释，但他们似乎忽略了一个事实：这些孩子与父母隔离，只与兄弟姐妹以及女仆接触，只有在朗诵诗歌、演奏乐器或唱歌等外出表演情况下才被带出托儿所或儿童宿舍。根据"襁褓假说"，在婴儿期，襁褓会抑制肌肉活动，只有在喂养或照顾婴儿时才会把襁褓全部解开，这与俄罗斯成年人在情感生活中表现出的对愉悦感的"要么全有，要么全无"的感觉有关。在这种情感生活中，俄罗斯人的满足感被体验为狂欢。

人们对于襁褓的本质有很多误解。包裹襁褓需要很多技巧，正如彼得·沃尔夫（Peter Wolff）所写：

> 如果操作得当，襁褓是一种非常有效的安抚婴儿的方式。如果襁褓包裹不佳，以至于襁褓只是限制了婴儿的活动范围，却没有起到安抚婴儿的作用，就会激起婴儿的反应，还可能会引起婴儿"疯狂地哭泣"。关键的区别可能在于，"差"的襁褓会为变化的本体感觉反馈生成恒定的背景，而"好"的襁褓则会为触觉刺激生成恒定背景。

襁褓构成了一个巨大舒适的拥抱。由于已知增加触觉刺激可以减轻压力，那么也毫不奇怪许多不同的人都发现了襁褓在安抚婴儿方面颇有裨益。

第8章 文化与接触

有人说，将晚期早产儿用襁褓像母亲般慈爱地包裹起来对他们有益，但我知道尚未有这方面明确的证据。

襁褓假说在各方面受到了严厉的批评，在苏联体制下，襁褓基本上已经被抛弃了。

在米德（Mead）和梅特罗（Metraux）编辑的《远距离文化的研究》（*The Study of a Culture at a Distance*）一书中，有一篇关于俄罗斯人的触觉的记录很有价值，作者是当代文化研究项目中一位敏感的女性研究者。此文非常值得在此完整引述。

《俄语词典》对触觉的定义如下："实际上，五种感官都可以简化为一种——触觉。舌头和口腔感知食物；耳朵感知声波；鼻子感知气味；眼睛感知光线。"这就是所有教科书中总是首先提到触觉的原因。触觉指的是通过身体、手或手指来确定和感知。

有两个词可以表达"感觉"这个概念：如果一个人用身体的外部的某些部分去感觉，那就是 ossyazat；但是如果没有通过直接的接触而产生的感觉，就是身体上、道德上或精神上的感觉，即 oschuschat："我觉得（oschuschat）太冷了"是前者，"我感到（oschuschat）幸福"则是后者。但是当我用手指摸到什么东西的时候，我是在 ossyazat——我并不是真的用内在感觉，而是在用手指摸索。

虽然确实存在一个副词 ossyasatelny（有形地），但俄罗斯人避免使用这个词。我从来没有听说过有人用它，也没有在文学作品中读到过它。在俄罗斯，有形证据被称为"物证"。触摸被认为是不正确的探索方式。当一个人可以用眼睛看到一件东西时，他就不必用手指去触摸它。我的一位（俄罗斯）大学教授抱怨说，他的学生是"野蛮人"。当他给他们看一根骨头并引导他们注意骨头上的一个腔时，大多数学生都把手指伸了进去。成人教导孩子们不要碰东西。他们学得很快，当你递给一个孩子一样想让他感受的东西时，例如一块天鹅绒或一只小猫，孩子会把它捡起来贴在脸颊上。

下层社会有一个典型的笑话。男人问女人："你穿的印花布很漂亮。要多少钱一码？"随后，他假借摸布料掐了那个女人一下。

· 267 ·

触摸的力量

  总的来说，俄罗斯人与人的身体接触比美国人更少。俄罗斯人几乎没有什么嬉闹、拍打后背、轻拍、爱抚孩子的行为。例外的情况是某人非常高兴或喝醉后去拥抱他人，但这并不算触碰。他张开双臂，仿佛要拥抱整个世界，然后把你按到他胸前紧贴着。胸口是灵魂的住所，这个姿势意味着他把你放进了他的心里。

  虽然内在并不完全一致，但这些都是有趣的观察结果。例如，如果俄罗斯人没有触觉习惯，为什么学生们会把手指伸进骨腔里？尽管这名研究者声称拥抱不是触摸，但事实是，拥抱很大程度上是触摸。如果人们观察电视新闻报道和照片的话，就会看到苏联官员在见面时会拥抱并亲吻对方，他们有时也以同样的方式对待其他国家的国民。

  一些学生报告了他们认为的重点，即俄罗斯人非常重视视觉体验。因此，莱特斯（Leites）写道：他们"渴望将所有抽象的事物翻译为视觉表达"。海姆森（Haimson）认为，西方社会的"客观"思维在很大程度上是基于外部物体的运动和触觉操控发展而来的，是西方社会的特征之一；而俄罗斯人的视觉思维是独一无二的，特别缺乏特异性，尤其是在通过操作测量进行评估时更为明显。这表明，触觉操作在抽象思维和概念思维的发展中非常重要。这些学生认为，俄罗斯人的抽象思维中缺乏一个元素，这个元素存在于具体情境中，或许可以通过触觉或身体操纵来接近。此外，襁褓的使用也可能影响孩子动觉动作的发展。在某种程度上，触觉/操纵性体验方式的缺失影响了俄罗斯人从整体中提炼本质、将既有整体分解为部分、分离和综合事物的能力。相反，"整体"很可能被看作由重叠和矛盾的多个部分组成，所有这些部分被混为一谈，构成了一个分散的整体。人们对此的回应方式是"情感和强烈的表达"。理论界认为，俄罗斯人的思想缺乏逻辑上的简单性、一致性和完整性。

  这些都是有趣的观察，若能继续探索，并请有相关知识的学生就"大俄罗斯人"的童年和发展发表观点，都将是有价值的。

摇篮板

　　许多人都使用摇篮板来照看孩子。美国西南部的纳瓦霍印第安人把新生儿放置在一个临时摇篮中，在三四个星期后，又把他们转移到固定的紧裹的摇篮中。在被放入摇篮之前，婴儿被紧紧地包裹在衣服中，有时双腿分开牢牢地包裹起来。摇篮内衬有一些柔软的材料，有一段时间用岩玫瑰柔软的树皮做摇篮内衬。摇篮顶部有一个遮篷，底部有一个脚踏板。有一根系带将完全包裹的婴儿固定在摇篮上，系带绳以之字形的方式穿过布环或鹿皮环固定在板的两侧，最后通过脚踏板上的环固定。可以从顶部放下一块布来覆盖整个摇篮，以阻挡光、苍蝇和寒冷。婴儿只有在哺乳、清洁和洗澡时才会被抱出摇篮。2个月大的婴儿平均每天抱离摇篮2小时；9个月时平均每天离开摇篮近6小时。除了这些完全离开摇篮的时间外，有时会放开孩子的手臂，每天大概有2次、3次或4次不等。

　　由于婴儿被绑在摇篮板上，因此在白天的大部分时间和整个晚上，其活动都受到严格限制。板的位置在垂直到水平之间变化，但婴儿不能自行移动。这表明其触觉体验受到很大限制。婴儿对内部刺激（例如愤怒、饥饿或疼痛）的反应也同样受限，他不能踢或扭动，只能哭泣或表达对吸吮或吞咽的拒绝。雷顿（Leighton）和克卢克霍恩（Kluckhohn）认为，在反复受挫之后，婴儿可能会丧失身体运动的渴望。我相信另一种更具生理学意义的解释：摇篮板延续了子宫的舒适，婴儿非但不会因行动受限感到沮丧，反而可能会感到摇篮比婴儿床上的开放空间更安全。母亲随身背着婴儿，当她从事纺纱或类似的活动时，她把婴儿摇篮板直立放置，这样孩子就可以随时看到她。在摇篮里，婴儿从母亲和其他人那里得到大量的触觉刺激，他的脸经常被轻拍和爱抚，亲戚和其他人也会轻轻抱着摇篮板上的婴儿摇晃。此外，摇篮板可以使婴儿舒适地处于直立位置，与躺在床上相比，他能够更有效地与周围发生的事情保持联系。有趣的是，印第安婴儿似乎并不觉得摇篮板是一种限制，反而非常享受它的舒适，且经常会哭着要回到摇篮板里。

　　在观察婴儿头两三周（尤其是出生后不久的）的阵发性动作后，你不禁会惊讶地发现，这些动作与一个人在空间中坠落的动作非常相似。婴儿从温暖舒适和富有支持感的子宫转移到婴儿床的开放空间，这给他们带来了不安

触摸的力量

全感。我们是否可以通过摇篮板和襁褓来规避这种不安全感呢？美洲印第安人完全没有对高空的恐惧，他们是抢手且出色的摩天大楼建筑工人，这是否与他们早期在摇篮板上的体验有关呢？雷顿和克卢克霍恩想告诉那些传教士、教师和其他敦促纳瓦霍母亲"放弃那些野蛮的摇篮，像文明人一样使用婴儿床"的人：我们永远不应该忘记，每个人的生活方式都代表了对其所处的生活环境的特定解决方案。摇篮板似乎比婴儿床更能为婴儿提供一个良好的环境。

在摇篮板上的经历并不会阻碍孩子的运动发展。摇篮板上的霍皮族婴儿学步并不比那些没有接受过摇篮板的婴儿晚，二者在运动技能方面也没有表现出任何差异。事实上，儿科医生玛格丽特·福睿斯（Margaret Fries）认为，借助摇篮板让还不会爬行的孩子直立支撑可能有助于他的运动发展。随后当孩子开始行走了，其平衡和视觉与先前直立支撑时处于同一平面上。在摇篮板里的孩子腿部保持伸展，双脚脚底接触踏板，这个姿势与站立类似。

一位住在亚利桑那州的白人母亲（同时也是一位教师）曾写到她用摇篮板抚养孩子所收获的益处。路易斯·凯利（Luoise Calley）女士指出，在摇篮板上，孩子感到舒适和安全，就好像一直被人紧紧地抱着。孩子被长时间包裹并固定在板上比在他人怀里更舒服。到了晚上，她会摇晃儿子，给他唱歌。她的儿子睡在量身定制的摇篮里，而不是被扔进一张像洞穴一样的大床上。无论父母在哪里，孩子总是睡在同一张熟悉的床上。凯利女士说，她的一个儿子在出生后的头8个月里，只有被裹好固定在摇篮板上才能入睡。他知道自己玩够了以后会回到摇篮板里睡觉，会默契地将手臂放在身体两侧，准备配合系带子。卡利夫人说："显然，在育儿的艺术上，印第安人领先于他们的白人兄弟。"

因此，较紧的束缚和襁褓的包裹并不会对孩子的发育产生不利影响。这些做法似乎会带来真正的心理上的益处，这不会干扰孩子的运动发展；相比非摇篮板文化中的孩子，摇篮板给孩子提供了更多的触觉享受。

婴儿背带与婴儿发育

灵长类动物的幼崽在刚出生时被抱在母亲的怀里，无须多久，婴儿就开始能抓着母亲的皮毛，它们会骑在母亲的背上或挂在母亲身前，母亲和婴儿可以灵活选择行动的方式。人类婴儿并不享有这种优势，若想要被抱着，他们需要完全依赖母亲的支持。不同的民族设计了各种婴儿背带。在澳大利亚的原住民中，婴儿通常被放在木制容器中，在不背婴儿的时候，木制容器会被用作食物容器等日用品。在非洲的许多地方，会把婴儿面朝母亲，放在一张网中，挂在母亲的头上或脖子上。爱斯基摩人把婴儿放在皮毛大衣后背的兜里，由母亲背着。似乎大多数人青睐把孩子背在背上携带的方式。

在一项对10个采集和狩猎部落的研究中，罗佐夫（Lozoff）和布里滕纳姆（Brittenham）发现，婴儿在开始爬行之前，每天有一半以上的时间会被抱着或背着。携带婴儿的背带或灵便的育儿袋使婴儿的身体能够顺应母亲的身形。无论白天黑夜，母子都有持续不断的接触。母亲按需喂养孩子，并持续数年。婴儿在不吃奶时，若没有被包裹着，就可以享受自由的活动。孩子哭泣或不适时，会得到母亲积极的回应，在关怀中传递一致的情感。"亲密的反应关系，"他们写道，"和广泛的身体接触，似乎不会造成过度依赖的孩子。"自主性和独立性通常是循序渐进形成的，到了2~4岁，孩子们会有半天以上的时间与同龄人在一起，由此逐渐脱离母亲。通常情况下，父亲经常和孩子在一起。

尼古拉斯·坎宁安（Nicholas Cunningham）和伊丽莎白·安斯菲尔德（Elizabeth Ainsfield）一直想知道在婴儿出生后的头几个月里，母亲用软背带抱婴儿的行为如何影响了母婴关系以及婴儿的发育。初步结果显示，对照组和实验组（各有15个婴儿）之间存在显著差异。研究发现，与使用硬座椅带孩子的对照组相比，使用软背带的母亲和婴儿之间有更好的回应，彼此之间也更协调。软背带组的婴儿更愿意看着母亲的脸，母亲和婴儿更经常地发声交流。在很多时候，母亲对硬座椅中的婴儿说了很多话，但婴儿没有回应。如果婴儿很小的时候得到了母亲良好的回应，那么他一岁或一岁半时，会在认知和语言发展方面比同龄人更超前。坎宁安等建议，可以在临床中引入婴儿背带作为干预措施，目的是促进母婴之间良好关系的发展，并减少对儿童的虐待和忽视。

母亲、父亲、孩子与皮肤

正如我们所看到的，在婴儿出生后与母亲延续的共生关系中，皮肤接触起着至关重要的作用。虽然孩子对与父亲肌肤交流的需求没有与母亲的那么多、那么持久，但这亦是顺应天性的。在文明社会里，与女性相比，男性的衣着更紧密地包裹着身体。因此，皮肤接触，这一父亲和孩子早期交流的重要方式往往被人为设置的障碍阻止了。爱的能力发展有一个基本因素，即不断以互惠性的方式与带来快乐的感官刺激相融合。母亲和孩子之间通常会产生令人愉快的互动。在文明社会中，父亲在很大程度上被剥夺了这种能进行直接互惠的快乐交流的机会。因此，在文明社会中，儿童与母亲产生如此密切的认同感便不足为奇了。

在这方面，所有社会中的男性都面临更大的风险，这与他们在其他社会关系中的处境一致。正如里奇（Ritchie）所指出的："女性在成长和发展的过程中，或多或少都会有一段持续的直接关系，就是以母亲为榜样。男人生命的历程同样始于他与母亲客体的关系，这一关系一度居于首要地位，但他不得不放弃这一关系，放弃对母亲的认同，必须完整地承担男性角色。男性在发展过程中必须转换身份，这个过程中可能会出现各种问题。"而且不幸的是，问题确实经常发生。在成长过程中，男性比女性更难与慈爱的母亲分离，男性在认同父亲时，与父亲的关系深度远不如与母亲的关系；这常常给他带来一些压力。身份认同的转换会引起男性内在的冲突。他通常会通过拒绝母亲和降低母亲在心中的地位来解决这个问题。可以说，他被推入了那种境地。男性的反女权主义可以被视为一种反应形式，旨在反抗强大的无意识的母亲崇拜。当男性的防御力下降，譬如处于极端状态或将告别人世时，他说出的最后一个词很可能像他说的第一个词一样，是"妈妈"，这是他对母亲的感情的唤起。他从未真正否定过母亲，但在公开的层面上，他被迫与母亲疏远关系。

如果在我们的文化中，人们能够学会理解父亲和母亲给予婴儿足够的触觉满足的重要性，那么我们将朝着人际关系的改善迈出相当大的一步。没有什么可以阻止父亲给他的婴儿洗澡、擦干、抚摸、爱抚、拥抱、换尿布和清洁、抱着、摇晃、背着、一起玩耍，并持续给他大量富含情感的触觉刺激。唯一阻碍男性这样做的是古老而过时的传统，传统认为这些照顾孩子的行为是女性的事，与男性不相干。幸运的是，这个传统正在迅速被打破，人们越来越多地看到年轻的父亲以各种"女性化"的方式更深入地与孩子相处，而大约在一代人之前，社会还认为这些方式有损"真正的"男性尊严。正如劳伦斯·斯特恩（Laurence Sterne）所观察到的那样，尊严通常是一种神秘的身体姿态，旨在掩盖心灵的弱点。

有充分的证据表明，在婴儿出生的最初几天里，父亲和孩子之间能够形成一种强烈的依恋关系；随着父亲继续对婴儿给予关注，这种依恋关系也在不断强化。不仅如此，威斯康星州麦迪逊市的罗斯·D. 帕克（Ross D. Parke）博士在一项关于中产阶级父亲与2~4天大婴儿之间互动的调查中发现，在母亲、父亲和婴儿一起在母亲的病房里的情况下，父亲抱着婴儿的次数几乎是母亲的2倍，父亲发声更多，对婴儿的触摸更多，但对婴儿的微笑明显少于母亲。父亲的存在会显著影响母亲的情绪状态。当父亲在场时，母亲对婴儿笑得更多，与婴儿进行的探索也更多。帕克博士初步得出的结论是，父亲与婴儿的互动和给婴儿的反馈远多于我们的文化所承认的量；将父亲排除在早期与婴儿的互动之外，只是反映并强化了一种文化的刻板印象。男性照顾婴儿应被视为自然且恰当的行为。

温尼科特观察到，拥抱孩子的身体是一种爱；事实上，这也许是母亲向婴儿表达爱意的主要方式。它同样适用于父亲，也适用于其他任何人。正如温尼科特所说："有些人能爱一个婴儿，有些人不能；后者会很快令婴儿产生一种不安全感，并引发婴儿痛苦的哭泣。"

触觉刺激与敌意的表达

在19世纪，或许在更早的几个世纪，西方世界的男性经常习惯性地以

触摸的力量

有害的方式抚摸孩子的皮肤来问候他们。这种做法一直持续到20世纪。这些被侵犯的受害者一定对这种行为感到非常困惑。在某些情况下，他们可能对皮肤、疼痛和所谓的情感表达之间的关系产生了奇怪的想法。值得注意的是，只有男性才会有这种虐待行为，而且通常只针对男孩，尽管扎着辫子的女孩并没有完全逃脱他们的注意。一个最受欢迎的技巧是用拇指和食指抓住孩子的脸颊，使劲地拧一下，有时以同样的方式来拧耳朵，或者拉耳朵，更痛苦的是耳朵被手指弹。格雷厄姆·格林（Graham Greene）在他的自传《一种人生》（*A Sort of Life*）中讲述了他8岁时，伯克哈姆斯特学校的校长如何"沉溺于他那快乐的、粗鲁的习惯，用拳头在脸颊上拧转，直到疼痛"。揉乱头发、掐人、打屁股或推搡，这些都是孩子们以爱的名义遭受的其他令人不快的侮辱。在背上狠狠地拍一巴掌的行为，通常是年龄较大的青春期男孩和中年男性的标志性动作。这种通过对皮肤的疼痛攻击来表达爱意的行为，只有那些自己也曾遭受过类似不正常对待的人才能做到。

有一类人没有得到足够的爱，或者在婴儿时期对爱的需求未得到满足。正如他们在语言中表现出极大的敌意，那些没有经历过触觉爱抚的人，在试图以触摸来表达爱的时候，也常常会显得笨拙和粗鲁。有些男人在被介绍结识另一个男人时，握手时几乎要捏碎对方的手，他们会像熟人一样猛击对方的胸部或腹部，以表达情感。男性在试图进行"温柔的性爱"时，往往显得粗鲁、笨拙、冒犯。由于婴儿期爱的缺失和触觉上的情感匮乏通常是同时发生的，因此有下面的发现也毫不奇怪：不被爱的孩子长大后不仅在表达爱时感到尴尬，而且在与他人的相互关系中感到尴尬。这些人以错误的方式摩擦他人，因为他们没有被以正确的方式抚摸的经历。

早期对男孩表达"喜爱"的形式已经发生了很大的变化，但仍然存在对孩子表达愤怒的攻击性触觉，如打耳光、打屁股或推搡。"体罚"在整个西方世界仍被广泛使用。皮肤不仅成为痛苦体验的目标和载体，而且是与愤怒、惩罚、罪恶、侵略、顽皮和邪恶直接相关的器官。

正如劳伦斯·弗兰克所说：

> 打屁股和打耳光经常被用来惩罚孩子，利用这种触觉的敏感性来让他痛苦，通常应有的舒适被剥夺了，取而代之的是痛苦的接触。

这种婴儿的触觉本能，就像他的其他生理需求一样，会随着他渐渐学会接受母亲的声音作为替代而发生转变——母亲安抚的声音等同于一个亲密的身体接触，她用愤怒的责骂声作为惩罚，孩子则哭得像被打了一样。

一句刻薄的话会"伤人"，它就像是一记耳光或是给身体的很痛的击打。一句尖刻的话会让人"流血"，就好像他的皮肤被割伤了一样。言语也可能"刺痛人心"。

在克莱的研究中，使用包含触觉惩罚威胁的愤怒词语的阶级差异非常明显。工人阶级的母亲用词严厉，中产阶级的母亲用词谨慎，而上层阶级的母亲"最常在一种富有情感的玩耍中使用语言，而且与其他阶级相比，她们更多地将触摸和语言结合起来"。

一些父母，尤其是父亲，在惩罚孩子之前，会告诉他们为什么要受到惩罚。于是人们可以学会将施加于身体的疼痛与任何情绪的表达区分开来。纳粹特别擅长这一点，正如我们所看到的，毫无疑问，他们无情的不人道在很大程度上源于早期的条件反射，触觉体验在很大程度上被忽视，或者仅限于惩罚。*这似乎是一种十分不良的条件反射形式。

在英国的公立学校，鞭刑通常由高级级长施行。在施行鞭刑期间，严格禁止施暴者或受害者表现出任何情绪，这无疑会导致疼痛和情绪的分离。因此，一个人不仅可以不受他人疼痛的影响，而且可以把疼痛强加给他人，并且自觉公正。因此，受过良好教育的英国人常常以残酷的高明方式行事，同时他们对这种行为的后果完全漠不关心。**

文　身

人们想知道，那些被称为文身的皮肤涂鸦是否与某种暴露癖有关，即通

---

* 关于这些问题的启发性讨论，请参见爱丽丝·米勒的《为你自己好》(纽约：Farrar, Straus & Giroux, 1983 年)。

** 这在 1969 年的一部遍及美国的英语电影《如果》中得到了惊人的展示。

过一种导致被虐器官永久修饰或毁损的回归性的痛苦体验来褒奖自己和自己的皮肤。文身可被看作一种防御手段，若有人预期自己会受到攻击，会通过这种对外表的强化来武装自己。这一解释似乎与日本黑帮精心制作的文身相吻合，日本黑帮在封建时期逐渐成为反抗独裁统治的象征。弗洛伦斯·洛玛（Florence Rome）对黑帮进行了专门的研究。他说："因为忍受文身的痛苦是对力量的考验，于是它开始加入其他方面的特质如男子汉的气质、勇气、健康、活力等，而遵守这一习俗的黑帮觉得自己就是这些特质的拥有者。"

西方和东方的年轻帮派成员和犯罪分子似乎也有类似的动机。J. H. 伯马（J. H. Burma）博士在一所男性少年犯学校进行的文身研究中发现，67%的学生有文身；在一所类似的女子学校里，33%的学生有文身。他们身上平均有5~10种不同的文身，大多数都在清晰可见的地方，男孩身上的文身比例高于女孩。与文身相关的单词和短语经常显示出与帮派或重要朋友之间的关联。犯罪者自己并非不知道他们的文身宣扬了他们与权力的关系。这是一种宣告："我是这样的人，你可以期待我以某种勇敢、坚强、有力的方式行事。"

在美国，大约10%的人有文身。男性文身比女性文身的比例高。据说，人们在危机时期会增加文身的频次。

文身的动机可能有很多。在埃及，文身被认为能赋予男性和女性性能力。事实上，两性都认为文身具有性吸引力。在伊拉克，文身被用来助孕和守护胎儿。由于这一习俗几乎已在全世界范围内流行，且可能有各种原因，试图找到单一原因并非明智之举。然而，不管是什么原因——启蒙、宗教、性、炫耀、威望——自我满足的元素可以被看作贯穿所有表面动机的线索。这一点表现于选择用文身来装饰身体（通常是手臂上）的许多水手和士兵身上，他们长期与女性隔绝，文身所通常具有的明确的性主题，显然令他们非常满意。文身似乎使持续的色情活动变得合理化了。

装饰过的身体

皮肤几乎为每一个将人体视为艺术的社会提供了画布。通过文身、刻痕、人体彩绘等人工手段，裸露的皮肤成为一种活的装饰品。人体是一面面向世界的活生生的镜子。它可以是裸体的、蒙面的、彩绘的或装饰的，具有吸引、迷惑、抓取、恐吓或诱惑的力量。每个社会都有自己装饰和庆祝人类身体的方式。正如安德烈·维雷尔（Andre Virel）所说，在那些与自然保持直接和永久联系的社会中，"裸露的皮肤和装饰的结合伴随着、纪念着，或者只是暗示着出生、爱情和死亡。刚出生的婴儿、日复一日辛勤劳作的男女、订婚的情侣、割过包皮的男孩、做过手术的女孩、舞者——我们总是把他们赤裸的身体看作值得庆祝的身体"。

在每个社会中，个人都在通过他身体的画布向世界发表声明，无论身体装饰是意识形态的、习俗的、仪式性的、装饰性的，还是纯粹的，或多或少都是一种交流。

体　罚

令人惊讶的是，打孩子屁股的野蛮行为在工人阶级中仍受到广泛捍卫。在 1976 年 6 月以及 1982 年冬天的一场电视脱口秀中，我曾遇到那些坚持认为打屁股对孩子有好处的母亲。这一观点的两个最坚定的支持者提到，她们与丈夫离婚是因为丈夫殴打妻子。而当我问她们是否认为被父母殴打的男孩以后可能会殴打妻子时，她们认为这种说法很荒谬。

愈加明确的是，殴打和虐待儿童的父母大多数自己在儿童时期就曾受到忽视和虐待。人们在目前报道的十几项或更多的研究中发现，25% 以上的施虐者曾经历过与母亲分离的痛苦。

科罗拉多大学医学院的亨利·肯普（Henry Kempe）博士指出，判断一个孩子是否会受到虐待的最重要指标是母亲在孩子出生时的态度。如果她不笑，不想看孩子，不想抱孩子，而父亲也有同样的行为，那么他们在抚养孩子的过程中会需要帮助。由于美国每年有数以千计的儿童死于虐待，因此对这些家庭的后续调查势在必行。

雷·赫尔弗（Ray Helfer）博士在一项对 100 名被带到少年法庭的青少年男性的研究中发现，他们的父母 85% 以上有虐待倾向，并且在儿童时期有过非常负面的经历。有虐待倾向的父母在遇到麻烦的时候找不到一个能帮助他们的朋友，而且相当多的父母的电话号码往往没有公开。受虐儿童的早产率是一般人群的 2 倍，剖宫产率更是高出许多倍。

塞尔玛·费雷伯格（Selma Fraiberg）教授在讨论海弗博士的论文时指出，尽管她所研究的所有遭受家暴的父母都能记住他们在童年时遭受虐待的令人震惊和不寒而栗的细节，但他们却不记得这种经历的影响——被虐待和受伤。她的团队帮助这样的父母进展到一定程度时，他们会说："哦，上帝，当他拿起皮带，把我甩在地上开始打我时，我是多么讨厌他。我多么恨他啊！"进程到达这个关键点时，他们对于孩子态度的变化才能有所进展。当她的团队帮助这些父母回忆起被强势父母虐待所带来的焦虑和恐惧感时，父母对待自己孩子的行为开始发生了变化。因此，重新体验到可怕的感觉带来了改变。

在即将被打屁股和受到殴打时，孩子通常会感到害怕，表现出极度恐惧、脸色苍白、肌肉僵硬、心跳加速和哭泣。在此后，经历过这种童年经历的人在情绪低落的情况下会经常出现类似的反应。为了保护自己不受自主情感释放的影响，他们会"咬嘴唇"，变得僵硬，或者一只手紧紧握住另一只手。这是一种通过令肌肉紧张来阻止自己情绪表达的方式，就像保持"僵硬的上唇"一样，他们克制自己不要流泪，为被打做好准备。许多观察者认为，肌肉紧张是一种控制情绪不安的方法。或者，一个人可以将自己的指甲插入手掌，直到手掌流血，以努力抵消情绪的表达，或者将皮肤作为一种矛盾的工具——既引起人们对自己需求的关注，同时又拒绝对方。正如克莱门斯·本达（Clemens Benda）所说："皮肤病生动地展示了保持接触的困难——皮肤疼痛、流鼻涕、口腔感染，外部或内部接触的每个区域都可能干扰人类交流的顺畅流动。"

对此有人认为，这种行为与婴儿期和儿童期个体的触觉体验显著相关。

哭泣通常与童年时期的体罚有关，但在以后的岁月里，哭泣可能会通过皮肤表现出来。克佩克斯（Kepecs）和他的同事们通过一系列巧妙的实验表明，在情绪化的哭泣中，可见的表达"不仅限于泪腺，而且在身体的其他部位也有表达，包括皮肤"。在催眠状态下，研究人员在实验对象的皮肤上诱导了一个人造斑螯素水疱，然后在他们身上诱导了各种情绪状态，并测量了水疱部位的液体渗出量。他们发现，情绪的波动与渗出率上升有关，尤其是在哭泣时，哭得越厉害，渗出率越高。有趣的是，正如预期的那样，当实验对象抑制哭泣时，渗出率首先会下降，然后大幅上升。英语世界的男性在童年时期常被教导说"一个小男子汉"是不会哭的，这令他们一再被强迫抑制哭泣的欲望，直到泪腺无法流出眼泪。但在后来的生活中，他们往往开始通过皮肤或消化道"哭泣"。现在已经可以确定，在很大比例的特应性皮炎病例中，都存在被抑制的强烈的哭泣欲望。

婴儿对母亲的触觉行为

哈洛在对恒河猴的研究中明确指出，在恒河猴幼崽的行为中，对后续发育起到最重要影响的是幼年时期与母亲的身体接触，智人的幼崽也是如此。

对于人类婴儿和猴子幼崽，儿童与母亲的情感发展都分为四个阶段：（1）婴儿对母亲提供的刺激自动做出反应的反射阶段；（2）情感依恋的阶段；（3）安全阶段；（4）独立阶段。恒河猴的反射阶段只持续几周，而人类婴儿的反射阶段可持续几个月。人类婴儿在出生后的 30 分钟内就开始了情感依恋的阶段，但直到 2~3 个月大的时候，这个阶段的行为才会明显地表现出来。婴儿通过微笑、偎依、咯咯笑等方式，开始主动表现出对母亲的爱。在恒河猴出生后第 1 年，幼崽与母亲的主要联结似乎主要是通过照护和肢体接触两个系统发展。在它们出生后第 2 年，紧紧依附和跟随即对母亲的视觉和听觉反应到达顶峰。

第三阶段，安全阶段，紧接着情感依恋的阶段开始后不久即到来。一般认为，所谓的 6 个月焦虑标志着这一阶段的开始，这被认为是婴儿开始经历视觉诱发的恐惧反应的时期。然而，在人类婴儿中，视觉引起的恐惧反应可能早在第 2 周结束时就发生了。恐高症似乎只有在婴儿有了一些运动经验后才会发展起来。在这个阶段，母亲对婴儿的反应包括在婴儿感到恐惧和不安全的各类情况下给予婴儿安抚、保护和慰藉。在这种情况下，猴子幼崽会跑到母亲身边并依附在她身上。"在依附后的几分钟甚至几秒钟内，它的手和身体会放松，它会再度用视觉探索此前令它感到害怕的刺激，此时它已经不再有焦虑的迹象。"随着时间的流逝，婴儿的安全反应发展出来，这源于母

触摸的力量

亲给予他的安全感，这一安全感令猴子幼崽能够离开母亲，开始试探性地探索世界。随后，它可以更加谨慎地为自己探索世界。

正如克莱所说："母亲可以被视为幼儿安全感的中心或支点。当孩子能够四处走动时，他就不再想与母亲保持身体接触了，这时与母亲的视觉接触就足够了。行为距离的概念可以用来解释能够自由活动的孩子体验到的与母亲的舒适距离。"伴随着孩子在社会化过程中的成长，行为距离也会增加。

克莱在她的研究中发现，尚不会走路的孩子花大部分时间与母亲接触。在这个时期，孩子对母亲的情感依恋到达了顶峰。一旦孩子能够走路，就会越来越频繁地独立地离开母亲，因为他有了新的行动能力和了解周围世界的兴奋感。然而，他的独立性只是暂时的，因为他必须与母亲保持视觉联系或者知道她在哪里，才能感到安全。

克莱发现，如果孩子没有体验到来自母亲足够的触觉接触，他也不会以触觉接触的方式亲近她。有两个相关的例子，两个孩子都在婴儿爬行阶段——也就是在通常而言情感依恋到达顶峰的时期——没能在妈妈身边。从母亲那里获得了触觉满足的孩子不会在此后不断地向母亲索取。过度焦虑的儿童往往有非常高的触觉需求，表现为他们将母亲的身体作为安全的避风港。有一名儿童的母亲反应能力不足，而另外两名儿童似乎对父母之间的婚姻问题做出了反应。"像小猴子一样，三名儿童都紧紧地抱住母亲，除了短途旅行到外界探索和玩耍。"

在克莱的小组中，中产阶级的孩子比其他两个阶层的孩子对母亲表现出有更多的触觉感情表达。克莱认为，这可能是由于他们在新生儿和刚刚走路的发育阶段接受的触觉接触时间更长。

哈洛夫妇评论说："尽管有证据表明，纯粹的身体接触舒适度是恒河猴发育的主要变量，但所有与哺乳、身体接触以及跟随模仿有关的母婴互动都有助于安全感的增加，人类婴儿似乎也是如此。"

母性引导行为之于婴儿

安娜·库尔卡（Anna Kulka）、卡罗尔·弗莱（Carol Fry）和弗雷德·戈德斯坦（Fred Goldstein）博士观察到，虽然母亲最重要的乐趣之一是与婴儿的接触，但婴儿所接受的拥抱仍然太少了，这导致了婴儿肌肉紧张的积累。*母亲将这样的婴儿抱在怀里是非常困难的。婴儿似乎会想从母亲怀里挣脱出来，母亲很可能会报告说婴儿"不想被抱着"。婴儿对母亲的这种看似拒绝的行为会让母亲感到痛苦，母亲会对自己不满意或感到生气，进而导致两者之间关系的恶性循环长期持续下去。

在大多情况下，库尔卡博士能够说服母亲，只要适当地坚持，以合适的方式来处理和抱持，婴儿就会完全放松下来。

接触与玩耍

现在几乎所有人都认识到了游戏在学习中的重要性，并且正如哈洛所指出的，所有形式的游戏行为都可归结为探索和操控这两种根本动机的表达。"社交游戏先于对物理环境的探索以及与无生命物体的游戏，显然，社交探索和游戏优先于环境探索和游戏，因为有生命的物体会比无生命的物体被给予更多的关注和反馈。"

在哈洛等观察到的猴子中，物体探索先于社会探索，每种探索都涉及三个可识别的组成部分：（1）视觉探索，猴子靠近物体或其他动物，并专注地注视着它们；（2）口头探索，温和的嘴部反应；（3）对物体或其他动物的触摸探索，仅限于短暂的紧握。在这里，我们再一次意识到触觉探索仍然居主导地位，重要的是要注意这些组成部分不是分开的，而是相互关联的，因

---

* 卡罗尔·弗莱博士通过仔细的肌电研究测量了这些婴儿的紧张程度。不幸的是，该研究因她的去世而中断。我看了她的详细记录，令我印象深刻。她的记录显示：愉快地被母亲母乳喂养的婴儿和与母亲不积极参与母乳喂养的婴儿的肌肉张力存在显著差异。

此，当谈到视觉探索时，不应将其解释为一种与触觉及口头探索无关的行为，而应将二者视为与这协同的行为。

在恒河猴中，幼崽必须停止与母亲之间亲密的身体联系，才能与同伴一起玩耍。这分为三个阶段：（1）反射阶段；（2）操控阶段；（3）互动游戏阶段。在生命最初几周的反射阶段，幼崽们会在视觉上注视对方，并尝试接近对方。如果它们相互接触，会反射性地依附在一起，就像它们对母亲一样。当两个幼崽依附在一起时，它们以腹对腹的方式依附。如果有两个以上的幼崽，它们会采用典型的火车模式，一个接一个紧紧抓住。在操控阶段，从第一个月月末开始，幼崽用眼睛、手、嘴巴和身体互相探索，交替操控同伴和物理环境。与前一阶段一样，这是同伴关系中的前社会时期，其特征是探索性活动持续到互动游戏阶段。当它们从彼此的经验中学到更多的东西时，它们便会逐渐开始将对方视为社交对象而不是物理对象。社交游戏产生于操控游戏的矩阵。第三阶段是互动游戏阶段，标志着同龄人之间真正的社会互动的发展。这发生在大约3个月大的时候，与操控游戏和对物理环境的探索顺序重叠。互动游戏在人类婴儿出生后的第2年发展起来。

克莱在她的研究对象中观察到了游戏行为的发展模式，包括母子互动的交替时期，然后是与母亲保持一定距离的游戏时期，然后再回到母亲身边进行进一步的交流。

随着孩子年龄的增长和行为距离的扩大，他们与母亲实际接触或在母亲身边的时间会减少，离开母亲的时间会增加。孩子为了情感健康而需要母亲给予的接触和反馈也会发生变化。一开始，小孩子或蹒跚学步的孩子可能想在母亲的腿上坐几分钟，而行动活跃的孩子可能会跑到母亲面前说"嗨！"。基本在所有儿童中都能观察到这样一种来自安全感源头的心理标签模式。这在年龄更大、母亲许可的游戏范围也更大的孩子中表现得尤为明显。

"标记"对于确保联系非常重要，尤其是在一个人开始自己探索世界的其他地方时。正如克莱所发现的，随着时间的推移，孩子越来越不依赖母亲进行身体接触，而是花越来越多的时间远离母亲玩耍。在年幼时，他尚未准备好在短时间内离开母亲独自玩耍，那时他仍然需要与母亲接触，与母亲保持身体和视觉上的联系。

正如克莱所强调的，所有哺乳动物的幼崽都必须学会玩耍。与母亲玩耍的能力的发展将取决于婴儿试探性的玩耍是否得到了有效回应。工人阶级的母亲显然不像中产阶级和上层阶级的母亲那样鼓励孩子和她们一起玩。在克莱的研究中，上层阶级的孩子比中产阶级的孩子与母亲有更多的触觉玩耍。

有趣的是，克莱发现，那些没有给孩子太多触觉刺激的母亲仍然鼓励孩子和她们一起玩耍。虽然这种方式几乎像直接的身体接触及其引发的感觉一样，会被认为是不舒服的，但通过玩耍进行的身体接触（通常是通过球、野餐勺或冰棒等物体进行的）是可接受的替代方式。

克莱提到了威廉姆斯对婆罗洲杜顺人的触觉研究，他呼吁人们注意研究"……要求或期望个人放弃特定的触觉体验并在文化适应的不同时期发展补偿性象征替代品的方式"。在孩子们用各种玩具接近母亲的行为中，可以看到这种用象征物替代触觉的学习。重要的是要明白，许多其他形式的类似符号学习只不过是基于皮肤的智慧的学习的延伸。

筑森（Tsumori）已经证明了长时间的探索性游戏活动对于日本猕猴发展和发现新的适应性行为有多么重要。霍尔也明确指出，非人类灵长类动物的许多后期行为都是在社交环境中学习并在游戏中实践的。

基于人类观察的结果更加有说服力。*

对于所有哺乳动物而言，当婴儿开始和拓展对世界上其他事物的接触

---

* 关于其他一些关于游戏的有价值的书籍，请参见 J. 惠钦格（J. Huizinga），《游戏的人》（纽约：罗伊出版社，1950 年）；H. C. 雷曼（H. C. Lehman）和 P.A. 威蒂（P. A. Witty），《游戏活动心理学》（纽约：巴尔内斯出版社，1927 年）；P. A. 杰威尔（P. A. Jewell）和 C. 洛伊佐斯（C. Loizos）（编），《游戏、探索和领地》（纽约：学术出版社，1966 年）；S. 米勒（S. Miller）《游戏活动心理学》（巴尔的摩：企鹅图书，1968 年）；J. S. 布鲁纳（J. S. Bruner）、A. 乔丽（A. Jolly）和 K. 席尔瓦（K. Sylva）（编），《游戏：它在发展和进化中的作用》（纽约：基础书籍，1976 年）；J. N. 利伯曼（J. N. Lieberman），《游戏性：它与想象力和创造力的关系》（纽约：学术出版社，1977 年）；玛丽·W. 皮尔斯（Marie W. Piers）（主编），《游戏与发展》（纽约：诺顿，1972 年）；凯瑟琳·加维（Catherine Garvey），《玩》（剑桥：哈佛大学出版社，1977 年）；罗伯特·费根（Robert Fagen），《动物游戏行为》（纽约：牛津大学出版社，1981 年）；罗杰·卡洛伊斯（Roger Callois），《人、玩耍和游戏》（纽约：自由出版社，1961 年）。

时，与母亲的分离或分开都起着重要作用。正如莱因戈尔德（Rheingold）和埃克曼（Eckerman）指出的那样，即使婴儿被抱着到处走，也必然会限制他与世界的接触。只有他独自离开母亲身边时，才会出现许多新的学习方式。

婴儿接触的物体的数量和种类越来越多。婴儿通过触摸，了解物体的形状、尺寸、倾斜度、边缘和纹理。他还用手来指、抓、推、拉，从而学习物质的重量、质量和硬度等变量，还会学习一些物体提供的视觉和听觉刺激的变化。他在房间里从一个地方移动到另一个地方，从一个房间移动到另一个房间。他通过视觉经验的变化和自己的动觉感觉去学习物体相对于其他物体的位置。他还了解到许多刺激来源的不变性。总之，他学习了物理世界的性质，包括物体恒常和物质守恒的原理。

猴子和猿类有一个显著特征，即它们会受强有力的驱动力驱使，去触摸任何令它们感兴趣的物体。对人类来说更是如此，除非他们已经习惯于相信触摸是没有教养的。触摸意味着交流，意味着去成为对方的一部分，意味着拥有。任何我所触摸的，都会内化为我的一部分，被我拥有。当我被他人触摸时，触摸者把他的某部分传递给了我。当我触摸他人时，我把自己的某部分传递给了他。当我触摸一件遗物时，我仿佛是触摸到了它曾经的主人；反过来，它同时也触摸了我。一封名人的亲笔签名信使我们感到喜悦，因为我们可以间接地体验到他的手的触摸。当我们触摸前人曾触摸过的东西时，虽然斯人已逝，但通过这些东西，我们感到他们的生命触动了我们的生命，由此感受到一种不朽和持续的存在。即使在我们的普通信件中，我们也希望打印的信件是由对方亲笔签署的。

挠痒痒

挠痒痒的感觉是通过轻轻抚摸皮肤产生的，尤其是在某些敏感部位，如腋下、身体两侧、脚趾之间和脚底，更易产生这种感觉。如果与轻微的压力感融合在一起，会产生相当强烈的感觉，并引起人大笑的冲动，同时引发无法控制的痉挛性退缩运动。尽管有退缩的倾向，但挠痒痒依然可能是令人愉快的,尤其是对孩子们而言。如果这种感觉在最意想不到的情况下发生,会尤其强烈。许多年前,我见过一只年轻的黑猩猩,名叫梅茜,是一只雌性黑猩猩,它特别喜欢被挠痒痒。

挠痒痒特别有趣,不过人们不会给自己挠痒痒。当被他人挠痒痒时,人们用笑声来回应。婴儿在第4个月到第8个月之间开始大笑,在第4个月到6个月之间最容易大笑。

据观察,孩子们在社交场合比独处时笑得更频繁。挠痒痒引起的笑声似乎完全取决于社交环境。例如,在不利的条件下或被不喜欢的人逗笑是很困难的(即便无法完全不笑)。正如达尔文所说,在关于挠痒痒的最好的讨论中,"想象有时被一个可笑的想法逗乐,这种所谓心灵的挠痒痒与身体的挠痒痒出奇地相似"。

罗德岛大学的南希·布莱克曼(Nancy Blackman)博士在一项针对代表3个美国出生的不同种族(美国白人、非裔美国人和佛得角人)的60名学龄前男孩和女孩的研究中发现,挠痒痒是最强烈的感觉。她指出,挠痒痒更明显地被认为是一种触觉刺激行为,这是挠痒痒的独特特征。3组儿童都表示,腹部和腋窝是他们最喜欢被挠痒痒的地方。非裔美国儿童更喜欢被挠腹部。少数儿童指出了被父亲挠痒痒的更具体的部位。调查发现白人父母是该群体中最不爱给孩子挠痒痒的。

目前尚无法解释,为什么腋窝、腹部和躯干两侧、膝盖两侧和脚底如此容易感觉痒。猩猩、黑猩猩和大猩猩这三种类人猿都喜欢挠痒痒,尤其是在年幼的时候,所以这种特征可能是一种古老的类人猿特征。随着人类年龄的增长,被挠痒痒而想笑的感觉似乎在下降。

接触、个性化和情感

自我觉察在很大程度上是一种触觉体验。无论我们是走路、站着、坐着、躺着、跑着还是跳着,无论我们从肌肉、关节和其他组织处接收到什么信息,最先接收的信息以及信息最广泛的来源都是皮肤。早在体温因外部原因下降或上升之前,皮肤就会感知这种变化,并向大脑皮层传递必要的信

触摸的力量

息,以启动恰当的反应行为。

在婴儿与母亲分离的过程中,婴儿基于视觉所从事的探索活动根本上是触觉体验学习的延伸。视觉赋予触觉体验以形式上的意义,而触觉意义在很大程度上赋予所见物体以形态和维度。

克莱在总结她的研究结论时写道:"我们在这个项目中一直在探求的问题是,美国母亲给予婴儿和幼儿的触觉刺激及接触的数量和种类是否可以满足他们的生理和情感需求。最后的答案是否定的。"研究者在海滩上观察到的母亲们不太关心怀抱、搂抱、拥抱、爱抚或向婴儿和幼儿表达爱,而是更加关心如何控制他们的行为和照顾他们的养育需求。克莱反复观察到,母亲和处于前语言期儿童之间的触觉接触最常表达的是照顾和养育,而不是爱和关爱。"安慰、玩耍和给予触觉情感交流是母性的行为,它的受重视程度和频次都显得不足。"

美国长期以来的非人性化育儿方式,随着母子提前分离,通过奶瓶、毯子、衣服、推车、婴儿床和其他实物的介入将母亲和孩子分开,将产生许多在拥挤的城市世界中过着孤独且疏离的生活的人,他们具有物质主义的价值观和对物质的依赖。克莱的观点很恰当,她认为,也许调整可以从母亲和孩子之间最主要的触觉联系开始做起。如果在家庭内部发展更亲密的关系,可能会帮助美国人在某种程度上更加扎根于家庭。若能接纳情绪触觉的重要性,可能会帮助他们承受这个时代非人性化的压力和不可避免的无常。

这或许对家庭中的触觉关系的期望过高,但我们仍然心怀虔诚地希望这种触觉的关怀能被普遍接受。由于美国家庭过于看重每个家庭成员的"成功",结果当代美国家庭往往成为令每个成员系统性地产生精神疾病的地方。在实践中,这意味着个人逐渐转变为一种具有内在设计的装置,要根据普遍的要求实现目标。他需要压抑情感,否认爱情和友谊,用任何有用的东西来换取良心,同时用一种不变的正直外观来掩盖自己。为此,父母觉得他们不能给孩子"太多"爱的表达,即使在孩子非常需要爱的反射和情感阶段,也不能接受太多爱的表达。各种各样的合理化理由应运而生:孩子会被宠坏,他会变得过于依赖别人,他会对他的母亲或其他男孩和女孩产生不正常的兴趣,他会变得女性化,等等。文化目标是让男性成为"男子汉",并成功地操纵女性的世界。出于对这些目标的重视,无论是有意识还是无意识地遵循，无论童年时期的触觉体验有多充分，以成功为导向的美国人仍然会面对由他们自己所制造的问题。触觉在社会化过程中的重要性在过去被低估了，在未来应当被更多地重视。事实上，触觉体验的重要性，特别是在人类发展的前语言阶段，怎么强调都不为过，而传达这一信息是本书的责任。

第 9 章

触摸与年龄

> 智者鲜少为岁月带走的事物而悲伤
> 他们看到的是年龄的馈赠。
> ——华兹华斯（Wordsworth），《喷泉》（The Fountain）

每个人都想长寿，但没有人想变老。有人恰如其分地指出，衰老是个有失光明正大的诡计。答案当然是尽可能晚地逝世，但这主要说的是精神心灵方面。在大多数情况下，早在我们准备离开世界之前，身体就已经损坏了，疾病和不适逐渐增加且日趋严重；力量、能量和活力可能会降低。

衰老常常会带来健康问题或失能，使人受到种种限制，但这并不一定意味着高品质生活的终结，因为虽然躯体可能会衰竭，但如果获得鼓舞，精神仍将蓬勃发展。衰老不是一种绝症，而是一笔永恒的财产，一笔丰厚的传承。在我们的社会中，老年人被认为是可被"生物进化"掉的和多余的，而他们真正代表的却是生物层面的精英，他们拥有久经考验的智慧，可以为世界做出诸多贡献。几乎在所有地方，老年人都被视为传统和智慧的宝库以及习惯的保有者，这为他们赋予了一种不容忽视的威望和崇敬。但在当下社会，对年轻偶像的崇拜已成为价值数十亿美元的行业，年龄分级和年龄分层加剧了已经产生的问题，将年轻人、中年人和老年人相互隔离。这些社会分类构成了将人们彼此分开的分界线，带来了最具破坏性的社会和政治后果。

年轻人视老年人为老朽——"将去之人"，这传达了一种带有优越感的不尊重，而老年人则倾向于接受这一结论。但事实是，年龄是一种特权，老年人凭借岁月积累的智慧和经验所达到的阶段远远优于年轻人需要数年时间才能摆脱的待定状态。若年龄累积的智慧有机会出现，他们将虽年事已高却仍处于安全港中。

用"衰老"来描述"成长"是不太恰当的。我们必须为那些已经失去意义的旧词找到新的定义。成长的方法是保持和发展年轻的精神，从而使年长者拥有智慧和真正的青春活力。正如一首歌中所唱：

> 如果你是心态非常年轻的人，
> 你已经取得了先机。

简而言之，就是活出格调，与其让自己生锈，还不如充分发挥自己的才能。随着时间的推移，皮肤会发生变化，但我们内心的精神就像美酒一样，能够随着时间的推移而愈加醇香。

皮肤会呈现出衰老过程中最明显的迹象：有皱纹、斑点、色素变化、干燥、失去弹性，以及持续疲惫，等等。随着年龄的增长，各种触觉神经末梢会发生显著的变化。皮肤组织内触觉小体的神经末梢结构中的神经原纤维发生分解。触觉小体即迈斯纳氏小体将会减少，其大小、形状以及与表皮的关系也会发生显著的变化。整个神经系统及其附属器官都有老化的迹象，主要表现为细胞和纤维损失。这反映为多个指标的下降，包括触觉敏锐度、敏锐定位刺激的能力、对触觉刺激的反应速度和对疼痛刺激的反应速度下降。在许多情况下，年龄的增长会带来一个显著变化，即手掌表面的高度敏感性明显衰退。似乎随着皮肤的硬化，手指和手掌上分布的最密集的神经触觉元素，也会丧失接收和传递信息的能力。

然而，触觉需求似乎并没有随着年龄的增长而改变，如果说有什么变化的话，那就是触觉需求似乎反而有所增加。然而，在盎格鲁–撒克逊世界中，我们被教导说，童年时期人的诸多触觉行为对于青少年和成人来说已经不再合适。对于男性来说，这几乎是绝对的禁忌，对于女性则有一些松动的空间。青少年和成年男性可能会拥抱他们的母亲，但不会拥抱他们的父亲；

他们可以拥抱最喜欢的阿姨或祖母，但不能拥抱男性亲属。男性可以在某些私人场合拥抱女孩，但不能公开拥抱女孩，除非他们之间达成某种共识。与女性相比，在西方世界，社会文化更加鼓励男性在一生中都成为一种几乎没有触觉的生物，即使他们渴望触觉体验，也只能主要通过性接触来寻求。当男性年老，性能力减弱或完全减弱时，触觉的渴望会比以往任何时候都更强烈，因为这是他唯一剩下的感官体验。正是在这个时候，他再次变得如此依赖来自他人的支持，他需要拥抱，需要被一只手臂搂住肩膀，需要被人牵着，被人抚摸，并有做出回应的机会。女性比男性更需要这样的交流。然而，这正是我们在衰老过程中惨遭失败之处，正如我们在其他许多方面失败那样。老年人不希望被人居高临下地勉强容忍，而是希望被理解、被尊重，获得与他们所给予的相对等的爱。因为我们不愿意面对衰老的事实，所以我们表现得好像衰老不存在一样。正是这种大规模的逃避令我们无法理解老年人的需求。

在这些需求中，最重要但最易被忽视的是触觉刺激的需求。人们只需观察老年人对爱抚、轻搂、轻拍或拥抱的反应，就能体会到这些体验对他们的幸福是多么重要。根据本书中引用的证据，可以推测，许多老年疾病的病程和结果在很大程度上受到患者在患病前和患病期间获得的触觉支持质量的影响。此外，我们可以推测，在很多情况下，一个人在患病前，特别是患病期间的触觉体验，以及对触觉体验持续发生的期待，对他的生死起了决定性的作用。

老年人对于触觉刺激的需求往往得不到满足，因此，他们在失望中再也不会提起自己的这一需求，只是选择保持沉默。脸颊上敷衍的一吻不能代替温暖的拥抱，传统的握手也不能代替关爱的双手所给出的"爱的触摸"。

正如凯瑟琳·范斯洛（Cathleen Fanslow）护士所指出的那样，老年人往往有听力、视力、行动能力和活力衰退的问题，这些问题会使他们感到无助和脆弱。她也说，正是通过触摸所传达的情感，一个人才能跨越孤立，传递爱、信任、关爱和温暖。

尤其是在衰老的过程中，我们将触摸视为一种精神恩典和持续的人类圣礼。

在整个英国文学中，唐娜·斯旺森（Donna Swanson）的感人诗歌《米妮回忆》最为有力却辛酸地表达了老年人对"爱的触摸"的需求。

上帝,
我的手老了。
我从来没有大声地说过,
但事实确实如此。
我曾经为它们感到骄傲。
它们曾经柔软
就像结实的、成熟的、表皮天鹅绒般光滑的
桃子,
现在的绵软更像是破旧的床单
或者枯萎的叶子。
这双纤细优雅的手是什么时候
变成了一节节的皱缩的爪子?
什么时候,上帝?
它们躺在我腿上,
赤裸裸地提醒我看向自己破败的身体,
这具曾经和现在很好地伺候了我的身体!

有多久没有人碰我了
二十年?
我守寡二十年了。
人们尊敬我,
对我微笑,
但从来没有人触碰过我。
从未如此深地被孤独拥着,

触摸的力量

我被它吞噬。

我记得我的妈妈曾经是怎样抱着我的,
上帝,
当我在精神或肉体上受到伤害时,
她会把我紧紧搂着,
抚摸我丝滑的头发,
用她温暖的手抚摸我的后背。
哦,上帝,我太孤独了!

我记得第一个吻我的男孩,
我们都是新手!
年轻嘴唇和爆米花的味道,
内在的神秘即将到来。

我记得汉克和孩子们。
那些在一起的时光叫我如何可以忘却?
从摸索、尴尬的新尝试中走出来,
爱人来了,宝宝们也来了。
随着他们的成长,我们的爱也在成长。
而且,上帝,汉克似乎并不介意
我的身体时而胖一些,时而瘦一些。
他总是喜欢它,触摸它。
我们并不介意自己是否不再美丽。
孩子们经常拥抱我。
天哪,我很孤独!

天哪，我们为什么不把孩子培养得傻一些呢？

他们既深情又端庄得体。

你看，他们尽了自己的职责。

他们开着他们的好车来；

他们来到我的房间表达敬意。

他们欢声笑语，回忆往事。

但他们不碰我。

他们叫我"妈妈"或"母亲"

或"祖母"。

他们不叫我米妮。

我妈妈叫我米妮。

我的朋友们也是。

汉克也叫我米妮。

但他们都已经走了。

米妮这个名字亦随之而去。

只有祖母在这儿。

上帝！她很孤独！*

  专业人士都知道，年轻的护理学生往往避免接触老年患者，尤其是重症患者。在前文中已经提到了这一点。执业护士露丝·麦考克（Ruth McCorkle）博士和玛格丽特·霍伦巴克（Margaret Hollenbach）博士指出，触摸作为一种治疗活动并不像机械手术或药物那么简单，因为它首先是一种沟通行为。根据自己作为执业护士的观察，她们建议："触摸和身体接触可能是向重病患者表达他们是被重视的最重要的方式，他们的康复与他们对改善的渴望有关。"她们写道："然而，重症监护室的患者很少以非技术性的方式

---

* 选自贾尼斯·格拉纳（Janice Grana）主编《图像，转型中的女性》（明尼苏达州威诺纳：圣玛丽学院出版社，1977年）。

被碰触。"他们总结道："我们需要回答一些重要的问题。在什么条件下，患者对人际接触的需求优先于他们对机械护理和个人空间的需求？是否应该为重症监护环境中的患者开发特定的结构化干预措施？如果答案是肯定的，这种干预措施会对康复产生什么影响？"

她们提供了一个这样的例子，说明了在接受骨髓移植的患者的护理中，这种结构化的程序如何操作。这些患者经历了令人痛苦和疲惫的医疗流程，他们经常感到孤独、困惑和分离。他们只有 50% 的生存机会，"他们想要人与人之间的接触，但当有人触摸他们时，他们会退缩，因为他们的记忆中充满了触碰的痛苦，而不是与触摸有关的愉悦感"。

麦考克和霍伦巴克发现，护士逐渐与患者建立的结构化体验关系可以提高患者在移植过程中的生活质量。他们所遵循的结构化程序持续 5 天，具体如下所示：

第 1 天和第 2 天：在互动过程中，护士与患者保持约 5 英尺的距离。

第 3 天：护士在距离患者 3 英尺外活动和进行互动。

第 4 天：护士在距离患者 1 英尺外活动。

第 5 天：护士以有一定系统的但非流程性的方式（如握手）与患者互动。

研究已经发现，在与儿童建立关系和帮助他们忍受侵入性手术时，这些步骤有特殊的价值。"研究观察到，该方式改善了患者的自我概念，减少了抑郁，缩短了住院时间"。她们建议："如果持续以非侵入性方式接触急性患者会影响他们的认知和康复，那么就必须对此进行研究。"

下面是一位 90 岁的老妇人给护士的手稿，她在一家英国疗养院去世，其去世后手稿在储藏室中被发现。标题是"一个脾气暴躁的老太婆"：

> 身体崩溃了。优雅与活力渐行渐远。
>
> 那里曾经有一颗心，现在变成了一块石头。
>
> 但在这具腐朽的身躯里，仍然住着一个年轻的女孩，
>
> 我那颗伤痕累累的心不时地心潮澎湃。
>
> 我记得痛苦，也记得快乐，
>
> 我重新开始生活和爱。

我想起过往的岁月，时光荏苒，光阴飞逝，

我接受了一个残酷的事实：没有什么会长久。

睁开你的眼睛吧，护士，睁开眼睛看看，

这不是一个脾气暴躁的老太婆。

凑近看看。你会看见真正的我。

  手稿中所表达的情感向我们揭示了许多老年人所经历的孤独、不被接受和被遗弃，他们经常被视为多余的，不受世人欢迎。这些对老年人的冷漠态度令我们发起对现有社会价值观的控诉——这些价值观有必要被重新审视，被全新的价值观取代：视年龄为一种特殊的权利，以及最有希望的挑战，因为我们所能体验的最好的成长仍在生命的前方。

跋

> 卡梅拉多，这不是书，谁碰了它就等于碰触了一个人。
> ——沃尔特·惠特曼（Walt Whitman），《好久》（*So Long*）

在前文中，我们已经看到，触摸对人类的意义远比我们迄今为止所理解的深刻。皮肤作为一种感觉受体器官，对接触的触觉感受做出反应，这种感官感受几乎从人出生的那一刻起就赋予了人类基本的意义，是人类行为发展的基础。原始触觉感受是一种刺激，对于有机体的生存至关重要。由此可以推断，对所有脊椎动物甚至部分无脊椎动物而言，触觉刺激都是身体的基本需求。

基本的身体需求可定义为，生物体要生存就必须被满足的需求，包括对氧气、液体、食物、休息、活动、睡眠、大小便、逃离危险和避免疼痛的需求。性并不是基本的生理需求，因为有机体的生存并不依赖于性的满足。仅有部分有机体的生存需要满足性张力而延续。* 现有证据最终明确指出：如果有机体没有受到来源于外部的皮肤刺激，就无法长时间存活。

皮肤刺激包括多种形式，诸如温度或辐射、液体或大气刺激、压力等。显然这些皮肤刺激是生物体生存所必需的。然而，人们似乎也还未充分认识

---

* 有关基本身体需求的讨论，请参阅阿什利·蒙塔古，《人类发展方向》（修订版，纽约：霍桑图书，1970年）；有关基本行为需求，请参阅阿什利·蒙塔古，《年轻化成长》（纽约：麦格劳－希尔，1981年）。

到这一基本事实。上述皮肤刺激都很重要，但我们在这本书中主要关注的形式是触觉刺激，即触摸。触摸是指给他人或自己的皮肤带来满足感的接触。触摸的形式可以是用手指或整只手爱抚、拥抱、搂住、抚摸或轻拍，范畴从简单的身体接触到性行为中涉及的大量触觉刺激。

我们在简短的调查中看到，不同文化在表达及满足触觉刺激需求的方式上各不相同。对触觉刺激的需求普遍存在，不受地域限制，只是满足需求的形式可能因时间和地点而有所不同。

本书中提供的证据表明，如果在婴儿期和儿童期能够充分满足触觉需求，就更可能实现后续的健康行为发展。对动物以及人类的实验和研究结果表明，婴儿期的触觉剥夺通常会导致其之后的生活行为缺陷。这些发现意义重大，但我们最感兴趣的还是它们的实用价值。简而言之，我们最感兴趣的是如何利用这些发现来培养健康的人。

显然，在人的发育中，应该从新生儿时期就开始给予触觉刺激。只要条件允许，就应该把新生儿放在母亲的怀中，并且只要母亲愿意，就可以把孩子留在身边照顾。新生儿出生后，应尽早将其放在母亲身边，实现母乳喂养，而不应将新生儿被转移到育儿室或放在婴儿床上。应该重新普遍恢复摇篮的使用，因为这是有史以来最佳的辅助和替代母亲怀抱的方式。只要一个人具备感知能力，其对婴儿的爱抚就不会过度，就很少会过度刺激婴儿，因此，与其担心对婴儿的爱抚太多，不如担心是否爱抚得太少了。婴儿不应被放在婴儿车上，而应放在母亲或父亲的胸前和背后，相当于中国人用背带或是爱斯基摩人用皮毛大衣来携带孩子。

成年人应避免突然停止抚摸的行为，同时我们也建议，在西方世界特别是在美国，父母要更多地表达对彼此和对孩子的爱。儿童最需要的不是言语，而是情感表达和情感互动的行动，成年人其实也是如此。触觉感受结合体验赋予的意义，形成触觉知觉；如果一个人缺乏触觉体验，就无法充分发展触觉感受与触觉知觉之间的关联，也就无法通过许多基本方式与他人建立联系。当通过触摸来传达情感和互动时，触摸就会与这些行为传达的意义，以及给人带来安全感的满足感联系在一起。因此，触摸对于人类来说具有重要意义。

附录 1

治疗性触摸

近年来，专业人士在"按手礼"的基础上发展出了"治疗性触摸"。纽约大学护理学教授多洛蕾斯·克里格（Dolores Krieger）是多拉·孔兹（Dora Kunz）的学生，基于后者的观点和实践，发展出了治疗性触摸这一方法。在《治疗性触摸》（The Therapeutic Touch，1982）一书中，克里格讲述了她如何学习并教授治疗性触摸，并向读者介绍了治疗性触摸所依据的理论和目前所掌握的事实。克里格说，她多年来教授神经生理学知识，阅读与瑜伽、阿育吠陀、藏医学、中医，以及能量系统"普拉纳"（梵文写作 prana）相关的健康实践内容，因此接触到了治疗性触摸这个课题。（普拉纳指的是"构成我们所谓的生命过程的组织因素"，能促进机体的再生、伤口的愈合等。）

克里格在书中记录了许多治疗性触摸从业者的经历，他们成功地治愈了各种病症，从平息婴儿哭泣到治愈各种损伤和功能障碍。她还提供了许多通过治疗性触摸进行自我修复的案例。克里格推想，人体通过电传导而发挥功能，在每个人的身体内部和周围都有一个带电荷的场。治疗师在进行治疗性触摸时，带着强烈的治愈意图，将手移到受疗者身体周边，用类似清扫的动作重新调整受疗者（患者）的场域。治疗师专注于治疗受疗者，这种专注状态被称为"集中"，即集中能量帮助受疗者。精神的集中改变了意识的状态，发展出一种深度放松和高度集中的形式，抑制了无关的想法。治疗师若没有这样的状态，仅仅想要去治愈受疗者，则无法达成目标。

治疗师的双手会在距离受疗者身体四到六英寸的范围内移动，找到受疗

触摸的力量

者身体中累积了紧张或疾病的"能量过剩"区域。通过治疗性触摸，治疗师能够重新定向或重新分配这些能量，这被称为"平复能量场"，可以帮助受疗者的能量场调动自身资源进行自我治疗。在这个过程中，治疗师也用手将能量引导到受疗者身体其他不适部位。

治疗师的健康状况可以允许自己获得足量的普拉纳，她有着强烈的责任感和帮助患者的意图，从而掌控这种生命能量的走向。克里格写道，治疗的行为"需要治疗师基于患者的福祉而引导这种能量流……尽管治疗师投射这种能量（普拉纳）的目的是供另一个人使用，但治疗师本人的能量并没有被耗尽或被剥夺，除非她过度紧密地将自己与这个过程联系在一起"。

克里格博士也开展了若干包含对照组的实验，以验证治疗性触摸的效果。她推断，由于普拉纳涉及呼吸过程，所以接受过治疗性触摸的受试者的血红蛋白值应该高于未接受治疗的对照组。事实上，她发现这一差别达到了0.01的显著性水平。另外两项研究也证实了这一差别的存在。

克里格的学生、南卡罗来纳大学护理学院的珍妮特·奎恩（Janet Quinn）博士在一项针对因心血管疾病住院的患者的研究中发现，在实验组，有操作经验的护士对患者进行非接触式治疗性触摸，仅仅5分钟后，患者的急性焦虑症就会明显缓解。对照组护士则只是模仿非接触治疗性触摸的动作，她们不了解什么是治疗性触摸，不知道护士和患者之间的能量如何交换，也不知道如何集中或建立治愈患者的意图，在这种情况下，患者的焦虑水平没有发生变化。

为了了解治疗性触摸过程中治疗师和受疗者可能发生哪些脑电图变化，旧金山州立大学跨学科科学中心的埃里克·佩珀（Erik Peper）博士和加州大学旧金山分校兰利·波特神经精神病学研究所的索尼娅·安科利（Sonia Ancoli）博士研究发现，克里格博士研究中的快速β脑电图占优势，而3名患者的脑电图、肌电图或心电图未见重大变化。这3名患者包括1位60岁的男性，有5年严重的颈部、背部和头部疼痛史；1名30岁女性，有乳房肌瘤囊肿病史；23岁的女性R. G.，有3年严重慢性偏头痛病史，以及一次严重的癫痫发作。3名患者都报告说，治疗性触摸令人放松，他们愿意再次成为实验的志愿者。这种经历对患者来说很重要。其中R. G.说道："这是我第一次感觉到有人真正地关心我。平时在医疗团体中，很少有人会关心我。此外，我也尝试了为自己做点什么。这让我感觉好多了。"

这两位研究者写道："这种改善可能与治疗性触摸体验无关，因此无法就此做出任何结论……治疗性触摸可能提供了一种安慰剂机制，可以对此进行后续研究。"

被报告的治疗性触摸的成功案例可能只是安慰剂效应的体现。因此，有人认为需进一步测试治疗性触摸的有效性。

玛丽-特蕾莎·康奈尔（Marie-Therese Connell）护士支持治疗性触摸的方法。她的记录观察到，从科学的角度看，治疗性触摸"在描述其本质或预测疗效方面取得的进展较少，现有发现能给人的信心较为有限"。事实上，目前所引用的许多治疗性触摸的证据都是转述而来，尚未经科学证实，也未对其他可能影响报告结果的因素进行足够的探讨。我们需要开展更多的治疗性触摸实验，包含控制变量的对照组。与此同时，帕特里夏·海特（Patricia Heidt）和玛丽安·博雷利（Marianne Borelli）编辑的《治疗性触摸》（*Therapeutic Touch*）一书中，对治疗性触摸的理论、科学和哲学基础进行了很好的阐述，书中也收录了许多其他有趣的文章。

执业护士兼助产士艾里斯·S.沃尔夫森（Iris S. Wolfson）巧妙地讨论了治疗性触摸和助产术，但表示仍然需要进一步开展独立且系统的研究。

宾夕法尼亚大学护理学院的朱迪思·史密斯（Judith Smith）博士写了一篇针对治疗性触摸的评论文章，值得每个对此主题感兴趣的人一读。史密斯博士引用了杰罗姆·弗兰克（Jerome Frank）出版于1961年的优秀著作《劝导与治疗》（*Persuasion and Healing*）中的观点。她有更加精辟的论述："治疗的意义在于治疗师所传达的信息。对患者来说，有效的交流媒介是爱、关心和深刻的助人愿望。治疗师积极地传达关怀和关心的感觉，患者带着自信的希望做出回应。以这种观点来看，治疗师在治疗性触摸中的姿态和操作也是一种沟通方式，传达了治疗师的态度。"

神经学和治疗性触摸

令人有些惊讶的是，还没有一位关于治疗性触摸的作者探讨过相关的神经生理学机制，而这种机制恰恰能解释治疗性触摸是如何发挥部分疗效的。神经生理学机制的探讨可以更有力地提供理论依据，证明治疗性触摸的功效。各种形式的触摸不仅是社会互动，而且会在生理上带来电化学脉冲的变化。在被触摸时，接受刺激的神经元会激活位于神经细胞体表膜以及沿着听觉树突和运动轴突分布的微弱电流发生器。

神经系统的基本结构是神经元，它将信号传输到与其相关的身体组织和部位。在最简化的形式中，神经元由细胞体组成，细胞体延伸出两个主要纤维系统：感觉树突和运动轴突。树突通常很短，排列成复杂的分枝，在细胞体周围形成浓密的树状。树突接收传入信号。轴突通常较长，常发出称为侧支的分支，并以小得多的末端终钮结束。兴奋从树突的末端刷传入，并传递到轴突末端。后者可以直接作用于肌肉或腺体，或将兴奋传递到树突或另一个轴突。一个神经元的轴突与另一个神经元的树突建立邻接（而不是连续性）的区域是突触。突触由两部分组成：轴突旋钮状末端和另一个神经元的受体区域。一些种类的突触连接建立在轴突之间，以及树突之间。一个神经元可能包含多达 10 000 个突触。

轴突旋钮位于突触连接处，是突触的信息传递部分，包含许多容纳数千个化学递质分子的囊泡，并将这些分子释放到突触间隙（分隔轴突与树突的区域），如图 1 所示。释放是由轴突膜传播的电冲动触发的。神经冲动或动作电位是一种自传送的电负性波，正如罗伯特·米勒（Robert Miller）所说，神经冲动频率的临时变化可能在传导意义。虽然米勒指的是大脑中的神经元变化，但他的观点可能也适用于周围神经系统中神经元的变化。动作电位沿神经元或神经纤维的传递是几乎同时发生的事件。

皮肤的感觉受体可能超过 6 种，受到刺激时会被电激活。电压或发生器电势从 10 毫伏*到 100 毫伏不等，几乎与动作电位的电压一样高。在各种触摸、压力和振动中，会发生许多电活动，并随着年龄、身体和其他特殊条件的变化而变化。我们不仅可以直接在所涉及的神经元中测量到这种电活动，

---

* 1毫伏等于千分之一伏。

还可以通过皮肤导电测试，从皮肤的反馈中测量该数据，类似于大众熟悉的所谓测谎仪测试。

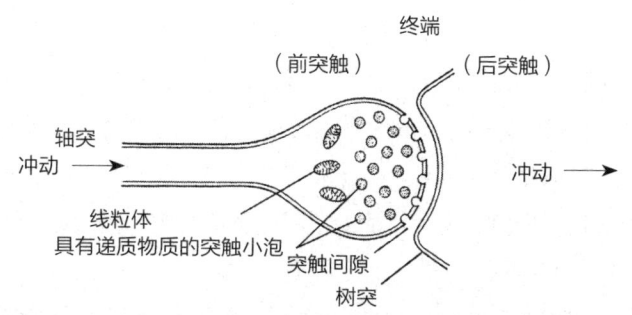

图1 突触的示意图。当冲动到达前突触终端时，递质被释放到间隙中，冲动在后突触终端，在第二个细胞的树突上重新激活。[来自 L. M. 斯蒂文（L.M.Stevens）的《大脑探索者》，纽约：克诺普夫出版社，1971年，第181页。经许可引用]

来自皮肤的触觉信号传递到脊髓，然后进入大脑的感觉区域，主要刺激中央后回的神经元，并深入中央回（见图2）。触觉信号不仅在这个区域与中央后回六层神经元建立联结，还会与中央后回后方的感觉区域建立联结，其中大量的整合活动不仅发生在大脑对触觉的解读中，而且发生在很多对身体内外感觉的解读中。其中涉及的化学变化和电变化有助于揭示各种形式的触摸对生物体产生了哪些影响。

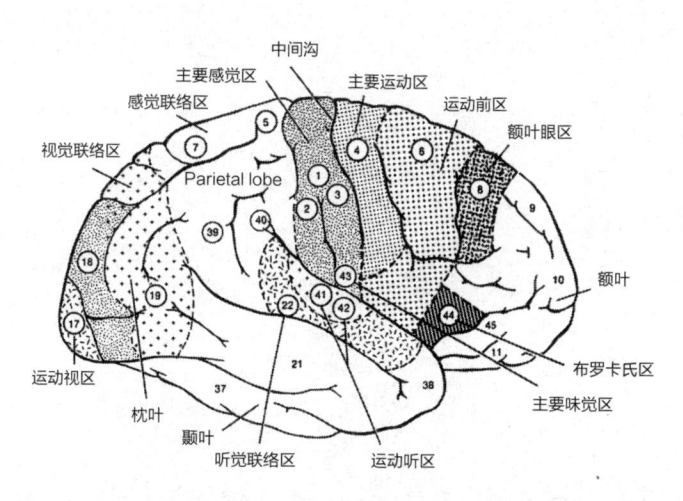

图2 大脑的功能区域。右侧视图。布罗卡区通常位于左半球。[来自托尔托拉（Tortora）和安纳格诺斯塔克斯（Anagnostakos）的《解剖学和生理学原理》，第3版，纽约：哈珀与罗出版社，1981年，图14-7，第341页。经许可引用]

电子照相术研究

布加勒斯特 V.Babe 研究所人类学实验室的 C. 古贾（C.Guja）博士描述了皮肤在感光胶片上投射的电致发光图像的研究。古贾博士最近报告了一项 1 000 多人参与的研究，指出虽然每个人都有自己的生物电成像模式，但这些多样的形式可以划分为三种：（1）基本型；（2）初步型；（3）极化型。古贾根据实验结果，提出了人类可能的生物电类型分类，以及在人类学层面可能出现的差异。

生物电子学这一研究领域前景广阔，尤其有助于研究个体触觉和治疗性触摸方面的课题。而触摸的心理物理和心理神经免疫学基础仍然是一个广阔而富有潜力的研究域领。

附录 2

立即抱走新生儿对母亲的影响

> 在大自然坚实的土地上,
> 信任永恒的心灵。
>
> ——华兹华斯

来自犬类的例证 *

大约四个星期前,我们心爱的柯利牧羊犬珍妮生下了 8 只小狗。事实证明,这次经历及其暗含的意味非常有趣,我想您可能会愿意听听。理论上,珍妮是家里 3 个孩子的宠物,由于一些幼犬出生在白天,当时孩子们还没睡觉,于是他们有机会现场观看。这个过程当然会让他们十分着迷。

珍妮分娩的速度很快,在下一只小狗娩出前,她就要及时地为前一只做好清理,这令她疲惫不堪。每当她完成清理工作,我就将处理好的这只小狗抱到旁边的一个铺着柔软法兰绒的盒子里,希望能帮助她,让她好好休息,

---

* 经作者贝齐·马文·麦金尼许可转载,《儿童—家庭文摘》,第 10 卷,1954 年,第 63~65 页。

并防止她分娩的下一只小狗压到较早出生的小狗。她有着信任他人的灵魂，我们也自然而然地觉得这种人为干预不会给她太多的焦虑，不妨等8只小狗全部娩出后再去照顾她。在所有幼犬娩出之后，为了让安妮放心，我把幼犬们挪回她身边停留几秒钟，然后再次把它们全部移开一小时左右，以便让她能"真正地休息"。辛苦的分娩过程已经持续了数小时，她已经很疲劳了。

去年，当安妮第一胎中的第4只，也是最后一只小狗出生时，无须催促，她就迫不及待地想离开产仔箱去晒太阳，但这一次她不肯让步。她不愿出去，而且似乎越来越担心刚出生的那些蠕动的小狗。于是我把小狗放回安妮身边，它们开始在她周围安静下来，用鼻子蹭来蹭去，哺乳也很快开始了。我突然意识到，这是我第一次真正给她的小狗吃奶的机会，尽管第一只小狗在几小时前就已经娩出了。

我和她多待了几小时，以防还有要出生的小狗（那天拂晓时分才上床睡觉！）。在那一天结束时，我已经用尽我知道的所有方法，仍然无法把这只无精打采的狗带出产箱，让她能够获得急需的休息；之前我所做干预的影响开始全部这显现出来。

最后，我不得不严厉地责骂她，迫使她到户外去待了几秒钟，然后她就回到了自己的箱子里，在那里花了整整24小时照顾那些小狗！

后来，我羞愧地认识到我令珍妮遭受了与许多人类母亲相同的文化剥夺和伤害，那就是她们的婴儿出生后就被带走，不允许她们立刻哺乳，而觅乳可是新生儿的本能冲动。认识到这一点令我感到震惊。

至于珍妮，这只可怜的动物内在状况很糟糕，这恐怕都是我造成的。她必须在那里多待上几小时，才能在小狗的调养下恢复到适当的健康状态。那天晚上她流血了，情况很差。我真想骂自己为何这么愚蠢。事实上，我们的珍妮需要相当长的时间才能恢复正常，而这很可能是因为我剥夺了具有治疗作用的哺乳。她分娩后本可立即开始这一行为，在每只小狗娩出和清洁后就开始哺乳，这也能在她最需要的时候给她复原的能量，但现在已经错失了机会！

我有时想知道，人类母亲是否会面临同样的情况，可能还没有人意识到这一点。母亲分娩后的缓慢恢复是否与婴儿在产后就被抱走照料，有时要被抱走很长时间有关？尽管在许多情况下可能需要垂体后叶素，但我想知道，

附录2　立即抱走新生儿对母亲的影响

在分娩后常规注射垂体后叶素的标准方法是否能产生长期效果。如果分娩后立即并持续哺乳，母婴之间是否能在更长的时间里，更合拍、更适量地满足彼此的需求？早期的母婴关系几乎是共生的，母亲为婴儿提供安全感和营养，而婴儿则成为母亲康复的某种疗愈性机制，令母亲可以从分娩的劳累中更快地恢复。

无论如何，珍妮的经历确实明白地证明了这一原则，我则为自己对她所造成的不适感到非常内疚。

Touching: The Human Significance of the Skin
Copyright © 1971, 1978, 1986 by Ashley Montagu
This translation published by arrangement with HarperCollins Publishers.
All Rights Reserved.
Simplified Chinese edition copyright © 2025 Huaxia Publishing House Co., Ltd.

北京市版权局著作权合同登记号：图字 01-2023-4402 号

图书在版编目（CIP）数据

触摸的力量 /（美）阿什利·蒙塔古 (Ashley Montagu) 著；屠彬，王静妮译. —— 北京：华夏出版社有限公司，2025. —— ISBN 978-7-5222-0800-8

Ⅰ．C912.11

中国国家版本馆 CIP 数据核字第 2024DS5035 号

触摸的力量

著　者	［美］阿什利·蒙塔古
译　者	屠　彬　王静妮
策划编辑	朱　悦　卢莎莎
责任编辑	朱　悦　卢莎莎
责任印制	刘　洋
出版发行	华夏出版社有限公司
经　销	新华书店
印　装	三河市少明印务有限公司
装　订	三河市少明印务有限公司
版　次	2025 年 2 月北京第 1 版　　2025 年 2 月北京第 1 次印刷
开　本	710×1000　1/16 开
印　张	20.5
字　数	325 千字
定　价	78.80 元

华夏出版社有限公司　地址：北京市东直门外香河园北里 4 号　邮编：100028
网址：www.hxph.com.cn　电话：（010）64663331（转）
若发现本版图书有印装质量问题，请与我社营销中心联系调换。